Der andere Jesus

Serie Piper
Band 625

Zu diesem Buch

Jesus von Nazaret ist, das zeigt die vorliegende Sammlung von literarischen Texten, die große Bezugsgestalt auch der modernen Literatur. In der einen oder anderen Weise hat sich beinahe jeder zeitgenössische Schriftsteller mit der Figur des Jesus beschäftigt – freilich meist in einer ganz anderen Sprache und aus anderen Perspektiven als die traditionelle »christliche Literatur«. Dieser Jesus der Literaten ist nicht selten der verkannte und vergessene, der »andere« Jesus. An diesen Jesus, der sich von dem traditioneller Kirchlichkeit stark abhebt, versucht sich die moderne Literatur anzunähern: nicht bekennerisch, sondern indirekt, behutsam, von außen reflektierend. Dieses Lesebuch erschließt so über die zeitgenössische Literatur einen ganz neuen Zugang zur Gestalt des Nazareners, überraschend und herausfordernd, meditativ und provokativ zugleich.

Karl-Josef Kuschel, geboren 1948 in Oberhausen/Rheinland, studierte Germanistik und Theologie, Promotion 1977 bei Walter Jens und Hans Küng. Seit 1980 Akademischer Rat am Institut für Ökumenische Forschung an der Universität Tübingen. Zahlreiche Veröffentlichungen auf dem Grenzgebiet von Theologie und Literatur. Bei Piper liegt von ihm neben mehreren SP-Titeln (s.S. 4) vor: »Gegenentwürfe« (1988, Hrsg. zus. mit H. Häring); »Geboren vor aller Zeit?« (1990).

Der andere Jesus

Ein Lesebuch moderner literarischer Texte

Herausgegeben von
Karl-Josef Kuschel

Piper
München Zürich

Von Karl-Josef Kuschel liegen in der Serie Piper außerdem vor:
Weil wir uns auf dieser Erde nicht ganz zu Hause fühlen (414)
Jesus in der deutschsprachigen Gegenwartsliteratur (627)
Lust an der Erkenntnis: Die Theologie des 20. Jahrhunderts (Hrsg., 646)

ISBN 3-492-10625-0
August 1987
2. Auflage, 9.–13. Tausend November 1991
R. Piper GmbH & Co. KG, München
Lizenzausgabe mit Genehmigung
des Benziger Verlages und des Gütersloher
Verlagshauses Gerd Mohn

Umschlag: Federico Luci,
unter Verwendung der Zeichnung »Christus« (1926)
von Paul Klee (© Cosmopress, Genf)
Satz: Graphischer Betrieb Benziger AG, Einsiedeln
Druck und Bindung: Clausen & Bosse, Leck
Printed in Germany

Inhalt

Hinführung

Wer ist Jesus von Nazaret?
Diese seit urchristlichen Zeiten immer wieder gestellte und so verschieden beantwortete Frage ist Leitmotiv auch dieses Buches. Die Antwort wird hier nicht im Raum von Theologie und Kirche gesucht, sondern da, wo man sie zunächst am wenigsten vermutet: im Raum zeitgenössischer Literatur.
Keine Frage: Die Erforschung eines so fremden, manchmal feindseligen Geländes ist für theologisches und kirchliches Denken nichts weniger als ein Abenteuer. Der Wind der Kritik weht hier scharf, manchmal eisig. Wer dem aber standhält, wird hier überraschende Entdeckungen machen und das finden, was er sucht: *Wirklichkeitsgewinn!* Wer freilich mit dem Ziel losgeht, nur das zu finden, was er bereits weiß (oder gar besser weiß), wer also nur Selbstbestätigung der eigenen Frömmigkeit, der eigenen Ideen und Glaubensinhalte sucht, spare sich besser die Mühe. Er wird enttäuscht werden.
Gewiß: Man wird vieles an traditionellen Formeln nicht wiederfinden, und doch mit einem «Mehr» an Sprache, an Bildern und Vorstellungen wiederkehren. *Sprachanreicherung* ist der Lohn, wenn man geduldig hinhört, den Texten standhält und sich betroffen machen läßt. Denn die Texte wollen nicht vereinnahmt werden für homiletische und didaktische Zwecke, sondern wollen in ihrem ästhetischen und theologischen Eigengewicht ernstgenommen und ausgelegt werden. Nur wer sich der Wahrheit dieser Texte gestellt hat, wird entdecken, daß die Wahrheit hinter den alten Formeln vielleicht gar nicht so weit entfernt liegt von der Wahrheit der neuen Sprache.
«Mein Leben ist in der Gebetssprache nicht mehr unterzubringen. Ich kann mich nicht mehr so verrenken. Ich habe Gott mit diesen Formeln geerbt, aber jetzt verliere ich ihn durch diese Formeln.» Was Martin Walser eine seiner Figuren im Roman «Halbzeit» (1960) in Bezug auf Gott sagen läßt, gilt analog auch hier: Wie viele Menschen, die ihren Jesus Christus

durch die Formeln, durch theologische Ausdeutung und kirchliche Verkündigung «geerbt» haben, haben ihn gerade dadurch verloren? Wie viele wurden enttäuscht, weil ihr Leben mit der kultischen, liturgischen Gebetssprache, die sich um diesen Jesus Christus gelagert hatte, nicht mehr zu vermitteln war? Umgekehrt: wie viele Prediger, Seelsorger, Religionslehrer und Katecheten haben darum gerungen, die Formeln wieder mit Leben zu erfüllen, die Bekenntnisse mit Erfahrungen, die Abstraktionen mit Konkretionen? Literatur kann hier Brücke sein hin zu mehr Wirklichkeits-, Sprach- und *Erfahrungsgewinn.*
Dieses Buch will also eine Rezeptions- und Wirkungsgeschichte der Figur Jesu von Nazarets in Texten greifbar machen, die genuin nicht-theologischer, nicht-spiritueller, nicht-kirchlicher Natur sind: in literarischen Texten vornehmlich aus der Zeit nach 1945. Und es will gleichzeitig diese Texte in einen theologischen, spirituellen, kirchlichen Denkprozeß einbringen, um es offener, wirklichkeitsnäher, differenzierter werden zu lassen.
Dieses Buch läßt so die für viele überraschende These konkret werden, daß dieser Jesus von Nazaret die große, einmal offene, einmal geheime Bezugsgestalt der zeitgenössischen Literatur ist. Es kann – unvermutet für viele in Theologie, Kirche und Literaturwissenschaft – noch anschaulicher nachweisen, wie Paul Konrad Kurz zu meinem Buch «Jesus in der deutschsprachigen Gegenwartsliteratur» schrieb: «daß nicht Odysseus, Don Quichotte, Hamlet oder Faust, nicht Marx, Nietzsche oder Lenin, sondern *Jesus die große Bezugsgestalt* auch in der zeitgenössischen Literatur ist: weniger der ‹Ich bin der Weg, die Wahrheit und das Leben›, vielmehr nach allen Seiten ‹ecce homo›, der unverstandene, fremde, abgelehnte, von den Repräsentanten der Gesellschaft beseitigte Jesus. Seine Gestalt wird selten direkt beleuchtet. Er steht nicht im Scheinwerferlicht. Andere (Figuren, Ereignisse, Verhaltensweisen, Vorgänge; Verstoßungen, Gegensätze, Hoffnungen) geraten in seinen Widerschein; bezeugen verklumpt, verquert, in ihrer ‹Seele› bestärkt, als moralische Wesen aufgerichtet seine Impulskraft, seinen Schein.»
Der Jesus der Literaten: das ist gewiß *nicht der ganze,* wohl aber der *andere, der verkannte und vergessene Jesus.* Was Walter Jens damals im Vorwort zum «Jesus»-Buch auf diese Formel brachte, soll Leitmotiv des vorliegenden Textbandes sein. Es geht in der Tat um die Dokumentation der

vielschichtigen, traditionelle Grenzen von Ideologien und Glaubensüberzeugungen übergreifenden Wirkungsgeschichte des «anderen Jesus», den theologische Reflexion oft dogmatisch überhöht und kirchliche Praxis nicht selten kultisch entschärft haben. Literatur kann hier kirchlich-christologischem Reden den Spiegel vorhalten und theologische Reflexion herausfordern, in der Besinnung auf den «ganzen Jesus Christus» den «anderen» nicht zu verdrängen. Denn sowenig wie der «andere» muß der kirchlich-dogmatische notwendigerweise «der ganze» Christus sein.
Umgekehrt: Schriftsteller wären in ihrem Zugang zur Jesus-Gestalt mißverstanden, ging es ihnen bloß darum, in ihren Texten möglichst viel christologischen «Ballast» abzuwerfen und diesen Jesus auf das Modell vorbildlicher Humanität oder sozialpolitischer Kritik zu reduzieren, wie manche Kritiker des literarischen Befundes befürchteten. Im Gegenteil: Überblickt man das ganze Spektrum literarischer Auseinandersetzung mit der Jesus-Figur, so erschließt sich weniger vom Inhaltlichen als von der Weise des Zugangs her, was theologische Tradition mit der Formel des «vere deus» über die Jahrhunderte auszusagen sich mühte. Das heißt: Nicht unter Umgehung, Überspielung oder Verdrängung, sondern in Aufnahme und Bejahung des «anderen Jesus» kann von der Literatur her das «vere deus» in den Blick kommen. Weniger freilich – wie etwa auf der Linie traditioneller Jesusromane – in der Weise direkter Präsentierung oder gar bekennerischer Affirmation, sondern von einer *neuen Weise der indirekten Annäherung* her.
Denn moderner Literatur geht es nicht allein um den Entwurf eines Bildes vom «anderen Jesus» (der leidende, solidarisch handelnde, «für uns» gekreuzigte Jesus ist das heute in Literatur präsentierte universale Konkretum, der große Archetyp menschlicher Selbstdeutung), sondern vor allem auch um eine andere Weise des Zugangs zu Jesus. In einer neuen, behutsamen, indirekten, die Grenzen des Sagbaren mitreflektierenden Weise der Annäherung vermag dann dort – wo literarische Texte am dichtesten sind – etwas aufleuchten von der Unverfügbarkeit, Nichtobjektivierbarkeit und Uneinholbarkeit dieses Jesus, der so und nur so für uns der Christus werden kann.
Gewiß, die Poetologie einer gelungenen, das Geheimnis des ganzen Christus ausleuchtenden Jesusdarstellung ist noch nicht geschrieben, aber Kriterien sind zweifellos entwickelt. Kein en-face-Angang heißt die Devise

der Literatur, keine direkte Porträtierung, keine aufdringliche Direkt-Ansprache. Alles kommt ihr darauf an, in der Präsentierung dieses Jesus das Vertraute *und* das ganz Andere, die Nähe *und* Ferne, das scheinbar Heutige *und* das Abweisend-Fremde ins Blickfeld zu rücken. Walter Jens hat da Gültiges formuliert: «Anders als die Theologen, die in diesem Punkt zuallererst in die Schule der Literatur gehen sollten, hüten sich die Poeten vor jener Benennung, die Familiarität und Vertraulichkeit vortäuscht und das Wechselspiel von Bekanntheit und Fremde (Jesus: der Nächste. Jesus: der Fernste) wegeskamotiert ... Mit einer anderen Sprache und einer anderen poetischen Einstellung (statt das Objekt Jesus zu beschreiben, erfindet die Literatur objektive Korrelate, Naturvorgänge, Alltag, Szenerien, Gedanken in seinem Bannkreis, um Ihn als Subjekt des Geschehens durchscheinen zu lassen) ... mit erweiterter, zwischen Hoch und Niedrig vermittelnder Sprache und auf dem Wege indirekter Annäherung den anderen Jesus präsent gemacht zu haben (*präsent* im wörtlichen Sinn): Dies ist nicht zuletzt das Verdienst der zeitgenössischen Literatur.»
Universal redet diese zeitgenössische Literatur von Jesus Christus. *Universalität* aber wird weniger in kosmologisch-ontologischen als in existentiellen Kategorien begriffen: der Betroffenheit, der Solidarität, der Identifizierung. Es ist weniger der geschichtliche Jesus, dessen Geschichte Schriftsteller zur Nacherzählung reizte (im Sinn eines historisierenden und psychologisierenden Jesus-Romans), als der Jesus, dessen Universalität dort aufscheint, wo er mit all den Namenlosen, Unbekannten, Verfolgten und Verachteten, welche die moderne Literatur bevölkern, identifiziert werden kann. Der *Christus inkognito* ist es (im Geist des 25. Kapitels des Mattäus-Evangeliums), der Christus, der in all den vernachlässigten, beschädigten, verlorenen und verkrüppelten Existenzen verborgen, unerkannt anwesend ist, er ist es, den die Literatur der Moderne uns sinnenfällig vor Augen führt.
Im Tagebuch «Kriegsspielzeug» (1972–1978) von Luise Rinser ist zu lesen: «Vor der Revolution wurde in einem taoistischen Kloster in Peking ein langes Fest gefeiert zu Ehren des Begründers der ‹Nördlichen Taoisten›. Am letzten Tag, am Geburtstag dieses Mannes, steigt der Unsterbliche vom Himmel herab und mischt sich verkleidet unter die Menge. Wer ihm begegnet, wird großes Glück haben im neuen Jahr. Der Unsterbliche kann als Bettler erscheinen oder als Beamter oder als alte Frau oder auch

als Esel oder Hund. Und wie erkennt man ihn? Man muß scharf zusehen, ob nicht irgendeiner aus der Menge sich plötzlich in Nichts auflöst. Das war ER. ‹Wohl dem, der ihm Geld gegeben oder sonst Barmherzigkeit erwiesen.›

Zur Folklore gewordene große Weisheit und Wahrheit. Wir kennen sie aus unserem Evangelium: ‹Ihr habt mich gespeist, getränkt, getröstet . . .› Aber wann wären wir IHM begegnet? ‹Was Ihr dem geringsten meiner Brüder getan, das habt Ihr mir getan.› Noch deutlicher in einem der apokryphen Evangelien: ‹Du trittst einen Stein und trittst MICH.› Der verkleidete Kalif aus Tausendundeiner Nacht, der den Basar besucht und sein Volk prüft, ob es dem Fremden Gutes tut. Ein uraltes Wissen davon, daß der Gott unter uns weilt in Menschengestalt. Er kann jedermann sein. Er IST jedermann. Das sagt sich so. Aber danach leben!!!» Ob die Literatur unserer Tage etwas von diesem uralten Wissen aufbewahrt hat, wenn sie den Christus Jesus inkognito zeigt?

Dieses Buch hat seinen Ursprung vor allem in der *Praxis*, und es will auch nicht zuletzt wieder in die Praxis hineinwirken. Es ist vornehmlich auf Anregung vieler Leser hin konzipiert worden, die bei der Arbeit mit meinen beiden voraufgegangenen Büchern «Jesus in der deutschsprachigen Gegenwartsliteratur» (1978) und «Stellvertreter Christi? Der Papst in der zeitgenössischen Literatur» (1980) die literarischen Texte, die nur teilweise abgedruckt werden konnten, gerne zur Hand gehabt hätten. Das Buch will also gerade den Praktikern – all den vielen Religionslehrern, Deutschlehrern, Seelsorgern, Fachleuten der Erwachsenenbildung, die auf der Suche nach geeigneten Texten sind – entgegenkommen. Dankbar erinnere ich mich an viele Tagungen, die ich mit solchen Kollegen zur Thematik meiner Bücher veranstalten konnte. Das Buch will aber auch nicht mehr als ein *Lesebuch* sein, das Texte dokumentiert und für Verstehenshilfen auf die voraufgegangenen Bücher verweisen muß.

Wenn auch zum besseren Verständnis der Texte (soweit sie nicht völlig neu sind) auf die beiden genannten Bücher verwiesen werden muß, so ist dieser Text-Band doch auch unabhängig davon verstehbar und benutzbar. Denn ob man von der Lektüre ausgehend zur Interpretation greift oder von der Interpretation ausgehend zum Text zurückgeht: beides sind zwei legitime Wege des Zugangs zur Literatur. Das Buch enthält aber auch Texte, die mir 1978 und 1980 noch nicht zur Verfügung standen.

Um das Buch umfang- und preismäßig nicht zu überfordern, mußten schmerzliche Schnitte vollzogen werden. Es konnten bei weitem nicht alle Texte, die im «Jesus»- und «Papst»-Buch erwähnt sind und die es «verdient» gehabt hätten, hier aufgenommen werden. Eine möglichst repräsentative Auswahl mußte vorgenommen werden, zumal andere, neue Texte sich unabweisbar aufdrängten (W. Biermann, N. Born, J. Becker, I. Drewitz, S. Hermlin, J. Thoor, I. Ehrenburg u.a.). Am deutlichsten ist der Schnitt beim Material aus dem Bereich der «traditionellen christlichen Literatur» und beim Kapitel «Übergänge». Doch hier gab es leider nur ein «Entweder-Oder». Dies muß kein Nachteil sein, denn der Komplexität des Phänomens «traditionelle christliche Literatur» (von vielen Kritikern zurecht angemahnt) wäre ein solch bloß kontrastiver Teil wohl nicht voll gerecht geworden. So unterstreicht dieses Buch noch deutlicher meine Intention, die ich von Anfang an verfolgte: die Dokumentation unvermuteter christologischer Spurenelemente in zeitgenössischer Literatur, die von der Welt der traditionellen christlichen Literatur so völlig verschieden ist.
Auf Interpretationshilfen konnte hier aus naheliegenden Gründen verzichtet werden. Doch ist bei Textausschnitten aus Dramen oder Romanen der Kontext einleitend immer kurz skizziert, soweit für das Verständnis des betreffenden Textes nötig. Auf weitere Texte eines betreffenden Autors ist gelegentlich verwiesen.
Wer ist Jesus von Nazaret? Dieses Buch enthält Antworten, ohne die Antwort zu kennen. Es fordert den Leser auf wie weiland der Stückeschreiber Brecht seine Zuhörer des «Guten Menschen von Sezuan», sich selber den Schluß zu suchen. Denn in der Tat: «Der einzige Ausweg aus dem Ungemach: / Sie dächten selber auf der Stelle nach.» Das Buch wird dann seine Wirkung nicht verfehlen, wenn dieser «Jesus der Literaten» sich in der Praxis als das erweist, was die Lyrikerin Marie Luise Kaschnitz auf die einfache und doch so eindrückliche dialektische Formel brachte:

Eine Großmacht
Und eine Ohnmacht
Immer
Heute noch

Tübingen, Oktober 1982 Karl-Josef Kuschel

A. JESUS – DIE GROSSE BEZUGSGESTALT

I. Wider die religiöse Sprachsklerose

1 Peter Handke

Lebensbeschreibung

> Was nützt es dem Menschen,
> wenn er an der Seele gewinnt,
> an der Welt aber Schaden leidet?

Gott erblickte das Licht der Welt in der Nacht vom vierundzwanzigsten zum fünfundzwanzigsten Dezember.
Die Mutter Gottes wickelte Gott in Windeln. Auf einem Esel flüchtete er sodann nach Ägypten. Als seine Taten verjährt waren, kehrte er in sein Geburtsland zurück, weil er fand, daß dort der Ort sei, an welchem ein jeder am besten gedeihen könnte. Er wuchs auf im stillen und nahm zu an Alter und Wohlgefallen. Es litt ihn in der Welt. Er wurde die Freude seiner Eltern, die alles daransetzten, aus ihm einen ordentlichen Menschen zu machen.
So erlernte er nach einer kurzen Schulzeit das Zimmermannshandwerk. Dann, als seine Zeit gekommen war, legte er, sehr zum Verdruß seines Vaters, die Hände in den Schoß.
Er trat aus der Verborgenheit. Es hielt ihn nicht mehr in Nazareth. Er brach auf und verkündete, daß das Reich Gottes nahe sei.
Er wirkte auch Wunder.
Er sorgte für Unterhaltung bei Hochzeiten. Er trieb Teufel aus. Einen Schweinezüchter brachte er auf solche Art um sein Eigentum. In Jerusalem verhinderte er eines Tages im Tempel den geregelten Geldverkehr. Ohne das Versammlungsverbot zu beachten, sprach er oft unter freiem Himmel. Aus der Langeweile der Massen gewann er einigen Zulauf. Indes predigte er meist tauben Ohren.

Wie später die Anklage sagte, versuchte er das Volk gegen die Obrigkeit aufzuwiegeln, indem er ihm vorspiegelte, er sei der ersehnte Erlöser. Anderseits war Gott kein Unmensch. Er tat keiner Fliege etwas zuleide. Niemandem vermochte er auch nur ein Haar zu krümmen.
Er war nicht menschenscheu. Unbeschadet seines ein wenig großsprecherischen Wesens war er im Grunde harmlos.
Immerhin hielten einige Gott für besser als garnichts. Die meisten jedoch erachteten ihn für so gut wie nichts.
Deshalb wurde ihm ein kurzer Prozeß gemacht. Er hatte zu seiner Verteidigung wenig vorzubringen. Wenn er sprach, sprach er nicht zur Sache. Im übrigen blieb er bei seiner Aussage, daß er der sei, der er sei. Meist aber schwieg er.
Am Karfreitag des Jahres dreißig oder neununddreißig nach der Zeitwende wurde er, in einem nicht ganz einwandfreien Verfahren, ans Kreuz gehenkt.
Er sagte noch sieben Worte.
Um drei Uhr am Nachmittag, bei sonnigem Wetter, gab er den Geist auf. Zur gleichen Zeit wurde in Jerusalem ein Erdbeben von mittlerer Stärke verzeichnet. Es ereigneten sich geringe Sachschäden.

2 Peter Weiss

Wider das Kreuz als Bild der Hilflosigkeit

In einem bunten Vielebenenspiel bringt Peter Weiss Ereignisse aus der Zeit der Französischen Revolution mit seinem Stück «Marat-Sade» (1964) auf die Bühne, in dem Grundfragen menschlichen Verhaltens in gesellschaftlichen Konfliktsituationen (revolutionäre Umwandlung gesellschaftlicher Verhältnisse) aufgeworfen werden. Die verschiedenen Ebenen (Realitäts- und Deutungsebenen) des Stückes kommen dadurch in den Blick, daß das Leben und der Tod eines der Protagonisten der Französischen Revolution, Jean Paul Marat, als Spiel im Spiel, als Theater im Theater, 13 Jahre nach dessen Tod (also zur Zeit Napoleons) im Irrenhaus zu Charenton unter der Regie von Marquis de Sade von Patienten und deren Direktor (Coulmier) aufgeführt werden. Die Revolution muß so – in der Rückschau aus der Perspektive der napoleonischen Zeit, in der Rückschau also der wieder herrschenden reaktionären Kräfte – als ein von Narren für Narren inszeniertes Spiel erscheinen. Die beiden Figuren Marat und de Sade stehen hier kontrastiv gegeneinander: Marat der Typus des aktivistischen, auf Veränderung der ungerechten gesellschaftlichen Verhältnisse drängenden Revolutionärs, de Sade der Typus des (mit der herrschenden Moral im Konflikt liegenden) hedonistischen und sexuell libertinistischen Individualisten. «Was uns in der Konfrontation von Sade und Marat interessiert», schrieb Peter Weiss, «ist der Konflikt zwischen dem bis zum Äußersten geführten Individualismus und dem Gedanken an eine politische und soziale Umwälzung. Auch Sade war von der Notwendigkeit der Revolution überzeugt, und seine Werke sind ein einziger Angriff auf eine korrumpierte herrschende Klasse, jedoch schreckt er auch vor den Gewaltmaßnahmen der Neuordner zurück und sitzt, wie der moderne Vertreter des dritten Standpunkts, zwischen zwei Stühlen.» Marats revolutionäre Abrechnung gilt in diesem Stück nicht nur dem Feudalismus, sondern auch dem Klerikalismus, der soziale Veränderungen mit Hilfe theologischer Legitimationen verhindert. Die folgende 13. Szene des Stükkes ist charakteristisch für diese sozialkritische «Entlarvung» theologisch-kirchlichen Umgangs mit Jesus – aus heutiger Sicht längst ein Topos sozialrevolutionärer Religionskritik.

Marats Liturgie

Die Patienten stehen zum Chor formiert.

Marat

Wie hieß es doch lange
Die Monarchen seien gute Väter
unter deren Obhut wir friedlich lebten
und ihre Taten wurden uns von den gekauften Poeten
begeistert geschildert
Andächtig brachten die einfältigen Familienversorger
ihren Kindern die Lehren bei

Chor
zu Marats Monolog

Die Monarchen sind gute Väter
unter deren Obhut wir friedlich leben
Die Monarchen sind gute Väter
unter deren Obhut wir friedlich leben

Marat

Und die Kinder wiederholten die Lehren und glaubten daran
wie man daran glaubt
was man wieder und wieder hört
Und so hörte man auch die Priester sagen

begleitet vom Chor

In unsrer Barmherzigkeit umfassen wir alle Menschen in gleicher Weise
wir sind an kein Land und an keine Regierung gebunden
wir sind zu einem einzigen Volk von Brüdern vereint

allein weitersprechend

Und die Priester sahen sich die Ungerechtigkeiten an und sie schwiegen dazu und sagten

begleitet vom Chor

Unser Reich ist nicht von dieser Welt
diese Erde ist nur eine Stätte der Pilgerschaft
unser ist der Geist der Milde und der Geduld

allein weitersprechend

Und so zwangen sie den Unbemittelten
den letzten Spargroschen ab
und richteten es sich wohlig ein zwischen ihren Schätzen
und schmatzten und zechten mit den Fürsten
und zu den Hungernden sagten sie

begleitet vom Chor

Leidet
leidet wie jener dort am Kreuz
denn so will es Gott

Ein Pantomimenzug tritt auf. Patienten und die vier Sänger bewegen sich nach vorn. In Verkleidungen werden Würdenträger der Kirche angedeutet. Cucurucu trägt ein aus Besen zusammengebundenes Kreuz und zieht Polpoch an einem Strick, der um dessen Hals liegt, hinter sich her. Kokol schwenkt einen Eimer wie ein Weihfaß. Rossignol dreht einen Rosenkranz.
Allein weitersprechend

Und was man immer wieder und wieder hört
daran glaubt man
und so begnügten sich die Unbemittelten mit dem Bild des Blutenden
und Gemarterten und Festgenagelten
und sie beteten das Bild ihrer Hilflosigkeit an
und die Priester sagten

begleitet vom Chor.
Die Litaneien der Schwestern klingen dazu auf.

Erhebet die Hände gen Himmel
und ertraget schweigend das Leiden
und betet für eure Peiniger
denn Gebete und Segnungen seien eure einzigen Waffen
auf daß euch das Paradies zuteil werde

allein weitersprechend

Und so hielten sie sie zurück in ihrer Unwissenheit
daß sie sich nicht auflehnten gegen ihre Herren
die sie unterm Schein einer göttlichen Sendung regierten

CHOR
Amen

COULMIER
aufstehend und in das Amen hineinrufend

Herr de Sade
Gegen dieses Treiben muß ich mich wenden
wir einigten uns hier auf Streichung
Wie nimmt sich denn sowas heute aus
da unser Kaiser von kirchlichen Würdenträgern umgeben ist
und es sich immer aufs neue zeigt
wie sehr das Volk des priesterlichen Trostes bedarf
Von einer Unterdrückung kann überhaupt keine Rede sein
Im Gegenteil da wird alles getan um die Not zu lindern
mit Kleidereinsammlung Krankenhilfe und Suppenverteilung
und auch wir hier unterstehen nicht nur der Gnade der weltlichen Regierung
sondern vor allem der Gunst und dem Verständnis unsrer geistlichen Väter

AUSRUFER
hebt den Zeigestab hoch

Sollte jemand im Publikum sich getroffen fühlen
so bitten wir denselben seinen Ärger abzukühlen
und in Freundlichkeit zu bedenken
daß wir den Blick hier in die Vergangenheit lenken
in der alles anders war als heute
Heute sind wir natürlich gottesfürchtige Leute

schlägt ein Kreuzzeichen

Peter Handke

Wunschloses Unglück

Die Frau, von der in dieser Erzählung aus dem Kärntner kleinstädtischen Milieu die Rede ist, ist Handkes eigene Mutter, die 51jährig Selbstmord verübte. Handke versucht in dieser Erzählung – wie er selbst sagt – «den allgemeinen Formelvorrat für die Biographie eines Frauenlebens satzweise mit dem besonderen meiner Mutter» zu vergleichen. «Aus den Übereinstimmungen und Widersprüchlichkeiten ergibt sich dann die eigentliche Schreibtätigkeit.» Das Aufspüren der Lebensgeschichte der eigenen Mutter wird zur kritisch-diagnostischen Analyse des Entpersönlichungsprozesses, den diese Frau im Verlauf ihres Lebens durchmachte und der sich gerade mit Hilfe des sprachsklerotischen Gebrauchs religiöser Sprache anschaulich demonstrieren läßt.

Leute in dieser Bevölkerungsschicht, die gar keine Sorgen hatten, wurden wunderlich; Spinner. Die Betrunkenen wurden nicht redselig, nur noch schweigsamer, schlugen vielleicht Krach oder jauchzten einmal, versanken wieder in sich selber, bis sie in der Polizeistunde plötzlich rätselhaft zu schluchzen begannen und den Nächststehenden umarmten oder verprügelten.

Es gab nichts von einem selber zu erzählen; auch in der Kirche bei der Osterbeichte, wo wenigstens einmal im Jahr etwas von einem selber zu Wort kommen konnte, wurden nur die Stichworte aus dem Katechismus hingemurmelt, in denen das Ich einem wahrhaftig fremder als ein Stück vom Mond erschien. Wenn jemand von sich redete und nicht einfach schnurrig etwas erzählte, nannte man ihn «eigen». Das persönliche Schicksal, wenn es sich überhaupt jemals als etwas Eigenes entwickelt hatte, wurde bis auf Traumreste entpersönlicht und ausgezehrt in den Riten der Religion, des Brauchtums und der guten Sitten, so daß von den Individuen kaum etwas Menschliches übrigblieb; «Individuum» war auch nur bekannt als ein Schimpfwort.

Der schmerzensreiche Rosenkranz; der glorreiche Rosenkranz; das Erntedankfest; die Volksabstimmungsfeier; die Damenwahl; das Bruderschafttrinken; das In-den-April-Schicken; die Totenwache; der Silvesterkuß: – in diesen Formen veräußerlichten privater Kummer, Mitteilungsdrang, Unternehmungslust, Einmaligkeitsgefühl, Fernweh, Geschlechtstrieb, überhaupt jedes Gedankenspiel mit einer verkehrten Welt, in der alle Rollen vertauscht wären, und man war sich selber kein Problem mehr.

Spontan zu leben – am *Werk*tag spazierengehen, sich ein zweites Mal verlieben, als Frau allein im Gasthaus einen Schnaps trinken –, das hieß schon, eine Art von Unwesen treiben; «spontan» stimmte man höchstens in einen Gesang ein oder forderte einander zum Tanz auf.

Um eine eigene Geschichte und eigene Gefühle betrogen, fing man mit der

Zeit, wie man sonst von Haustieren, zum Beispiel Pferden, sagte, zu «fremdeln» an: man wurde scheu und redete kaum mehr, oder wurde ein bißchen verdreht und schrie in den Häusern herum.

Die erwähnten Riten hatten dann eine Trostfunktion. Der Trost: er ging nicht etwa auf einen ein, man ging vielmehr in ihm auf; war endlich damit einverstanden, daß man als Individuum nichts, jedenfalls nichts Besonderes war.

Man erwartete endgültig keine persönlichen Auskünfte mehr, weil man kein Bedürfnis mehr hatte, sich nach etwas zu erkundigen. Die Fragen waren alle zu Floskeln geworden, und die Antworten darauf waren so stereotyp, daß man dazu keine *Menschen* mehr brauchte, *Gegenstände* genügten: das süße Grab, das süße Herz Jesu, die süße schmerzensreiche Madonna verklärten sich zu Fetischen für die eigene, die täglichen Nöte versüßende Todessehnsucht; vor diesen tröstlichen Fetischen verging man. Und durch den täglich gleichförmigen Umgang mit immer denselben Sachen wurden auch diese einem heilig; nicht das Nichtstun war süß, sondern das Arbeiten. Es blieb einem ohnehin nichts anderes übrig.

Man hatte für nichts mehr Augen. «Neugier» war kein Wesensmerkmal, sondern eine weibliche oder weibische Unart.

Aber meine Mutter hatte ein neugieriges Wesen und kannte keine Trostfetische. Sie versenkte sich nicht in die Arbeit, verrichtete sie nur nebenbei und wurde so unzufrieden. Der Weltschmerz der katholischen Religion war ihr fremd, sie glaubte nur an ein diesseitiges Glück, das freilich wiederum nur etwas Zufälliges war; sie selber hatte zufällig Pech gehabt. Sie würde es den Leuten noch zeigen!

Aber wie?

Wie gern wäre sie richtig leichtsinnig gewesen! Und dann wurde sie einmal wirklich leichtsinnig: «Heute war ich leichtsinnig und habe mir eine Bluse gekauft.» Immerhin, und das war in ihrer Umgebung schon viel, gewöhnte sie sich das Rauchen an und rauchte sogar in der Öffentlichkeit. Viele Frauen in der Gegend waren heimliche Trinkerinnen; ihre dicken schiefen Lippen stießen sie ab: damit konnte man es niemandem zeigen. Höchstens wurde sie beschwipst – und trank dann mit jemandem Bruderschaft. Auf diese Weise stand sie bald mit den jüngeren Honoratioren auf du und du. Sie war in der Gesellschaft, die sich sogar in dem kleinen Ort, aus den wenigen Bessergestellten, gebildet hatte, gern gesehen. Einmal

gewann sie als Römerin auf einem Kostümball den ersten Preis. Zumindest beim Vergnügen gab sich die ländliche Gesellschaft klassenlos, sofern man nur GEPFLEGT und LUSTIG UND FIDEL war.
Zu Hause war sie «die Mutter», auch der Ehemann nannte sie öfter so als bei ihrem Vornamen. Sie ließ es sich gefallen, das Wort beschrieb das Verhältnis zu ihrem Mann auch besser; er war ihr nie so etwas wie ein Schatz gewesen.
Sie war es nun, die sparte. Das Sparen konnte freilich kein Beiseitelegen von Geld sein wie bei ihrem Vater, es mußte ein *Ab*sparen sein, ein Einschränken der Bedürfnisse so weit, daß diese bald als GELÜSTE erschienen und noch weiter eingeschränkt wurden.
Aber auch innerhalb dieses kümmerlichen Spielraums beschwichtigte man sich damit, daß man zumindest das *Schema* einer bürgerlichen Lebensführung nachahmte: noch immer gab es eine wenn auch lachhafte Einteilung der Güter in notwendige, bloß nützliche und luxuriöse.
Notwendig war dann nur das Essen; nützlich das Heizmaterial für den Winter; alles andere war schon Luxus.
Daß dafür noch einiges übrigblieb, half wenigstens einmal in der Woche zu einem kleinen stolzen Lebensgefühl: «Uns geht es immer noch besser als anderen.»
Man leistete sich also folgenden Luxus: eine Kinokarte in der neunten Reihe und danach ein Glas gespritzten Wein; eine Tafel Bensdorp-Schokolade um einen oder zwei Schilling für die Kinder am nächsten Morgen; einmal im Jahr eine Flasche selbsterzeugten Eierlikör; manchmal im Winter sonntags den Schlagrahm, den man die Woche hindurch gesammelt hatte, indem man den Milchtopf über Nacht jeweils zwischen die beiden Winterfensterscheiben stellte. War das dann ein Fest! würde ich schreiben, wenn das meine eigene Geschichte wäre; aber es war nur das sklavenhafte Nachäffen einer unerreichbaren Lebensart, das Kinderspiel vom irdischen Paradies.
Weihnachten: das, was ohnedies nötig war, wurde als Geschenk verpackt. Man überraschte einander mit dem Notwendigen, mit Unterwäsche, Strümpfen, Taschentüchern, und sagte, daß man sich gerade das auch GEWÜNSCHT hätte! Auf diese Weise spielte man bei fast allem, außer beim Essen, den Beschenkten; ich war aufrichtig dankbar zum Beispiel für die notwendigsten Schulsachen, legte sie wie Geschenke neben das Bett.

4 Günter Grass

Wider den Jesus-Kitsch

In den vier Kapiteln der «Blechtrommel», in denen die Jesus-Figur eine besondere Rolle spielt («Kein Wunder», «Die Nachfolge Christi», «Die Stäuber», «Das Krippenspiel») gerät die Auseinandersetzung mit der Jesusthematik zu einer satirisch-blasphemischen Abrechnung mit der verkulteten und verkitschten Jesus-Frömmigkeit im Raum des vorkonziliaren Danziger Katholizismus. Der folgende Abschnitt entstammt dem Kapitel «Kein Wunder». Das hier erwartete «Wunder» passiert dann im Kapitel «Nachfolge Christ». In diesem Kapitel fällt dann auch der Entschluß Oskars zur tatsächlichen Nachfolge Christi, was freilich immer deutlicher heißt: Ablösung, Ersetzung Christi.
Hinter der blasphemisch-satirischen Ebene der Auseinandersetzung mit der Jesusthematik wird freilich im Verlauf des Romans (vom Gedanken der Identifikation Oskar – Christus her) eine zweite, figurale Deutungsebene sichtbar, die vor allem im letzten Kapitel des Romans zum Ausdruck kommt («Dreißig»). Oskar wird als der Schwache, Unterdrückte, der Außenseiter und Krüppel im Akt der figuralen Deutung von Jesus her zu einer zeitgenössischen Stellvertreter-Figur für unschuldiges Leiden und närrisches Außenseitertum und damit für die (christliche) Dialektik von Stärke und Schwäche, Macht und Ohnmacht, Scheitern und Sieg.

Ich gebe zu, daß die Fliesen in katholischen Kirchen, daß der Geruch einer katholischen Kirche, daß mich der ganze Katholizismus heute noch unerklärlicher Weise wie, nun, wie ein rothaariges Mädchen fesselt, obgleich ich rote Haare umfärben möchte und der Katholizismus mir Lästerungen eingibt, die immer wieder verraten, daß ich, wenn auch vergeblich, dennoch unabänderlich katholisch getauft bin. Oft ertappe ich mich während banalster Vorgänge, etwa beim Zähneputzen, selbst beim Stuhlgang, Kommentare zur Messe reihend, wie: In der heiligen Messe wird die Blutvergießung Christi erneuert, damit es fließe zu deiner Reinigung, das ist der Kelch seines Blutes, wird der Wein wirklich und wahrhaftig, sooft das Blut Christi vergossen wird, das wahre Blut Christi ist vorhanden, durch die Anschauung des heiligen Blutes, die Seele wird mit dem Blut Christi besprengt, das kostbare Blut, mit dem Blute gewaschen, bei der Wandlung fließt das Blut, das blutbefleckte Korporale, die Stimme des Blutes Christi dringt durch alle Himmel, das Blut Christi verbreitet einen Wohl-

geruch vor dem Angesichte Gottes.
Sie werden zugeben müssen, daß ich mir einen gewissen katholischen Tonfall bewahrt habe. Früher konnte ich nicht auf Straßenbahnen warten, ohne gleichzeitig der Jungfrau Maria zu gedenken. Ich nannte sie liebreiche, selige, gebenedeite, Jungfrau der Jungfrauen, Mutter der Barmherzigkeit, Du Seliggepriesene, Du, aller Verehrung würdige, die Du geboren hast den, süße Mutter, jungfräuliche Mutter, glorreiche Jungfrau, laß mich verkosten die Süßigkeit des Namens Jesu, wie Du sie in Deinem mütterlichen Herzen verkostet hast, wahrhaft würdig und recht ist es, gebührend und heilsam, Königin, gebenedeite, gebenedeite ...
Dieses Wörtchen «gebenedeit» hatte mich zeitweise, vor allen Dingen, als Mama und ich die Herz-Jesu-Kirche jeden Sonnabend besuchten, so versüßt und vergiftet, daß ich dem Satan dankte, weil er in mir die Taufe überstanden hatte und mir ein Gegengift lieferte, das mich zwar lästernd, aber doch aufrecht über die Fliesen der Herz-Jesu-Kirche schreiten ließ.
Jesus, nach dessen Herz die Kirche benannt war, zeigte sich, außer in den Sakramenten, mehrmals malerisch auf den bunten Bildchen des Kreuzganges, dreimal plastisch und dennoch farbig in verschiedenen Positionen.
Da gab es jenen in bemaltem Gips. Langhaarig stand er in preußischblauem Rock auf goldenem Sockel und trug Sandalen. Er öffnete sich das Gewand über der Brust und zeigte in der Mitte des Brustkastens, aller Natur zum Trotz, ein tomatenrotes, glorifiziertes und stilisiert blutendes Herz, damit die Kirche nach diesem Organ benannt werden konnte.
Gleich bei der ersten Besichtigung des offenherzigen Jesus mußte ich feststellen, in welch peinlicher Vollkommenheit der Heiland meinem Taufpaten, Onkel und mutmaßlichen Vater Jan Bronski glich. Diese naiv selbstbewußten, blauen Schwärmeraugen! Dieser blühende, immer zum Weinen bereite Kußmund! Dieser die Augenbrauen nachzeichnende männliche Schmerz! Volle, durchblutete Wangen, die gezüchtigt werden wollten. Es hatten beide jenes die Frauen zum Streicheln verführende Ohrfeigengesicht, dazu die weibisch müden Hände, die gepflegt und arbeitsscheu ihre Stigmata wie Meisterarbeiten eines für Fürstenhöfe schaffenden Juweliers zur Schau stellten. Mich peinigten die dem Jesus ins Gesicht gepinselten, mich väterlich mißverstehenden Bronskiaugen. Hatte doch ich denselben blauen Blick, der nur begeistern, nicht überzeugen konnte.
Oskar wandte sich vom Herz Jesu im rechten Kirchenschiff ab, hastete

von der ersten Kreuzwegstation, da Jesus das Kreuz auf sich nimmt, bis zur siebenten Station, da er zum zweitenmal unter dem Kreuz fällt, zum Hochaltar, über dem der nächste, gleichfalls vollplastische Jesus hing. Der hielt jedoch die Augen übermüdet oder, um sich besser konzentrieren zu können, geschlossen. Was hatte der Mann für Muskeln! Dieser Athlet mit der Figur eines Zehnkämpfers ließ mich den Herz-Jesu-Bronski sofort vergessen, sammelte mich, sooft Mama Hochwürden Wiehnke beichtete, andächtig und den Turner beobachtend vor dem Hochaltar. Glauben Sie mir, daß ich betete! Mein süßer Vorturner, nannte ich ihn, Sportler aller Sportler, Sieger im Hängen am Kreuz unter Zuhilfenahme zölliger Nägel. Und niemals zuckte er! Das ewige Licht zuckte, er aber erfüllte die Disziplin mit der höchstmöglichen Punktzahl. Die Stoppuhren tickten. Man nahm ihm die Zeit ab. Schon putzten in der Sakristei etwas schmutzige Meßdienerfinger die ihm gebührende Goldmedaille. Aber Jesus trieb seinen Sport nicht um der Ehrungen willen. Es fiel mir der Glaube ein. Ich kniete, wenn es nur irgend mein Knie erlaubte, nieder, schlug das Kreuz auf meiner Trommel und versuchte Worte wie gebenedeit oder schmerzensreich in Verbindung mit Jesse Owens und Rudolf Harbig, mit der vorjährigen Berliner Olympiade zu verbinden; was mir nicht immer gelang, weil ich Jesus den Schächern gegenüber unfair nennen mußte. So disqualifizierte ich ihn und drehte den Kopf nach links, sah dort, neue Hoffnung knüpfend, des himmlischen Turners dritte plastische Darstellung im Inneren der Herz-Jesu-Kirche.

«Laß mich erst beten, wenn ich dich dreimal gesehen habe», stammelte ich dann, fand wieder mit den Schuhsohlen die Fliesen, benutzte das Schachmuster, um zum linken Seitenaltar zu kommen, und spürte bei jedem Schritt: Er schaut dir nach, die Heiligen schauen dir nach, Petrus, den sie mit dem Kopf nach unten, Andreas, den sie aufs schräge Kreuz nagelten – deshalb Andreaskreuz. Außerdem gibt es ein Griechisches Kreuz neben dem Lateinischen Kreuz oder Passionskreuz. Wiederkreuze, Krückenkreuze und Stufenkreuze werden auf Stoffen, Bildern und in Büchern abgebildet. Das Tatzenkreuz, Ankerkreuz und Kleeblattkreuz sah ich plastisch gekreuzt. Schön ist das Glevenkreuz, begehrt das Malteserkreuz, verboten das Hakenkreuz, de Gaulles Kreuz, das Lothringer Kreuz, man nennt das Antoniuskreuz bei Seeschlachten: Crossing the T. Am Kettchen das Henkelkreuz, häßlich das Schächerkreuz, päpstlich des Papstes

Kreuz, und jenes Russenkreuz nennt man auch Lazaruskreuz. Dann gibt's das Rote Kreuz. Blau ohne Alkohol kreuzt sich das Blaue Kreuz. Gelbkreuz vergiftet dich, Kreuzer versenken sich, Kreuzzug bekehrte mich, Kreuzspinnen fressen sich, auf Kreuzungen kreuzt ich dich, kreuzundquer, Kreuzverhör, Kreuzworträtsel sagt, löse mich. Kreuzlahm, ich drehte mich, ließ das Kreuz hinter mir, und auch dem Turner am Kreuz wandte ich meinen Rücken auf die Gefahr hin zu, daß er mich ins Kreuz träte, weil ich mich der Jungfrau Maria näherte, die den Jesusknaben auf ihrem rechten Oberschenkel hielt.

Oskar stand vor dem linken Seitenaltar des linken Kirchenschiffes. Maria hatte den Gesichtsausdruck, den seine Mama gehabt haben mußte, als sie als siebzehnjähriges Ladenmädchen auf dem Troyl kein Geld fürs Kino hatte, sich aber ersatzweise und einfühlsam Filmplakate mit Asta Nielsen ansah.

Sie widmete sich nicht Jesus, sondern betrachtete den anderen Knaben an ihrem rechten Knie, den ich, um Irrtümer zu vermeiden, sogleich Johannes den Täufer nenne. Beide Knaben hatten meine Größe. Dem Jesus hätte ich, genau befragt, zwei Zentimeter mehr gegeben, obgleich er den Texten nach jünger war als der Täuferknabe. Es hatte dem Bildhauer Spaß gemacht, den dreijährigen Heiland nackt und rosa darzustellen. Johannes trug, weil er ja später in die Wüste ging, ein schokoladenfarbenes Zottelfell, das seine halbe Brust, den Bauch und sein Gießkännchen verdeckte. Oskar hätte besser vor dem Hochaltar oder unverbindlich neben dem Beichtstuhl verweilt als in der Nähe dieser zwei recht altklug und ihm erschreckend ähnlich dreinblickenden Knaben. Natürlich hatten sie blaue Augen und sein kastanienbraunes Haar. Es hätte nur noch gefehlt, daß der bildhauernde Friseur den beiden Oskars Bürstenfrisur gegeben, ihnen die albernen Korkenzieherlocken abgeschnitten hätte.

Nicht zu lange will ich mich bei dem Täuferknaben aufhalten, der mit dem linken Zeigefinger auf den Jesusknaben deutete, als wolle er gerade abzählen: «Ich und du, Müllers Kuh . . .» Ohne mich auf Abzählspiele einzulassen, nenne ich Jesus beim Namen und stelle fest: Eineiig! Der hätte mein Zwillingsbruder sein können. Der hatte meine Statur, mein damals noch nur als Gießkännchen benutztes Gießkännchen. Der schaute mit meinen Bronskiaugen kobaltblau in die Welt und zeigte, was ich ihm am meisten verübelte, meine Gestik.

Beide Arme hob mein Abbild, schloß die Hände dergestalt zu Fäusten, daß man getrost etwas hätte hineinstecken können, zum Beispiel meine Trommelstöcke; und hätte der Bildhauer das getan, ihm dazu auf die rosa Oberschenkel meine weißrote Blechtrommel gegipst, wäre ich es gewesen, der perfekteste Oskar, der da auf dem Knie der Jungfrau saß und die Gemeinde zusammentrommelte. Es gibt Dinge auf dieser Welt, die man – so heilig sie sein mögen – nicht auf sich beruhen lassen darf!
Drei einen Teppich mitziehende Stufen führten zur grünsilbrig gewandeten Jungfrau, zum schokoladenfarbenen Zottelfell des Johannes und zum kochschinkenfarbenen Jesusknaben hinauf. Es gab da einen Marienaltar mit bleichsüchtigen Kerzen und Blumen in allen Preislagen. Der grünen Jungfrau, dem braunen Johannes und dem rosigen Jesus klebten tellergroße Heiligenscheine an den Hinterköpfen. Blattgold verteuerte die Teller. Hätte es nicht die Stufen vor dem Altar gegeben, wäre ich nie hinaufgestiegen. Stufen, Türdrücker und Schaufenster verführten Oskar zu jener Zeit und lassen ihn selbst heute, da ihm sein Anstaltsbett doch genug sein sollte, nicht gleichgültig. Er ließ sich von einer Stufe zur nächsten verführen und blieb dabei immer auf demselben Teppich. Um das Marienaltärchen herum waren sie Oskar ganz nah und erlaubten seinem Knöchel ein teils geringschätziges, teils respektvolles Abklopfen der Dreiergruppe. Seinen Fingernägeln ermöglichte sich jenes Schaben, welches unter der Farbe den Gips deutlich macht. Der Faltenwurf der Jungfrau verfolgte sich, Umwege machend, bis zu den Fußspitzen auf der Wolkenbank. Das knapp angedeutete Schienbein der Jungfrau ließ ahnen, daß der Bildhauer zuerst das Fleisch angelegt hatte, um es hinterher mit Faltenwurf zu überschwemmen. Als Oskar das Gießkännchen des Jesusknaben, das fälschlicherweise nicht beschnitten war, eingehend betastete, streichelte und vorsichtig drückte, als wolle er es bewegen, spürte er auf teils angenehme, teils neu verwirrende Art sein eigenes Gießkännchen, ließ daraufhin dem Jesus seines in Ruhe, damit seines ihn in Ruhe lasse.
Beschnitten oder unbeschnitten, ich ließ das auf sich beruhen, zog meine Trommel unter dem Pullover hervor, nahm sie mir vom Hals und hing sie, ohne dabei den Heiligenschein zu zerbrechen, dem Jesus um. Das machte mir bei meiner Größe etwas Mühe. Die Skulptur mußte ich besteigen, um von der Wolkenbank aus, die den Sockel ersetzte, Jesus instrumentieren zu können.

Oskar tat das nicht etwa anläßlich seines ersten Kirchenbesuches nach der Taufe, im Januar sechsunddreißig, sondern während der Karwoche desselben Jahres. Seine Mama hatte den ganzen Winter hindurch Mühe gehabt, mit der Beichte ihrem Verhältnis zu Jan Bronski nachzukommen. So fand Oskar Zeit und Sonnabende genug, sein geplantes Vorhaben auszudenken, zu verdammen, zu rechtfertigen, neu zu planen, von allen Seiten zu beleuchten, um es endlich, alle vorherigen Pläne verwerfend, schlicht, direkt, mit Hilfe des Stufengebetes am Karmontag auszuführen.

Da Mama noch vor dem Höhepunkt des Ostergeschäftes die Beichte verlangte, nahm sie mich am Abend des Karmontag bei der Hand, führte mich Labesweg, Ecke Neuer Markt in die Elsenstraße, Marienstraße, am Fleischerladen Wohlgemuth vorbei, am Kleinhammerpark links einbiegend durch die Eisenbahnunterführung, in der es immer gelblich und ekelhaft tropfte, zur und in die Herz-Jesu-Kirche, dem Bahndamm gegenüber.

Wir kamen spät. Nur noch zwei alte Frauen und ein verhemmter junger Mann warteten vor dem Beichtstuhl. Während Mama bei der Gewissenserforschung war – sie blätterte im Beichtspiegel wie über Geschäftsbüchern, den Daumen anfeuchtend, eine Steuererklärung erfindend – glitt ich aus dem Eichenholz, suchte, ohne dem Herz Jesu und dem Turner am Kreuz unter die Augen zu geraten, den linken Seitenaltar auf.

Obgleich es schnell gehen mußte, tat ich es nicht ohne Introitus. Drei Stufen: Introibo ad altare Dei. Zu Gott, der mich erfreut von Jugend auf. Die Trommel vom Hals, das Kyrie ausdehnend hinauf auf die Wolkenbank, kein Verweilen beim Gießkännchen, vielmehr, kurz vor dem Gloria, dem Jesus das Blech umgehängt, Vorsicht beim Heiligenschein, runter von der Wolkenbank, Nachlaß, Vergebung und Verzeihung, aber zuvor noch die Knüppel in Jesu maßgerechte Griffe, eins, zwei, drei Stufen, ich erhebe meine Augen zu den Bergen, noch etwas Teppich, endlich die Fliesen und ein Betschemelchen für Oskar, der niederkniete auf dem Pölsterchen und die Trommlerhände vor dem Gesicht faltete – Gloria in excelsis Deo – an den gefalteten Händen vorbei zum Jesus und seiner Trommel hinblinzelte und auf das Wunder wartete: wird er nun trommeln, oder kann er nicht trommeln, oder darf er nicht trommeln, entweder er trommelt, oder er ist kein echter Jesus, eher ist Oskar ein echter Jesus als der, falls er nicht doch noch trommelt.

Wenn man ein Wunder will, muß man warten können. Nun, ich wartete, tat's anfangs geduldig, vielleicht nicht geduldig genug, denn je länger ich mir den Text «Alle Augen warten auf dich, o Herr» wiederholte, dabei für Augen zweckentsprechend, Ohren einsetzte, um so enttäuschter fand sich Oskar auf dem Betschemelchen. Zwar bot er dem Herrn allerlei Chancen, schloß die Augen, damit sich jener, weil unbeobachtet, eher zu einem vielleicht noch ungeschickten Anfang entschlösse, doch schließlich, nach dem dritten Credo, nach Vater, Schöpfer, sichtbarer und unsichtbarer, und den eingeborenen Sohn, aus dem Vater, wahrer vom wahren, gezeugt, nicht geschaffen, eines mit dem, durch ihn, für uns und um unseres ist er von herab, hat angenommen durch, aus, ist geworden, wurde sogar für, unter hat er, begraben, auferstanden gemäß, aufgefahren in, sitzet zur des, wird in zu halten über und Tote, kein Ende, ich glaube an, wird mit dem, zugleich, hat gesprochen durch, glaube an die eine, heilige, katholische und ...

Nein, da roch ich ihn nur noch, den Katholizismus. Von Glaube konnte wohl kaum mehr die Rede sein. Auch auf den Geruch gab ich nichts, wollte was anderes geboten bekommen: mein Blech wollte ich hören, Jesus sollte mir etwas zum Besten geben, ein kleines halblautes Wunder! Mußte ja nicht zum Gedröhn werden, mit herbeistürzendem Vikar Rasczeia und mühsam sein Fett zum Wunder hinschleppenden Hochwürden Wiehnke, mit Protokollen zum Bischofssitz nach Oliva und bischöflichen Gutachten in Richtung Rom. Nein, ich hatte da keinen Ehrgeiz, Oskar wollte nicht heilig gesprochen werden. Ein kleines privates Wunderchen wollte er, damit er hören und sehen konnte, damit ein für allemal feststand, ob Oskar dafür oder dagegen trommeln sollte, damit laut wurde, wer von den beiden Blauäugigen, Eineiigen sich in Zukunft Jesus nennen durfte.

Ich saß und wartete. Inzwischen wird Mama im Beichtstuhl sein und womöglich das sechste Gebot schon hinter sich haben, sorgte ich mich. Der alte Mann, der immer durch die Kirchen wackelt, wackelte am Hauptaltar, schließlich am linken Seitenaltar vorbei, grüßte die Jungfrau mit den Knaben, sah vielleicht die Trommel, doch begriff er sie nicht. Er schlurfte weiter und wurde älter dabei.

Die Zeit verging, meine ich, aber Jesus schlug nicht auf die Trommel. Vom Chor herunter hörte ich Stimmen. Hoffentlich will niemand orgeln,

bangte ich. Die bekommen es fertig, proben für Ostern und übertünchen mit ihrem Gebrause womöglich den gerade beginnenden, hauchdünnen Wirbel des Jesusknaben.
Sie orgelten nicht. Jesus trommelte nicht. Es fand kein Wunder statt, und ich erhob mich vom Polster, ließ die Knie knacken und gängelte mich angeödet und mürrisch über den Teppich, zog mich von Stufe zu Stufe, unterließ aber alle mir bekannten Stufengebete, bestieg die Gipswolke, warf dabei Blumen in mittlerer Preislage um und wollte dem blöden Nackedei meine Trommel abnehmen.
Ich sag es heute und sag es immer wieder: Es war ein Fehler, ihn unterrichten zu wollen. Was befahl mir, ihm zuerst die Stöcke abzunehmen, ihm das Blech zu lassen, mit den Stöcken erst leise, dann jedoch wie ein ungeduldiger Lehrer, dem falschen Jesus vortrommelnd etwas vorzutrommeln, ihm dann die Knüppel wieder in die Hände zu drücken, damit jener beweisen konnte, was er bei Oskar gelernt hatte.
Bevor ich dem verstocktesten aller Schüler Knüppel und Blech, ohne Rücksicht auf den Heiligenschein, abnehmen konnte, war Hochwürden Wiehnke hinter mir – meine Trommelei hatte die Kirche hoch und breit ausgemessen – war der Vikar Rasczeia hinter mir, Mama hinter mir, alter Mann hinter mir, und der Vikar riß mich, und Hochwürden patschte mich, und Mama weinte mich aus, und Hochwürden flüsterte mich an, und der Vikar ging ins Knie und ging hoch und nahm Jesus die Knüppel ab, ging mit den Knüppeln nochmals ins Knie und hoch zu der Trommel, nahm ihm die Trommel ab, knickte den Heiligenschein, stieß ihm das Gießkännchen an, brach etwas Wolke ab und fiel die Stufen, Knie, nochmals Knie, zurück, wollte mir die Trommel nicht geben, machte mich ärgerlicher, als ich es war, zwang mich, Hochwürden zu treten und Mama zu beschämen, die sich auch schämte, weil ich getreten, gebissen, gekratzt hatte und mich dann losriß von Hochwürden, Vikar, altem Mann und Mama, stand gleich darauf vor dem Hochaltar, spürte Satan in mir hüpfen und hörte ihn wie bei der Taufe: «Oskar», flüsterte Satan, «schau dich um, überall Fenster, alles aus Glas, alles aus Glas!»
Und über den Turner am Kreuz hinweg, der nicht zuckte, der schwieg, sang ich die drei hohen Fenster der Apsis an, die rot, gelb und grün auf blauem Grund zwölf Apostel darstellten. Zielte aber weder auf Markus noch auf Matthäus. Auf jene Taube über ihnen, die auf dem Kopf stand

und Pfingsten feierte, auf den Heiligen Geist zielte ich, kam ins Vibrieren, kämpfte mit meinem Diamanten gegen den Vogel und: Lag es an mir? Lag es am Turner, der, weil er nicht zuckte, Einspruch erhob? War das das Wunder, und keiner begriff es? Sie sahen mich zittern und lautlos gegen die Apsis hinströmen, nahmen es, außer Mama, als Beten, während ich doch Scherben wollte; aber Oskar versagte, seine Zeit war noch nicht gekommen. Auf die Fliesen ließ ich mich fallen und weinte bitterlich, weil Jesus versagt hatte, weil Oskar versagte, weil Hochwürden und Rasczeia mich falsch verstanden, sogleich von Reue faselten. Nur Mama versagte nicht. Sie verstand meine Tränen, obgleich sie froh sein mußte, daß es keine Scherben gegeben hatte.

II. Die kritische Instanz

5 Reinhold Schneider

Der große Verzicht

Das Stück handelt von einer der rätselhaftesten Figuren der Papstgeschichte, jenem Einsiedlermönch Petrus Morrone, der im Juli 1294 zum Papst gewählt wurde, sich Cölestin V. nannte und nach wenigen Wochen wieder zurücktrat. Für Schneider gewinnt diese Gestalt, gewinnt dieser vor- und nachher in der Papstgeschichte beispiellose Schritt unter der Fragestellung Bedeutung, «ob ein Heiliger herrschen kann auf Erden und welche Gestalt seine Herrschaft haben muß». Das Thema von Macht und Moral, Amt und Dienst, Herrschaft und Ohnmacht, Weltlichkeit und Christlichkeit wird hier am Papsttum exemplarisch demonstriert. Die gleichzeitig aufgeworfene Schuldproblematik (das Verbleiben im Amt macht ebenso schuldig wie der Rücktritt vom Amt) wird für Schneider nur von der paradoxen theologischen Verstehensstruktur der Kreuzestheologie her lösbar: «Ist denn keine Antwort? Die Antwort ist nur das Opfer. Cölestin versagt. Aber er versagt unter dem Kreuz. Und er wird damit zum Licht der Welt. Er tritt aus den irdischen Ordnungen. Aber er geht in die höhere ein, von der allein die irdische erlöst werden kann. Ob er Recht oder Unrecht getan hat: das haben Menschen nicht zu entscheiden. Sein leidensvoller Weg ist nicht Gesetz, sittliche Norm; er bedeutet einsamste christliche Entscheidung, Vollzug einer Glaubensnotwendigkeit, die nur dann ins Recht gelangen kann, wenn sie in demütiger Folgerichtigkeit durchlitten ist. Das jedem Zeitalter gewährte erreichbare Licht sammelt sich auf des Verzichters Haupt, und so wurde er, was der Christ werden soll, Licht der Welt. Er hat dem heiligen Amte im letzten Sinne nicht widersprochen; er scheitert ja am Felsen – und es ist kein höheres Bekenntnis zum Fels als dieses Scheitern, das felsenharte Ja des Sterbenden. Das ist ein Bekenntnis ohne irdische Glorie, die Macht des Machtlosen, der Sieg dessen, der das Schwert in die Scheide steckte, einmal und für immer.»

Der folgende Abschnitt aus dem 3. Akt gibt die Rücktrittszene wieder und ist so etwas wie das Vermächtnis Cölestins an die Menschheit. Benedetto Gaetani ist der Gegenspieler Cölestins und der nachmalige, machtbeherrschte Papst Bonifaz VIII.

Großer Thronsaal des Papstes im Schloß zu Neapel

Tafel seitlich des Thrones; in der Mitte der Rückwand hohe Fenster und Türen, die auf eine Terrasse führen, unter der die Straße angenommen wird. Die Kardinäle und ihr Gefolge versammeln sich. Die Gespräche gehen, in Erwartung des Papstes, in Schweigen über.

Petrus betritt den Saal, die Krone auf dem Haupte, auf einen Stab sich stützend, eine Schriftrolle in den Händen haltend. Er geht auf den Thron zu und wendet sich an Benedetto Gaëtani, der dem Throne zunächst steht.

PETRUS *sehr leise, den Arm ein wenig ausstreckend, als sollte Gaëtani ihm helfen:* Ich bitte dich, Bruder, willst du mir ein wenig helfen?

Benedetto Gaëtani ist auf Vorgänge auf der Straße aufmerksam geworden und hat die Geste des Papstes nicht bemerkt.

PETRUS Nicht? Nicht? Ist denn niemand? So muß ich es allein versuchen. *Er steigt empor und steht vor dem Throne.* Im Namen des Heiligen Geistes! Wohl ist niemals, solange diese Krone leuchtet, ein unwürdigeres Haupt mit ihr belastet worden. Ich habe das in Wahrhaftigkeit zu sagen versucht, als das heilige Kollegium mich für diese Krone ausersah. Ihr habt mich damals nicht angehört, und das ist meine Schuld; denn ich hätte viel mehr, ich hätte etwas Furchtbares euch entdecken sollen. *Bewegung unter den Kardinälen.* Ihr seid betroffen, und ihr habt recht, euch auf Unerhörtes vorzubereiten. Was ich nun zu sagen habe, das ist noch niemals gesagt worden vom heiligen Throne des Apostels aus, dessen ehrfurchtgebietender Name mir nun zum Gerichte wird. *Zu Mattheo Rosso.* Du, Kardinal von Santa Maria in Porticu und du *(zu Benedetto Gaëtani)* Kardinal von San Martin, ihr werdet euch noch erinnern, mit welcher Furcht ich am ersten Tage meines Pontifikats in Sulmona einzog; und ihr werdet nun auch begreifen, warum es mich so tief erschüttern mußte, daß ich bei meinem Einzuge einen Sterbenden vorfand, den nun in Gott ruhenden Kardinal von Ostia. Der Herr stehe mir bei in dem, was ich jetzt zu sagen habe. Ich werde schwerlich die rechten Worte finden, auch ist mein Leib so hinfällig geworden, daß es mich Mühe kostet, zu stehen und zu sprechen. Und doch habe ich eine Sicherheit erlangt. Sie wird mich stärken, bis ich getan habe, was ich tun muß, und wird mir helfen, solange die geweihte Wucht der Apostelkrone vor euch zu tragen. Jene Furcht, von der ich sprach – vergebt mir die Umschweife, liebe Brüder, ich bin es nicht gewohnt, zu reden –, rührte her von einem verletzten Gewissen. *Bewegung.* Ja, es ist nicht so, wie ihr glaubt, daß ihr einen einfältigen unschuldigen Einsiedler erwählt habt; Petrus von Murrhone war es nicht. Es gab einen Augenblick, da wünschte ich mir die Krone, die mir nun mit Fug und Recht zum Gerichte wird.

BENEDETTO GAËTANI Er! Auch er! Sollte ich in jener Nacht meinen Rivalen versucht haben? Und was habe ich dann getan?

PETRUS Meine Schuld, meine Schuld, meine überschwere Schuld! *Gaëtani flüstert die Worte nach.* Seht, ehrwürdige Brüder, als ich im Gebete lag auf meinem Felsen und die Geschicke der Welt überdachte, so gut ich sie verstand und wie es mir wieder dieses alte, schwache Herz bedrückte, daß die Kirche kein Haupt hatte und daß offenbar kein würdiges Haupt zu finden war; – ich hatte ja kaum einen unter euch jemals gesehen und wußte nicht, wieviele würdige Diener die Kirche hatte, – da quoll mir der Seufzer aus dem Herzen: Herr, da kein Würdiger zu erkennen ist, so nimm den Unwürdigsten, den Schwächsten und Einfältigsten, einen zum mindesten, der lieber sterben würde, als daß er ein Unrecht täte und sich an Deinem heiligen Frieden versündigte: Nimm diesen Unwürdigsten, Herr, laß ihn stark werden durch Deine Gnade und laß ihn ein Opfer sein vor Dir! So habe ich an der Krone gefrevelt, indem ich sie begehrte, denn ich mußte ja wissen – und wußte es auch –, daß mein Geist arm, mein Wille schwach, mein Körper siech war; daß ich die Welt nicht kannte. Denn ich stamme von höchst ehrenwerten Eltern, die aber in großer Dürftigkeit lebten. Also mußte ich auch wissen, daß ich den mancherlei Ränken und schlimmen Gedanken – seht mir dieses Geständnis nach! –, die den Menschen ihr gefährliches Trachten und der Weltlauf eben eingibt, nicht würde auf die rechte Weise begegnen können: daß solche Gedanken und Anschläge eindringen würden in den Frieden meiner Seele und meine Kräfte zerrütten müßten ... Meine Schuld, meine Schuld und abermals meine Schuld! Ich vermaß mich des Glaubens, in all meiner Schwachheit rein bleiben zu können in dieser Welt und ohne schuldig zu werden das höchste Amt in ihr zu versehen. Und also bin ich schuldig geworden, vorab an euch, liebe Brüder. Widerstände es dieser heiligen Krone nicht, so fiele ich hier auf meine Kniee, um eure Vergebung zu erlangen. *Bewegung.*

JACOB COLONNA *leise:* Und er ist doch der Heilige, an den wir einmal glaubten.

PEDRO COLONNA Wäre er uns das Wunder nicht schuldig geblieben, wir glaubten noch.

PETRUS Ja, Pedro Colonna, du hast recht. Ich habe deine Worte gehört; warum soll ich es nicht sagen? Und ich habe viele Worte gehört, die mich verletzten. Das hat dazu beigetragen, daß mich Körper und Seele schmerzen und ein jeder Atemzug mir wehe tut. Es ist auch noch immer wahr: daß ein Wunder hätte geschehen müssen; nur habt ihr darin sehr geirrt, daß ihr es von mir erwartet habt. *Sich aufrichtend.* Das aber weiß ich mit Bestimmtheit: eine andere Zeit muß und wird beginnen; ich weiß nicht, ob es heute oder morgen geschehen wird. Aber einmal wird es doch geschehen, daß der Amtswalter des Apostels lieber stirbt, als daß er Mordwaffen segnet, und daß er sich lieber wird vertreiben lassen, als daß er flucht. Das Unerhörte muß und wird kommen. Der muß und wird den Thron Petri besteigen, der die Wahrheit unseres Erlösers lebt; der diese Wahrheit selber ist, soweit ein Mensch das sein kann. Dann, ehrwürdige Brüder – laßt den großen Traum mich einmal aussprechen, denn dieser Traum muß weltbeherrschende Wirklichkeit werden –, dann erst werden alle Ämter, Kronen, Herrschaften auf Erden gefesselt sein an die Krone des ewigen Wortes, der Wahrheit; dann wird das Lamm neben dem Löwen ruhen, die Völker werden einander nicht mehr schaden, und der Herr wird herstellen die Wüste zu einem Garten, wie es der Prophet gesagt hat. Dieses Wort besteht, denn es ist nicht unser Wort, sondern Gottes. Und wenn *(mit einem erschreckten Blick durch das Fenster)* das Volk sich auf den Straßen zusammenfindet und uns bedrängt und bedroht und der Aufruhr die Sitze der Könige erschüttert: so ist es nur darum, weil die Weltnot uns nicht umgeschmolzen hat und wir bisher dem Worte Gottes nicht gerecht zu werden vermochten. Ich wurde es nicht; ich habe nichts getan, die Zeit heraufzuführen, die angezeigt ist, und darum richte ich mich, liebe Brüder. Ich habe diesen Thron bestiegen, ohne erwählt zu sein; das ist der entsetzliche Spruch meines Gewissens, der mich wie Sturmesheulen durchrüttelt hat. Wäre ich erwählt gewesen, so hätte ich die Kraft empfangen, die Erwählung zu tragen. Aber ich wurde als ein Unreiner versucht und bin der Versuchung erlegen. Darum will ich jetzt herabsteigen vom Thron des Apostels.

Man hört Gesang von der Straße.

STIMMEN EINZELNER KARDINÄLE Das Volk! Das Volk auf der Straße! Ist es Aufruhr? Was wollen sie? Man soll sie fragen, was sie wollen.

Man hört einen Bittgesang. Glocken.

MATTHEO ROSSO, *dessen Kaplan von der Straße heraufkam:* Heiliger Vater, das Volk Neapels wogt durch die Straßen, Priester und Mönche ziehen mit Kerzen voraus; sie flehen dich demütig an, sie nicht zu verlassen.

PETRUS *der herabsteigen wollte, bleibt stehen, erschüttert:* Sie bitten – und bitten mich. Es sind arme Menschen, wie es mein Vater, meine Mutter gewesen, Unwissende, die meinen, ich könnte ihnen helfen und sie beschützen vor der Geißel der Könige. Und sie werden enttäuscht wieder heimkehren mit leeren Augen, und sie werden diese Enttäuschung nie überwinden.

MATTHEO ROSSO Sie bitten um deinen Segen.

Das Portal nach der Terrasse wird geöffnet.

PETRUS Ich sie segnen, ich? Während diese Krone an meiner Stirne brennt, als sei sie mit glühenden Nägeln befestigt? Ich will sie segnen, ja. Aber erst entsage ich dieser heiligen Krone.

STIMMEN DER KARDINÄLE Heiliger Vater!!

PETRUS Ist es recht, ein Amt zu verwalten, das man zu Unrecht empfangen hat? Ist das zum Heil unserer heiligen Kirche? *Das Schriftstück zeigend.* Seht, ich habe, nachdem mein Gewissen mich verurteilt hat, fromme Männer, die wegen ihrer Gelehrsamkeit in hohem Ansehen stehen, gefragt, ob es möglich ist, daß ein Unwürdiger, der sich Petri Krone hat aufs Haupt setzen lassen, diese Krone niederlegte; die Antwort wurde mit großer Sorgfalt und Gewissenhaftigkeit ausgearbeitet. Es war meine Absicht, sie euch vorzulesen samt den Gründen, die ich hinzugefügt habe. Aber ihr wißt ja, ich bin des Lateinischen nicht hinreichend mächtig. *Zum Kaplan Gaëtanis.* So habe die Güte, nimm mir das Schriftstück ab und übergib es deinem Herrn, damit er es dem heiligen Kollegium bekannt mache und dann verwahre. Ich zweifle nicht, er wird unter den ersten sein, die mir zustimmen, wenn ich jetzt diese erhabenen Stufen niedersteige. *Noch einen Augenblick stehen bleibend; für sich.* Petrus von Murrhone? War das dein Traum, dein überschwenglicher, flüchtiger Traum vom Heil der Welt, von der Macht deines Geistes? Petrus von Murrhone, meinst du, du könntest wieder werden, was du warst? Meinst du, die goldenen Strahlen hätten dich nicht verletzt?

BENEDETTO GAËTANI Heiliger Vater, das Volk will sich nicht länger vertrösten lassen. Es verlangt, dich zu sehen.

PETRUS Sie sollen mich sehen.

6 Wolfgang Koeppen

Der Tod in Rom

Die folgende erste Szene (Papstszene) zu Beginn des zweiten Teils des Romans steht für die zahlreichen religions- und kirchenkritischen Passagen des Romans. Der Wirklichkeit des Papsttums versucht der Autor von der Sprache, näherhin der Gebetssprache her satirisch beizukommen. In der zweiten ausgewählten Szene wird die christlich-kirchliche Wirklichkeit Roms von der Beschreibung des Vatikans her einzufangen versucht. Geschrieben wird aus der Perspektive des angehenden Priesters Adolf Judejahn, dessen Assoziationsfeld (Reichsparteitagsgelände in Nürnberg) durch seine Erziehung in doppelter Hinsicht bestimmt ist: Adolfs Vater war hoher SS-General und als Junge war Adolf auf einer nationalsozialistischen «Ordensburg» erzogen worden. Die Erzähltechnik Koeppens hat in diesen Passagen aus theologischer Perspektive darin ihren Reiz, daß dem Bild von der alltäglichen Wirklichkeit Roms und des Vatikans ständig Gegen-Bilder aus einer untergründigen, alternativen Christentumsgeschichte entgegen gehalten werden: der Heiland, der die Wechsler aus dem Tempel trieb, der gekreuzigte Petrus, das «Weide meine Lämmer, weide meine Schafe», die Pietà.

Der Papst betete. Er betete in seiner Kapelle, dem kleinen Betraum seiner Wohnung im Vatikan, er kniete auf den mit Purpur belegten Stufen des Altars, ein Bild des Gekreuzigten blickte auf ihn herab, ein Bild der Mutter Gottes schaute ihn an, Sankt Petrus lugte aus Wolken herunter, der Papst betete für die Christen und für die Feinde der Christenheit, er betete für die Stadt Rom und für die Welt, er betete für die Priester in aller Welt und betete für die Gottesleugner in aller Welt, er bat Gott, die Regierungen der Länder nach seinem Willen zu erleuchten, und er bat Gott, sich auch den Beherrschern der rebellisch gesonnenen Reiche zu offenbaren, er erflehte die Fürbitte der Mutter Gottes für Bankiers, Gefangene, Henker, Polizisten, Soldaten, für Atomforscher und die Kranken und Krüppel von Hiroshima, für Arbeiter und Kaufleute, für Radrennfahrer und Fußballspieler, kraft seiner Weihen segnete er die Völker und die Rassen, und der Gekreuzigte blickte schmerzlich auf ihn hinunter, und die Mutter Gottes schaute ihn lächelnd, aber traurig an, und Sankt Petrus hatte sich wohl von der Erde in die Wolken erhoben, aber ein Zweifel blieb, ob er den Himmel erreicht hatte, denn der Weg in den Himmel fängt bei den Wolken gerade an, und nichts ist erreicht, wenn man in Wolken schwebt, die Reise hat noch nicht einmal begonnen, und der Heilige Vater flehte für die Toten, er flehte für die Märtyrer, für die in Katakomben Begrabenen, für alle in der Schlacht Gefallenen, für alle im Kerker Gestorbenen, und er bat auch für seine Ratgeber, für seine spitzfindigen Rechtsgelehrten, für seine geldkundigen Finanzberater, seine weltgewandten Diplomaten, und ein wenig gedachte er der toten Gladiatoren seiner Stadt, der toten Cäsaren, der toten Tyrannen, der toten Päpste, der toten Condottieri, der toten Künstler, der toten Kurtisanen, er dachte an die Götter von Ostia antica, an die irrende Seele der alten Götter in den Ruinen, den Erinnerungsmalen, den verfallenen Mauern, den christianisierten Tempeln, den entwendeten Kultstätten der alten Heiden, und er sah im Geist die Flugplätze, er sah im Geist den prächtigen Bahnhof von Rom, er sah Scharen von neuen Heiden ankommen zu jeder Stunde, und die neu angekommenen neuen Heiden mischten sich unter die neuen Heiden, die schon in seiner Stadt wohnten, und sie waren gottloser und gottferner als die alten Heiden, deren Götter zu Schatten geworden waren. War auch der Papst ein Schatten? War auch er auf dem Weg zu den Schatten? Einen schmalen, einen unendlich flüchtigen, einen unendlich rührenden Schatten warf der Papst auf den Purpurboden seiner Kapelle. Der Schatten des Papstes dunkelte den Purpur des Teppichs zu Blut. Die Sonne war aufgegangen. Sie leuchtete über Rom. Wer, wenn der Heilige Vater stirbt, wird das *sacrum imperium* erben? Wer werden die Erben des heiligen Reiches sein? In welchen Katakomben beten sie, in welchen Gefängnissen schmachten sie, an welchem Richtblock sterben sie? Niemand weiß es. Die Sonne leuchtete. Ihre Strahlen wärmten, und dennoch war ihr Leuchten kalt. Die Sonne war ein Gott, und sie hatte viele Götter stürzen sehen; wärmend, strahlend und kalt hatte sie die Götter stürzen sehen. Es war der Sonne gleichgültig, wem sie leuchtete. Und die Heiden in der Stadt und die Heiden in der Welt sagten, der Sonnenschein sei ein astrophysikalischer Vorgang, und sie berechneten die Sonnenenergie, untersuchten das Sonnenspektrum und gaben die Sonnenwärme in Thermometergraden an. Auch das war der Sonne gleichgültig. Es war ihr gleichgültig, was die Heiden über sie dachten. Es war ihr so gleichgültig wie die Gebete und Gedanken der Priester. Die Sonne leuchtete über Rom. Sie leuchtete hell. (...)

Schon nahe der Peterskirche, auf die Kirche zu schreitend, schon ihrem Anblick hingegeben, angesichts der so seltsam enttäuschenden, hier klein gedrungen wirkenden Kuppel, vor dem Prospekt der pompösen Fassade, vor dem Aufbau der stämmigen Säulen, vor der Kulisse der Kolonnaden, noch geleitet von den Pylonen der Via della Conciliazione, der auf den Großdom hinführenden Straßen, deren Häuser zur Rechten wie zur Linken einnehmenden Versicherungspalästen gleichen, Verwaltungsgebäuden bedeutender Kapitalgesellschaften, Kontoren florierender Truste mit kühlen wohlgemauerten Fronten, die zu dieser Stunde schattenlos und langweilig wie veröffentlichte Bilanzen im Sonnenlicht lagen, an teure Mieten denken ließen und an den Heiland, der die Wechsler aus dem Tempel trieb, angesichts dieses berühmten, erhabenen und hochheiligen und, wie könnte es anders sein, sehr weltlichen Bildes, vor der sakralen altehrwürdigen und geschäftig begangenen Bühne, die alle Pilger mit frommem Schauer betreten, alle Gesellschaftsreisenden als Pflichtfach beflissen absolvieren, wurde Adolf von großer Bangigkeit befallen. Würde er vor dem Heiligtum genügen, würde er bestehen, würde es seinen Glauben stärken? Ein Omnibus hatte ihn und andere Besucher hier ausgeworfen wie eine Kiepe voll Geflügel, das man auf die Weide läßt, und schon scharrten sie und rüsteten sich, Bildung und bleibendes Erlebnis aufzupicken, kein Korn des Staunenswerten sollte ihnen entgehen, schon schnappten sie die Verschlüsse ihrer photographischen Apparate hoch, schon raschelte Stullenpapier, wurde Mitgebrachtes ausgepackt, den Hunger zu stillen, zu dem die Sterne im Baedeker anregen, während andere sich flink in die Andenkengeschäfte stürzten, die Cartolerien, die unter der Hand verliehenen kleinen Pfründen gleichen, die Ausgeflogenen, aus dem Käfig der Heimat, aus dem Pferch der Gewohnheit Geflogenen sandten Grüße aus Sankt Peter nach Hause, bevor sie die Stätte überhaupt betreten hatten, und Adolf stimmte es traurig, er weilte verloren wie ein Splitter im Strom der Menge, man stieß ihn, einen kleinen Priester, oder fragte ihn, den man für zuständig hielt, sinnlos um sinnlose Auskunft, und dummerweise nahm er die Pylonen der Straße wahr und erinnerte sich an andere Wegmarken, nicht an solcherart mit eigentlich billigen Fabriklaternen gekrönte, sondern an Schmuckpfeiler mit Flammen und Rauch, an glühende Feuerhäupter, an eine Gasse brennender Säulen, durch die er als bevorrechtigtes Kind, als Sohn seines Vaters stolz gefahren war, an Nürnberg erinnerte ihn die Via della Conciliazione, an das Parteitaggelände leider, nur jenes Aufmarschfeld war dem Knaben prächtiger erschienen als dieser Weg zur Erzkirche, von dem er Pracht nicht erwartete, Pracht nicht wünschte, der aber doch wiederum prächtig sein wollte und mit der allgemein verworfenen und verachteten Nürnberger Pracht sich maß und ihr unterlag, die freilich nach Pylonenfeuer Häuserbrand, Städtebrand und Länderbrand gebracht hatte. Gewiß, Hütten waren hier am Wege, so ist die Welt, nicht zu erwarten gewesen; entblößte Armut war an diesem Platz, so ist die Welt, nicht zu dulden gewesen; Bettelmönche, die um Brot und um des Herrgotts willen blecherne Schüsseln hinhalten, sind wohl ausgestorben, so ist die Welt; aber diese Neubauten, diese Häuser, die von kluger Bodennutzung und gelungener Spekulation sprachen, waren sie nicht allzudeutlich ein Triumph dieser Welt und ein spätes Siegesmal Simons des Zauberers, der mit Petrus in dieser Stadt gerungen hatte? Eine Ellipse, eine ovale Kurve ist der Platz, und Adolf dachte, ob hier der Circus des Nero gewesen war, ob um den Obelisken in der Mitte des Platzes die vierbespannten Wagen gefahren waren, die man heute noch gern und zur Erregung der Sinne in Filmen sieht, ob hier das Kreuz gestanden, an dem Petrus das Haupt nach unten gehangen und über Nero und Neros Leier und alle Sänger und alle Kaiser, die nach ihm kamen, seinen tragischen Sieg errungen hatte. Vom Dach der Kolonnaden winkten Berninis Heilige mit großen pathetischen Gesten wie erregte Zuschauer in das Oval hinunter, aber niemand wurde heute sichtbar gekreuzigt, keine Tierhatz tobte, kein Netzkämpfer erschlug den Schwertfechter, kein Rosselenker umkreiste die Bahn, nur die Autobusse der Reisebüros überrundeten einander in hartem Konkurrenzkampf, Rom und der Vatikan und der Heilige Vater und das Apostelgrab wurden für wenig Geld in wenigen Stunden

geboten und als Zugabe noch die Blaue Grotte von Capri, Tiberius' Schloß, Botticellis Frühling in Florenz, die Gondelfahrt in Venedig und der Schiefe Turm in Pisa. Andere kamen zu Fuß und schritten in Gruppen über den Platz, Mädchenpensionate, kleine bebende Brüste in blauen Schulblusen, Pfadfinder mit Fähnchen, bloßen Knien, breiten verwegenen Hüten, Cowboyhalstüchern und aller Knabenlüsternheit, die Kongregationen grau, alt und schwarz, zwischen den Barschen und Schleien einmal ein Hecht, der an seine Karriere dachte, Pfarrgemeinden unter der Hut ihres Hirten, der einmal sein Dorf verlassen wollte, englische Frauenvereine, amerikanische Damenklubs, überdrüssig der Bridgenachmittage, deutsche Besucherorganisationen, vom Reiseleiter angetrieben, schnell, hieß es, nur schnell, so viel war noch zu sehen, und das Mittagessen war schon in Cassino bestellt, schnell nur schnell, aber die Kinder weilen noch, sie halten die wachen, die erwartungsgierigen Pulse unter das kühl strömende Wasser der beiden Brunnen, doch die Mütter eilen mit neuer Frucht über die Stufen zur Kirche, die Täuflinge in weiße Spitzen gekleidet auf schwankendem Arm.
«Weide meine Lämmer, weide meine Schafe», also sah Christus sie unverständig, hilflos und verletzbar, und Jesus wollte die Schutzlosen schützen lassen, und Petrus, im Circus gekreuzigt, den Kopf nach unten, und am Hang des Vaticanus genannten Hügels begraben, sollte Kephas der Fels sein, das unerschütterliche Fundament, das «die Pforten der Hölle nicht überwältigen werden», er lag begraben, am Hügel Vaticanus, aber gern gibt sich der Wolf als Schäfer aus, kleidet der Räuber sich als Hirte; Könige, Tyrannen, Diktatoren, Präsidenten weiden ihre Lämmer, scheren ihre Schafe, schlachten ihre Herde zu eigenem Nutzen, und die Prediger der Vernunft, die dann auftauchten und riefen «ihr seid keine Lämmer, ihr seid frei, ihr seid keine Schafe, ihr seid Menschen, brecht aus der Herde, verlaßt den Hirten», in welche Angst, in welche Wüste trieben sie die Herde, die sich nach dem heimlichen Geruch des Stalles sehnt und vielleicht auch nach dem Blutdunst des Schlachthofes. Adolf schritt durch die Pforte des Doms. Seine Erziehung schritt mit ihm. Diese Erziehung war nicht vollendet, sie war jäh abgebrochen worden, und zudem verleugnete er sie. Aber nun war sie doch wieder bei ihm und begleitete ihn. Wenn er allein war, wenn er mit einem sprach, mit den Mitdiakonen, den gebildeten Lehrern der Priesterseminare, mit seinem Beichtvater, dann war Adolf

von der Vergangenheit der Ordensburg gelöst, frei von ihren Parolen, aber wenn er sich unter der Menge bewegte, wenn Massen ihn umdrängten, ihn verwirrten und ihn erbitterten, dann rührten sie die Listen der nationalsozialistischen Erzieher in ihm auf, die Lehre von der Massennützung, von der Massenverachtung, der Massenlenkung, auch die Bonzen hatten ihre Schafe geweidet, mit großem Erfolg, und die Lämmer waren ihnen gierig zugeströmt. Adolf verlangte es ehrlich, die Händel der Welt, das tobsüchtige Walten der Geschichte zu mißachten, ein Kübel von Blut blieb übrig, warmes ekelerregendes Blut von Ermordeten, aber immer wieder, wenn Welt und Geschichte ihm nahe kamen, sich in sein Denken drängten, zweifelte er, ob er sich mit dem Anziehen des Priesterkleides wirklich von all diesem Mord getrennt habe, ob er nicht wieder und trotz aller frommen Übungen in einer Organisation steckte, die mit allem Mordgesindel unwillentlich, aber zwangsläufig grotesk und tragisch verbunden blieb. Lag das Heil in der Absage, im Fliehen, im Alleinsein, war der Eremit die einzig mögliche Gestalt der Bewährung? Aber der einsame Mensch, er schien Adolf sehr schwach zu sein, denn Adolf brauchte eine Stütze, weil er sich vor sich selber fürchtete; er brauchte Gemeinschaft, aber er zweifelte an ihrem Wert. Säulenpracht Säulenpracht Säulenpracht, Bramante, Raffael, Michelangelo, wer dachte ihrer hier nicht, aber die Säulen ihres Baues waren glänzend und kalt, der Stuck war prächtig und kalt, das Ornament des Bodens war bewundernswert und kalt, Karl der Große ritt, ein kalter Mann, auf einem kalten Pferd, und Adolf schritt weiter ins Mittelschiff, und dort war die Porphyrplatte, auf welcher der Kaiser gekrönt wurde, Gußgestein, Kristalle von Quarz, Feldspat und Glimmer, kalt kalt kalt, und die Kaiser wurden gesalbt und nahmen die Salbung als Freibrief, als Freibeuterbrief und zogen aus, ihre Macht zu mehren, in gräßlichen Schlachten zu siegen, von geraubtem Gold und kalt war ihr Thron, und zerstampft war das Gras nach der Schlacht, und zerhauen und starr lagen die Krieger. Warum ließ die Kirche sich mit Kaisern und Generalen ein? Warum übersah man sie nicht in Purpur und in Fräkken, in lamettabehängten Uniformen und schlichten Diktatorenjoppen, warum erkannte man sie nicht, die sich für schmutzige Händel, für Freßlust und Fickgier, für Gold und Landbesitz und gemeiner Herrschsucht mit Gott verbündeten und das Kreuz mißbrauchen wollten? Kapellen waren zu allen Seiten, und an den Altären hantierten geschäftige Geistliche.

Sie lasen Messen, sie sprachen Gebete, sie waren in Andacht versunken, fromme Männer von reinem Wandel, aber sie waren zugleich auch Angestellte oder Beamte, die ihren Dienst verrichteten, ihr Pensum erledigten, und kam einem dieser schlechte alle Verzauberung aufhebende Gedanke, dann wurden die Altäre zu Verkaufstischen in einem weitläufigen Warenhaus. Links und rechts standen Beichtstühle, kleine Burgen aus festem Holz, und Beichtväter saßen wie Schalterbeamte einer großen Bank in den geweihten Schreinen – in allen Sprachen mochte der Gläubige seine Sünden bekennen, in allen Sprachen würde ihm verziehen werden. Auch die Beichtstühle schienen Adolf in kalter Luft zu stehen; sie dünkten ihm kalt wie die Marmorplatten der Geldwechsler.

Adolf fühlte sich einsam in der weiten prächtigen Erhabenheit, die ihm gar nicht so erhaben vorkommen wollte, es sei denn im hochmütigen Sinn des Wortes, er fühlte sich von Gott und von seinem Glauben an Gott verlassen, er fühlte sich von Zweifeln bedrängt, vielleicht vom Teufel versucht, der vielleicht gar kein Teufel war, denn wie hätte ein Teufel in das Haus Gottes, ein Teufel in die Burg Petri, ein Teufel in die vielfach geweihte Stätte gelangen können, und allein die brennenden Öllampen über dem Sarkophag des Apostels verliehen dem kalten Raum ein wenig Wärme, doch die Kolossalstatue eines Anbetenden verschattete wieder das milde besinnliche Licht der Öllampen und ließ an das Grabmal eines Kommerzienrats denken. Erst der Anblick der gepriesenen Pietà gab Adolf Glauben und Atem zurück, sie war Befreiung für den Versinkenden in krausen Gedanken, krausem Leid, krauser Erschütterung, und er deutete sie als Barmherzigkeit, als gewaltige, alles umschlingende Liebe, Adolf wollte lieben, auch wenn er sich zur Liebe zwingen mußte, er wollte jedem Menschen freundlich und liebend begegnen, selbst den Eltern wollte er freundlich und liebend begegnen, selbst dem eigenen Vater, den zu lieben am schwersten ist. Hier vor der zur Recht gepriesenen Pietà betete Adolf, er bat um Liebeskraft; kein weiteres Gebet sprach er in der Hauptkirche der Christenheit, und dann verließ er, hochgeschossen, hager und ärmlich, ein kleiner verwirrter, von allzuviel Pracht erschlagener Diakon, den Petersdom, dessen Luft und Anblick er nicht ertrug.

7 Arnim Juhre

Anzeigen

Achtbare Väter, liebevolle Mütter,
lustige Söhne, entzückende Töchter,
zarte Babys! Ab Dezember werden
BOAC's beliebte Comet-Jets
Sie von Europa nach Johannesburg
in nur 19½ Stunden fliegen.

GERADE DU BRAUCHST JESUS! Kostenlos
sende ich jedem, der mir schreibt.

Nicht am Essen sparen,
sondern beim Einkauf!
TAGESSPIEGEL, Seite neun.
Waren Sie schon bei C & A?
Zum Glück gibt's STÜCK,
ein Weinbrand, der fröhlich macht.

GERADE DU BRAUCHST JESUS! Höre auch
am Rundfunk meine Sendungen.

Spürst du nun, wie wohl das tut?
Ja, wirklich, und es hilft auch gut:
KLOSTERFRAU MELISSENGEIST!
Der gute Geist in jedem Haus,
nur echt in der blauen Packung!
Dreimal täglich einen Eßlöffel voll.

GERADE DU BRAUCHST JESUS! Jeden Abend
neunzehn Uhr fünfzehn bis dreißig.

Achtbare Väter, liebevolle Mütter –
CREME MOUSON MIT TIEFENWIRKUNG –

lustige Söhne, entzückende Töchter –
PFLEGT GESICHT UND HÄNDE –
zarte Babys von Europa nach Johannesburg
in nur 19½ Stunden.

GERADE DU – lerne lesen in der Welt.

8 Kurt Marti

Der ungebetene Hochzeitsgast

Die Glocken dröhnen ihren vollsten Ton
und Photographen stehen knipsend krumm.
Es braust der Hochzeitsmarsch von Mendelssohn.
Der Pfarrer kommt! Mit ihm das Christentum.

Die Damen knien im Dome schulternackt,
noch im Gebet kokett und photogen,
indes die Herren, konjunkturbefrackt,
diskret auf ihre Armbanduhren sehn.

Sanft wie im Kino surrt die Liturgie
zum Fest von Kapital und Eleganz.
Nur einer flüstert leise «Blasphemie!»
Der Herr. Allein. Ihn überhört man ganz.

III. Solidarität im Leid

9 Anna Seghers

Das siebte Kreuz

«Das Siebte Kreuz» ist die Geschichte einer Flucht aus einem nationalsozialistischen Konzentrationslager. Sieben Häftlinge entfliehen, sechs werden wieder eingefangen und zur Abschreckung der Lagerinsassen an Kreuze gehängt, zur Schau gestellt; einem gelingt die Flucht: Georg Heisler, einem früheren kommunistischen Funktionär. Das im Lager leergebliebene siebte Kreuz wird nun zum Zeichen der Ermutigung, des Widerstandes und so schließlich des indirekten Triumphes der Opfer über ihre Henker. Diese bewußt vollzogene Anspielung auf traditionell christliche Sprach- und Bildmuster (Dialektik von Scheitern und Sieg, symbolisiert im Kreuz) im Roman einer marxistischen Autorin zielt unüberhörbar auf die Solidargemeinschaft aller Opfer faschistischer Macht, unabhängig vom ideologischen Ausgangspunkt. Diese Intention wird durch die folgende «Domszene» noch verstärkt. Die Flucht Georg Heislers gelingt, weil der Flüchtling sich in einen Dom einschließen lassen kann. In der Nacht, die er dort zubringt, macht er überraschende Entdeckungen mit sich selber und der Geschichte des Jesus von Nazaret, einer Geschichte, die er im Akt des Wiedererkennens und Entzifferns allmählich als die seine begreift.

Georg stockte der Atem. Quer durch das Seitenschiff fiel der Widerschein eines Glasfensters, das vielleicht von einer Lampe erhellt wurde aus einem der Häuser jenseits des Domplatzes oder von einer Wagenlaterne, ein ungeheurer, in allen Farben glühender Teppich, jäh in der Finsternis aufgerollt, Nacht für Nacht umsonst und für niemand über die Fliesen des leeren Doms geworfen, denn solche Gäste wie Georg gab es auch hier nur alle tausend Jahre.
Jenes äußere Licht, mit dem man vielleicht ein krankes Kind beruhigt, einen Mann verabschiedet hatte, schüttete auch, solange es brannte, alle Bilder des Lebens aus. Ja, das müssen die beiden sein, dachte Georg, die

aus dem Paradies verjagt wurden. Ja, das müssen die Köpfe der Kühe sein, die in die Krippe sehen, in der das Kind liegt, für das es sonst keinen Raum gab. Ja, das muß das Abendmahl sein, als er schon wußte, daß er verraten wurde, ja, das muß der Soldat sein, der mit dem Speer stieß, als er schon am Kreuz hing ... Er, Georg, kannte längst nicht mehr alle Bilder. Viele hatte er nie gekannt, denn bei ihm daheim hat es das alles nicht mehr gegeben. Alles, was das Alleinsein aufhebt, kann einen trösten. Nicht nur was von anderen gleichzeitig durchgelitten wird, kann einen trösten, sondern auch, was von andern früher durchgelitten wurde.

10 Leonhard Frank

Die Jünger Jesu

Die folgenden drei Szenen aus dem Roman eines marxistischen Schriftstellers weisen Jesus als die geheime Bezugsfigur des Geschehens aus. Der Roman spielt im Nachkriegs-Würzburg und handelt von einer Gruppe von Kindern, die sich im Namen Jesu zu Vollstreckern der Gerechtigkeit berufen fühlen (1. Szene). Die zweite ausgewählte Szene berichtet von der Rückkehr der jungen jüdischen Frau Ruth Freudenheim nach Würzburg, deren Eltern von den Faschisten ermordet wurden und die in einem Soldatenbordell Warschaus erniedrigt und mißbraucht worden war. Während sich die Frau auf ihrem Heimweg schon wieder unsittlicher Anträge erwehren muß, wird das Christusbild am Wegrand zu einem geheimen Schutzraum für die Mißbrauchte. In der dritten Szene kommt die Schlüsselfrage des Romans zur Sprache: Was hätte Jesus getan? Auf die Intervention kirchlicher Kreise wegen des «unmoralischen» Zusammenlebens von Ruth und deren Verlobten Martin kann sich Martin als kritische Instanz gegen christlichen Moralismus nur auf Jesus berufen.

Der Sohn des Kirchendieners schloß eine niedrige Tür auf, mit einem zwei Pfund schweren Schlüssel, den er wie ein Schwert seitwärts an seinem Gürtel trug. Ein paar Fledermäuse huschten an ihm vorbei ins Freie, während er die dreißig ausgetretenen Steinstufen hinabstieg in den Keller der Klosterkirche.

Die dicke Finsternis roch nach Mauer, Staub und Moder. Er zündete zwei

Kerzen an, die er in der Wachskammer seines Vaters heimlich mitgenommen hatte. Mit dem Erstarken der Flamme wurden zwei Regale sichtbar, verhangen mit Bettüchern, und allerlei Gerümpel, darunter zerbrochene Betstühle, ein zentnerschwerer Tisch, der nur noch drei Beine hatte und vom Holzwurm zerfressen war, und Glieder und Köpfe von uralten Heiligenbildwerken. In der Ecke lehnte ein riesiger Christus aus Lindenholz. Die weiße Farbe war teilweise abgeblättert. Ein Arm, ein Bein und der Kopf fehlten und auch das Kreuz. Die Gebärde des Körpers – eine geschwungene Schmerzenslinie – offenbarte, wie er einstens am Kreuze gehangen hatte.

Ein Junge erschien in der Türöffnung. Er breitete schweigend beide Arme aus, schief nach oben wie der Gekreuzigte, und setzte sich vorsichtig in einen der wackeligen Betstühle. Kurz danach kamen zwei. Sie legten eine Wolldecke und eine alte Hose auf den dreibeinigen Tisch, breiteten schweigend die Arme aus und setzten sich. Punkt sechs Uhr saßen elf in Lumpen gekleidete Knaben in den Betstühlen im Halbkreis um den verstümmelten Christus herum, auf den das Licht der Kerzenflammen fiel. Die Jünger Jesu waren versammelt.

Der Älteste, der Sohn eines Gastwirtes, war vierzehn, der Jüngste zwölf. Es waren nur elf Jünger. Der Sohn des Untersuchungsrichters hatte sich geweigert, Judas Ischariot zu sein. Und da weder Petrus noch Johannes noch Bartholomäus und die anderen Jünger ihren Ehrennamen abgegeben hatten für den des biblischen Verräters, war der Sohn des Untersuchungsrichters während der Gründungsversammlung verbittert ausgeschieden. Er wolle nicht der Verräter sein. Er sei kein Verräter.

Von außen drang kein Laut in den tiefen Keller. Die schwach beleuchteten Knabengesichter hingen wie kleine verschleierte Monde in der Dunkelheit. Während der Minute, da die vorgeschriebene vollständige Stille herrschte, hatten die Jünger Jesu den Ausdruck spielender Kinder, die ihr Spiel ernst nehmen. Schließlich ertönte die feierliche Stimme Petrus', des Vierzehnjährigen.

«Wir, die Jünger Jesu, Vollstrecker der Gerechtigkeit, nehmen von den Reichen, die alles haben, und geben es den Armen, die nichts haben.»

Petrus hatte einen wuchtig ausladenden Schädel, ein sehr schmales, langes Gesicht und feurig blaue kleine Augen. Er lehnte sich zurück und sagte geschäftsmäßig: «Die Sitzung ist eröffnet. Ich bitte um den Bericht über die

heutigen Neuerwerbungen und Auslieferungen.»
Der Jünger Johannes, ein weiches Bürschchen mit weißer Haut und dunkelbraunen Locken, streckte den Arm senkrecht empor und rief: «Eine schwarz und gelb getigerte Wolldecke vom Metzgermeister Stumpf! Ich hab's euch ja gestern gesagt, daß er zwei hat, sich aber nur mit einer zudeckt. Auf der untern liegt er. So was! Hat er das nötig? Also, ich hab ungefähr eine Stunde auf der Lauer gelegen, nämlich so lang, bis er endlich aufstand von seinem Sofa und auf den Abort ging. Als er wieder zurückkam, war ich natürlich schon bei der Haustür mit der Decke. Sie war noch warm. Gesehen hat er mich nicht. Unsere Quittung hab ich auf sein Sofakissen gelegt, ordnungsgemäß. Aber ich kann euch versichern», schloß er mit sanfter Kinderstimme, «daß es gar nicht so leicht war, die Decke unter dem Hintern dieser protzigen Sau wegzuziehen.»
Unter Gekicher und Beifallsgemurmel lehnte er sich zurück. Der Jünger Johannes stahl besonders geschickt und wurde dafür von allen bewundert. Der Ehrgeiz, nicht hinter ihm zurückzustehen, hatte die andern schon mehrmals in die Gefahr gebracht, ertappt zu werden.
«Die blaue Mechanikerhose, die dort auf dem Tisch liegt, hab ich aus dem Gartenhäuschen des Optikers Scheibenkäs mitgenommen», sagte der Jünger Andreas, den sie «Schlangenmensch» nannten, weil er so dünn und schmiegsam war, daß er sich durch das kleinste Fensterloch durchwinden konnte. «Seit wann braucht ein Optiker eine Mechanikerhose? Und jetzt sag ich, die muß unbedingt der Fischer Kreuzhügel bekommen.»
Mehrere widersprachen. Jeder nannte jemand, der dringend eine Hose brauche. Der Jünger Jakobus rief: «Wir haben auf unserer Liste mehr als vierzig, ich glaub zweiundvierzig, die unbedingt eine haben müssen. Warum soll da ausgerechnet der Fischer Kreuzhügel die Hose bekommen?»
«Well», sagte der Schlangenmensch, «weil ihm schon der Arsch raushängt. Meiner hängt übrigens auch schon raus. But I don't care.» Der Schlangenmensch hatte sich mit amerikanischen Soldaten angefreundet und benutzte sein Englisch, wann immer es möglich war.
Petrus schlichtete den Streit mit der Bemerkung, daß er später darüber abstimmen lasse, auf demokratische Art und Weise, wer die Hose bekommen solle. «Hat der ehrenwerte Jünger Andreas ordnungsgemäß unsere Quittung hinterlassen?»
«Donnerwetter, das hab ich vergessen.»

Petrus beugte sich vor und sagte mahnend zu allen: «Ich möchte noch einmal in allem Ernst auf diesen wichtigen Punkt hinweisen. Wir müssen die unfreiwilligen Spender in jedem einzelnen Fall davon in Kenntnis setzen, unmißverständlich, daß nicht Diebe am Werk waren, sondern die Vollstrecker der Gerechtigkeit. Der Optiker Scheibenkäse muß noch heut abend unsere Quittung bekommen, damit niemand verdächtigt werden kann, die Hose gestohlen zu haben.»
«Very well, Mister Scheibenkäs wird heut abend unsere Quittung plötzlich in die Hand kriegen, and I'll manage, daß er mich dabei nicht erblickt.»
Der Vorschlag des Jüngers Philippus, daß die schwarz und gelb getigerte Wolldecke einem Mädchen namens Johanna gegeben werden solle, da sie in einem Ziegenstall schlafe und nichts zum Zudecken habe, wurde ohne Abstimmung widerspruchslos angenommen. Philippus' Eltern, Samuel und Esther Freudenheim, waren von den Nazis erschlagen worden. Seine siebzehnjährige Schwester Ruth hatten sie nach Warschau verschickt in ein Bordell für deutsche Soldaten. Johanna, der die Wolldecke gegeben werden sollte, hatte in demselben Haus gewohnt wie die Freudenheims und war von Kindheit an mit Ruth befreundet gewesen.
Philippus, ein auffallend schöner Knabe, schien aus dem Bild der alten Bibel, wo der Knabe David mit einem Stein aus seiner Schleuder den Riesen Goliath tötet, herausgestiegen zu sein ins 20. Jahrhundert. Die letzten Jahre, seit der Ermordung seiner Eltern, hatte er sich in einem Bauernhof versteckt gehalten. Er war erst nach der Besetzung Würzburgs wieder in der Stadt aufgetaucht. Seine Aufnahme in die Geheime Gesellschaft der Jünger Jesu war einstimmig beschlossen worden, nach einer Ansprache von Petrus, der zum Schluß pathetisch gerufen hatte: «Würde nicht sogar der Papst in Rom, wenn er wüßte, was unserem ehrenwerten Freund widerfahren ist, eine weiße Kugel abgeben?»
«So what», hatte der Schlangenmensch gesagt. Er hielt nicht viel vom Papst. Sein Vater, der Mitglied der internationalen Brigade gewesen und im Kampf um das Madrider Universitätsgebäude gefallen war, hatte kurz vor seinem Tod an die Mutter geschrieben, der Papst unterstütze Franco.
Oben in der Kirche begann der Gottesdienst. Hier unten in der Tiefe war das Orgelspiel nicht vernehmbar. Aber die drei Meter dicken Grundmauern vibrierten, als setzten die brausenden Orgeltöne, die nicht durchdrin-

gen konnten, sich in Bewegung um. Die Jünger Jesu spürten die Töne, die sie nicht hörten, als dünnes Rieseln im Rücken.
Der Sohn des Kirchendieners, Jünger Bartholomäus, berichtete, daß er den Kaffee und die Schuhe für die Witwe Hohner und den Uhrmacher Krummbach diesen Morgen heimlich in den Keller geschmuggelt habe, ordnungsgemäß mit je einem Lieferschein. Der Schlüssel lag quer über seinen dünnen Schenkeln. Er legte die schmutzige Hand ans Herz und sagte sehnsüchtig: «Wenn ich mir vorstell, wie unheimlich die sich gefreut haben! Ich wär verdammt gern dabei gewesen.»
Einige Sekunden schwiegen alle. Jeder war, wenn er heimlich Gaben abgeliefert hatte, der liebenswerten menschlichen Schwäche unterlegen, zu wünschen, daß ihm die ungeschmälerte Freude des Gebenden zuteil werde. Der weiche Jünger Johannes seufzte und sagte, als spräche er für alle: «Das glauben wir dir gern. Aber es geht ja nicht. In diesem Punkt müssen wir fest bleiben, einfach charakterfest. Sonst fliegt unsere ganze Geheime Gesellschaft glatt in die Luft. Das ist klar.» (. . .)

Ruth war klein und dünn. Sie hatte dunkle Augen, sehr dünne Brauen und lange Wimpern. Wenn das Gesicht gelebt hätte, wäre es schön gewesen. Auch der Mund hatte keinen Ausdruck. Es waren Lippen. Der Fährmann setzte das tote Mädchen über den Fluß.
Als sie in der Höhe langsam die Landstraße entlang ging, die mit der sanft gewellten Hügellinie auf und ab zog, kam ein städtisch gekleideter dicker Mann aus dem Birkenwäldchen heraus und trat auf sie zu. Er lächelte in einer Weise, als wäre er ganz sicher, keinen Widerstand zu finden. In dieser Zeit, da Millionen Obdachlose im Land umherirrten und das Leben in jeder Beziehung aus den Fugen ging, war es zur Selbstverständlichkeit geworden, daß zwei, die einander nie gesehen hatten, gelegentlich für eine halbe Stunde zusammenfanden, an Ort und Stelle.
Er war Viehhändler, aus Frankfurt am Main, und suchte gleich vielen Ausgebombten Unterschlupf bei einem Bauer. Sein riesiger Bauch schien unter dem Halse zu beginnen. Sein Atem rasselte, als er lächelnd fragte: «Wie wär's?»
Das entgegenkommende Lächeln, das er erwartet hatte, kam nicht. Sie ging nicht im geringsten schneller und wich nicht einen Zentimeter auf die Seite.

Man legt den Arm nicht in die Taille einer Steinfigur. Er fürchtete plötzlich, daß sie ihn, wenn er es täte, niederschießen würde, so selbstverständlich, wie sie atmete. Sie ging weiter, langsam wie bisher. Sie sagte: «Ich sollte etwas haben. Ein Messer.» Ruth hatte einen Zug zwischen den Backenknochen und der Nase, der offenbarte, daß sie ein gefährliches Wesen geworden war. Auf der Haut war der Zug nicht sichtbar. Die Haut war glatt. In der Kurve stand ein Christusbildwerk. Der Bauernmaler hatte nicht gespart mit der blutroten Farbe. Sie rann von der Dornenkrone in Tropfen und Streifen über das Gesicht herunter. Am Fuße des niedrigen Sockels spielten lange Gräser und blaue Glockenblumen im Abendwind. Die Sonne war schon untergegangen.
Obwohl der Viehhändler noch in der Straßenmitte stand, legte sie sich ins Gras. Sie war müde. Sie schlief sofort ein. Er ging langsam vorüber und blickte scheu auf die Gestalt, die unter dem Christus gestreckt auf dem Rücken lag. (...)

Der Geistliche, lang und dünn, in schwarzer Sutane, war nicht älter als Martin. Das Rot seiner flachen Wangen war unter den Backenknochen scharf abgegrenzt. Er senkte die Lider und sagte: «Ich kann nur wiederholen, daß Sie durch das Zusammenleben mit diesem Mädchen schwer gegen die Gesetze der Heiligen Kirche verstoßen. Sie geben damit in moralischer Hinsicht dem Volk ein überaus schädliches Beispiel.»
Martin blickte an dem Geistlichen vorbei, schief zu Boden, und zog die Oberlippe über seine langen Zähne hoch. Es wurde ein böses Lächeln. «Glauben Sie nicht, daß das Volk, jeder einzelne von uns, Ruths Schicksal moralisch mitverschuldet hat? Glauben Sie, daß die moralische Wiedergesundung des deutschen Volkes möglich ist, solange es die Opfer seiner Verbrechen kreuzigt? Sie wollen, daß ich Ruth auf die Straße werfe, obwohl das heutzutag in ihrem Fall den Tod bedeuten würde. Sie wollen das, obwohl wir, nämlich die Deutschen, jeder von uns, auch ich und auch Sie, Ruth ins Bordell geschickt haben. Ein unschuldiges Mädchen, siebzehn Jahre alt. Da möcht ich Sie etwas fragen, weil sie ein Priester sind: Wenn Ruth zu Jesus gekommen wäre und vor ihm gestanden hätte, was würde Jesus getan haben?»
Der Geistliche senkte den Kopf. Das Rot seiner Wangen wurde dunkler. Er war noch jung. Er ging.

11 Rolf Hochhuth

Der Stellvertreter

Dieses, dem Gedenken zweier moderner katholischer Martyrer gewidmete Stück, ein «christliches Trauerspiel» im doppelten Sinn des Wortes, problematisiert in der kritischen Konfrontierung zweier christlicher Figuren das Thema der stellvertretenden Nachfolge Christi in einer geschichtlichen Extremsituation: der Auslöschung des jüdischen Volkes. In der Gegenüberstellung von Papst (Pius XII.) und Jesuitenpater (Riccardo Fontana) wird die Frage konkret: Wer wird durch sein Handeln «an» den Juden zum wahren Stellvertreter Christi? Obwohl die Konfrontation Papst – Jesuitenpater im 4. Akt noch eigens erfolgt, kommt in der folgenden ausgewählten Szene aus dem 2. Akt deutlicher noch als später die spirituelle, theologische Dimension in der Argumentations- und Handlungsweise des Paters zum Ausdruck: «Hätte sich Christus entzogen?» Gesprächspartner ist in dieser Szene der Vater Riccardos, als Syndikus beim Hl. Stuhl einer der engsten Berater von Papst Pius XII.

RICCARDO *(nach einer Pause, leise, fast tückisch):*
Vater? – glaubst du, der Papst –
bist du ganz *sicher*, daß der Papst
sich überhaupt in dem Konflikt befindet:
Staatsräson – Nächstenliebe?
FONTANA: Wie meinst du das, Riccardo?
RICCARDO *(muß sich überwinden):* Ich meine – er steht ja sehr hoch über
den Geschicken der Welt, der Menschen. Seit vierzig Jahren
ist er nur Diplomat, Jurist. Nie war er –
oder nur zwei Jahre, im vorigen Jahrhundert schon,
als Seelsorger, als Priester unter Menschen.
Nie gönnt er einem Schweizer vor seiner Tür ein Wort.
Weder im Garten noch bei Tisch kann er
das Gesicht eines Mitmenschen ertragen ... *befohlen*
ist dem Gärtner, ihm stets den Rücken zuzukehren!
O Vater – *liebt* er überhaupt irgend etwas
außer seinen Wörterbüchern und dem Madonnenkult?
(Plötzlich voller Haß, mit sprühendem römischem Spott.)
Ich sehe ihn, wie er mit letzter Präzision

den Federhalter putzt – und dieses Ritual
auch noch *erläutert* – und frage mich –
ach, frage schon *nicht* mehr, ob er jemals
in einem einzigen Opfer Hitlers
den Bruder sehen konnte, *seines*gleichen.

FONTANA: Riccardo, bitte – das ist unfair,
das ist schon demagogisch. Bei aller Kälte
bleibt er doch bemüht zu helfen, zu verstehen,
und wenn er noch so egozentrisch ist, die Opfer ...

RICCARDO: Die Opfer – hat er wirklich vor Augen,
glaubst du das? Die Weltpresse,
die Botschafter, die Agenten – sie bringen
grauenvolle Einzelheiten. Du glaubst,
daß er nicht nur Statistiken studiert,
abstrakte Zahlen,
siebenhunderttausend Tote – Hunger,
Vergasungen, Deportationen ...
Sondern daß er *dabei ist,*
daß er *einmal* zusah,
den Blick nach innen gerichtet – zugesehen hat:
der Abtransport aus Paris,
dreihundert Selbstmorde schon, bevor die Fahrt beginnt.
Kinder unter fünf Jahren reißt man den Eltern weg –
und dann Konin bei Warschau:
elftausend Polen in fahrbaren Vergasungskammern,
ihre Schreie, ihr Beten – und das Gelächter der
SS-Banditen. Elftausend – aber stell dir vor,
du, ich – wir wären es.

FONTANA: Riccardo, bitte – ich weiß, du quälst dich ...

RICCARDO *(ultimativ):* Meine Frage! – Vater, bitte antworte auf diese Frage: der Papst – vergegenwärtigt er
sich *solche* Szenen?

FONTANA *(unsicher):* Sicher, sicherlich. Doch *was* hängt davon ab?
Er darf ja *doch* nicht dem Gefühl gehorchen!

RICCARDO *(außer sich):* Vater! – was du da sagst, das *kann*
nicht sein – das *kannst* du doch nicht sagen.

Begreift ihr denn hier nicht! – du, Vater,
du *mußt* doch begreifen ...
(Das Läuten verstummt. Es wird ganz ruhig. Schweigen. Dann sagt Riccardo, aufs höchste erregt und doch jedes Wort betonend, erst sehr leise, dann sich steigernd:) Ein Stellvertreter Christi, der *das*
vor Augen hat und dennoch schweigt, aus Staatsräson,
der sich nur *einen* Tag besinnt,
nur eine *Stunde* zögert,
die Stimme seines Schmerzes zu erheben
zu einem Fluch, der noch den letzten Menschen
dieser Erde erschauern läßt –: ein solcher Papst
ist ... ein Verbrecher.
(Riccardo sinkt in einen Sessel und wird von einem Weinkrampf befallen. Fontana tritt nach einigem Zögern auf ihn zu. Seine Empörung, die zunächst Sprachlosigkeit war, wird gemildert durch den Anblick seines «verlorenen» Sohnes.)

FONTANA: Dahin führt das, wenn man diese
Sprache redet. Junge, wie kannst du ...
(Der alte Diener tritt hastig, aber leise ein, zeigt einen Aktendeckel und sagt –)

DIENER: Endlich, Herr Graf, kommt hier ...

FONTANA *(laut schreiend, so unbeherrscht, wie niemand es ihm zutrauen würde):* Lassen Sie uns in Ruhe!
(Während der Diener, entsetzt, nur langsam zur Tür zurückfindet, bringt Fontana es fertig, immerhin zu sagen:)
Vittorio – nicht jetzt, entschuldige.
Jetzt für niemanden ...
(Diener ab. Fontana, mit gewaltsamer Ruhe, nach einem langen Blick auf Riccardo:)
Deine ungeheuerliche Beleidigung des Papstes,
auch aller, die ihm dienen ...

RICCARDO *(noch immer zerrüttet):*
Meine Mitschuld – *ich* bin doch auch schon
schuldig ... gibt mir das Recht ...

FONTANA: Du bist nicht schuldig ...

RICCARDO: Doch, schuldig wie jeder Zuschauer –

und als Priester ...
FONTANA: Auch Selbstzerknirschung kann Dünkel sein.
Gehorchen mußt du.
Du bist ja viel zu – zu bedeutungslos,
um diese Schuld zu tragen ... begreifst du nicht,
so schwer du dir's auch machst:
deine Sicht ist oberflächlich,
einseitig menschlich, mitleidig und zeitgenössisch.
So kannst du *nie* den Sinn
dieser Heimsuchung erfassen.
RICCARDO: Den Sinn! – Das Gemüt
eines Fleischwolfs setzte es voraus,
um hier noch einen Sinn zu sehen.
(Aufspringend:) Soll ich mit dem berühmten Glasauge
des Begriffs ... souverän und ...
versöhnend Vernunft in dieses Morden
hinein*hegeln*?
FONTANA: Kein Opfer verfällt, wenn die Geschichte
die Opfer auch nicht registriert. Gott wird es tun.
Wie kannst du nur als Priester daran zweifeln!
In dieser Zuversicht lebt auch der Papst.
Er *kann* nur handeln, wenn ihn dieser Glaube
beseelt. So kann er sich auch weigern,
dem Ruf seines Herzens blind zu folgen.
Er *darf doch*
den Stuhl Petri nicht gefährden!
(Nach einer Pause.) Vergiß auch eines nicht, Riccardo:
Was immer Hitler mit den Juden anstellt,
er ganz allein besitzt die Macht,
Europa vor den Russen zu erretten.
RICCARDO *(fast wild):*
Ein Mörder ist kein Retter! Das Gerede vom Abendland,
vom Christentum! – Der Teufel mag uns holen,
wenn ein millionenfacher Mörder
dem Papst als Kreuzritter genehm ist.
Die Russen sind doch längst geschlagen,

Hitler steht an der Wolga.

FONTANA *(sehr bestimmt):* Die Weltgeschichte ist noch nicht zu Ende, die Besetzung Rußlands noch kein Sieg.
Der Papst wird wissen, daß sein Einspruch
ohne Wirkung bliebe oder die Kirche
in Deutschland aufs schwerste gefährden würde.

RICCARDO *(heftig):* Das weiß er *nicht*, das *kann* er nicht wissen!
Galens Erfolg verspricht, daß ein Protest
des *Papstes* Hitler erst recht
in seine Schranken wiese.
Er würde wohl die Juden weiter quälen, als Sklaven
seiner Industrie – doch *morden*?
Das ist sehr fraglich. Und abgesehn von bloßer
Zweckmäßigkeit ...

FONTANA *(rasch):* Man *kann* nicht davon absehen,
wenn man für fünfhundert Millionen Gläubige
auf dieser Erde haftbar ist.

RICCARDO: Nirgends steht geschrieben, daß Petri Nachfolger
als größter Aktionär der Welt
Zeuge des Jüngsten Tages sein wird:
wenn nun der Vatikan
durch seinen Kampf mit Hitler seine Macht
über Banken, Industrien und Ministerien
einbüßen sollte – Vater, den Auftrag *Gottes*
könnte er dann wohl nur ehrlicher erfüllen.
Glaubst du nicht, daß die Leiden und
die Wehrlosigkeit des Fischers, der zuerst
den Schlüssel trug, dem Papst gemäßer sind?
Einmal, Vater, kommt sie doch, die Rückkehr
des Stellvertreters Christi ins Martyrium.

FONTANA: Du Phantast, Riccardo! Die Macht
verschmähst du – aber gegen Hitler
sollen wir angehen? Der Papst als armer Fischer –
was hätte schon Napoleon
dann mit ihm gemacht, von Hitler
ganz zu schweigen. – Nein, seinen Auftrag

kann der Papst nur erfüllen,
solange er auf seiten des Siegers steht.

RICCARDO *(leidenschaftlich):* Auf seiten der Wahrheit!

FONTANA *(lächelnd, abwinkend, dann trocken):*
Die Wahrheit *ist* beim Sieger – der
die Geschichtsschreiber doch auch regiert.
Und da die irdische Geschichte – alte
Weisheit – erst einen Sinn erkennen läßt,
wenn die Historiker ihr einen geben,
so kannst du dir ja wohl errechnen,
wie viele Fußnoten der Sieger Hitler
etwa den Juden zugestehen würde ...
Ertragen, Riccardo, läßt sich das alles nur,
wenn man die Zuversicht behält,
daß Gott die Opfer einst entschädigt.

RICCARDO: Diese Vertröstungen!
Hätte Christus sich entzogen?

FONTANA: Ich bin kein Priester – ich weiß aber,
der Papst ist nicht wie du und ich ein einzelner,
der einfach dem Gewissen folgen darf, dem Gefühl.
Er muß in *seiner* Person die Kirche erhalten.

RICCARDO: Es ist aber ausgerechnet die Person
dieses Papstes, dieses zwölften Pius,
die Hitler fürchtet: das Ansehen Pacellis
in Deutschland ist größer als irgendwo sonst.
Vielleicht hat seit Jahrhunderten kein Papst
in Deutschland diesen Ruf genossen. Er ist ...
(Der Diener ist eingetreten, noch sichtbar eingeschüchtert. Er meldet –)

DIENER: Seine Eminenz, der Hochwürdigste Herr Kardinal ...
(Den Namen versteht man nicht mehr, da Fontana sehr schnell und leicht erschrocken sagt –)

FONTANA: Oh – bitte ja, ich lasse bitten.
(Zu Riccardo): Darf er dich denn hier sehen?

RICCARDO *(schnell):* Er wird ja doch erfahren, daß offiziell
kein Auftrag zu meiner Reise vorlag.
Lad ihn zum Essen ein.

IV. Für Menschwerdung und Christwerdung

12 Wolfgang Borchert

Jesus macht nicht mehr mit

Er lag unbequem in dem flachen Grab. Es war wie immer reichlich kurz geworden, so daß er die Knie krumm machen mußte. Er fühlte die eisige Kälte im Rücken. Er fühlte sie wie einen kleinen Tod. Er fand, daß der Himmel sehr weit weg war. So grauenhaft weit weg, daß man gar nicht mehr sagen mochte, er ist gut oder er ist schön. Sein Abstand von der Erde war grauenhaft. All das Blau, das er aufwandte, machte den Abstand nicht geringer. Und die Erde war so unirdisch kalt und störrisch in ihrer eisigen Erstarrung, daß man sehr unbequem in dem viel zu flachen Grab lag. Sollte man das ganze Leben so unbequem liegen? Ach nein, den ganzen Tod hindurch sogar! Das war ja noch viel länger.
Zwei Köpfe erschienen am Himmel über dem Grabrand. Na, paßt es, Jesus? fragte der eine Kopf, wobei er einen weißen Nebelballen wie einen Wattebausch aus dem Mund fahren ließ. Jesus stieß aus seinen beiden Nasenlöchern zwei dünne ebenso weiße Nebelsäulen und antwortete: Jawoll. Paßt.
Die Köpfe am Himmel verschwanden. Wie Kleckse waren sie plötzlich weggewischt. Spurlos. Nur der Himmel war noch da mit seinem grauenhaften Abstand.
Jesus setzte sich auf und sein Oberkörper ragte etwas aus dem Grab heraus. Von weitem sah es aus, als sei er bis an den Bauch eingegraben. Dann stützte er seinen linken Arm auf die Grabkante und stand auf. Er stand in dem Grab und sah traurig auf seine linke Hand. Beim Aufstehen war der frischgestopfte Handschuh am Mittelfinger wieder aufgerissen. Die rotgefrorene Fingerspitze kam daraus hervor. Jesus sah auf seinen Handschuh und wurde sehr traurig. Er stand in dem vielzuflachen Grab, hauchte einen warmen Nebel gegen seinen entblößten frierenden Finger und sagte

leise: Ich mach nicht mehr mit. Was ist los, glotzte der eine von den beiden, die in das Grab sahen, ihn an. Ich mach nicht mehr mit, sagte Jesus noch einmal ebenso leise und steckte den kalten nackten Mittelfinger in den Mund.

Haben Sie gehört, Unteroffizier, Jesus macht nicht mehr mit.

Der andere, der Unteroffizier, zählte die Sprengkörper in eine Munitionskiste und knurrte: Wieso? Er blies den nassen Nebel aus seinem Mund auf Jesus zu: Hä, wieso? Nein, sagte Jesus noch immer ebenso leise, ich kann das nicht mehr. Er stand in dem Grab und hatte die Augen zu. Die Sonne machte den Schnee so unerträglich weiß. Er hatte die Augen zu und sagte: Jeden Tag die Gräber aussprengen. Jeden Tag sieben oder acht Gräber. Gestern sogar elf. Und jeden Tag die Leute da reingeklemmt in die Gräber, die ihnen immer nicht passen. Weil die Gräber zu klein sind. Und die Leute sind manchmal so steif und krumm gefroren. Das knirscht dann so, wenn sie in die engen Gräber geklemmt werden. Und die Erde ist so hart und eisig und unbequem. Das sollen sie den ganzen Tod lang aushalten. Und ich, ich kann das Knirschen nicht mehr hören. Das ist ja, als wenn Glas zermahlen wird. Wie Glas.

Halt das Maul, Jesus. Los, raus aus dem Loch. Wir müssen noch fünf Gräber machen. Wütend flatterte der Nebel vom Mund des Unteroffiziers weg auf Jesus zu. Nein, sagte der und stieß zwei feine Nebelstriche aus der Nase, nein. Er sprach sehr leise und hatte die Augen zu: Die Gräber sind doch auch viel zu flach. Im Frühling kommen nachher überall die Knochen aus der Erde. Wenn es taut. Überall die Knochen. Nein, ich will das nicht mehr. Nein, nein. Und immer ich. Immer soll ich mich in das Grab legen, ob es paßt. Immer ich. Allmählich träume ich davon. Das ist mir gräßlich, wißt ihr, daß ich das immer bin, der die Gräber ausprobieren soll. Immer ich. Immer ich. Nachher träumt man noch davon. Mir ist das gräßlich, daß ich immer in die Gräber steigen soll. Immer ich.

Jesus sah noch einmal auf seinen zerrissenen Handschuh. Er kletterte aus dem flachen Grab heraus und ging vier Schritte auf einen dunklen Haufen los. Der Haufen bestand aus toten Menschen. Die waren so verrenkt, als wären sie in einem wüsten Tanz überrascht worden. Jesus legte seine Spitzhacke leise und vorsichtig neben den Haufen von toten Menschen. Er hätte die Spitzhacke auch hinwerfen können, der Spitzhacke hätte das nicht geschadet. Aber er legte sie leise und vorsichtig hin, als wollte er keinen stören oder aufwecken. Um Gottes willen keinen wecken. Nicht nur aus Rücksicht, aus Angst auch. Aus Angst. Um Gottes willen keinen wecken. Dann ging er, ohne auf die beiden anderen zu achten, an ihnen vorbei durch den knirschenden Schnee auf das Dorf zu.

Widerlich, der Schnee knirscht genau so, ganz genau so. Er hob die Füße und stelzte wie ein Vogel durch den Schnee, nur um das Knirschen zu vermeiden.

Hinter ihm schrie der Unteroffizier: Jesus! Sie kehren sofort um! Ich gebe Ihnen den Befehl! Sie haben sofort weiterzuarbeiten! Der Unteroffizier schrie, aber Jesus sah sich nicht um. Er stelzte wie ein Vogel durch den Schnee, wie ein Vogel, nur um das Knirschen zu vermeiden. Der Unteroffizier schrie – aber Jesus sah sich nicht um. Nur seine Hände machten eine Bewegung, als sagte er: Leise, leise! Um Gottes willen keinen wecken! Ich will das nicht mehr. Nein. Nein. Immer ich. Immer ich. Er wurde immer kleiner, kleiner, bis er hinter einer Schneewehe verschwand.

Ich muß ihn melden. Der Unteroffizier machte einen feuchten wattigen Nebelballen in die eisige Luft. Melden muß ich ihn, das ist klar. Das ist Dienstverweigerung. Wir wissen ja, daß er einen weg hat, aber melden muß ich ihn.

Und was machen sie dann mit ihm? grinste der andere.

Nichts weiter. Gar nichts weiter. Der Unteroffizier schrieb sich einen Namen in sein Notizbuch. Nichts. Der Alte läßt ihn vorführen. Der Alte hat immer seinen Spaß an Jesus. Dann brüllt er ihn zusammen, daß er zwei Tage nichts ißt und redet, und läßt ihn laufen. Dann ist er wieder ganz normal für eine Zeitlang. Aber melden muß ich ihn erstmal. Schon weil der Alte seinen Spaß dran hat. Und die Gräber müssen doch gemacht werden. Einer muß doch rein, ob es paßt. Das hilft doch nichts.

Warum heißt er eigentlich Jesus, grinste der andere.

Oh, das hat weiter keinen Grund. Der Alte nennt ihn immer so, weil er so sanft aussieht. Der Alte findet, er sieht so sanft aus. Seitdem heißt er Jesus.

Ja, sagte der Unteroffizier und machte eine neue Sprengladung fertig für das nächste Grab, melden muß ich ihn, das muß ich, denn die Gräber müssen ja sein.

13 Heinrich Böll

Und sagte kein einziges Wort

Eine Familie im Köln der Nachkriegszeit kann nicht zusammenleben, weil «die Verhältnisse» nicht so sind. Fred und Käte Bogner müssen mit ihren drei Kindern ein einziges, dreckiges und schäbiges Zimmer bewohnen, während nebenan das kinderlose Ehepaar Franke eine große Wohnung zur Verfügung hat. Frau Franke ist allerdings auch eine leitende Funktionärin bei katholischen Frauenorganisationen. Die Anspielungen auf die Christusfigur haben in den folgenden Passagen zunächst satirisch-befreiende Funktion (der verkultete Christus in der «Kommunion», der folgenlos verkitschte Jesus in der Weihnachtsfeier) gegenüber bigotter bürgerlich-christlicher Frömmigkeit. Vom Kreuz Christi her wird freilich dann – in der deutenden Aufnahme des Schweigens Christi aus der Passionsgeschichte – eine religiöse Tiefenstruktur des Romans erschlossen. Kreuz (in Konfrontation mit dem kitschigen Renoir-Bild) und Passion Christi (verfremdet im Spiritual) werden hier zu paradoxen Sinn-Bildern der wahren Wirklichkeit dieser kämpfenden Frau, die – von dieser Sinnstruktur getragen – weder dem Zynismus noch dem Fatalismus anheimfällt.

Frau Franke ist mit sechzig noch eine schöne Frau; der merkwürdige Glanz ihrer Augen aber, mit denen sie alle fasziniert, flößt mir Schrecken ein: diese dunklen harten Augen, ihr gepflegtes Haar, das sehr geschickt gefärbt ist, ihre tiefe, leise zitternde Stimme, die nur im Verkehr mit mir plötzlich schrill werden kann, der Sitz ihrer Kostüme, die Tatsache, daß sie jeden Morgen die heilige Kommunion empfängt, jeden Monat den Ring des Bischofs küßt, wenn er die führenden Damen der Diözese empfängt – diese Tatsachen machen sie zu einer Person, gegen die zu kämpfen zwecklos ist. Wir haben es erfahren, weil wir sechs Jahre gegen sie gekämpft und es nun aufgegeben haben.

Die Kinder spielen im Flur: Sie sind so daran gewöhnt, still zu sein, daß sie nicht einmal mehr laut werden, wenn es gestattet ist. Ich höre sie kaum: Sie haben Pappkartons aneinandergebunden, einen Zug, der die ganze Länge des Flurs ausmacht und nun vorsichtig hin und her bugsiert wird. Sie richten Stationen ein, laden Blechbüchsen, Holzstäbchen auf, und ich kann gewiß sein, daß sie bis zum Abendessen beschäftigt sind. Der Kleine schläft noch.

Noch einmal zähle ich die Scheine, die kostbaren, schmutzigen Scheine, deren süßlicher Geruch mich in seiner Sanftheit erschreckt, und ich zähle den Zehner hinzu, den Fred mir schuldet. Er wird ihn vertrinken. Er hat uns vor zwei Monaten verlassen, schläft bei Bekannten oder in irgendwelchen Asylen, weil er die Enge der Wohnung, die Gegenwart von Frau Franke und die schreckliche Nachbarschaft der Hopfs nicht mehr erträgt. Damals entschied sich die Wohnungskommission, die am Rande der Stadt eine Siedlung baut, gegen uns, weil Fred ein Trinker ist und das Zeugnis des Pfarrers über mich nicht günstig ausfiel. Er ist böse, daß ich mich nicht an den Veranstaltungen kirchlicher Vereine beteilige. Die Vorsitzende dieser Kommission aber ist Frau Franke, die dadurch den Ruf um den einer untadeligen, selbstlosen Frau noch bereichert hat. Denn hätte sie uns die Wohnung zugebilligt, wäre unser Raum, der ihr nun als Eßzimmer fehlt, freigeworden. So entschied sie zu ihrem eigenen Schaden gegen uns. Mich aber hat seitdem ein Schrecken ergriffen, den ich nicht zu beschreiben wage. Die Tatsache, Gegenstand eines solchen Hasses zu sein, flößt mir Furcht ein, und ich habe Angst, den Leib Christi zu essen, dessen Genuß Frau Franke täglich erschreckender zu machen scheint. Denn der Glanz ihrer Augen wird immer härter. Und ich habe Angst, die heilige Messe zu hören, obwohl die Sanftmut der Liturgie zu den wenigen Freuden gehört, die mir geblieben sind. Ich habe Angst, den Pfarrer am Altar zu sehen, den gleichen Menschen, dessen Stimme ich oft nebenan im Sprechzimmer höre: die Stimme eines verhinderten Bonvivants, der gute Zigarren raucht, sich mit den Weibern seiner Kommissionen und Vereine alberne Scherze erzählt. Oft lachen sie laut nebenan, während ich angehalten bin, achtzugeben, daß die Kinder keinen Lärm machen, weil die Konferenz dadurch gestört werden könnte. Aber ich kümmere mich schon lange nicht mehr darum, lasse die Kinder spielen und beobachte mit Schrecken, daß sie gar nicht mehr fähig sind, zu lärmen. Und manchmal morgens, wenn der Kleine schläft, die Großen zur Schule sind, während des Einkaufens, schleiche ich mich für ein paar Augenblicke in eine Kirche, zu Zeiten, in denen kein Gottesdienst mehr stattfindet, und ich empfinde den unendlichen Frieden, der von der Gegenwart Gottes ausströmt. Manchmal aber zeigt Frau Franke Regungen von Gefühl, die mich noch mehr erschrecken als ihr Haß. Weihnachten kam sie und bat uns, an einer kleinen Feier im Wohnzimmer teilzunehmen. Und ich sah uns durch den

Flur gehen, als gingen wir in die Tiefe eines Spiegels hinein: Clemens und Carla vorne, dann Fred, und ich ging mit dem Kleinen auf dem Arm hinterdrein. – Wir gingen in die Tiefe eines Spiegels hinein, und ich sah uns: Wir sahen arm aus.

Im Wohnzimmer, das seit dreißig Jahren unverändert ist, kam ich mir fremd vor, wie in einer anderen Welt, fehl am Platze: Wir gehören nicht auf solche Möbel, zwischen solche Bilder, wir sollten uns nicht an Tische setzen, die mit Damast gedeckt sind. Und der Schmuck des Weihnachtsbaumes, den Frau Franke über den Krieg gerettet hat, macht, daß mir das Herz vor Angst stehenbleibt: diese flimmernden blauen und goldenen Kugeln – das Engelhaar und die Puppengesichter der gläsernen Engel, das Jesuskind aus Seife in der Krippe aus Rosenholz, Maria und Josef aus grell bemaltem Ton, süßlich grinsend unter dem Spruchband aus Gips, das «Frieden den Menschen» verkündet – diese Möbel, an die wöchentlich acht Stunden lang der Schweiß einer Putzfrau verschwendet wird, die fünfzig Pfennig pro Stunde bekommt und Mitglied des Müttervereins ist, diese ganz tödliche Sauberkeit macht mir Angst. Herr Franke saß in der Ecke und rauchte seine Pfeife. Seine knochige Gestalt beginnt sich mit Fleisch zu füllen, und ich höre oft das Stampfen seiner Schritte, wenn er die Treppe heraufkommt, seinen polternden Gang, und sein keuchender Atem geht an meinem Zimmer vorbei in die Tiefe des Flures.

Die Kinder fürchten sich vor solchen Möbeln, die sie nur selten sehen. Sie setzen sich zögernd auf die ledergepolsterten Stühle, so scheu und still, daß ich hätte weinen können.

Es standen Teller für sie bereit, und Geschenke lagen da: Strümpfe und das unvermeidliche Sparschwein aus Ton, das in der Familie Franke seit fünfunddreißig Jahren zu Weihnachten gehört.

Freds Gesicht war finster, und ich sah, daß er bereute, der Einladung gefolgt zu sein; er stand da auf die Fensterbank gestützt, zog eine lose Zigarette aus der Tasche, glättete sie langsam und zündete sie an.

Frau Franke schenkte die Gläser voll Wein und schob den Kindern bunte Porzellanbecher voll Limonade zu. Die Becher sind mit Motiven aus dem Märchen «Der Wolf und die sieben Geißlein» bemalt.

Wir tranken. Fred trank in einem Zuge sein Glas leer, hielt es prüfend in der Hand, schien dem Geschmack des Weines nachzusinnen. In solchen Augenblicken bewundere ich ihn, denn auf seinem Gesicht konnte jeder deutlich lesen, was zu sagen überflüssig war: Zwei Sparschweine und ein Glas Wein, fünf Minuten Sentimentalität täuschen mich nicht darüber hinweg, daß unsere Wohnung zu eng ist.

Diese schreckliche Einladung endete mit einem kalten Abschied, und ich las in Frau Frankes Augen alles, was sie darüber erzählen würde: Zu den zahllosen Flüchen, die wir tragen, kommt nun noch der der offenbaren Undankbarkeit und Unhöflichkeit und für sie noch zwei weitere Etagen auf der vielstöckigen Krone des Martyriums.

Herr Franke spricht selten, aber wenn er weiß, daß seine Frau nicht da ist, steckt er manchmal den Kopf in unser Zimmer und legt, ohne ein Wort zu sagen, eine Tafel Schokolade auf den Tisch, der an der Tür steht, und manchmal finde ich einen Geldschein in dem Umschlagpapier versteckt, und ich höre ihn manchmal im Flur mit den Kindern sprechen. Er hält sie an, murmelt ein paar Worte, und die Kinder erzählen mir, daß er sie über den Kopf streicht und «Liebes» zu ihnen sagt.

Frau Franke aber ist anders, redselig und lebhaft, ohne Zärtlichkeit. Sie stammt aus einem alten städtischen Händlergeschlecht, das die Gegenstände, mit denen es Handel trieb, von Geschlecht zu Geschlecht wechselte, immer kostbarere fand: Von Öl, Salz und Mehl, von Fisch und Tuch kamen sie zu Wein, dann gingen sie in die Politik, sanken herab zu Grundstücksmaklern, und ich meine heute manchmal, daß sie mit dem Kostbarsten Handel treiben: mit Gott.

Frau Franke wird nur bei seltenen Gelegenheiten sanft: zunächst, wenn sie von Geld spricht. Sie spricht das Wort mit einer Sanftmut aus, die mich erschreckt, so wie manche Leute: Leben, Liebe, Tod oder Gott aussprechen, sanft, mit einem leisen Schrecken und einer großen Zärtlichkeit in der Stimme. Der Glanz ihrer Augen wird matter, und ihre Züge werden jung, wenn sie von Gold und von ihrem Eingemachten spricht, beides Schätze, deren Verletzung sie nicht zuläßt. Schrecken ergreift mich, wenn ich manchmal unten im Keller bin, um Kohlen oder Kartoffeln zu holen, und ich höre sie nebenan die Gläser zählen: mit sanfter Stimme murmelnd, singend die Zahlen wie die Kadenzen einer geheimen Liturgie, und ihre Stimme erinnert mich an die Stimme einer betenden Nonne – und ich lasse oft meine Eimer im Stich, fliehe nach oben und drücke meine Kinder an mich, weil ich spüre, daß ich sie vor etwas behüten muß. Und die Kinder blicken mich an, die Augen meines Sohnes, der erwachsen zu werden beginnt, und die sanften dunklen Augen meiner Tochter, sie blicken mich an, begreifend und nicht begreifend – und nur zögernd fallen sie in die Gebete ein, die ich zu sprechen beginne, die berauschende Eintönigkeit einer Litanei oder die Sätze des Vaterunsers, die spröde aus unseren Mündern fallen.

Aber es ist drei geworden, und plötzlich bricht draußen die Angst vor dem Sonntag aus, Lärm platzt in den Hof, und ich höre die Stimmen, die den frohen Samstagnachmittag ansagen, und mein Herz beginnt mir im Leibe zu erfrieren. Ich zähle noch einmal das Geld, betrachte die tödlich langweiligen Bilder darauf und entschließe mich endgültig, es anzubrechen. Im Flur lachen die Kinder, der Kleine ist erwacht, und ich muß mich entschließen zu arbeiten, und wie ich den Blick hebe vom Tisch, auf den gestützt ich nachzudenken begann, fällt mein Blick auf die Wände unseres Zimmers, die mit billigen Drucken benagelt sind: mit den süßen Weibergesichtern Renoirs – sie kommen mir fremd vor, so fremd, daß ich nicht begreifen kann, wie ich sie vor einer halben Stunde noch ertragen konnte. Ich nehme sie herunter, reiße sie mit ruhigen Händen entzwei und werfe die Fetzen in den Abfalleimer, den ich gleich hinuntertragen muß. Meine Blicke gehen unsere Wände entlang, nichts findet Gnade vor meinen Augen als das Kruzifix über der Tür und die Zeichnung eines mir Unbekannten, deren wirre Linien und spärliche Farben mir fremd erschienen bisher, die ich aber plötzlich begreife, ohne sie zu verstehen. (...)

Oft fällt mein Blick in den Spiegel, so oft, wie ich Eimer füllen muß, und wenn meine Augen zurückkommen, von dort hinten, legen sie sich vorne auf mein eigenes Gesicht, das tot und unbeteiligt dem unsichtbaren Spiel zusah, und dann sehe ich manchmal ein Lächeln darauf, ein Lächeln, das von den Gesichtern der Kleinen darauf gefallen und haftengeblieben sein muß. – Oder ich sehe den Ausdruck wilder Entschlossenheit, des Hasses und einer Härte, die mich nicht erschreckt, sondern stolz macht, die Härte eines Gesichts, das nicht vergessen wird.

Aber heute ist Sonntag, und ich werde mit Fred zusammen sein. Der Kleine schläft, Clemens ist mit Carla zur Prozession, und aus dem Hof höre ich den Widerhall dreier Gottesdienste, zweier Unterhaltungskonzerte, eines Vortrages und den heiseren Sang eines Niggers, der alles durchdringt und als einziges mein Herz berührt.

... and he never said a mumbaling word ...

... und er sagte kein einziges Wort ...
Vielleicht wird Fred Geld bekommen, und wir werden zusammen tanzen gehen. Ich werde mir einen neuen Lippenstift kaufen, ihn auf Pump kaufen bei der Hauswirtin unten. Und es wäre schön, wenn Fred mit mir tanzen ginge. Immer noch höre ich den sanften und so heiseren Schrei des Niggers, höre ihn durch zwei wässerige Predigten hindurch, und ich spüre, wie mein Haß hochsteigt, Haß gegen diese Stimmen, deren Gewäsch in mich eindringt wie Fäulnis.
... they nailed him to the cross, nailed him to the cross.
... sie schlugen ihn ans Kreuz, schlugen ihn ans Kreuz.
Ja, heute ist Sonntag, und unser Zimmer ist erfüllt vom Geruch des Bratens, und dieser Geruch könnte ausreichen, mich zum Weinen zu bringen, weinen über die Freude der Kinder, die so selten Fleisch bekommen.
... and he never said a mumbaling word – singt der Nigger.
... und er sagte kein einziges Wort.

14 Heinrich Böll

Über den Menschgewordenen

Diesen Text kann man als Hintergrundkommentar zu einer Passage aus «Und sagte kein einziges Wort» lesen, bekommt doch der Satz über Frau Franke, daß der Genuß des Leibes Christi sie «täglich erschreckender zu machen scheint», von den folgenden Passagen her ein deutliches theologisches Profil. Selten hat sich Heinrich Böll so direkt und umfassend zu seinem Christus-Verständnis geäußert wie in diesem Text, der einer Filmmeditation zum Totensonntag entstammt. Nach der Rede eines gefallenen Soldaten an seinen Bruder, in der über versäumte Möglichkeiten, über die Brutalität des Lebenskampfes, das Auf-der-Strecke-bleiben vieler Menschen, über das Leben eines falschen Lebens nachgedacht wird, heißt es im Schluß-Kommentar in Anrede an die Lebenden:

Das Merkwürdige an ihnen ist: Sie beten einen menschgewordenen Gott an, der sie lehrte, einander zu lieben; sie stellen ihn auch – da sie sich gar nicht anders als menschlich ausdrücken können – stellen ihn auf ihren Bildnissen als Menschen dar; sie selbst aber – und das ist das Merkwürdige an ihnen – gebärden sich göttlich; immer wieder versuchen sie, sich diesem Gott zu nähern, indem sie ihn darstellen, sich ein Bild von ihm machen.

Und sie stellen ihn als leidenden, duldenden, sterbenden, als liebenden Menschen dar; sie selbst aber – und das ist erschreckend an ihnen – sie selbst aber gebärden sich unmenschlich; sie weigern sich, zu dem zu werden, was der von ihnen angebetete Gott freiwillig geworden ist: zu Menschen; wie Götter nehmen sie die Zukunft voraus, greifen in das Geschick anderer Völker ein, und so muß, wer als Fremder unter sie tritt, wer ihr Sinnen und Handeln nüchtern betrachtet, den Eindruck gewinnen, daß sie die Menschwerdung ihres Gottes nicht verstanden haben, vielleicht nicht verstehen wollen; was göttlich an ihm war, beanspruchen sie für sich; auch daß sie an ihrem Gott auf die innigste Weise teilhaben, indem sie ihn gemeinsam essen, macht sie nicht menschlicher, sondern göttlicher: Göttlichkeit – nicht Menschlichkeit – essen sie sich an, und doch stellen sie ihn, da sie gar nicht anders können, als Menschen dar und geben die Bildnisse, die sie sich von ihm machen, der Vergänglichkeit anheim: Stein, Holz, Leinwand – es vergeht ihnen dieser Gott wie ein Mensch; sie stellen ihn als ihren Bruder dar, doch was bedeutet ihnen Brüderlichkeit? Sie stellen ihn als Menschen dar, doch die Menschlichkeit ist selten bei ihnen; als duldend, als leidend, als sanftmütig stellen sie ihn dar – doch sie können nicht dulden, nicht leiden, und das Wort «Sanftmut» erweckt ihren Hohn; ihr Gott hat nichts so verachtet wie Besitz, sie aber lieben nichts mehr als diesen. So muß, wer fremd unter sie tritt, ein Fremder bleiben, auch wenn er sich entschließen könnte, ihren Gott zu lieben. Und auch sich selbst und ihrem Tod bleiben die meisten von ihnen fremd, weil sie das *Leben* ihres Gottes nicht verstehen.

15 Heinrich Böll

Über Zärtlichkeit und Galanterie Christi

Die folgenden Passagen dokumentieren mehr aphoristisch verknappte Einzeläußerungen Bölls zu verschiedenen Zeiten und bei unterschiedlichen Gelegenheiten: einer Stellungnahme zur päpstlichen Enzyklika «Humane Vitae» (Taceat Ecclesia), einem Gespräch über seine Person und sein Werk (Drei Tage im März) und dem Clown-Roman. Thematisch bilden sie Variationen zu einem Hauptthema des Böllschen Werkes: der Menschwerdung des Menschen, der sein Spiegelbild im Menschgewordenen gefunden hat.

«Taceat Ecclesia»

Der Ungehorsam ist unausbleiblich, *nicht, weil es hier gegen die Pille geht,* sondern weil die Enzyklika wieder einmal ein Ausdruck kirchlicher Verkennung jenes äußerst komplizierten Vorgangs ist, den man globerweise Geschlechtsakt nennt. Diese Verkennung ist die Folge einer allzu lange praktizierten Schnödigkeit der römischen Kirche gegenüber der geschlechtlichen Liebe, vor allem gegenüber der Frau, die geschaffen wurde, damit der Mensch eine Gefährtin habe und nicht allein sei. Das grobe deutsche Wort Geschlechtsakt drückt eine Unzahl individuell verschiedener Zärtlichkeiten nicht aus, die vorauszusetzen und nicht alle körperlicher Art sind. Das Wort ist so ungalant wie alle kirchlichen Äußerungen über die Frau, die als Ehepartnerin bestenfalls wie eine verhinderte Madonna erscheint. (...) Jesus Christus dagegen, Sohn, Bruder und Mensch, war – einen Fall ausgenommen, in dem er ausgerechnet gegen seine Mutter ungalant war – nachweisbar ausgesprochen galant. Es gab einige Frauen in seinem Gefolge, auch ehemalige Sünderinnen, aber Jesus Christus war von unnachahmlicher Galanterie auch gegen Sünderinnen, die nicht zu seinem Gefolge gehörten. Das äußerste, was er zu einer von ihnen, wahrscheinlich mit sanfter, höflicher Stimme, sagte, war: «Gehe hin und sündige nicht mehr.» Verglichen mit der Galanterie Christi ist die Sprache der Enzyklika «Humanae Vitae», in der viel von der Frau gesprochen wird, langweilig, trocken, im eigentlichen Sinne des Wortes ausdruckslos, weil sie nirgendwo den Mut zeigt, der endlich, endlich notwendig wäre, um galant jene unumstößliche Tatsache anzudeuten oder gar auszudrücken, daß auch die Frau ein Geschlecht hat.

«Drei Tage im März»

... Ja natürlich, und ich werde mir die Hoffnung auf diese Utopie nicht ausreden lassen; ich rede jetzt nur von den bisher praktizierten Modellen, die alle zu dogmatisch sind, und in ihrem Dogmatismus – und in der Arroganz ihres Dogmatismus, die darin liegt, daß gesagt wird: du mußt glücklich sein, du kannst nicht unglücklich sein – wieder Formen angenommen haben, wie sie ganz streng religiös geprägte Zeiten hervorgebracht haben. Die, ich möchte fast sagen: Verunglimpfung des Selbstmörders in unserer christlichen Geschichte war ja auch ein Todesurteil, die Sitte, Selbstmörder nicht in ‹geweihter Erde› zu begraben – und was es da noch so alles für Anmaßungen gab, eben ungeheure Arroganz, die darin bestand – und besteht –: wenn du uns pariert hättest, wärst du nicht so unglücklich geworden. Diese Arroganz in ganz veränderter Form und aus ganz anderen Ursachen kann man heute in den etabliert-sozialistischen Gesellschaften wieder entdecken. Ob es aber jemals eine menschliche Gemeinschaft oder Gruppe oder einen Staat oder eine Gesellschaft geben wird, die Selbstmord verhindern könnte? Diese Hoffnung lasse ich mir nicht nehmen. Diese Isolation, diese Verzweiflung muß doch heilbar sein, nicht durch Dogmen, nicht durch Prinzipien – und, was wichtig ist, nicht, indem man andere verletzt. Im Neuen Testament steckt eine Theologie der – ich wage das Wort – Zärtlichkeit, die immer heilend wirkt: durch Worte, durch Handauflegen, das man ja auch Streicheln nennen kann, durch Küsse, eine gemeinsame Mahlzeit – das alles ist nach meiner Meinung total verkorkst und verkommen durch eine Verrechtlichung, man könnte wohl sagen durch das Römische, das Dogmen, Prinzipien daraus gemacht hat, Katechismen; dieses Element des Neuen Testamentes – das zärtliche – ist noch gar nicht entdeckt worden.

«Ansichten eines Clowns»

Obwohl die Bohnen, die ich gegessen hatte, mir noch schwer im Magen lagen und meine Melancholie steigerten, ging ich in die Küche, öffnete auch die zweite Büchse Bohnen, kippte den Inhalt in den Topf, in dem ich auch die erste Portion gewärmt hatte, und zündete das Gas an. Ich warf das Filterpapier mit dem Kaffeesatz in den Abfalleimer, nahm ein sauberes Filterpapier, tat vier Löffel Kaffee hinein, setzte Wasser auf und versuchte, in der Küche Ordnung zu schaffen. Ich warf den Aufnehmer über die Kaffeepfütze, die leeren Büchsen und die Eierschalen in den Eimer. Ich hasse unaufgeräumte Zimmer, aber ich bin selber unfähig aufzuräumen. Ich ging ins Wohnzimmer, nahm die schmutzigen Gläser, setzte sie in der Küche in den Ausguß. Es war nichts Unordentliches mehr in der Wohnung, und doch sah es nicht aufgeräumt aus. Marie hat so eine geschickte und sehr rasche Art, ein Zimmer aufgeräumt erscheinen zu lassen, obwohl sie nichts Sichtbares, Kontrollierbares darin anstellt. Es muß an ihren Händen liegen. Der Gedanke an Maries Hände – nur die Vorstellung, daß sie ihre Hände Züpfner auf die Schulter legen könnte – steigerte meine Melancholie zur Verzweiflung. Eine Frau kann mit ihren Händen soviel ausdrücken oder vortäuschen, daß mir Männerhände immer wie angeleimte Holzklötze vorkommen. Männerhände sind Händedruckhände, Prügelhände, natürlich Schießhände und Unterschrifthände. Drücken, prügeln, schießen, Verrechnungsschecks unterschreiben – das ist alles, was Männerhände können, und natürlich: arbeiten. Frauenhände sind schon fast keine Hände mehr: ob sie Butter aufs Brot oder Haare aus der Stirn streichen. Kein Theologe ist je auf die Idee gekommen, über die Frauenhände im Evangelium zu predigen: Veronika, Magdalena, Maria und Martha – lauter Frauenhände im Evangelium, die Christus Zärtlichkeiten erwiesen. Stattdessen predigen sie über Gesetze, Ordnungsprinzipien, Kunst, Staat. Christus hat sozusagen privat fast nur mit Frauen Umgang gehabt. Natürlich brauchte er Männer, weil die wie Kalick ein Verhältnis zur Macht haben, Sinn für Organisationen und den ganzen Unsinn. Er brauchte Männer, so wie man bei einem Umzug einfach Möbelpacker braucht, für die grobe Arbeit, und Petrus und Johannes waren ja so liebenswürdig, daß sie fast schon keine Männer mehr waren, während Paulus so männlich war, wie es sich für einen Römer geziemte. Wir bekamen zu Hause bei jeder sich bietenden Gelegenheit aus der Bibel vorgelesen, weil es in unserer Verwandtschaft von Pastoren wimmelt, aber keiner hat je über die Frauen im Evangelium oder so etwas Unfaßbares wie den ungerechten Mammon gesprochen. Auch bei den Katholiken im «Kreis» wollte nie einer über den ungerechten Mammon sprechen, Kinkel und Sommerwild lächelten immer nur verlegen, wenn ich sie darauf ansprach – als hätten sie Christus bei einem peinlichen Lapsus ertappt, und Fredebeul sprach von dem Verschleiß durch die Geschichte, den dieser Ausdruck erfahren habe. Ihn störte das «Irrationale» daran, wie er sagte. Als ob Geld etwas Rationales wäre. In Maries Händen verlor sogar das Geld seine

Fragwürdigkeit, sie hatte eine wunderbare Art, achtlos und zugleich sehr achtsam damit umzugehen.

16 Wolfgang Koeppen

Das Wunder der Christwerdung

Auch der folgende Text (vgl. Nr. 6) beschreibt die äußere und innere Wirklichkeit Roms (und damit des Christentums) aus der Perspektive des Diakons Adolf Judejahn.

Ich ging zum Tiberufer. Ich lehnte mich über die Brüstung und sah unten auf dem Fluß in malerisch trügendem Glanz das Badeschiff liegen. Das Schiff wiegte sich auf dem trägen Wasser und sah wie die Arche Noah aus. Es war eine schöne und schmutzige Arche Noah. Allerlei Getier, kreischende junge Enten und Gänse, junge Katzen, junge Hunde verschiedenster Rassen und Mischungen wälzten sich verträglich an Deck. Auf dem mit dürrem Gras, mit Exkrementen und glitzernden verbogenen Blechstücken bedeckten Flußrain, zu dem von der Brücke eine steile Treppe hinunterführte, wurde ein Knabe von zwei Jünglingen verfolgt und rauh zu Boden geworfen. Der Knabe und die beiden Jünglinge trugen knappe dreieckige und auffallend grellrote Badehosen. Der Knabe war schön. Die beiden Burschen aber hatten eine fleckige und kranke Haut; sie hatten ordinäre und böse Gesichter. Ich kannte ihre Art. Sie waren mir widerwärtig. Sie waren Prostituierte und Erpresser, sie waren feige, mörderisch und gemein. Aber ich war einsam. Ich wollte einsam sein, aber manchmal sehnte ich mich nach Nähe, nach Berührung, nach einem Herden- und Stallgeruch, nach einer Welt leiblicher Gemeinsamkeit, die ich verloren und von der ich mich losgesagt hatte, einem Zwang, aus dem ich mich befreit glaubte, die Jungenswelt der Ordensburg, den Geruch der großen Schlafsäle, die nackten Knabenkörper in spartanischer Erziehung im Frühnebel des Waldlaufs über den frostigen Boden gejagt, und weiter die Welt der Männerbünde, die Horte, Lager und Heime der nationalen Bewegungen, auch die Kameradschaft der Soldaten schloß diese Welt ein, ich hatte mich von alldem losgesagt, ich war einsam, ich wollte einsam sein, und Kürenberg lobte mir die Einsamkeit des schöpferischen Menschen, aber mit diesen Burschen verbanden mich Herkunft und Erziehung in unterweltlicher Weise, und sie waren Erscheinungen eines schlechten Gewissens, von dem ich mich noch befreien mußte. Als nun einer der Burschen zu mir aufblickte und mich auf der hohen Uferbrüstung bemerkte, griff er die Spitze seines Badehosendreiecks an und lockte mich mit einer obszönen Geste, die Treppe zum Uferrain und zum Badeschiff hinunterzukommen. Der Bursche hatte prankengleiche Fäuste und schwellende Muskeln, die aber keine wirkliche Kraft, die eher Entartung und Erschlaffung verrieten. Er war mir sehr widerlich. Auch der andere Bursche war mir widerlich. Aber der schöne Knabe lag zwischen ihnen, rauh angepackt, nicht von Adlerfängen, von scheußlichen unreinen Geiern, Zeus-Jupiter war tot, auch Ganymed war wohl tot, ich verfluchte mich, ich stieg zu den Toten hinab, hinab ins Verlies war er gestiegen, einen Wehrgang hinunter, tief und tiefer wand sich der düstere, nur von spärlichem Lampenschein erhellte Weg in den Leib der Papstburg, und dann kamen niedere Gewölbe, kam Grabesluft, man mußte gebückt gehen, abgeschirmte Falltüren zeigten noch finsterere Löcher, bodenlose Abgründe schreckten, Mordgruben, Todesbrunnen, Ketten fielen aus der Mauer, Kettenringe für die Füße, Fangeisen für die Arme, geschmiedete Stachelschnallen für den Leib, allerlei Martergerät hing von der Decke, Streckzüge, Knochenbrecher, Werkzeug, die Haut zu schinden, Steinbetten daneben, auf denen die Gefesselten verfault waren und Fäulnis und Gerippe den Schattenriß des Verurteilten oder Vergessenen selbst in den harten fühllosen Granit gezeichnet hatten, und oben waren die Festgemächer, die traulichen Wohnungen, die geschmückten Kapellen, lebte der wache Sinn für die Kunst, waren schöne und fromme Bilder, geschnitzte Betschemel, die silbernen Leuchter Cellinis, in der Bibliothek freute man sich an Büchern, nahm Weisheit auf, erbaute sich, hörte vielleicht Musik, atmete den Abendwind, und ganz oben schwebte der Engel über der Burg, der Erzengel Michael sah die Sonne, erblickte die glitzernde Pracht der Sterne und schaute das berühmte Panorama der Ewigen Stadt und steckte sein Flammenschwert in die Scheide.

Adolf hatte den tiefsten Kerker erreicht. Eine Art Amphore senkte sich in den Urfels, und da mochte der Gefangene drin stehen, aufrecht, den Kopf noch über dem Boden, doch der Unrat, den er unter sich ließ, stieg langsam den Leib hinauf, er mauerte den Leib ein, den als sündig verschrienen der Unflat stieg bis zum Hals, und wer hier bei schwelender Fackel des Menschen Haupt gesehen hatte, ein Haupt nur noch, durch die Kloake vom Leib befreit, dem brach wohl der Schrei von den Lippen «*Ecce homo* – Sieh, welch ein Mensch», und der Kerkerknecht mochte niederknien und das Wunder der Christwerdung begreifen, das im untersten Kerker an dem Ausgestoßenen geschehen war. Adolf kniete an der Grube nieder und betete. Er betete inbrünstiger, als er in der Peterskirche gebetet hatte; er betete für die Seelen der unbekannten Gefangenen. Seine Soutane berührte den Staub, der Stein drückte seine Knie. Er glaubte. Die Welt brauchte Erlösung. Er glaubte. Der Mensch mußte wieder erlöst werden. Er erhob sich und fühlte sich seltsam gestärkt.

V. Die bleibende Hoffnung

17 Günter Herburger

Birne in der Kirche

Wenn Birne in der Stadt unterwegs ist, sieht sie oft ein großes Gebäude aus roten Ziegelsteinen. Das Haus hat viele Bogenfenster und einen Turm mit einer Uhr. Auf dem Turm blinken rote Warnlampen, damit kein Flugzeug gegen den Turm stößt.

Um das Haus herum führen Schnellstraßen, auf denen viel Verkehr herrscht. Es ist nicht möglich, die Schnellstraßen zu überqueren, die Autos würden jeden umfahren. Manchmal sieht Birne trotzdem Menschen in das Haus gehen.

«Was ist das für ein Gebäude», fragte sie eine schöne Frau.

«Das ist eine Kirche», sagt die schöne Frau.

«Wie kommt man über die Straße», fragte Birne.

«Du mußt mir folgen», sagt die schöne Frau.

«Sie wundern sich ja gar nicht, daß eine Birne sprechen kann», sagt Birne.

«Warum soll eine Birne nicht sprechen können», sagt die schöne Frau. «Es gibt zum Beispiel Elefanten, die tanzen, und Seelöwen, die Bälle auf der Nase balancieren.»

«Nur im Zirkus werden solche Kunststücke vorgeführt», sagt Birne.

«Wenn man daran glaubt, kann man sich alles vorstellen», sagt die schöne Frau. Sie geht durch eine Unterführung und steigt auf der anderen Seite der Schnellstraße wieder nach oben, mitten in die Kirche hinein.

«Man kann also nur zu Fuß in die Kirche kommen», sagt Birne.

«Es gibt einen Parkplatz bei der Kirche», antwortet die schöne Frau. «Die Autofahrer steigen aus und gehen in die Kirche.»

«Jeden Tag», fragt Birne.

«Nur sonntags», sagt die schöne Frau, «werktags arbeiten fast alle.»

«Ich arbeite nur nachts», sagt Birne.
Die Kirche ist ziemlich dunkel, obwohl die Fenster groß sind. Sie bestehen aus buntem Glas, das Bilder darstellt, wie Gemälde.
«Hier ist alles voll Geschichten», sagt die schöne Frau.
«Jesus hat vor zweitausend Jahren gelebt. Seine Abenteuer stehen in einem Buch, das Bibel heißt. Der Vater von Jesus ist hundertmaltausendmalmillionen Jahre alt. Über ihn und die Menschen, die vor dreitausend, fünftausend oder zehntausend Jahren gelebt haben, gibt es auch viele Geschichten.» «Ich finde das blöd», sagt Birne. «In jeder Kirche hängt dieser Jesus am Kreuz. Er sieht schrecklich aus, und die Geschichten, die man erzählt bekommt, sind alle alt. Warum baut man überhaupt Kirchen, wenn alles, was damit zu tun hat, längst vergangen ist?»
«Eine Kirche ist zur Erinnerung da», sagt die schöne Frau.
«In Kirchen ist es still, man kann darin beten oder eine Predigt hören.»
«Was ist das», fragt Birne.
«Beten ist, wenn man um etwas bittet. Und eine Predigt ist ein Vortrag, eine Erzählung, die von Jesus oder seinem Vater handelt.»
«Dazu braucht man keine Kirchen», sagt Birne. «Beten und predigen kann man überall.»
«Kann man nicht», sagt die schöne Frau.
«Kann man doch», sagt Birne.
«Dann mach es mir vor.»
Sie gehen durch die Unterführung wieder auf die andere Seite der Schnellstraße.
«Jetzt mußt du weinen», sagt Birne zu der schönen Frau, «damit es aussieht, als würde es dir schlecht gehen.»
«Ich kann nicht auf Befehl weinen», sagt die schöne Frau.
Birne kauft eine Zwiebel und quetscht sie vor der schönen Frau aus. Die scharfen Dämpfe des Zwiebelsaftes steigen in die Augen der schönen Frau, und sie weint.
«Sie weint, sie weint«, sagt Birne zu einem Mann, «die schöne Frau weint, hilf ihr.»
«Das geht mich nichts an», sagt der Mann.
«Ich halte dir jetzt eine Predigt, einen Vortrag, daß du der Frau helfen mußt», sagt Birne.
«Laß mich in Ruhe», sagt der Mann. Er schlägt nach Birne, als sei sie ein

Ball. Birne kann gerade noch ausweichen. Die schöne Frau aber erschrickt so sehr, daß sie nun wirklich zu weinen beginnt.
«Die Leute sind böse», sagt sie.
«Ich bin schneller als der Mann», sagt Birne. «Ich hätte ihm einen Stromstoß versetzen können. Vor Angst wäre er in die Höhe gesprungen, aber ich habe es nicht gemacht.»
In diesem Augenblick kracht es auf der Schnellstraße, die um die Kirche führt. Zwei Autos sind zusammengestoßen. Birne fliegt in der Mitte der Straße in die Höhe, damit sie von allen gesehen wird, und blinkt rot. Die Autos halten, die Fahrer wissen, daß ein Unfall geschehen ist. Die schöne Frau eilt zur nächsten Telefonzelle und ruft die Polizei an.
«Zwei Autos sind bei der Kirche zusammengestoßen», sagt sie, «wir brauchen einen Krankenwagen.»
Bei den zertrümmerten Autos stehen viele Leute und sehen zu, wie Blut auf die Straße fließt. Sie helfen den Verletzten nicht, sie reden nur. Rot, gelb und blau blinkend saust Birne zwischen den Leuten hin und her, bis sie eine Gasse bilden. Die Verletzten stöhnen und werden bewußtlos. Die Zuschauer reden immer noch und fürchten sich vor dem vielen Blut. Da fliegt Birne durch die Unterführung in die Kirche und ruft: «He, Jesus, wir brauchen dich! Draußen liegen Verletzte. Komm herunter von deinem Kreuz!»
«Sofort», sagt Jesus. «Ich muß mir nur noch die Nägel aus Händen und Füßen ziehen.»
Er macht sich vom Kreuz los und steigt herunter. Birne, die neben ihm herschwebt, zeigt ihm den Weg durch die Unterführung. Auf der Straße stillt er sofort die Wunden der Verletzten. Einen Sterbenden belebt er wieder durch Mund-zu-Mund-Beatmung. Die Neugierigen, die nur zugesehen und nichts getan haben, staunen, wie leicht es diesem Mann aus der Kirche fällt, Verletzten zu helfen.
«Jeder kann helfen», ruft Jesus. «Ihr müßt nicht staunen, sondern handeln.»
«Jesus, Jesus», ruft die schöne Frau. «Das ist Jesus! Er ist von seinem Kreuz gestiegen.»
«Jesus, Jesus», rufen alle.
Sie heben ihn hoch und tragen ihn in die Kirche zurück. Sie können sich nicht vorstellen, daß es Jesus auch außerhalb der Kirche gibt. Als sie ihn

wieder ans Kreuz hängen wollen, springt er auf den Altar und ruft: «Ich will nicht mehr ans Kreuz! Wollt ihr denn immer einen Verletzten als Vorbild? Ich bin wie ihr! Ich will mich freuen und anderen helfen, die in Not sind.»
Und mit einem Sprung steht Jesus zwischen den Zuschauern und geht mit ihnen aus der Kirche. Seitdem wird in Kirchen wieder gelacht, vielleicht sitzt Jesus manchmal auch unter der Gemeinde, auf jeden Fall hängt kein Verletzter mehr am Kreuz. Die Kreuze wurden abgeschafft.

18 Wolfgang Hildesheimer

Exerzitien mit Papst Johannes

Das folgende ist kein fiktiver Text, sondern der vergebliche Versuch einer Annäherung, der aber gerade als vergeblicher Versuch nicht untypisch ist für zeitgenössische Literatur. Der Autor, dessen Text aus der Einleitung zu einem Fragment gebliebenen Buch über Papst Johannes XXIII. stammt, macht kein Hehl aus seiner skeptisch-agnostischen Grundhaltung in Sachen Religion. Und dennoch fühlt er sich zu dieser Papst-Figur merkwürdig hingezogen. Denn unter dem traditionellen religiösen Vokabular, dessen dieser Papst sich ganz selbstverständlich bediente und das für den Schriftsteller nur noch zitathaft-distanziert zu rezipieren ist, wird ein beispielloser Grad christlicher Authentizität spürbar. In der «Weltfremdheit» dieses Papstes wird ein Stück christlicher Weltüberlegenheit greifbar, in dessen «Reinheit» ein Stück christlicher Freiheit, in dessen «Weltdistanz» ein Stück christlicher Hoffnung. Diese gelebte Dialektik von Weltzugewandheit und Weltdistanz, in der das aufleuchtet, wofür Jesus von Nazaret stand, findet in dieser Papstgestalt unvergleichlichen Ausdruck.

Der Gott, von dem hier die Rede ist, ist also nicht der Gott des Autors. Bei Seiner Nennung muß der Leser die Parenthese jeweils selbst vollziehen, er wird sich leicht daran gewöhnen. Gott ist für den Autor eine Fiktion. Und in der Tat, auch jener Papst, von dem die Rede sein soll, wäre für ihn eine Fiktion, wäre seine Existenz nicht zuverlässig verbürgt. Gesehen hat der Autor ihn niemals. Seine Aussagen, seine Gedanken, die Äußerungen sei-

nes Glaubens und seiner Weltsicht kennt er aus Dokumenten, Berichten. Aufzeichnungen, die Stimme von Schallplatten; Statur, Gestik, Mimik und Gebärde aus Film und Fotografie. Er kennt ihn aus persönlichen Berichten solcher, die ihn kannten. Er kennt die Gegenden seiner Herkunft und die seines Wirkens, er weiß von seinen Gewohnheiten, hat seine Lieblingsspeisen und Getränke gekostet. Dennoch: hier ist Distanz geschaffen, ein Gürtel aus Unnahbarkeit umrundet den Forschungsgegenstand und enthebt ihn dem unmittelbaren Zugriff des Forschenden; ein Gürtel übrigens, der mit zunehmendem Alter dieses Papstes auch in der Wirklichkeit existiert hat, gegen Ende seines Lebens wäre er am liebsten aus dem Turm, den er sich hat errichten lassen, entschwebt: noli me tangere. Doch gerade die Anstrengung dieser Überbrückung, der Wille zum Begreifen dieser Gestalt, sollte Authentizität schaffen. Erinnerung verklärt oder verzerrt, wir sind Zeugen des ersteren und zunehmend des letzteren, Erlebnisberichte wandeln sich mit dem Alter des Berichtenden und der allmählichen Entrückung ihres Objektes, so entsteht Legende, so entstand ein Evangelium.
Jedenfalls ist dieser Papst für den Autor weniger faßbar als Gott für den Papst. Doch wie gesagt, die Existenz des Papstes ist für alle belegt, die Existenz Gottes für niemanden. Diese Behauptung hätte der Papst allerdings zurückgewiesen, vor allem dieser Papst. Bei anderen Päpsten kann man nicht so sicher sein. Es spricht buchstäblich nichts dafür, daß etwa ein Alexander VI. oder ein Pius V. an Gott geglaubt haben oder daß Er sie in irgendeiner Weise beschäftigt hätte.

Zur Prozedur: um nicht dreifach mit der dritten Person singular operieren zu müssen – ich werde mich auch mit dem Genitiv des Papstes Johannes schwer tun – nenne ich den Autor ‹ich›. Verwechslungen mit den anderen beiden Gestalten – oder Erscheinungen – sind ohnehin ausgeschlossen. Meine Position ist hinlänglich angedeutet: Gott – lebend oder tot – ist nicht mein Gott, der Papst nicht mein Papst, und ‹Kirche› ist für mich ein Gebäude, d. h. ein Stück Architektur, deren Beurteilung der Kunstgeschichte obliegt, ein Objekt der Besichtigung. Glaube ist für mich, wie für jeden Ungläubigen, gleich Aberglaube: ein Diktum, wohlgemerkt, das kein Werturteil enthält. Der konsequente und buchstabentreue Katholik würde sagen, ich komme in die Hölle. Ich weiß nicht, ob ich die Tatsache,

daß mir das bisher keiner zu sagen gewagt hat, als Rücksicht deuten soll, als verstummendes Bedauern oder als mangelnde Buchstabentreue oder Inkonsequenz oder – was bei meinen Freunden das Wahrscheinliche ist – Mangel an Glaube an die Hölle. Vielleicht kommt alles zusammen. Vielleicht hätte der, der es zu sagen wagt, sogar recht: genau genommen – und zwar so genau, wie man es von katholischer Seite gar nicht nehmen darf – fehlt der letzte Beweis, daß es Himmel oder Hölle oder Fegefeuer *nicht* gibt. Daß diese Regionen von der Vernunft und von der Wissenschaft schwer lokalisierbar sind, spricht noch nicht unbedingt gegen ihre Existenz. Unbewiesenes ist zwar in nichtgläubiger Beurteilung wertlos, doch wäre der Einwand zulässig, daß es an moralischem Wert gewinnt, indem große Menschen daran geglaubt haben und noch glauben. Papst Johannes XXIII. war ein großer Mensch – auf das Wesen des Gemeinplatzes komme ich sogleich zu sprechen –, aber ein Denkschema hatte er nicht. Hätte er eines gehabt, so wäre er weder Papst noch groß geworden. Das wird zu beweisen sein.
Wie dem auch sei: hat der Katholik recht, so sieht die Sache böse für mich aus. Aber ich muß es darauf ankommen lassen, es bleibt mir nichts anderes übrig. In Parenthese gesprochen: mir ist die ‹Gnade des Glaubens› nicht zuteil geworden. Freilich habe ich auch nicht darum gebeten oder gebetet. Bitte und Gebet setzen ja bereits den Glauben voraus, wer also um Gnade bittet, der ist bereits in ihr: ein circulus, den ich in diesem Zusammenhang nicht ‹vitiosus› nennen möchte.

Demonstration: ein imaginärer Dialog zwischen zwei der Beteiligten:

Ich: Heiligkeit: ich glaube nicht an Gott.

Johannes: Wir wissen es, mein Sohn und bedauern dich. Wir werden für dich beten.

Ich: Werden Sie für meine Bekehrung oder für meine Erlösung beten?

Johannes: Beides, mein Sohn. Es ist dasselbe.

Ich: Es wurde schon viel für mich gebetet.

Johannes: Aber nicht von einem Papst.

Ich: Sie sagen immer wieder, Heiligkeit, daß Sie sich gering achten.

Johannes: Ich bin ein nichts. Hoch ist nur mein Amt.

Ich: Und Sie glauben, daß Ihr Gebet gehört wird?

Johannes: Du mußt das Deine dazu tun, mein Sohn.
Ich: Betrachten Sie mich als Ihren Sohn?
Johannes: Gewiß. Als einen Verlorenen allerdings.
Ich: Und wie soll ich das Meine tun?
Johannes: Um die Gnade beten. Gott erhört jeden, der es ernst meint.
Ich: Ich glaube nicht an Gott

da capo

Zur Sache: ich frage mich – und nicht zuletzt von dieser Frage soll das Buch handeln – weshalb ich mir einen Gegenstand gewählt habe, wie er mir ferner kaum liegen könnte. Die Materie, um die es hier geht, ist kein Material für einen Schriftsteller, der bisher in Fiktionen gehandelt hat, oder zumindest: in jenen Fiktionen, zu denen Geschichte, Kirchengeschichte und die Geschichten der Heiligen nicht gehören. Aber welcherart ist hier eigentlich die Materie? Wächst sie nicht aus und mit dem Material? Baut sie sich nicht aus sich selbst auf, wie die Theologie? Es handelt sich hier um eine Gestalt, die festzuhalten es gilt, solange ihr Nachleben – im Gegensatz zu aller Geschichte – noch nicht völlig ins Inauthentische abgesunken ist, es gilt, den Versuch zu machen, die Figur von ihrer Sache losgelöst zu behandeln, was zwar schwer, aber nicht unmöglich ist. Denn für die Beschreibung der Sache bin ich nicht der rechte Mann: es gibt wohl kaum etwas, das sich schwerer in klare Sprache fassen ließe, als Dinge des Glaubens. Hier wurde das Gleichnis geboren, hier wird es gehegt, hier werden Wortschätze bewegt, die, weder gänzlich konkret noch gänzlich abstrakt, in einer von der Vernunft schwer greifbaren Mittelsphäre schweben, auf der Ebene der Zweideutigkeiten, der Worte wie ‹Glaubenswahrheit›, ‹Glaubensgeheimnis›, ‹doppelte Wahrheit›, ‹doppelte Moral›; all dies autorisierte Wörter, um den Wortgebern, zwischen Glauben, Wissen und Empirie in die Enge getrieben, Luft zu schaffen. Kurz: die sprachlichen Möglichkeiten waren für mich kein Movens. Noch auch die Möglichkeiten einer Identifikation: nichts läge mir ferner, als mich mit einem Papst identifizieren zu wollen, geschweige denn mit Gott. (. . .)
Tatsächlich stehe ich hier vor der – selbstgestellten – Aufgabe, den Topos reinzuwaschen, einer unmöglichen Aufgabe, denn – um nun selbst bildlich zu werden – die Abnutzung zeigt sich nicht in Schichten, nicht in einer schmutzigen Kruste, sondern in der angefressenen Oberfläche. Eine ab-

gegriffene Münze gewinnt durch Aufpolieren ihr Profil nicht wieder. Im Gegenteil: jetzt erst zeigt sich der Abschliff ihres Reliefes. Mir bleibt, um meinem Gegenstand gerecht zu werden, nichts anderes übrig, als mich verbrauchter Wörter zu bedienen und gleichzeitig zu hoffen, daß der Leser sie so aufnehme, als habe er sie soeben als Vokabeln einer fremden Sprache gelernt.

‹Mut›, ‹Kraft›, ‹Geduld›, ‹Gehorsam›, ‹Glaube›, ‹Frömmigkeit›, ja, ‹Frohsinn›, ‹Fleiß›, vor allem ‹Tugend› und – horribile dictu – ‹Inbrunst› – auf italienisch ‹fervore› oder ‹ardore›, das mag es retten, dennoch werde ich das Wort zu vermeiden suchen – alle diese Wörter bezeichnen nicht nur objektiv Eigenschaften des Angelo Roncalli, sondern sind Wörter, die er auch selbst im Munde führte, und zwar selbstverständlich und völlig ernsthaft. So hatte er sie gelernt, und so hafteten sie ihm sein Leben lang an. Er bediente sich ihrer als Vorsätze, Ausrufe, Ermahnungen und Selbstermahnungen, er glaubte an ihre Inhalte, an ihre Wirksamkeit durch die Macht seiner Mitteilung an andere und als Ermutigung an sich selbst, und er hat sein Leben lang danach gehandelt, sein Leben lang versucht, die Wahrheit übernommenen Spruchgutes zu beweisen. Sein Wortschatz hatte sich seit den frühen Jahren seines Priestertums nur wenig erweitert, er blieb so begrenzt wie blumig, aber so ehrlich wie subjektiv glaubhaft. Aus seinem Mund klang jeder Gemeinplatz so, als hätte er ihn soeben geprägt, das Abgegriffene gewann zwar nicht an Glanz, dafür an entwaffnender Wahrhaftigkeit. Hinter jedem Wort der Ermutigung oder der Ermunterung, der Hoffnung oder des Trostes – denn alles Negativ-Gegenteilige blieb ausgespart – stand jener Mann, für den Glauben und Wissen identisch waren; für den der Himmel der Ort seiner Erfüllung war, und die Hölle ‹der Ort, an dem der Wurm nicht stirbt›. Eine Glaubenswahrheit zu überprüfen wäre für ihn Vermessenheit gewesen, und seine eigenen Metaphern sind weniger erdacht als erglaubt. Daß Papst Johannes XXIII. ein Denker gewesen wäre, haben auch seine Bewunderer – zu denen ich mich zähle – niemals behauptet. Ein Gedanke, der Gott nicht in sich einschloß, existierte für ihn nicht, wahrscheinlich hätte er selbst Descartes dafür gerügt, daß er bei seinem ‹Cogito, ergo sum› das Objekt ausgelassen habe, nämlich ‹Deum›.

Seine Lebensweisheit schöpfte er aus Vorgefundenem, aus Gleichnis und Zitat. Daher erlag er jenen Fiktionen, jenen frommen Märchen, wie der

absolute Glaube an den Buchstaben sie denen vermittelt, die nicht zwischen den Zeilen zu lesen vermögen. ‹Arm bin ich geboren, arm sterbe ich›, diese Behauptung, gedacht als Ermahnung an andere, nicht nach irdischem Reichtum zu streben, hat er, den Prunk umgab, in tiefer Überzeugung für sich angewandt. Die stetige Aufforderung an Freunde und Familie ‹sorglos und zuversichtlich von einem Tag zum anderen zu leben›, hat der Mann, der ein Konzil plante und zustande brachte, für sich selbst als gültig betrachtet. Die wiederholte Ermahnung an Bedrückte, dem Matthäus-Evangelium entnommen, es den Vögeln unter dem Himmel gleichzutun, die der himmlische Vater ernähre, wurde nie durch die Erkenntnis der Wirklichkeit korrigiert, daß die Vögel ihre Nahrung grausam erkämpfen oder aus Mangel daran zugrunde gehen, ganz abgesehen davon, daß gerade Johannes aus einer Gegend kam, in der man die Vögel abschoß, um sich an ihnen zu ernähren. Seine Bilder blieben ungetrübt und rein wie er selbst.
So war die Welt für ihn eine heile Welt, wenn auch des Heils noch bedürftig, und daher der Heilung, nicht zuletzt durch ihn selbst, wobei er sich nicht etwa auf seine Unfehlbarkeit oder auf seine menschlichen Qualitäten verließ, sondern auf sein Wirken als Werkzeug Gottes vertraute.

19 Walter Jens

Christliche Religion und Religion Christi

«Die Menschen kamen und gingen, sie schlenderten vorbei, schüttelten den Kopf, verspotteten ihn und riefen ihm zu: ‹Hilf dir doch selbst, wenn du Gottes Sohn bist; du reißt ja auch den Tempel ab und baust ihn in drei Tagen wieder auf! Komm, steig herunter vom Kreuz!› Auch die Großen Priester, die Mächtigen und Schriftgelehrten verspotteten ihn: ‹Andere hast du gerettet, aber dich selbst rettest du nicht! Komm herunter vom Kreuz, König von Israel, und wir glauben an dich!
Er hat auf Gott vertraut,
er hat gesagt,
er sei sein Sohn,

mag Gott ihn doch retten,
wenn er ihn will‹:
So verhöhnten ihn alle, selbst die beiden Räuber, die mit ihm gekreuzigt waren, lachten ihn aus.»

Als der Hauptpastor von Sankt Katharinen, Hammoniens finsterer Papst Johann Melchior Goeze, vor zweihundert Jahren diesen Kreuzigungs-Bericht in unserer Kirche verlas, da war der hier versammelten Gemeinde die Gestalt des in Fesseln gelegten, zum Tode verurteilten und unter Qualen verstorbenen Mannes keine Figur aus sagenhafter Zeit, sondern ein Mensch von Fleisch und Blut – ein von der Straße weg gefangener Vater, Bruder, Mann oder Sohn, der, in Braunschweig so gut wie in Ludwigsburg oder Kassel, die Ehre hatte, für seinen Landesherrn jenseits des Ozeans in einer Söldner-Division Frondienst zu leisten. Während Goeze, von dieser Kirche aus, seine Pamphlete formulierte – «da steht er, mein unbarmherziger Ankläger», hat Lessing geschrieben, «und wiehert Blut und Verdammnis» – wurden im Braunschweigischen unschuldige Männer, zerlumpt meistens, ohne Mantel und oft ohne Schuhe, auf Sklavenschiffe verfrachtet: einundfünfzig Taler erhielt der Herzog für jeden Infanteristen, und, falls der Mann fiel, abermals einundfünfzig (für drei Verwundete ebenso viel) – und wenn es den Krepierten schon schlecht genug ging, so ging es den Gefangenen nicht besser: Der Herzog nämlich weigerte sich, die Inhaftierten, die ihm das Geschäft verdarben, mit Geld auszulösen. Am 23. Dezember 1777, unmittelbar vor Beginn der großen Kontroverse zwischen dem Hauptpastor und dem Bibliothekar, schrieb ein Menschenhändler aus Braunschweig, der Geheimrat Johann Baptist von Feronce, an seinen Partner, den Sklavenkäufer und britischen Offizier William Faulcitt: «Wir dürfen die armen Teufel von Kapitulanten unter keinen Umständen nach Deutschland zurückkehren lassen. Sie werden mißvergnügt, verständlicherweise, die Leute, und ihre Übertreibungen werden – ebenso verständlich – von jeder ferneren Beteiligung an Ihrem amerikanischen Krieg abschrecken. Sie lassen sie besser – wenn sie denn einmal ausgewechselt werden sollen – nach einer Ihrer Inseln schaffen. Dann haben Sie weniger Kosten und verlieren weniger Zeit.»
Johann Melchior Goezes Gemeinde, die Kirchgänger von Sankt Katharinen, brauchten (anders als ihre Nachfahren in scheinbar aufgeklärter Zeit)

nicht viel Phantasie, um sich das Elendslos eines durch die Gassen getriebenen Mannes auszumalen (ein falscher Tritt, heißt es in einer zeitgenössischen Anweisung, und der Deportierte wird – auf deutschem Boden wohlgemerkt! – von seinen Bewachern erschossen); sie wußten, nicht nur vom Hörensagen, was mit Worten wie «Auspeitschung» und «Verbannung» gemeint war. (Als die letzten Gefangenen heimkehrten, war die Goeze-Kontroverse bereits Geschichte, Lessing schon lange gestorben.) Aber so exakt die Imagination der Christen von Sankt Katharinen anno 1777 auch war: so genau sie, aus den Leidensberichten der Zeit, den Weg rekonstruieren konnten, der vom Palast und den Kasernen zur Schädelstätte hinführte – so wenig war ihnen, da die Epoche der Ketzer- und Hexenverbrennung, des Pfählens, Vierteilens und Lebendigbegrabens für immer vorbei zu sein schien ... so wenig war ihnen das letzte vertraut: Die Hinrichtung am Kreuz.

Was anno 1777 aus der Sicht der Überlebenden als eine ein für alle Mal überwundene Zeit erschien, das Verbrennen von Kindern, die Folterung von Millionen Unschuldiger, ist, zweihundert Jahre nach Goeze, wieder zur Alltags-Praxis geworden. Das Mittelalter ist zurückgekehrt – und mit ihm der Teufel, den, in der Gestalt des Andersdenkenden, Andersmeinenden zu vernichten, die Rechtgläubigen angetreten sind. Der Teufel, jawohl! («Für mich», schreibt, als Goeze redivivus in kleinerer Gestalt, ein christlicher Zeitungsverleger unserer Tage, «ist das Böse der Hinweis auf die Existenz des Teufels.») Und mit dem Teufel die Dämonen, Unholde und Folterknechte aus dem Bilderbuch des Hieronymus Bosch.

Im Zeichen von Auschwitz und von Maidanek, im Zeichen der Totenkopf-Orte unserer Zeit (Golgatha: der Platz des beinernen Hauptes) ist die Kluft zwischen Damals und Heute zunichte, die Passions-Legende zu einer chilenischen oder iranischen Gegenwarts-Geschichte geworden.

Christus, eine im frommen Kult beheimatete Figur, hat in der Gestalt des verlachten und gefolterten Jesus die Wirklichkeit eingeholt; und der Eine am Kreuz erscheint als einer unter den Vielen: nicht mehr Urbild und Gleichnis, sondern, sehr viel konkreter, Gefolgsmann und Sympathisant der Verfolgten. Wie anders sehen wir ihn – Realität statt der Metapher! – als Generationen vor uns: Der Offiziersmantel statt des Königspurpurs, der Distelkranz statt der Krone, der Rohrstock anstelle des Szepters, das entwürdigende Ritual der Verkleidung – «Heil dir», riefen sie lachend und

fielen vor ihm auf die Knie, «heil dir, König der Juden». Das Spiel der betrunkenen Schergen mit ihren durch erzwungene Maskeraden gedemütigten Opfern gehört, wie wir tagtäglich erleben, zum Folter-Zeremoniell in den Gefängnissen und Lagern.
Wie wird da die Formel plötzlich zum lebendigen Zeugnis, der altvertraute, durch Erfahrung unversehens konkretisierte Text zum Appell! «Gekreuzigt unter Pontius Pilatus»: Vier gedankenlos nachgebetete Worte gewinnen die Exaktheit und Schärfe eines hier und heute abgefaßten Dokuments. Da berichten Zeugen, wie ein Mann entkleidet und, am Boden liegend, mit ausgebreiteten Armen ans Querholz angenagelt wird; da nimmt sich der Tod des Verklärten wie das elende Verrecken eines Mannes aus, von dem zu sagen ist: «Wahrlich, dieser ist ein Mensch gewesen: so wie du und ich.» *Vere deus* – aber auch, und gleichfalls ganz und gar! – *vere homo*.
Da holen die *Mühseligen* und *Beladenen* (wie Jesus sie genannt hat), die *Erniedrigten* und *Beleidigten* (ein Ausdruck von Marx) den Gekreuzigten aus der Sage in die Geschichte zurück – aus der Legende in die Wirklichkeit – und was für eine Wirklichkeit: Das Querholz wurde mit dem Körper in die Höhe gezogen und an dem Pfahl befestigt, der in den Boden gerammt worden war. Soldaten nagelten die Füße an. Ein Holzklotz, in der Mitte des Pfahls, stützte den Leib, ungefähr einen Meter über dem Boden, damit der Tod nicht zu schnell kam!
Die Berichte der Evangelisten sind nüchtern; wir haben gelernt, sie mit den richtigen Augen zu lesen, haben gelernt, den Schrei der Verlassenheit nicht als rituelle Klage, im Sinn einer Wiederholung des zweiundzwanzigsten Psalms, abzutun, haben gelernt, die fromme Rede, «Mich dürstet», in Alltagssprache zu verwandeln, die ein physisches Bedürfnis artikuliert, «Ich habe Durst», haben gelernt, die Diskrepanz zu betonen, die zwischen dem Gekreuzigten (Jesu letzter Laut war, nach Markus, kein Wort mehr, sondern nur noch ein Brüllen) und den Flaneuren liegt, die plaudernd herumgehen und dem Entblößten, der vielleicht noch nicht einmal ein Lendentuch getragen hat, ihre Spottverse zurufen. Belehrt durch die Zeugnisse unserer Zeit: das in den Archiven von Amnesty International hunderttausendfach belegte Martyrium, fangen wir an, die Evangelien aus einer neuen – Legendäres vertreibenden, Realität zeigenden – Perspektive zu sehen: fangen an, die Geschichte Jesu vom Ende, seinem Tod her als ei-

nen, ungeachtet aller Stilisierung höchst exakten (weil wirklichkeitsdurchtränkten), Bericht zu verstehen, einen Report, der mit dem uns bekannten Traktat wenig gemein hat.

Im gleichen Augenblick, da wir die Evangelien einmal auf ihre Realitäts-Partikel hin untersuchen, auf die Benennung der Nacht und der Wüste, des Dursts und des Hungers, der Mücken und des Feigenbaums: im gleichen Augenblick, da wir uns, mit dem Blick auf die Passionsgeschichten unserer Zeit, dazu entschließen, das Berichtete ins *Konkrete* zu entmythologisieren (und nicht ins Abstrakte und Uneigentliche), gewinnt die Schilderung der Synoptiker plötzlich eine neue Dimension: Da rückt ein Mann ins Bild, dessen Leben, vom Stall bis zum Galgen, dem Epilog des Auferstehungs-Berichts zum Trotz, aus einer Summe von Negationen bestand: beginnend mit der Geburt im Zeichen von Elend und Zweideutigkeit. (Ein Vater, der die Braut verlassen will. Eine Mutter, die im Viehstall niederkommt. Ein Säugling, der, wenngleich unschuldig, die Ermordung von Hunderten niedergemetzelter Kinder mit zu verantworten hat: Herodes in Jesu Schatten!)

Und weiter, gegen den Strich gelesen und wortwörtlich genommen: Was ist das für ein Mann, der in seiner Vaterstadt für aberwitzig erklärt wird («Ist das nicht der Sohn des Zimmerers? Woher hat er dies alles?») und Umgang mit Huren und Kollaborateuren hat? Ein Mann, der sich fürchtet – nachts verläßt er die Städte und geht in die Wüste hinaus –, ein Jähzorniger, der im Tempel die Händler und Käufer verjagt, die Tische der Geldwechsler umstürzt und die Stände der Taubenkäufer zertrümmert. («Es ist geschrieben worden», rief er aus, «mein Haus soll heißen: Haus des Gebets. Ihr aber habt eine Räuberhöhle daraus gemacht. Ein Versteck für die Beute!»)

Ein Laie unter den Priestern. Ein Anwalt der Armen und Sanften, Kinder und Krüppel, der, in entschiedener Auseinandersetzung mit Mächtigen und weltlichen Fürsten – «so wie bei denen soll es unter euch nicht sein!» – das Oben für Unten und das Unten für Oben erklärt . . . und dies nicht in der Manier eines «Souveräns von der anderen Seite» und «heroischen Anti-Helden», sondern immer an der Grenze zur Angst, immer im Dunkeln (die entscheidenden Szenen des Neuen Testaments spielen zur Nachtzeit), immer in Einsamkeit und Isolation.

«Petrus, nicht eine einzige Stunde konntet ihr mit mir wachen?»: Der in

Gethsemane gesprochene Satz ist keine magistrale Sentenz, sondern ein Schrei der Verzweiflung; hier wird nicht, in metaphorischer Rede, über einen Leidens-Kelch meditiert; hier geht es um einen Becher, den ein Mensch austrinken soll, von dem es heißt: »Traurigkeit hatte ihn ergriffen und er war in großer Angst.» «Meine Seele ist betrübt», sagte er, «und das Herz will mir brechen.»

Wie bezeichnend, daß dieser Mann, in seiner Ohnmacht, seinem Anderssein, seiner Dunkelheit und seiner Angst, nur einen einzigen Gefährten hatte – den Einen, der ihn küßte und, wie er, am Holz verschied ... und dieser Einzige – der Letzte, der ihn umarmte, bevor er geschlagen, bespien, gekreuzigt und verhöhnt wurde, war Judas Ischarioth – jener an ihn gekettete, ihm brüderlich verbundene Jünger, den er brauchte, weil ohne diesen anderen Einen weder im wörtlichen noch im übertragenen Sinne eine Überlieferung stattfinden konnte.

Und dagegen nun wir, dagegen die Kirche unserer Zeit! Läßt sich ein größerer Gegensatz denken als die Kluft zwischen demjenigen, der im Kampf der Klassen, Parteien und Sekten in jedem Augenblick auf seiten der Machtlosen stand und einer Kirche, die, heruntergekommen auf den Status einer moralisierenden Lobby, ihren Frieden mit dem etablierten Regiment geschlossen hat ... und das oft ohne Rücksicht auf die demokratische Legitimierung eines solchen Regiments – allein aus Gründen der Diplomatie, der Wahrung sogenannter kirchlicher Interessen zunutze! Da wird – als ob es nie einen Luther gegeben hätte, mitsamt seiner politischen Predigt! – zwischen Diesseits und Jenseits getrennt, wird das ausstehende Letzte nicht auf ein ihm zugeordnetes Vorletztes bezogen: das künftige Reich Gottes nicht auf die gegenwärtige, im Horizont der verheißenden Umwälzung aller Dinge zu revolutionierende Situation. Da wird vergessen, daß die vom Geist der Nächstenliebe und jesuanischen Herrschaftslosigkeit bestimmte Ordnung zwar nicht Gleichung, wohl aber, im Sinne Gollwitzers und Barths, Gleichnis eines Reiches sein kann, von dem es – als einem bevorstehenden, bestenfalls annäherungsweise zu antizipierenden – gleichwohl Entwurfskraft gewinnt: jenen revolutionären Wagemut, der sich negativ in der Absage an Absolutheitsanspruch, usurpierte Herrschaft und Gewalt, positiv in der Verpflichtung gegenüber der dritten in der Französischen Revolution festgesetzten Formel bestimmt: Brüderlichkeit als ein Begriff, den der Christ durch jenes Liebesgebot zu transzendieren sucht, das, vom Relativen aufs Absolute weisend, Nächstenliebe im Sinne von Brüderlichkeit mit der Liebe zu Gott identifiziert.

20 Günter Eich

Festianus, Märtyrer

Ein Heiliger, der Märtyrer Festianus, beschließt in dieser als Hörspiel geschriebenen Szenenfolge als ein für den Himmel, für die Seligkeit, das «Anschauen» der Herrlichkeit Gottes Bestimmter freiwillig in die Hölle zu gehen. Er tut dies, weil er seiner Seligkeit nicht froh sein kann, solange andere Menschen in der Hölle existieren. Es gibt für ihn kein Anschauen ohne Liebe, keine Seligkeit ohne Barmherzigkeit. Dies ein Schritt, der Himmel und Hölle buchstäblich in Bewegung bringt: Indem der Heilige freiwillig seine Seligkeit zugunsten der Verdammung preisgibt, tut er den ersten Schritt, die Verendgültigung von Himmel und Hölle aufzuheben. Der Himmel wird zum Vor-Himmel, die Hölle zur Vor-Hölle. Die Zurückweisung einer «Herrlichkeit, die keiner Liebe bedarf» und kein «Leiden und Mitleiden» kennt, gelingt aber nur in Rückbesinnung auf die allumfassende, auch den Verdammten einschließenden Barmherzigkeit, wie sie in «Ihm», dem Jesus als dem Christus aufleuchtet. Um Christi willen also kann die Aufteilung der Welt in Himmel und Hölle, Gut und Böse, Seligkeit und Verdammnis nicht endgültig bleiben. Er ist auch für die Verdammten die bleibende Hoffnung. Diese theologischem Denken seit Origines vertraute Vorstellung von einer letzten «Wiederbringung aller» (Apokatastasis ton panton) gewinnt durch das Eichsche Stück in unserem Jahrhundert auch gesellschaftskritisch neu Kontur. Das Hörspiel ist denn auch im selben Geist geschrieben, in dem Günter Eich seine Büchner-Preis-Rede 1959 programmatisch beendete: «Ich schließe alle ein, die sich nicht einordnen lassen, die Einzelgänger und Außenseiter, die Ketzer in Politik und Religion, die Unzufriedenen, die Unweisen, die Kämpfer auf verlorenem Posten, die Narren, die Untüchtigen, die glücklosen Träumer, die Schwärmer, die Störenfriede, alle, die das Elend der Welt nicht vergessen können, wenn sie glücklich sind.»

FESTIANUS Und nun geh!
LAURENTIUS Wer?

FESTIANUS Du. Und sage Petrus, ich sei zu den Irrtümern zurückgekehrt. Von den Heiligen zu den Fischern und Zeltmachern.

LAURENTIUS Zu Köpfen, Gliedmaßen und Haarsträhnen –

FESTIANUS Die ich wärme, ohne sie zu wärmen. Geh zurück in die Herrlichkeit, die keiner Liebe bedarf.

LAURENTIUS *schmerzlich:* Festianus!

FESTIANUS Ich sagte dir schon: Ich bin zu gefühlvoll. Ich weiß nicht, woran es liegt, aber die Armen und Kranken kommen mir nicht aus dem Sinn.

LAURENTIUS Eine Versuchung des Hochmuts. Begreife doch die Grenzen der Barmherzigkeit und den gerechten Zorn!

FESTIANUS Da alles unbegreiflich ist, weshalb soll ich den Zorn begreifen? Die Grenzen der Barmherzigkeit? Könnte sie nicht auch unbegreiflich das in ihre Arme nehmen, was du Köpfe, Gliedmaßen, Haarsträhnen nennst?

LAURENTIUS Du mußt mit mir gehen, Bruder! Befreie dich von den Gespenstern, komm! Vergiß es nicht, was du verlassen hast: Das Paradies.

FESTIANUS Eine Versuchung des Hochmuts.

LAURENTIUS Von Aposteln und Kirchenvätern nicht bemerkt. Nur Festianus, aus dem Circus Maximus ohne Umwege aufgestiegen –

FESTIANUS Gleichsam aus Versehen, das ist auch mein Verdacht. Wie gesagt, meine Verwandtschft, meine Freunde, meine Liebschaften –

LAURENTIUS Hör auf! Du begreifst es nicht.

FESTIANUS Meinst du nicht auch, Laurentius, daß wir besser sind als die Sünder in der Hölle?

LAURENTIUS Es ist entschieden worden. Nicht von uns.

FESTIANUS Wir sind nur froh darüber.

LAURENTIUS Auch du.

FESTIANUS Und der Geruch der Sünde ist uns ein Greuel.

LAURENTIUS Auch dir, Festianus!

FESTIANUS Das Blut und der Schmutz an den Händen, die man abwaschen möchte, den Gestank, den man unentrinnbar einatmet, das Würten in der Kehle!

LAURENTIUS Alles ist sichtbar, und der Schrei in deinen Augen: Fort, fort!

FESTIANUS Und deshalb bleibe ich.

LAURENTIUS Du bleibst?

FESTIANUS Weil ich fliehen möchte.
LAURENTIUS Aber die Folgen, Festianus?
FESTIANUS Kennst du sie?
VATER UND MUTTER Hilf uns, wärme uns.

8

Torhalle des Paradieses
LAURENTIUS Sei gegrüßt, Bruder Torhüter.
PETRUS Zurück von der Reise, Laurentius?
LAURENTIUS Allein.
PETRUS Aber zurück.
LAURENTIUS Was sonst?
PETRUS Es gab die Möglichkeit, zu bleiben.
LAURENTIUS Drüben zu bleiben?
PETRUS Wie er.
LAURENTIUS Was ist dir, Bruder Petrus?
PETRUS *schweigt.*
LAURENTIUS Du fragst nicht?
PETRUS War der Weg beschwerlich?
LAURENTIUS Der Weg? Nun, die Dornen, nachher leicht.
PETRUS Das Wetter?
LAURENTIUS Was sind das für Fragen?
PETRUS Schnee, Regen, Hagel?
LAURENTIUS Und Festianus?
PETRUS Ein erschöpftes Thema. Er ist drüben geblieben.
LAURENTIUS Damit begnügst du dich?
PETRUS Während du zurückkamst und ich hier blieb.
LAURENTIUS Was ist dir, Bruder Petrus?
PETRUS Eine leichte Übelkeit. Ich betrachte das Gestrüpp vorm Tor. Beschwerlich, wie du sagst, aber doch gangbar. Ich ging nicht.
LAURENTIUS Ich bin für dich gegangen.
PETRUS Ich habe den Verdacht, daß Festianus für mich gegangen ist.
LAURENTIUS Petrus!
PETRUS Torhüter, mit dem täglichen Anblick der Grenzen, mit dem Wis-

sen um Dickicht, Schluchten und breite Wege. Gegangen ist ein anderer. Du ringst die Hände?

LAURENTIUS Bruder!

PETRUS Torhüter, aber warum zum Torhüter bestellt?

LAURENTIUS Zu öffnen und zu schließen.

PETRUS Hast du noch nicht bemerkt, wie morsch das Tor ist? Vom Schlüssel ist der Bart abgebrochen, er schließt nicht mehr. Und das alles hat keine Folgen: Die Seelen kommen, wenn es ihre Zeit ist, und sind herinnen ohne Tor und Schlüssel. Was also ist mein Amt?

LAURENTIUS Wie der Leib auf Erden: Sichtbar und einzig, bis man erkennt, daß er nichts ist.

PETRUS Und die Seele meines Amtes?

LAURENTIUS Noch immer die gleichen Fragen!

PETRUS Da auch der Anlaß noch immer der gleiche ist. *Als Laurentius schweigt:* Ich hätte gehen müssen, das war es. Die Möglichkeit vertan, das große Erwarten nicht erfüllt. Mir war der Schlüssel gegeben, hinauszugehen und Seine Barmherzigkeit zu bezeugen.

LAURENTIUS Besinne dich, Bruder! Sein Anschauen –

PETRUS Ohne Leiden und also ohne Mitleiden. Die Hölle einfach unsichtbar, eine Mondfinsternis. Und wenn ich nun sagte: Es ist nicht die Hölle, die wir nicht sehen, – Ihn sehen wir nicht.

LAURENTIUS Der Himmel ein Vorhimmel? Festianus sagte: Eine Versuchung. Mir wird schwindlig.

PETRUS Eine leichte Übelkeit.

LAURENTIUS Zuviel Fragen.

PETRUS Festianus hat nach seinen Freunden gefragt, weiter nichts. Dann ist er gegangen. Und wir, Laurentius? Sollen wir für ihn beten oder ihm nachgehen?

9

Geräusche, die aus einer Maschinenhalle stammen könnten. Zum Teil schwellen sie rhythmisch an und ab, zum Teil kehren sie taktmäßig wieder, zum Teil bleiben sie gleichmäßig. Doch entstehen Pausen, in denen ein einzelner Klang vernehmbar ist, der als unterdrücktes Stöhnen gedeu-

tet werden könnte. Alle diese Geräusche, Töne, Klänge sollen genügend unbestimmbar bleiben.

BELIAL Ich hoffe, mein lieber Festianus, daß du alles gefunden hast, was du suchtest.

FESTIANUS Nicht alles, aber ich habe Zeit.

BELIAL Hast du Zeit?

FESTIANUS Ich weiß: Die Dauer, der gefrorene Augenblick, das Endgültige.

BELIAL *kichernd:* Schon ganz gut.

FESTIANUS *seufzend:* Man lernt zu.

BELIAL Aber du weißt, daß ich nicht empfindlich bin. Ich nehme den Spott über meine Studien eher als Schmeichelei.

FESTIANUS Es war nicht als Spott und nicht als Schmeichelei gemeint.

BELIAL *scheinbar mitfühlend:* Du warst einfach traurig.

FESTIANUS Letzten Endes.

BELIAL Letzten Endes? Das hört sich schon wieder recht relativ an. *Eindringlich:* Festianus, hast du Zeit?

FESTIANUS Nein.

BELIAL Du sagtest –

FESTIANUS Eine unbedachte Redensart.

BELIAL Sehr unbedacht.

FESTIANUS Sogar schändlich. Ich verlasse Salpicius, um Octavia zu finden. Ich verlasse Octavia, um Faustinus und Faustina zu finden. Ich verlasse auch sie.

BELIAL Und müßtest doch bleiben.

FESTIANUS Bei allen bleiben.

BELIAL *seufzend:* Die Fische sollen singen, die Elefanten auf Wolken schlafen, – es ist immer der gleiche Fehler.

FESTIANUS Kein Blick auf das Mögliche.

BELIAL Noch weniger für das Unmögliche. *Verächtlich:* Lehrstoff für Klippschulen.

FESTIANUS *gleichgültig:* Und das Ziel der Klasse nicht erreicht.

BELIAL Vernunft, Einsicht, Wirklichkeit! Hat dir Laurentius nicht dasselbe gesagt?

FESTIANUS Wir sprachen von anderen Dingen.

BELIAL Oder mit anderen Worten. Jedenfalls war er da und mahnte dich.

FESTIANUS Er mahnte mich.
BELIAL An die Zeit.
FESTIANUS Letzten Endes.
BELIAL Da haben wirs wieder.
FESTIANUS Keine Zeit also, in jedem Sinn.
BELIAL Sehr sympathisch, dieser Laurentius. Abgesehen von einer gewissen Beziehung zu uns.
FESTIANUS Wieso?
BELIAL Eine äußerliche Beziehung: Der Rost.
FESTIANUS *belustigt:* Laurentius mit mehr Beziehung zur Hölle als ich?
BELIAL Äußerlich.
FESTIANUS In der Tat: An Löwen fehlt es.
BELIAL Großtiere haben sich überlebt. Wir halten uns mehr an Insekten. Eier, Larven, Puppen, – die Verwandlungen geben mehr her.
FESTIANUS Gewiß.
BELIAL Sehr sympathisch. Nicht nur von Bildung, ein Charakter!
FESTIANUS *erfreut:* Nicht wahr!
BELIAL *nachdenklich:* Ganz ungewöhnlich sympathisch.
FESTIANUS Mir ist Laurentius sehr lieb.
BELIAL *abschließend:* Und dennoch bist du geblieben.
FESTIANUS Ja.
BELIAL Die Zeit, letzten Endes.
FESTIANUS Ich werde nicht fertig.
BELIAL *befriedigt:* So ist es.
FESTIANUS Faustinus, Faustina, Salpicus, Octavia.
BELIAL Du bleibst also.
FESTIANUS Ich dachte.
BELIAL Es ist entschieden. *Die Geräusche enden.* Angesichts der besonderen Umstände, Festianus –
FESTIANUS Besondere Umstände?
BELIAL Ich meine: Innerhalb deiner Entscheidung.
FESTIANUS Alles so amtlich.
BELIAL Bliebe dir noch die Wahl.
FESTIANUS Ich möchte, so bitter es mir ist, die einen zu verlassen, doch noch die anderen, wenigstens kurz, –
BELIAL Saufeja, Titus?

Festianus Ja, und noch einige Seeleute, Gäste in der Schenke, Seiltänzerinnen –

Belial Zu spät.

Festianus Wie meinst du?

Belial Keine Zeit mehr.

Festianus Ich kann nicht mehr bleiben?

Belial *ohne die Stimme zu erheben:* Du bleibst für immer.

Festianus Ich bleibe?

Belial Für immer.

Festianus *beklommen:* Einer deiner liebenswürdigen kleinen Scherze, nicht wahr?

Belial Scherze an ihrem Platz.

Festianus Fallgruben, Stolperdrähte, Grimassen für Schadenfreude. Soll ich mit den Zähnen klappern? Eine Bandaufnahme für euer Archiv?

Belial Gelächter an seinem Platz.

Festianus Oder um Erbarmen flehen, in die Knie fallen, die Hände erheben? Ein lehrhafter Kurzfilm?

Belial Freundlichkeit an ihrem Platz.

Festianus Platz, Platz, – wo ist er?

Belial *mit dem Vergnügen, ihn hinzuhalten:* Revier wäre das genauere Wort. Wie es Rehböcke und Jagdpächter haben. Auch Anemonen.

Festianus Keine Blumen, Belial! Platz oder Revier, aber zieh die Grenzen!

Belial Schon überschritten.

Festianus Überschritten?

Belial Keine Zeit mehr.

Festianus Eine Nachricht von drüben?

Belial Es bedarf keiner. Deine Entscheidung, Festianus, ist die Nachricht.

Festianus Entscheidung?

Belial Für die Hölle.

Festianus So war es nicht gemeint.

Belial *höhnisch:* Nur als Gast, besuchsweise, nicht wahr? *Als Festianus schweigt:* Ein wenig zuschauen. Eine Messerspitze Mitleid, aber nicht so viel, daß der Geschmack verdorben wird. Ganz unverbindlich kommen und unverbindlich gehen.

FESTIANUS *gequält:* Ich wollte nicht gehen. Ich wollte ja bleiben, aber nicht so. Ich wollte helfen, trösten.

BELIAL Geschwätz.

FESTIANUS Ein Mißverständnis.

BELIAL Wie ärgerlich. Ein Mißverständnis also.

FESTIANUS *zögernd:* Scheint mir.

BELIAL Schein und Sein, welche Möglichkeiten für neue Blumensträuße! Wo fangen wir an zu pflücken? Asphodelen, Weberkarden, es gibt auch Hühnerfedern zu Blüten gestutzt. Ein philosophischer Strauß, und was tun wir damit?

FESTIANUS Wirf ihn weg.

BELIAL *betroffen:* Ach?

FESTIANUS Und laß mich nachdenken.

BELIAL Oh, du denkst nach!

FESTIANUS Ja.

BELIAL Gehen oder bleiben. Aber alles ohne Zwischentöne.

FESTIANUS Ich denke nach.

BELIAL Ich gebe dir die Freiheit der Wahl zurück.

FESTIANUS *schweigt.*

BELIAL Hörst du mich?

FESTIANUS *abwesend:* Welche Freiheit sagtest du?

BELIAL Dein Entschluß?

FESTIANUS Ich will bleiben.

BELIAL *befriedigt:* So können wir es dahingestellt sein lassen, ob du bleibst, weil du willst, oder bleibst, weil du mußt.

FESTIANUS Du hast recht, es ist kein wesentlicher Unterschied.

BELIAL *ehrlich:* Ich hatte einen Widerspruch erwartet.

FESTIANUS *schweigt.*

BELIAL Nun also die Wahl innerhalb deiner Entscheidung. Kein Recht übrigens, sondern lediglich wegen meiner Sympathie für dich, – nicht geringer als für Laurentius.

FESTIANUS Danke.

BELIAL Weil du es bist.

FESTIANUS Sehr freundlich.

BELIAL Besondere Wünsche, Festianus?

FESTIANUS *hört nicht recht hin:* Ach –

BELIAL Du kennst unsere Anlagen. Wenn es auch ein Unterschied ist, ob das Wasser kocht, oder ob man verbrüht wird.

FESTIANUS Lassen wir ihn beiseite.

BELIAL In die Kältekammern oder bist du für Hitze? Lieber die altbewährten historischen Abteilungen oder eine Versuchsstation? Erde, Eis, Wind, – alle Elemente zu deiner Verfügung. Zange, Messer, Säge, sprich dich nur aus. Wir können, wenn du willst, auch einige Löwen anschaffen. Ich stelle meine Ansicht darüber völlig zurück.

FESTIANUS Ich danke dir, Belial.

BELIAL Aber du hörst nicht zu. Denkst du noch immer nach?

FESTIANUS Nicht mehr über Gehen und Bleiben.

BELIAL Und dennoch so weit fort?

FESTIANUS Nun ja.

BELIAL Ich verstehe es freilich. Alles so plötzlich, so neu. Die andere Mondseite. Und auf die Dauer, die keine ist. *Da Festianus schweigt:* Fällt dir die Wahl schwer? Dann strenge dich nicht weiter an. Spar deine Kräfte. Schließlich bin ich auch sonst derjenige –

FESTIANUS Warte, Belial!

BELIAL Du weißt, was Augenblicke betrifft, sind wir großzügig. Ich will nicht wiederholen, weshalb.

FESTIANUS Auf ein Wort noch!

BELIAL Die Früchte deines Nachdenkens!

FESTIANUS War ich im Paradiese, Belial?

BELIAL Du warst im Paradiese.

FESTIANUS Ist es sicher?

BELIAL Wenn ich schwören könnte! Aber es ist ganz sicher.

FESTIANUS Dann also, Belial!

BELIAL Was?

FESTIANUS Entschieden!

BELIAL Davon sprachen wir.

FESTIANUS Erde, Eis, Wind, auch die Zähne der Löwen –

BELIAL Zange, Messer, Säge, und alles für dich.

FESTIANUS *fast jubelnd:* Alles für mich, und für mich entschieden.

BELIAL Wenn du es so auffaßt, so schmeichelt es uns natürlich.

FESTIANUS Ein Triumph, Belial. Die Zeichen werden sichtbar.

BELIAL Du schwärmst. Bei aller Sympathie: Vielleicht solltest du die höllische Seligkeit doch mit weniger Verzückung begrüßen.

FESTIANUS Das Paradies ist nicht mehr endgültig.

BELIAL Still! Auch bei uns werden keine Zweifel am Paradiese geduldet. Das verbietet die gegenseitige Abhängigkeit.

FESTIANUS Und wenn das Paradies nicht endgültig ist –

BELIAL Halt ein!

FESTIANUS – so ist es auch die Hölle nicht.

BELIAL *böse:* Für dich endgültig. Festianus. Wir werden dafür sorgen, daß dir keine Zweifel mehr kommen.

FESTIANUS Du hast verspielt.

BELIAL *während der Lärm der Hölle wieder beginnt:* Laß alle Hoffnung fahren!

FESTIANUS Sie fährt. Belial. Ein Boot, das uns alle aufnimmt. *Schon mühsamer:* Auch dich.

VI. Die Sehnsucht nach einem ganz anderen Leben

21 Morris L. West

In den Schuhen des Fischers

Überraschend für die Weltkirche wird ein russischer Kardinal zum Papst gewählt: Kyrill I., ein Mann, der 17 Jahre in einem kommunistischen Konzentrationslager wegen seiner christlichen Glaubenshaltung verbringen mußte. Gleichzeitig – so die Ausgangskonstellation des Romans – steigt der damalige Lagerkommandant und Peiniger des Priesters zum russischen Ministerpräsidenten auf. Aus dieser Konstellation gewinnt der Unterhaltungsroman Wests seine Spannung auf politischer Ebene. Die ausgewählten beiden Szenen (die erste aus dem fiktiven «Geheimen Tagebuch» des russischen Papstes) bringen die Problematik des Papstamtes von Jesus von Nazaret her scharf ins Relief und artikulieren gleichzeitig den Traum von einer ganz anderen Kirche.

Es ist wahrlich noch zu früh, vorauszusehen, ob sich die Beziehung zwischen Rom und mir erfolgreich gestalten wird; aber Rom ist nicht mehr die Welt, und so mache ich mir keine allzu großen Sorgen – zumal ich mir die Erfahrung jener, die mir als Kardinalfürsten der Kirche den Eid geleistet haben, zunutze machen kann. Zu einigen habe ich starkes Vertrauen. Andere sind da . . . Aber ich darf nicht vorschnell urteilen. Nicht alle können wie Rinaldi sein, der weise und gütig ist, Sinn für Humor hat und seine eigenen Grenzen kennt. Vorläufig muß ich nach Möglichkeit Lächeln und gute Laune bewahren, während ich mir den Weg durch den Irrgarten des Vatikans ertaste. Und ich muß meine Gedanken einem Tagebuch anvertrauen, ehe ich sie vor der Kurie oder dem Konsistorium äußere . . .
Einen Vorteil habe ich freilich insofern, als niemand weiß, welche Richtung ich einschlagen werde – ich weiß es nicht einmal selbst. Ich bin der erste Slawe auf dem Stuhl Petri, der erste Nichtitaliener seit viereinhalb Jahrhunderten. Die Kurie wird vor mir auf der Hut sein. Vielleicht wurden sie inspiriert, mich zu wählen; aber fragen sie sich nicht schon, was für

einen Tataren sie sich da eingefangen haben? Schon werden sie erwägen, wie ich ihre Ernennungen und Einflußgebiete neu mischen werde. Wie können sie wissen, wie sehr ich bange und an mir selbst zweifle? Hoffentlich denken einige daran, für mich zu beten.
Das Amt des Papstes ist das paradoxeste der Welt, das absoluteste und zugleich das begrenzteste, das reichste an Einkünften und das ärmste an persönlichem Entgelt. Es wurde von einem Zimmermann aus Nazareth begründet, der nichts hatte, worauf er sein Haupt hätte betten können, und ist doch von mehr Pomp und Gepränge umgeben, als es in dieser hungernden Welt angebracht scheint. Es ist ohne Grenzen, ist aber ständig nationalen Intrigen und dem Druck der Parteien ausgesetzt. Der Mann, der es annimmt, erhebt damit Anspruch auf göttliche Bürgschaft gegen Irrtümer, ist aber des Seelenheils weniger sicher als der Geringste seiner Gläubigen. Die Schlüssel zum Himmelreich hängen an seinem Gürtel, und doch kann es sein, daß er sich für immer ausgeschlossen sieht vom Frieden der Erwählten und der Gemeinschaft der Heiligen. Wenn er behauptet, unberührt von Selbstherrlichkeit und Ehrgeiz zu sein, spricht er die Unwahrheit. Wenn er nicht manchmal von Furcht erfaßt ist und oft im Dunkeln betet, dann ist er ein Tor.
Ich begreife – oder jedenfalls beginne ich zu begreifen. Heute morgen hat man mich gewählt, und heute abend bin ich allein auf dem Berg der Heimsuchung. Er, dessen Statthalter ich bin, verhüllt Sein Antlitz vor mir. Diejenigen, deren Hirte ich sein muß, kennen mich nicht. Die Welt liegt ausgebreitet zu meinen Füßen wie eine Generalstabskarte – und ich sehe Flammenzeichen an jeder Grenze. Ratlose Augen sind aufwärts gewandt, und babylonisches Stimmengewirr ruft einen Unbekannten an ...
O Gott, gib mir Licht, zu sehen, und Kraft, zu erkennen, und Tapferkeit, auszuharren in der Knechtschaft der Knechte Gottes! (...)

Gleich nach dem Konsistorium ersuchte Potocki, der Kardinal Polens, um eine dringende Privataudienz beim Papst. Zu seiner Überraschung wurde die Eingabe binnen einer Stunde mit einer Einladung zum Abendessen beantwortet. Als er in der päpstlichen Wohnung ankam, saß der neue Papst allein in einem Gemach im Sessel und las in einem kleinen verblaßten Lederband. Potocki kniete nieder, um seine Reverenz zu erweisen, aber Kyrill streckte die Hand aus und zog ihn mit einem Lächeln in die Höhe.

«Heute abend sollten wir brüderlich zusammen sein. Das Essen ist schlecht; ich hatte noch keine Zeit, die päpstliche Küche zu reformieren. Hoffentlich bekomme ich dank Ihrer Gesellschaft ein besseres Abendessen als sonst.» Er wies auf die vergilbten Seiten des Buches und lächelte. «Unser Freund Rinaldi hat Sinn für Humor. Anläßlich meiner Wahl machte er mir ein Geschenk. In diesem Buch ist die Regierungszeit des Holländers Hadrian des Sechsten beschrieben. Wissen Sie, wie die Kardinäle, die ihn wählten, genannt wurden? ‹Verräter am Blute Christi, die den reinen Vatikan fremdländischer Raserei auslieferten und die Kirche und Italien in die Sklaverei der Barbaren führten.› Was wird man in diesem Augenblick über Sie und mich sagen?» Er klappte das Buch zu. «Es ist erst der Anfang, und doch fühle ich mich sehr allein. Wie kann ich Ihnen helfen, mein Freund?»

Potocki war angerührt vom Zauber seines neuen Herrn, aber die Gewohnheit der Vorsicht hatte Wurzeln geschlagen in ihm, und er begnügte sich mit Förmlichkeit. «Heute morgen wurde mir ein Brief gebracht. Er soll aus Moskau kommen. Ich wurde gebeten, ihn Eurer Heiligkeit persönlich zu übergeben.» Er holte einen großen, mit grauem Wachs versiegelten Umschlag hervor und reichte ihn Kyrill, der ihn einen Augenblick in der Hand behielt und dann auf den Tisch legte.

«Ich werde ihn später lesen, und wenn er Sie betrifft, werde ich Sie rufen. Nun sagen Sie mir . . .» Er lehnte sich vor, und sein Blick bat um Vertrauen. «Sie meldeten sich heute im Konsistorium nicht zum Wort, obwohl Sie ebenso viele Probleme wie die andern haben. Ich möchte sie hören.»

Potockis gefurchtes Gesicht wurde gespannt, und seine Augen bewölkten sich. «In erster Linie hege ich eine private Furcht.»

«Teilen Sie sie mir mit», sagte Kyrill freundlich. «Ich habe so viele eigene Ängste, daß es mir vielleicht Erleichterung bringen wird.»

«Die Geschichte stellt uns allen Fallen, das wissen Eure Heiligkeit», begann der Pole ernst. «Die Geschichte der Ruthenischen Kirche in Polen ist bitter. Wir haben nicht immer wie Brüder im Glauben gehandelt, sondern wie gegenseitige Feinde. Die Zeit der Zwietracht ist vorbei; aber wenn Eure Heiligkeit sich allzu schmerzlich daran erinnerten, könnte das für uns alle schlimm sein. Wir Polen haben das Temperament und die Loyalität der Südländer. Es gab eine Zeit, wo die polnische Kirche ihre Brüder verfolgte, die nach ruthenischem Ritus lebten. Damals waren wir beide

noch jung, aber es ist möglich – und das wissen wir beide –, daß viele, die jetzt tot sind, noch am Leben wären, wenn wir die Einigkeit des Geistes im Glauben hochgehalten hätten.» Er zögerte, dann stolperte er verlegen durch die nächste Frage. «Ich meine es nicht unehrerbietig, aber ich muß Euerer Heiligkeit in treuer Ergebenheit eine Frage stellen, die andere mit Hintergedanken vorbringen werden. Wie sind Eure Heiligkeit zu uns Polen eingestellt? Wie betrachten Eure Heiligkeit unserer Bemühungen?»
Es entstand eine lange Pause. Papst Kyrill blickte auf seine knorrigen Hände. Unvermittelt erhob er sich und legte seinem Glaubensbruder die Hände auf die Schultern. Er sagte leise: «Wir waren beide im Gefängnis, Sie und ich. Wir wissen beide, daß wir keine Liebe empfanden, als man uns zerbrechen wollte, sondern daß wir tief im Innern Groll begruben. Als Sie in der Dunkelheit saßen und zitternd auf das nächste Verhör mit den grellen Lichtern warteten, was stellte Sie da am meisten auf die Probe?»
«Rom», antwortete Potocki unumwunden, «wo man so viel wußte und sich so wenig zu kümmern schien.»
Papst Kyrill nickte. «Für mich war es die Erinnerung an den großen Andreas Szeptyckyj, den Metropoliten von Galizien. Ich liebte ihn wie einen Vater. Was man ihm angetan hatte, war mir bitterlich verhaßt. Ich sah ihn vor mir vor seinem Tode, einen Hünen von Gestalt, gelähmt, von Schmerz zerrissen, der zusehen mußte, wie alles zerstört wurde, was er aufgebaut hatte, die Bildungsstätten, die Seminare, die alte Kultur, um deren Erhaltung er sich so angestrengt bemüht hatte. Diese Fruchtlosigkeit bedrückte mich, und ich fragte mich, was für einen Sinn es hätte, nachdem so viele Menschenleben, so viele edle Geister vernichtet wurden, es nochmals zu versuchen. Das waren böse Tage und noch bösere Nächte.»
Potocki errötete bis zu den Wurzeln seiner schütteren Haare. «Ich schäme mich, Eure Heiligkeit. Ich hätte nicht zweifeln dürfen.»
Kyrill zuckte die Schultern und lächelte traurig. «Warum nicht? Wir sind alle Menschen. Sie tanzen auf einem Seil in Rußland, ich gehe auf einem anderen in Rom. Wir können beide ausrutschen, und wir werden ein Netz benötigen, das uns auffängt. Bitte glauben Sie mir, daß es mir nicht an Liebe fehlt, auch wenn es mir manchmal an Verständnis mangelt.»
«Was wir in Warschau tun, wird in Rom nicht immer verstanden», bemerkte Potocki.

«Wenn Sie einen Dolmetscher brauchen», fiel Kyrill rasch ein, «schicken Sie mir einen. Ich verspreche ihm ein stets williges Ohr.»
«Es werden so viele sein, und sie werden in so vielen Zungen sprechen. Wie können Eure Heiligkeit allen Gehör schenken?»
«Ich weiß.» Kyrills magerer Körper schien plötzlich wie unter einer Bürde zusammenzuschrumpfen. «Seltsam. Wir erklären und lehren, der Papst sei vor grundlegenden Irrtümern bewahrt, weil ihm der Heilige Geist innewohnt. Ich bete, aber ich höre keine Stimme auf dem Berg. Meine Augen sehen kein Licht auf den Hügeln. Ich stehe zwischen Gott und den Menschen, aber ich höre nur die Menschen und die Stimme meines Herzens.»
Zum erstenmal entspannte sich das Gesicht des Polen, und er breitete die Hände aus, in einer Geste der freudigen Niederlage. «Hören Sie darauf, Erleuchteter. *Cor ad cor loquitur* . . . Herz spricht zum Herzen. Und das mag wohl Gottes Zwiegespräch mit dem Menschen sein.»
«Gehen wir essen», sagte Papst Kyrill, «und verzeihen Sie meinen Nonnen die schwerfällige Hand bei der Soße. Es sind wertvolle Geschöpfe, aber ich muß ihnen ein gutes Kochbuch suchen.»
Sie aßen nicht besser, als er vorausgesagt hatte, und sie tranken einen dünnen jungen Wein aus dem Albaner Gebirge; aber sie äußerten sich freier, und Wärme entstand zwischen ihnen, und als sie zu Obst und Käse kamen, sprach sich Papst Kyrill über eine andere Angelegenheit aus.
«In zwei Tagen soll ich gekrönt werden. Vielleicht ist es nicht wichtig, aber all diese vielen Zeremonien beunruhigen mich. Der Herr zog auf einem Esel in Jerusalem ein. Ich werde zwischen den Federfächern eines römischen Kaisers von Edlen auf Schultern getragen. In der ganzen Welt gibt es barfüßige Menschen mit leerem Magen. Ich soll mit Gold gekrönt werden, und tausend Lichter werden meinen Triumph erhellen. Ich schäme mich, daß der Nachfolger des Zimmermanns wie ein König behandelt wird. Das würde ich gern ändern.»
Mit kargem Lächeln schüttelte Potocki den Kopf. «Man wird es Eurer Heiligkeit nicht erlauben.»
«Ich weiß.» Kyrills Finger spielten mit den Krumen auf seinem Teller. «Ich gehöre auch den Römern, und sie müssen ihren Feiertag haben. Ich darf nicht zu Fuß durch das Schiff des Petersdoms gehen, weil ich dann nicht gesehen werden könnte, und wenn viele Teilnehmer auch nicht

kommen, um zu beten, so kommen sie doch, um den Papst zu sehen. Ich bin laut Vertrag ein Fürst, wie man mich erinnert, und ein Fürst muß eine Krone tragen.»
«Tragen Sie sie, Heiligkeit», sagte Potocki mit grimmigem Humor. «Tragen Sie sie diesen einen Tag, und seien Sie unbesorgt. Bald genug wird man Sie mit Dornen krönen!»

22 Ignazio Silone

Das Abenteuer eines armen Christen

Auch dies ein Stück um die rätselhafte Figur des Papstes Cölestin (vgl. Nr. 5). Doch anders als bei Reinhold Schneider ist Cölestin für den italiensichen Marxisten und Christen Ignazio Silone keine Modellfigur für tragische Verstricktheit des Christen im Herrschaftsraum von Moral und Politik, sondern eine utopische, macht- und herrschaftskritische Figur aus dem Geist franziskanischer Frömmigkeit. In dieser Figur eines «alternativen» Papstes ist auch für Silone ein Stück christlicher Utopie von einer anderen Kirche und einer anderen Gesellschaft ausformuliert. «Die Geschichte der Utopie», schreibt Ignazio Silone, «ist das Gegenstück zu der offiziellen Geschichte der Kirche und ihrer Kompromisse mit der Welt. Nicht ohne Grund betrachtet die Kirche, seit sie sich mit ihrem ganzen dogmatischen und ekklesiastischen Apparat konstituiert hat, jedes Wiederaufleben mythischer Tendenzen mit Mißtrauen. Seitdem sie sich selbst als ‹Das Reich› auffaßt, also seit dem heiligen Augustinus, unterdrückt sie jeden Versuch, zum ursprünglichen, primitiven Glauben zurückzukehren. Die Utopie ist ihr schlechtes Gewissen und wird als solches nach Möglichkeit zum Schweigen gebracht. Die ungeheure Teilnahme und die gewaltigen Illusionen, die Peters Wahl zum Papst hervorrief, und die historische Bedeutung, die seinem Pontifikat zukommt, erklären sich dadurch, daß es nach seiner Wahl zum ersten und einzigen Mal, wenn auch nur für kurze Zeit, den Anschein hatte, als könnten die beiden verschiedenen Wege – der einer weltnahen, offiziellen Kirche und der des weltfremden, nur frommen Christentums, sich einander nähern und vereinigen. Aber als Cölestin erkannte, daß diese Hoffnung eine Illusion war und daß er sich entscheiden mußte, zögerte er nicht.» In den beiden ausgewählten Szenen werden die so unterschiedlichen Verständnisweisen von kirchlichem Handeln in der Welt mit Hilfe der Figuren Cölestin und Kardinal Gaëtani exemplarisch gespiegelt. In der ersten Szene ist Cölestin noch im Amt, in der zweiten Szene ist Gaëtani bereits dessen

Nachfolger.

CÖLESTIN V.: Nun zu dem, was uns hier angeht. Was denkt Ihr von meinem Plan, die gesamte Verwaltung einer Kommission von drei Kardinälen anzuvertrauen? Sie würden natürlich vor der Öffentlichkeit die Verantwortung tragen.

KARDINAL CAETANI: Es tut mir leid, aber ich halte Euren Plan für undurchführbar. Das wäre, als hätten wir drei Päpste statt einem. Ich weiß, daß Ihr auch mit anderen Kardinälen darüber gesprochen habt. Wenn ich nicht falsch unterrichtet bin, haben sich alle dagegen erklärt.

CÖLESTIN V.: Es kommt Euch natürlich gelegen, mich als Sündenbock zu haben.

KARDINAL CAETANI: Wenigstens in diesem Fall, Heiligkeit, ist der Einwand der Kardinäle berechtigt. Die Reform, an die Ihr gedacht habt, stünde im Widerspruch zu unserem ganzen System. Die Struktur der Kirche ist monarchisch und kann nicht anders sein. Ein Geist, ein Körper, ein Glaube, ein Gott, ein Hirte. Und dann, habt Ihr über die Zusammensetzung dieses Dreigespanns nachgedacht? Wahrscheinlich würdet Ihr aus Gründen der ausgleichenden Gerechtigkeit einen Orsini, einen Colonna und einen Caetani ernennen oder zumindest ihre Vertrauensmänner. Glaubt Ihr, daß ein solcher Ausschuß schnell und in guter Harmonie zusammenarbeiten könnte? Seht Ihr nicht schon jetzt voraus, daß man Euch bei jeder wichtigeren Frage als Schiedsrichter anrufen würde?

CÖLESTIN V. *(mit einer resignierenden Handbewegung)*: Dann bleibt mir nichts anderes übrig, als den Herrn um Geduld anzuflehen. Ich werde also allein weitermachen, so gut ich kann, und das heißt schlecht. Aber habt die Güte, Euch nicht mehr über meine Kanzlei zu beschweren. Wenn ich meine Entscheidungen nicht schnell genug treffe, so werft mir nur ruhig vor, daß ich einen langsam arbeitenden Geist habe, ich kann nichts daran ändern. Mein Gewissen läßt eine schnellere Entscheidung nicht zu.

KARDINAL CAETANI: Ich glaube, ich habe verstanden, wo die Schwierigkeiten herrühren. Ganz gewiß haben Sie nichts mit einem langsam arbeitenden Geist zu tun, Ihr haltet es für Eure Pflicht – widersprecht mir, wenn ich mich irre –, in Eurem Amt als Papst die gleichen Maßstäbe anzulegen, die Ihr früher angewendet habt. Aber Eure Situation ist heute eine ganz andere. Eine große politische, militärische oder kirchliche Verwaltung kann nicht wie eine Familie oder eine kleine Gemeinschaft geleitet werden. Jede große Verwaltung braucht, um richtig zu funktionieren, eine gewisse Anzahl von Fiktionen, ohne die ein Chaos entstehen würde.

CÖLESTIN V.: Und der Papst soll diese Täuschung mitmachen?

KARDINAL CAETANI: Wie sollte es anders sein? Es handelt sich nicht einfach um Lügen, sondern um Konventionen. Ihr wißt, nehme ich an, daß alle staatlichen Beamten von einem gewissen Rang an vom König ernannt werden. Diese Ernennung verschafft ihnen das notwendige Ansehen, obwohl der König sie in den meisten Fällen gar nicht kennt. Von diesem Augenblick an treffen sie ihre Anordnungen und fällen sie ihre Urteilssprüche im Namen des Königs, und diese werden dadurch von den Untergebenen anerkannt, aber in Wirklichkeit weiß der König gar nichts davon. Mit um so mehr Berechtigung geschieht das in der Kirche, die eine noch größere, übernationale und auf einer göttlichen Erleuchtung gegründete Gemeinschaft ist.

CÖLESTIN V.: Ist es nicht schrecklich, daß die Kirche Christi jetzt organisiert ist wie ein Staat?

KARDINAL CAETANI: Auch der Staat ahmt in vielen Dingen die Kirche nach. Am Ende eines Kampfes gleichen die Gegner einander, und die Technik des Befehlens ist überall mehr oder weniger dieselbe.

CÖLESTIN V.: Wahrscheinlich werde ich Euer Mitleid erregen, wenn ich Euch sage, daß ich selbst in Fragen dieser Art noch beim Vaterunser und beim Evangelium bin. In den Gleichnissen des Evangeliums sind die Beziehungen zwischen den Menschen immer direkt und persönlich: zwischen Vater und Kindern oder Knechten; zwischen dem Herrn des Weinbergs und den Winzern oder dem Schäfer und den Schafen und den Lämmern und so weiter. Es gibt dort niemals anonyme indirekte Beziehungen – oder fiktive, auf Konventionen beruhende, wie Ihr es nennt. Ihr müßt es mir darum nachsehen, daß ich Beziehungen zwischen Christen nur als persönliche Beziehungen begreifen kann. Ich meine damit: nicht Beziehungen zwischen Dingen, sondern zwischen Seelen.

KARDINAL CAETANI: Seit der Zeit des Evangeliums, daran brauche ich Euch nicht zu erinnern, hat die Gesellschaft sich vergrößert und mit ihr die Kirche.

Cölestin V.: Gewiß, Ihr habt recht, es gibt Kräfte, die die Menschen immer weiter voneinander entfernen. Aber sollten wir Christen nicht versuchen, den Menschen in jeder neuen Situation die Möglichkeit zu bewahren, weiterhin zusammenzubleiben, sich zu verstehen und zu lieben? Nehmen wir an, eine Diözese wird zu groß; niemand verbietet uns, sie in zwei oder drei Teile aufzuteilen, damit die persönliche Beziehung zwischen dem Hirten und den Gläubigen nicht leidet.

Kardinal Caetani: Gewiß nicht. Wenn es sich um eine Pfarrgemeinde oder eine Diözese handelt, gebe ich Euch recht. Aber die Kirche als Ganzes ist heute eine Macht, sogar die höchste Macht, und sie muß sich entsprechend verhalten. Mit dem Vaterunser läßt sich nicht regieren.

Cölestin V.: Da liegen meine Grenzen, aber was kann ich daran ändern? Kann man es einem armen Menschen zum Vorwurf machen, daß er auch als Papst den Regeln gegenseitiger Achtung und Nachsicht folgt, nach denen er in seiner ursprünglichen Umwelt gelebt hat? Warum hat man ihn dann nicht lieber zu Hause gelassen? Was bleibt ihm denn, wenn er gerade auf die Gaben verzichtet, die ihm Achtung verschafft und zu seiner Wahl geführt haben?

Kardinal Caetani: Niemand verlangt ein solches Opfer von Euch. Aber als Ihr die Papstwürde auf Euch nahmt, war es Euch doch bewußt, Heiligkeit, daß Euch ein sehr viel größerer Wirkungsbereich erwartete und daß sich zwischen Euch und der Christenheit ein anderes Verhältnis bilden müsse, als Ihr es zu den Morroneser Mönchen hattet.

Cölestin V.: Die Christenheit ist gewaltig groß, gewiß, aber sie setzt sich dennoch aus Seelen zusammen und nicht aus Dingen. Ich kann mit Christen nicht umgehen wie mit Gegenständen, noch wie mit Untergebenen. Diese Anschauung bringt Unbequemlichkeiten mit sich. Mit kurzen Befehlen kommt man rascher zum Ziel, aber mir scheint, auch darin sollte es zwischen Heiden und Christen einen Unterschied geben. Für einen Christen ist der höchste Wert sein Gewissen, er darf es also nie außer acht lassen. Wenn mir der Fall irgendeines Menschen vorgelegt wird und sein Wohl und Wehe von meiner Entscheidung abhängt, wie kann ich das leichtfertig abtun? Es ist dabei unwesentlich, daß ich ihn nicht kenne. Er ist ein Mensch, eine Seele. Meine Pflicht wäre, mit ihm zu reden ... ihn zu verstehen ...

KARDINAL CAETANI: Seltsam, wirklich seltsam. Ich hätte nie gedacht, daß es einen Menschen gibt, dem Macht so wenig anhaben kann wie Euch.

CÖLESTIN V.: Die Macht ist eine Versuchung, die auch ich kennengelernt habe. Aber ich glaube, ich habe sie mit Gottes Hilfe überwunden.

KARDINAL CAETANI: Ich bin äußerst besorgt. Diese Einstellung kann in kürzester Zeit verheerende Folgen für die Kirche haben. Wenn Ihr erlaubt, Heiligkeit, sollten wir uns bald wiedersehen und in aller Offenheit weiter darüber sprechen.

(...)

PIER CÖLESTIN *(hebt schüchtern die Hand)*: Erlaubt Ihr mir ein Wort? Ich muß Euch gestehen, Heiligkeit, daß meine Sorgen anderer Natur sind. Ich bin erschüttert über die fortschreitende Verweltlichung der Kirche. Sie ist kaum wiederzuerkennen.

BONIFAZ VIII.: Begreift Ihr denn nicht, daß die Kirche sich in diesem Augenblick nicht vom Schauplatz der Politik zurückziehen und passiv bleiben kann? Was wird aus Europa werden, wenn wir nicht mit Mut und Entschlossenheit eingreifen? Was wird aus der Christenheit werden? Bevor es zu spät ist, muß die Kirche ex cathedra ihre Superiorität über den ganzen weltlichen Bereich erklären. Kein Theologe kann die Berechtigung dieses Anspruchs leugnen. Christus hat uns die Macht verliehen, zu binden und zu lösen, im Himmel und auf Erden. Paulus hat das im Römerbrief gültig formuliert: «Omnis potestas a Deo.» Alle Macht kommt von Gott. Wenn es *eine* menschliche Gesellschaft gibt, wie kann es dann *zwei* oberste Gewalten geben. Der Kirche als direkter Emanation des göttlichen Willens kommen beide Schwerter zu: das geistliche, das sie mit priesterlicher Hand selbst führt, und das weltliche, das sie, ebenfalls pro Ecclesia, den Königen und den Inhabern militärischer Gewalt überträgt, die sich ihres Vertrauens würdig erweisen.

PIER CÖLESTIN: Heiligkeit, darf ich etwas sagen, ohne Eure Entrüstung hervorzurufen? Ich liebe Schwerter nicht, von welcher Art sie auch sein mögen.

BONIFAZ VIII.: Aber Ihr könnt nicht leugnen, daß sie es sind, die die Welt regieren.

PIER CÖLESTIN *(demütig und fest)*: Macht scheint mir nicht erstrebenswert, ich glaube vielmehr, daß sie das Schlechte in der Welt vermehrt.

Das christliche Gebot, das alle anderen einschließt, ist das Gebot der Liebe. In diesen letzten Monaten, während ich mich vor Eurer Polizei verborgen hielt, ist es mir deutlicher bewußt geworden als je zuvor: die Wurzel allen Übels für die Kirche liegt in der Versuchung, die von der Macht ausgeht.

BONIFAZ VIII.: Wollt Ihr die Macht unseren Feinden überlassen?

PIER CÖLESTIN: Unser Reich ist nicht von dieser Welt. Unser Reich ...

BONIFAZ VIII. *(mit einer ungeduldigen Gebärde)*: Ich kenne die Prophezeiungen, in meiner Jugend habe auch ich mich gern damit beschäftigt. Enthielt die frohe Botschaft Christi tatsächlich die Ankündigung des Endes der Welt? Manche Autoren legen es so aus, und es mag richtig sein. Aber es läßt sich nicht leugnen, daß die Welt fortbesteht.

PIER CÖLESTIN: Das scheint mir keine Rechtfertigung dafür, daß das Christentum sich selbst aufgibt und sich in der Welt einrichtet, als wäre sie von ewiger Dauer.

BONIFAZ VIII.: Es kommt nicht darauf an, wie lange die Welt fortbesteht. Was weiß ich davon? Und auch Ihr könnt mir nichts darüber sagen. Worauf es ankommt, ist, die Superiorität der Kirche über die Welt, diese einzige sichtbare Realität, zu behaupten.

PIER CÖLESTIN: Was ist aus dem Christentum geworden? Hat es die Welt zum Besseren verändert? Oder ist es umgekehrt? Hat die Welt das Christentum verdorben? Wir vergessen immer wieder: das Christentum begann mit dem Kreuz ...

BONIFAZ VIII.: Wäre es Euch lieber, wenn es nicht darüber hinausgelangt wäre?

PIER CÖLESTIN: Es ist nicht wichtig, was mir lieber wäre. Sagt mir nur, Heiligkeit, warum nennen wir uns noch Christen? Was ist das Kreuz für die Christen von heute? Ein Ornament. Ich frage mich, ob wir wirklich noch an denselben Gott glauben. Manchmal zweifle ich daran.

BONIFAZ VIII.: Unser Glaube ist christlich, das werdet Ihr nicht zu leugnen wagen.

PIER CÖLESTIN: Man kann den Glauben nicht von der Liebe und von der Hoffnung trennen. Wie soll man christliche Heere und christliche Kriege gutheißen, Verfolgungen und andere Verbrechen ertragen, die im Namen des christlichen Glaubens begangen werden?

BONIFAZ VIII.: Der Ausdruck christlich bezeichnet das Ziel, den Zweck, die Absicht ...

Pier Cölestin: Man kann nicht Menschen morden um eines guten Zwekkes willen. Um Gutes zu erreichen, muß man Gutes tun.

Bonifaz VIII.: Aber die politische Macht besteht, und da Ihr nicht imstande seid, sie abzuschaffen, frage ich Euch nochmals: wollt Ihr sie den Feinden der Kirche überlassen? Das ist der entscheidende Punkt. Alles andere ist Schall und Rauch.

Pier Cölestin: Die Seelen sind Schall und Rauch?

Bonifaz VIII.: Ich liebe keine Wortspiele.

Pier Cölestin: Auch ich verabscheue sie. Versuchen wir also, wenn wir einander schon nicht überzeugen können, uns wenigstens zu verstehen. Wenn wir von der Realität sprechen, mit der man rechnen muß, so denkt Ihr an Institutionen, und ich denke an die Seelen. Ich bitte Euch, mich zu berichtigen, wenn ich mich irre.

Bonifaz VIII.: Besteht denn eine so klare Trennung? Sind die Seelen nicht von den Institutionen abhängig?

Pier Cölestin: Sie können davon abhängig sein, aber die Aufgabe des Christentums ist es, die Seelen durch die Wahrheit frei zu machen. Gott hat Seelen geschaffen, nicht Institutionen. Die Seele ist es, die unsterblich ist, nicht die Institution, nicht die Reiche sind es und die Heere, nicht die Kirchen, nicht die Nationen. *(Der Papst will ihm entgegnen, aber er verzichtet mit einer resignierenden Handbewegung darauf. Nach einer kurzen Pause fährt Pier Cölestin fort.)* Heiligkeit, wenn Ihr an dieses Fenster tretet, seht Ihr auf den Kirchenstufen eine arme Bettlerin, die sich von morgens bis abends dort aufhält, ein Wesen, das im Leben dieser Welt nicht die geringste Bedeutung hat. Aber nach Millionen von Jahren wird ihre Seele noch immer existieren, denn Gott hat sie unsterblich erschaffen. Das Königreich von Neapel dagegen, das englische und französische Reich und alle anderen Staaten werden mit ihren Heeren, ihren Gerichten, ihren Fanfaren und allem übrigen ins Nichts zurückgekehrt sein.

Bonifaz VIII. *(spöttisch)*: Könnte es nicht sein, daß die Rettung oder die Verdammnis dieser armen kleinen Seele, die Euch so am Herzen liegt, von der Hilfe abhängt, die irgendeine wohltätige Institution ihr in dieser Welt erweist?

Pier Cölestin: Nein, wenn Ihr erlaubt, daß ich Euch widerspreche. Sie hängt nur von Gottes Barmherzigkeit ab. Ein Almosen könnte sie auch von einer nichtchristlichen Institution erhalten. Das Christentum, das wißt Ihr besser als ich, ist mehr als bloße Wohltätigkeit. Es fordert Liebe zum Nächsten, Liebe zum Feind ...

BONIFAZ VIII.: Und so weiter und so weiter, das kennen wir. Warum wollt Ihr nicht zugeben, daß es unsinnig wäre, aus diesen heroischen Geboten ein Regierungsprinzip zu machen?

PIER CÖLESTIN: Auch ich bin der Meinung, Heiligkeit, daß das unsinnig wäre. Wenn aber dem Christentum das, was viele für unsinnig halten, genommen wird, um es der Welt, so wie sie ist, genehm zu machen und zur Ausübung der Macht geeignet, was bleibt davon übrig? Wir wissen, daß Vernunft, gesunder Menschenverstand und andere natürliche Tugenden schon vor Christus bestanden haben und auch heute bei vielen Menschen zu finden sind, die nicht dem christlichen Glauben angehören. Was hat uns Christus darüber hinaus gebracht? Gerade einige scheinbar unsinnige Gebote. Er hat gesagt: Liebet die Armut, liebet die Erniedrigten und Beleidigten, liebet eure Feinde, kümmert euch nicht um Macht, Laufbahn, Ehren, das sind vergängliche Dinge, die der unsterblichen Seele nicht würdig sind ...

BONIFAZ VIII.: Genug davon, ich bitte Euch. Als Ihr noch Papst wart, konnte ich nicht umhin, diese Mahnreden anzuhören, die eines Landpfarrers würdig wären; aber jetzt sind sie mir offen gestanden unerträglich. *(Pause)* Um nicht noch mehr Zeit zu verlieren, sage ich Euch sofort, was ich in meiner Eigenschaft als Papst von Euch verlange. Die Kirche geht, wie ich Euch bereits erklärt habe, großen Schwierigkeiten entgegen und braucht die Einigkeit aller ihrer Kinder. Papst Gregor VII. schreckte nicht davor zurück, Heinrich IV. zu entthronen, und ich werde seinem Beispiel folgen, wenn es notwendig wird. Ich werde nicht verzichten auf die mir von Gott verliehene Vollmacht, zu entthronen, zu exkommunizieren, zu verdammen!

PIER CÖLESTIN *(flehend, mit gefalteten Händen)*: Habt wenigstens Mitleid, Heiligkeit, mit den vielen Seelen, die dann der Verfolgung dieser Herrscher ausgesetzt sein würden. Übt Milde. Unser Herr selbst gab uns das Beispiel. Steck das Schwert in die Scheide, befahl er Petrus. Wenn wir unsere Gegner nicht im Guten überzeugen können, wie können wir dann hoffen, sie mit Drohungen zu gewinnen?

23 Luise Rinser

Bruder Feuer

«Bruder Feuer» – geschrieben vor allem für Jugendliche und junge Erwachsene – erzählt die Geschichte des Franz von Assisi in modernem Gewand neu. Ein Zeitungsreporter macht sich im Assisi unserer Tage auf den Weg, um einer Kommune von jungen Leuten nachzuspüren, die ihre saturierte bürgerliche Existenz aufgegeben haben, um wieder ursprünglich christlich, alternativ zu leben. Der Reporter will diesem Phänomen durch eine Reihe von Interviews auf die Spur kommen. Je mehr er sich freilich distanziert von außen der Gruppe zu nähern versucht, desto mehr gerät er immer stärker in deren Bannkreis.

Ich sage, daß ich weder Franz noch Rufino kenne und gar nichts mit der Kommune zu tun habe, und während ich das sage, komme ich mir vor wie ein Verräter und Lügner, weiß der Teufel wieso, denn ich sage ja die Wahrheit. Ich erkläre, wieso ich das Geld überbringe. Die Mutter Oberin lacht, sie sagt: «Das sieht denen gleich, das ist sicher dem Rufino eingefallen. Dieses Lamm würde das Geld auch einem Straßenräuber geben und von ihm verlangen, er soll es abliefern, und der Räuber würde es tun. Einmal hat er wirklich einen Räuber angebettelt, und der hat ihm gegeben. Eine verrückte Gesellschaft.»
«Sie kennen den Franz Bernardone?»
«Wie denn nicht!»
«Wollen Sie mir etwas über ihn erzählen?»
«Ja was denn? Ich weiß nur, was alle Leute wissen.»
«Was wissen alle Leute?»
«Wissen Sie denn nichts über ihn?»
«Einiges, aber Widersprüchliches. Die einen halten ihn für einen Kommunisten, die andern für einen Narren, die andern für einen Hexer, die andern für einen Heiligen.»
«Und?»
«Und?!»
«Kann er nicht alles zugleich sein?»
«Na, hören Sie!»
«Warum nicht?»

«Können Sie mir das nicht näher erklären?»
«Wenn man's erklären könnte, wäre es nicht wahr.»
«Das versteh ich nicht.»
«Macht nichts.»
«Sagen Sie mir wenigstens: darf ein Heiliger oder ein Kommunist Geld unterschlagen? Das tat er doch!»
«Man kann es so nennen.»
«Wie würden Sie es nennen?»
«Er hat unrecht Gut zurückerstattet.»
«Aha, Sie sind auch der Meinung, Eigentum sei Diebstahl? Sind Sie denn Kommunistin?»
«Ich? Ich bin Ordensfrau. Warum fragen Sie das?»
«Weil der Satz vom Eigentum als Diebstahl ein marxistischer Satz ist.»
«Deshalb braucht er doch nicht falsch zu sein, oder? Jesus mochte die Reichen im allgemeinen auch nicht so gern wie die Armen.»
«Das weiß ich nicht.»
«Die Geschichte vom reichen jungen Mann, dem er riet, alles zu verschenken, die kennen Sie doch?»
«Ja, aber Jesus hat daraus keine Ideologie gemacht, weder eine politische noch eine religiöse.»
«Natürlich nicht. Im Reiche Christi ist alles auf Freiheit gestellt.»
«Weil wir eben von Freiheit reden: wie ist das mit Franz; man sagt, er halte seine Leute mit magischen Kräften fest.»
Die Oberin lacht.
Ich sage: «Nun, weiß man denn sicher, ob er an ihnen nicht eine Art Gehirnwäsche vollzieht? Kann er sie nicht hypnotisieren? Ist es anders zu erklären, daß ihm sogar die Gräfin mitsamt den drei Töchtern verfallen ist?»
«Sie sind nicht Franz verfallen, sondern sie folgen Jesus nach. Was in den Kommunen geschieht, das ist etwas ganz Einfaches und Klares: man versucht, mit der Nachfolge Jesu ganz ernstzumachen, das ist alles.»
In diesem Augenblick werden wir gestört, die Tür geht auf und herein kommen die beiden von der Straße. Sie können unmöglich zu Fuß gegangen sein. Sie kamen per Anhalter.
«So», sage ich, «mit mir wollten Sie nicht fahren!»
«Du sollst dir keinen Götzen machen», sagt der eine.
Sie lachen.

«Was heißt das nun wieder?»
«Die Freiheit der Kinder Gottes besteht darin, keine Grundsätze zu haben.»
«Sie werden eines Tages noch behaupten», sage ich, «daß zwei mal zwei sieben ist. Meinetwegen. Ihr Geld habe ich abgeliefert. Jetzt gehe ich.»
Aber ich muß bleiben, die Oberin bringt Wein und Brot und Käse, und ehe ich dazu komme, mich wenigstens innerlich zu sträuben, fühle ich mich schon wohl und wie unter Freunden, die ich seit langem kenne. Eigentlich war ich schon seit Jahren nicht mehr so unbeschwert heiter. Aber ich mißtraue solchen Gefühlen, ich muß sie unter Kontrolle halten, ich brauche meinen kritischen Verstand, und ich muß an meine Arbeit denken, der ich ja doch nicht davonlaufen kann. Aber eigentlich habe ich gar keine Lust, diese Leute nach Franz auszufragen, es scheint mir plötzlich ganz unnötig und geschmacklos, überhaupt etwas über ihn zu schreiben. Jedoch ich zwinge mich dazu, mir Fragen auszudenken, zum Beispiel, wie sie denn zu so viel Geld kämen.
«Wir arbeiten und verdienen Geld.»
«Womit? Mit Schallplatten?»
«Nein, wir machen keine mehr. Franz sagt, das verdrehe uns den Kopf, wenn wir als Folksinger leben wollten. Wir singen nur mehr für die Kinder und die Kranken und in den Bergdörfern. Franz sagt, Berühmtsein ist zu gefährlich. Er selber könnte eine schöne Karriere machen mit seinen Canzoni. Wir tun andere Arbeit, wir töpfern und weben. Und wir helfen, wo man uns braucht, wir sind Gelegenheitsarbeiter.»
«Sind Sie denn Handwerker oder sonstwie gelernte Arbeiter?»
Jetzt lacht die Oberin: «Der da», sagt sie, «ist oder war Professor für Soziologie an der Universität Padua, und der da ist Theologe, er war Priester.»
«Sie?»
«Ja, aber die Kirche will mich nicht mehr, ich bin ihr allzu radikal in der Nachfolge Jesu. Sie hat mich vor die Tür gesetzt, mit feinen Worten gesagt: sie hat mich meines Amtes enthoben. Gott sei Dank – kann sie mich nicht meiner Arbeit für das Himmelreich entheben.» (Alle lachen.)
Der Soziologe sagt: «Er war Pfarrer in einer römischen Vorstadt, in einem Barackenviertel, da gab es kein Trinkwasser, keine Kläranlagen, keine Bäder natürlich, keine Straßen. Die Leute, aus Süditalien zugezogen und auf

Arbeit hoffend, die es nicht gab, lebten im Dreck und niemand kümmerte sich um sie. Don Gerardo, der da also, lief sich die Füße ab von Behörde zu Behörde, umsonst. Da machte er mit seinen Leuten einen Protestmarsch zum Kapitol. Als er nicht zum Bürgermeister vorgelassen wurde, blieb er mit einem Teil seiner Pfarrkinder auf dem Platz vor dem Rathaus, Tag und Nacht, sie stellten Zelte auf und hängten Fotos von ihren Baraken auf und riefen durch Lautsprecher nach Hilfe. Don Gerardo hatte sich mit der Polizei angefreundet, genau gesagt, er hatte sich die Erlaubnis zur Demonstration geholt, und man hatte sie ihm gern gegeben. Das Volk war auf seiner Seite, und er blieb so lang im Sitzstreik, bis der Bürgermeister ihn empfing, und Gerardo bekam, was er wollte: seine Leute durften in leerstehende Wohnungen einziehen. Aber der Kirche war er verdächtig, er schien gefährlich, und eines Tages setzten sie ihn ab, vorübergehend, hieß es. Aber er ging, und zwar zu Franz, und einige junge Leute aus seiner Gemeinde gingen mit ihm.»

«Wie steht denn Franz zur Kirche?»

«Er sagt: Polemisieren, Kritisieren, Befeinden, Zerstören, das ist leicht und billig. Man muß etwas aufbauen in aller Stille und es einfach neben das andere hinstellen, gewaltlos und mit Liebe zum Ganzen. Das tun wir. Wenn Sie uns einmal ein großes Wort gebrauchen lassen (Franz würde uns auslachen oder tadeln), also, wir arbeiten an einem Modell für ein besseres Zusammenleben aller Menschen. Wir könnten auch sagen: wir arbeiten an der Rettung des Menschen.»

«Wie sieht das Modell aus?»

»Von außen betrachtet so: Wir haben kein Privateigentum, die Häuser sind geliehen, die Miete bezahlen wir durch Arbeit für die Eigentümer, das Land ringsum hat man uns auf Halbpacht überlassen, das heißt, wir bearbeiten es und liefern dafür die Hälfte der Ernte ab, wir sind vertraglich gebunden, den Boden landwirtschaftlich zu nutzen. Was wir verdienen, geben wir zum größten Teil sofort weg, zum allerkleinsten Teil tun wir's in die Gemeinschaftskasse für dringende Ausgaben, zum Beispiel für Krankheitsfälle. Wir sind gegen jede Gewinnsteigerung, wir bleiben arm, wir haben nie mehr Geld, als wir für die nächsten Tage unbedingt brauchen, oft ist das nicht da.»

«Na», sage ich, «ob das als Modell dienen kann, bezweifle ich.»

«So extrem soll das nicht von allen gemacht werden.»

«So was», sage ich, «ist schon einmal versucht worden. Die Jesuiten haben einmal in Südamerika so einen heilig-kommunistischen Staat errichtet. Der ist bald gescheitert.»
«Am Eingriff fremder Mächte.»
«Immer werden fremde Mächte eingreifen und so etwas zerstören.»
«Wer sagt, daß es immer so sein wird? Und selbst wenn so etwas scheitert, bringt es andere zum Nachdenken. Die Erinnerung bleibt als Stachel und als Sehnsucht. Ist das nichts? Aber wir da oben haben immerhin schon handfeste Erfolge, zum Beispiel die drei Schulen für erwachsene Analphabeten, und jetzt bauen wir ein kleines Krankenhaus. Wir haben einen Arzt unter uns, einen Deutschen. Wir haben noch andere praktische Pläne.»
«Das ist eure Kommune von außen besehen. Und von innen?»
«Von innen ist es der Versuch, in heiliger Anarchie zu leben.»
«Was soll das heißen?»
«Etwas ganz Einfaches: bei uns gibt es keinen Leiter, keinen ersten, zweiten, dritten, vorletzten, letzten, keinen der befiehlt und keinen der gehorcht, keinen der privilegiert ist, jeder gehorcht jedem, oder besser gesagt: jeder gehorcht der Notwendigkeit.»
«Aber ihr habt doch einen obersten Führer!»
«Franz? Der ist nicht unser Führer, er ist unser Brennpunkt.»
«Warum gründet er eigentlich nicht gleich einen religiösen Orden?»
«Eben weil er eine offene Gemeinschaft will, und außerdem sind bei uns auch andre Leute als Christen, wir haben einige Hindus und einen Mohammedaner und einige Atheisten, wie man sie nennen kann.»
«Und alle vertragen sich untereinander?»
«Wir geben uns Mühe. In solcher Gemeinschaft leben muß gelernt werden.»
«Warum sind Sie als Professor in diese Kommune gegangen?»
«Ich wollte eines Tages nicht mehr weiterleben, ich habe plötzlich, mitten im Erfolg, schwere Depressionen bekommen. Ich bin von Psychiater zu Psychiater gelaufen, es wurde nur immer ärger, und eines Tages habe ich einen Selbstmordversuch gemacht, Schlafmittel, und als man mich wieder zurückgeholt hatte, pflegte mich ein junger Mensch. Der erzählte mir von Franz und brachte mich zu ihm. Franz sagte: ‹Du bist nicht krank, du brauchst nur Liebe, dann weißt du wieder, daß das Leben einen Sinn hat.› Das war alles, aber es schlug ein, ich blieb bei Franz.»

«Und Ihre Wissenschaft? Ihre Erfolge? Hat es Sie nie gereut, das alles aufgegeben zu haben?»

«Sehen Sie», sagt er, «jeder Mensch lebt auf zwei Ebenen. Auf der einen leistet man etwas, das von andern gesehen und beurteilt wird. Da hat man Erfolg oder Mißerfolg, da wird man getrieben von Ehrgeiz und Machtwillen und Besitzgier und Eigennutz und Eitelkeit, und man ist in Unruhe und verzettelt sich in lauter Betrieb. Auf der anderen Ebene sieht einen ein anderes Auge, und man wird mit einem andern Maßstab gemessen, der läßt nichts gelten als das, was ganz ohne Berechnung getan wird, ganz ohne Egoismus, aus keinem andern Motiv als dem der Liebe und der Freude. Ich bin von der einen Ebene auf die andre gesprungen, von der Erde in den Himmel.»

«Jaja», sage ich etwas geniert, denn ich zucke immer zurück, wenn ich solche Worte höre. Das kommt mir so vor, wie wenn in einem Gedicht sich Sonne auf Wonne reimt und Blüte auf Güte. Rechnungen, die so glatt aufgehen, mag ich nicht. Ich bringe also das Gespräch in eine normale Richtung, die mir besser liegt. Ich frage: «Wie ist das eigentlich mit dem Prozeß, den man dem Franz machen will? Glauben denn seine Kläger wirklich an solchen Unsinn wie Verhexung?»

«Manche schon. In unsern Bergen gibt es allerlei Aberglauben und allerlei Glauben. Aber für die meisten ist's natürlich nur ein Vorwand. Mit so einer ungreifbaren Beschuldigung kann man die Gemüter schön aufheizen. Je unsinniger, desto besser und aufregender. Tatsächlich gehts um Politik oder jedenfalls um das, was solche Leute für Politik halten. Die einen wie die andern haben Angst vor Franz. Sie spüren, daß da einer, der gar keine Macht haben will, große Macht besitzt. Sie fürchten seinen Einfluß besonders auf die Jugend. Sie fürchten, seine Gesinnung könnte sich breit durchsetzen. Sie fürchten, ihre Söhne und Töchter werden eines Tages das, was sie mit solcher Mühe errafft haben, für nichts erachten, und damit auch die Eltern nicht mehr achten um ihrer Raffleistung willen. Sie fürchten, dann keine Autorität mehr zu sein, sie fürchten, sie müßten etwas hergeben von ihrem Besitz, kurzum, sie fürchten, sie müßten das werden, was zu sein sie vorgeben: Christenmenschen.»

«Was ist das?»

«Leben nach dem Evangelium, wie Franz es uns zeigt.»

«Ich möchte es sehen.»

«Sehen? Da sieht man nichts. Das muß man mitleben und nicht nur für einen Tag und drei Wochen, sondern für immer, ohne auch nur ein einziges Mal zu kneifen.»
«Aber», sage ich, »wie soll ich länger als ein paar Tage dort leben, ich habe doch meinen Vertrag mit der Zeitung, ich muß zurück!»
«Wenn Sie keine Zeit haben für das Leben mit Franz, werden Sie nichts von ihm wissen. Mit Journalisten-Neugierde kommt man nicht zum Wissen.»
Damit lassen sie mich stehen, sozusagen im Leeren; ich fühle mich abgewiesen, ausgeschlossen, abgeurteilt, bei der Prüfung durchgefallen, hier wie bei der Frau Bernardone. Ich bekomme den Verdacht nicht los, daß diese Franz-Leute bei aller stillen freundlichen Demut ein erhabenes Gefühl der Auserwähltheit haben und dem geistigen Hochmut verfallen. Meinetwegen.
Wenn ich nicht doch noch mit dem Anwalt reden möchte, der übermorgen zurückkommt, führe ich jetzt wirklich ab, ich habe die Nase voll.

VII. Spiegelfiguren: Pilatus und Judas

24 Anatole France

Der Statthalter von Judäa

L. Aelius Lamia stammte aus einer vornehmen römischen Familie. Er ging schon in jungen Jahren nach Athen, um dort Philosophie zu studieren. Dann kehrte er nach Rom zurück und führte in seinem Hause auf dem Esquilin mit anderen jungen Wüstlingen ein ausschweifendes Leben.
Eines Tages wurde er angeklagt, mit Lepida, der Frau des Konsulars Sulpicius Quirinus, sträfliche Beziehungen zu unterhalten, und da er schuldig befunden wurde, schickte Tiberius Caesar ihn in die Verbannung. Er war damals gerade vierundzwanzig Jahre alt. Während der achtzehn Jahre, die seine Verbannung dauerte, bereiste er Syrien, Palästina, Kappadokien, Armenien und hielt sich lange in Antiochia, Caesarea und Jerusalem auf. Als Tiberius gestorben und Gaius römischer Kaiser geworden war, setzte er es durch, wieder nach Rom zurückkehren zu dürfen. Sogar ein Teil seines Vermögens wurde ihm wieder ausgeliefert.
Das Unglück hatte ihn weise gemacht. Er mied jeden Verkehr mit Frauen von zweifelhaftem Ruf, bewarb sich nicht um öffentliche Ämter und Auszeichnungen und lebte völlig zurückgezogen in seinem Hause auf dem Esquilin. Er begann alles, was er auf seinen vielen Reisen gesehen und erlebt hatte, aufzuzeichnen, um, wie er zu sagen liebte, in den Leiden der Vergangenheit eine Zerstreuung für die Gegenwart zu finden. Unter diesem friedlichen, beschaulichen Leben, unter dem emsigen Studium der Schriften Epikurs, fühlte er allmählich mit schmerzlichem Erstaunen, daß er alt wurde. In seinem zweiundsechzigsten Jahr begann er an Rheumatismus zu leiden und suchte die Bäder von Baiae auf, die damals von den reichen vergnügungssüchtigen Römern viel besucht wurden.
Er hatte etwa eine Woche einsam und zurückgezogen inmitten dieser glänzenden Gesellschaft gelebt, als er eines Tages Lust bekam, die Hügel

zu durchstreifen, die, mit Weinlaub bekränzt wie Bacchantinnen, sich am Flusse entlang ziehen. Auf einer Höhe angelangt, setzte er sich am Rande eines schmalen Weges unter einem Baum nieder und ließ seinen Blick über die herrliche Landschaft schweifen. Zur Linken dehnten sich endlose graue Felder bis zu den Ruinen von Cumae hin, zur Rechten ragte das Kap Misenum wie ein spitzer Dorn ins Meer hinein. Vor ihm, gegen Westen, lag das reiche Baiae mit seinen Gärten und Villen. Die Säulenhallen und weißen Marmorterrassen reichten bis an das blaue Meer hinab, in dessen Fluten Delphine spielten.

Lamia zog eine Pergamentrolle aus den Falten seiner Toga, streckte sich auf dem Boden aus und begann zu lesen. Plötzlich schreckte ihn der Zuruf eines Sklaven, der ihn aufforderte, einer vorüberkommenden Sänfte Platz zu machen, auf. Als die Sänfte näher kam, sah er auf ihren Kissen einen Greis ruhen. Er hatte den Kopf mit der mächtigen Adlernase und dem vorspringenden Kinn auf die Hand gestützt und blickte stolz und finster um sich.

Lamia wußte auf den ersten Blick, daß er dies Gesicht kannte. Aber des Namens konnte er sich nicht gleich entsinnen. Dann plötzlich stürzte er voll freudiger Überraschung auf die Sänfte zu und rief: «Pontius Pilatus, den Göttern sei Dank, daß sie mir die Gnade gewähren, dich wiederzusehen.»

Der Greis gab seinen Sklaven ein Zeichen, zu halten, und blickte Lamia durchdringend an.

«Pontius, mein treuer Gastfreund», fuhr dieser fort, «haben die zwanzig Jahre mein Haar so gebleicht und meine Wangen so gefurcht, daß du deinen Aelius Lamia nicht wiedererkennst?»

Bei diesem Namen stieg Pilatus aus der Sänfte, so rasch es ihm die Schwerfälligkeit seines Alters erlaubte. Dann küßte er Lamia zweimal auf die Wange.

«Es ist mir eine große Freude, dich wiederzusehen», sagte er. «Ach, dein Anblick erinnert mich an jene längst vergangenen Zeiten, da ich Statthalter von Judäa war. Es sind jetzt dreißig Jahre, daß ich dich zum erstenmal in Caesarea sah. Ich freute mich, dir die Leiden deiner Verbannung etwas erleichtern zu können, und du, Lamia, folgtest mir aus Freundschaft in jenes trostlose Jerusalem, wo die Juden mir das Leben verbitterten. Über zehn Jahre warst du mein Gast, wir sprachen zusammen von Rom und trösteten einander, ich dich über dein Unglück, du mich über meine glänzende Stellung.»

Lamia schloß ihn von neuem in die Arme: «Du hast nicht alles gesagt, Pontius: Du sprichst nicht davon, daß du deinen Einfluß bei Herodes Antipas zu meinen Gunsten aufbotest und mir deine Börse freigebig zur Verfügung stelltest.»

«Laß uns davon nicht mehr weiter sprechen», entgegnete Pontius, «du sandtest mir später von Rom aus eine Summe, durch die deine Schuld mit Wucherzinsen getilgt war.»

«Pontius, was du an mir getan hast, kann nicht mit Gold aufgewogen werden. Aber jetzt sage mir: Haben die Götter deine Wünsche erfüllt? Ist dir das Glück zuteil geworden, das du verdienst? Erzähle mir von deiner Familie, deinem Vermögen, deiner Gesundheit!»

«Ich habe mich auf meine Güter in Sizilien zurückgezogen, wo ich jetzt Getreide baue und es verkaufe. Meine älteste Tochter, meine treue Pontia, lebt bei mir, seit sie Witwe geworden ist, und führt mir den Haushalt. Mein Geist ist immer noch ungebrochen, den Göttern sei Dank, mein Gedächtnis hat nicht gelitten. Aber das Alter bringt mancherlei Schmerzen und Gebrechen mit sich. Eine schmerzhafte Gicht quält mich schon lange. Deshalb bin ich hierher gekommen, um auf den phlegräischen Feldern Linderung für meine Leiden zu suchen. Die Ärzte wenigstens behaupten, daß von dieser glühenden Erde scharfe Schwefeldämpfe aufsteigen, die beruhigend auf die Schmerzen wirken und den Gliedern ihre Geschmeidigkeit wiedergeben.»

«Mögen sie dich von deinen Leiden befreien, Pontius! Aber trotz deiner Gicht und ihren qualvollen Beschwerden siehst du kaum älter aus als ich, obgleich ich in Wirklichkeit um zehn Jahre jünger bin. Es freut mich, dich so rüstig zu sehen. Aber warum, du Teurer, hast du vor der Zeit der öffentlichen Tätigkeit entsagt? Warum hast du dich, nachdem du Judäa verließest, in diese freiwillige Verbannung auf deine Güter zurückgezogen? Erzähle mir deine Schicksale von jener Zeit an, als ich aufhörte, der Zeuge deiner Taten zu sein. Du bereitetest dich damals darauf vor, einen Aufstand der Samariter zu unterdrücken. Seitdem habe ich dich nicht wiedergesehen. Erzähle mir, wie jener Feldzug verlief; mich interessiert alles, was dich betrifft.»

Pontius Pilatus schüttelte traurig das Haupt.

«Mein angeborenes Pflichtgefühl», sagte er, «trieb mich dazu, mein Amt nicht nur mit Fleiß, sondern auch mit Liebe zu verwalten. Aber der Haß verfolgte mich, Ränke und Verleumdungen haben mein Leben in der Fülle seiner Kraft gebrochen und seine Früchte verdorren lassen, ehe sie gereift waren. Du fragst nach dem Aufstand der Samariter. Komm, wir wollen uns hier auf den Hügel setzen. Ich will dir alles in kurzen Worten erzählen. Es steht alles noch so deutlich vor mir, als ob es gestern gewesen wäre. Ein Mann aus dem Pöbel, der die Gabe der Rede besaß, die übrigens in Samaria nicht selten ist, bewog die Samariter, sich bewaffnet auf dem Berge Gazim zu versammeln, der in diesem Lande für eine geheiligte Stätte gilt. Er versprach, ihnen die geheiligten Gefäße zu zeigen, die in alten Zeiten ein Heros oder Halbgott namens Moses hier vergraben haben sollte. Auf diese Verheißung hin empörten sich die Samariter. Aber ich war gerade noch zur rechten Zeit benachrichtigt worden, um ihnen zuvorzukommen, und ließ den erg von meinen Soldaten besetzen.

Diese Vorsichtsmaßregel war sehr notwendig, denn die Rebellen belagerten schon den Flecken Tyrathaba am Fuße des Berges Gazim. Ich trieb sie auseinander, und damit war der Aufruhr im Entstehen unterdrückt. Um mit möglichst wenigen Opfern ein Exempel zu statuieren, ließ ich die Rädelsführer hinrichten. Aber du weißt ja, Lamia, was für einen Druck Vitellius, der Prokonsul von Syrien, auf mich ausübte. Er regierte seine Provinz nicht für Rom, sondern gegen Rom, er war der Ansicht, daß die Provinzen nur dazu da seien, um von den Tetrarchen ausgenützt zu werden. Die Samariter beklagten sich bei ihm. Sie sprachen so, als ob ihnen nichts ferner läge, als dem Caesar nicht gehorchen zu wollen. Ich hatte sie gereizt, und nur um sich gegen meine Gewalttätigkeit zu wehren, hatten sie sich bei Tyrathaba versammelt. Vitellius lieh ihren Klagen sein Ohr, übertrug die Verwaltung von Judäa seinem Freunde Marcellus und befahl mir, mich vor dem Kaiser zu rechtfertigen. Mit zorn- und haßerfülltem Herzen schiffte ich mich ein. Als ich an der italischen Küste landete, erfuhr ich, daß Tiberius plötzlich auf Kap Misenum gestorben sei. Ich wandte mich nun an Gaius, seinen Nachfolger. Er war ein klarer Kopf und kannte die syrischen Angelegenheiten. Aber jetzt, Lamia, magst du mit mir die hartnäckige Grausamkeit des Schicksals bewundern, das meinen Untergang beschlossen hatte. Gaius' bester Freund und beständiger Gefährte, schon von Kindheit an, war der Jude Agrippa, der immer in seiner Umgebung lebte. Gaius liebte ihn über alles, und Agrippa begünstigte Vitellius, weil Vitellius der Feind des Antipas war, den Agrippa mit seinem Haß verfolgte. Der Kaiser gehorchte seinem geliebten Ratgeber und weigerte sich sogar, mir Audienz zu gewähren. Ich bezwang meinen Schmerz und zog mich auf meine Güter in Sizilien zurück, wo ich gewiß vor Gram gestorben wäre, wenn meine geliebte Pontia mich nicht getröstet hätte. Ich habe meine Äcker bebaut und das üppigste Getreide der ganzen Provinz erzeugt. Mein Leben geht zur Neige. Die Nachwelt wird über mich und Vitellius richten.»

«Pontius», antwortete Lamia, «ich bin überzeugt, daß du nach bestem Gewissen und ausschließlich im Interesse Roms gegen die Samariter vorgegangen bist. Aber hast du dich bei dieser Gelegenheit nicht vielleicht doch allzu sehr von deinem ungestümen Tatendrang hinreißen lassen, der dich von jeher beseelte? Du weißt doch, daß damals in Judäa ich, der Jüngere, dich oftmals zur Milde und Nachsicht ermahnt habe.»

«Milde gegen die Juden!» rief Pontius Pilatus. «Du hast lange unter ihnen gelebt, aber du kennst sie dennoch nicht, diese Feinde der Menschheit. Sie sind stolz und dabei von niederer Gesinnung, sie verbinden die schmachvollste Feigheit mit einer unbesiegbaren Hartnäckigkeit, man vermag auf die Länge weder Liebe noch Haß für sie zu empfinden. Ich habe meinen Geist an den Grundsätzen des göttlichen Augustus gebildet, Lamia. Ich war mir über meine Pflichten klar, ich habe mich von Anfang an bemüht, Weisheit und Mäßigung zu üben. Ich rufe die Götter zu Zeugen an, daß ich nie in meiner Milde starrköpfig war. Aber was hat es mir geholfen? Ich schwöre dir bei den unsterblichen Göttern, während meiner ganzen Regierung habe ich nicht ein einziges Mal die Gesetze und die Gerechtigkeit verletzt. Aber jetzt bin ich ein alter Mann. Meine Feinde, meine Ankläger sind tot. Ich werde ungerächt sterben, und wer wird mich der Nachwelt gegenüber verteidigen?»

Er schwieg und seufzte tief. Lamia entgegnete: «Was braucht es uns zu kümmern, was die Menschen von uns denken? Wir haben keine anderen Zeugen und keine anderen Richter als uns selbst. Pontius Pilatus, begnüge dich mit dem Zeugnis, das du selbst für dich ablegst, begnüge dich mit deiner eigenen Achtung und der Achtung deiner Freunde. Übrigens kann man ein Volk nicht nur durch Milde beherrschen.»

«Lassen wir jetzt das», sagte Pontius. «Ich muß mich beeilen, die Schwe-

feldämpfe sind nur wirksam, solange die Erde noch von den Sonnenstrahlen durchwärmt ist. Leb wohl. Aber da ich nun endlich einen Freund wiedergefunden habe, möchte ich diesen glücklichen Zufall auch ausnützen. Aelius Lamia, gewähre mir die Freude, morgen abend mein Gast zu sein. Mein Haus liegt am äußersten Ende der Stadt am Meeresufer. Du wirst es leicht an der Säulenhalle erkennen, die mit einem Gemälde geschmückt ist, welches Orpheus mit seiner Lyra unter den wilden Tieren des Waldes darstellt. Also auf morgen, Lamia!» Damit bestieg er wieder seine Sänfte. «Morgen wollen wir weiter über Judäa plaudern.»
Am nächsten Tage um die Abendzeit begab sich Lamia zu dem Hause des Pontius Pilatus. Es waren nur zwei Lagerstätten für das Gastmahl bereitet. Auf dem Tisch standen silberne Schüsseln mit gebratenen Vögeln, Austern vom Lukrinersee und Lampreten aus Sizilien. Beim Essen unterhielten Pontius und Lamia sich über ihre Krankheiten, deren Symptome sie ausführlich aufzählten, und über die verschiedenen Heilmittel, die man ihnen empfohlen hatte. Dann sprachen sie ihre Freude über das Zusammentreffen in Baiae aus und rühmten die Schönheit des Strandes und die milde Luft. Lamia war entzückt von der Anmut der Kurtisanen, die mit langen, gestickten Schleiern und reichem Goldschmuck am Ufer wandelten. Aber der alte Statthalter beklagte es, daß für diesen eitlen Prunk und diese von Menschenhand gewirkten Spinnengewebe, die aus den Ländern der Barbaren kamen, soviel römisches Geld unter fremde Völker, ja selbst unter die Feinde des Reiches hinausgeworfen wurde. Dann sprachen sie von den großen Bauten, die hier in der Gegend aufgeführt worden waren, von der gewaltigen Brücke, die Gaius zwischen Puteoli und Baiae errichtet, und von den Kanälen, die Augustus hatte graben lassen, um das Wasser vom Meere in den Lukriner- und den Avernersee zu leiten.
«Auch ich», sagte Pontius seufzend, «auch ich wollte einmal das Wohl des Landes durch nützliche Bauten fördern. Als mir zu meinem Unheil die Regierung von Judäa übertragen wurde, entwarf ich den Plan zu einem Aquädukt von zweihundert Stadien Länge, der Jerusalem mit reinem Wasser versorgen sollte. Ich hatte alles berechnet und ausgedacht, die Arbeiter und Architekten waren schon bestellt, und die Arbeit sollte beginnen. Aber weit entfernt davon, sich über dieses gewaltige Werk zu freuen, das zur Gesundung ihrer Stadt beitragen sollte, stießen die Bewohner von Jerusalem ein entsetzliches Geheul aus. Sie rotteten sich zusammen, sie

erhoben ein großes Geschrei über Gotteslästerung und Schändung, dann stürzten sie sich auf die Arbeiter und rissen die eben gelegten Grundsteine wieder auseinander. Hast du, Lamia, jemals ein Volk von roheren Barbaren gesehen? Und doch gab Vitellius ihnen recht, und ich mußte das Werk unvollendet lassen.»
«Es ist eine große Frage», sagte Lamia, «ob man die Menschen zu ihrem Glücke zwingen darf.»
Aber Pontius Pilatus fuhr fort, ohne auf ihn zu hören: «Einen Aquädukt auszuschlagen – welch eine Torheit. Aber die Juden verabscheuen alles, was von den Römern herrührt. Wir gelten in ihren Augen für unreine Wesen, jede Berührung mit uns betrachten sie wie eine Beschmutzung. Du weißt ja, sie wagten nicht meine Behausung zu betreten, aus Angst, sich dadurch zu besudeln, und ich mußte alle gerichtlichen Handlungen unter freiem Himmel ausüben. Sie fürchten und verachten uns. Aber ist Rom nicht die Mutter aller Völker, ruhen sie nicht alle an ihrem Busen wie saugende Kinder? Unsere Adler haben Frieden und Freiheit bis in die äußersten Enden der Welt getragen. Wir sehen in den Besiegten nicht unsere Feinde, wir lassen ihnen ihre Sitten und ihre Gesetze. Ist Syrien nicht erst zu Ruhe und Wohlstand gelangt, seit Pompeius es unterworfen hat? Die Römer hätten ihre Wohltaten um Geld verkaufen können; haben sie aber jemals die Schätze aus den goldstrotzenden Tempeln der Barbaren fortgeführt? Haben sie etwa den Jupiter in Marimänen oder Kilikien beraubt oder den Judengott in Jerusalem? Antiochia und Palmyra brauchen ihre Schätze nicht mehr vor den Arabern der Wüste zu hüten, und sie bauen jetzt der göttlichen Majestät des Caesar Tempel. Nur die Juden hassen uns und trotzen uns. Man muß ihnen den Tribut gewaltsam entreißen, und sie verweigern den Heeresdienst.»
«Die Juden», entgegnete Lamia, «hängen fest an ihren alten Gebräuchen. Sie vermuteten – ohne allen Grund, das gebe ich zu –, daß du ihre Gesetze umstoßen und ihnen andere Sitten aufzwingen wolltest. Wenn es dir auch Schmerz bereitet, Pontius, daß ich so rede: Aber du hast nicht immer den rechten Weg eingeschlagen, um diesen unseligen Irrtum von Ihnen zu nehmen. Ohne daß du es wolltest, hast du mit Vorliebe ihren Argwohn erregt, mehr als einmal habe ich selbst gesehen, wie schlecht du deine Verachtung ihrem Glauben und ihren religiösen Zeremonien gegenüber verbargst. Die Juden haben sich nicht wie wir zu einer hohen Anschauung

der göttlichen Dinge aufgeschwungen, aber man muß anerkennen, daß etwas Ehrwürdiges in diesen von Urzeiten herstammenden Mysterien liegt, die sie feiern.»

Pontius Pilatus zuckte die Achseln. «Nein», sagte er, «sie haben keine gründliche Kenntnis von dem Wesen der Götter. Sie beten zu Jupiter, aber ohne ihm Namen oder Gestalt zu geben. Sie wissen nichts von Apollo, von Neptun, Mars, Pluto oder von irgendeiner Göttin. Und doch glaube ich, daß sie früher einmal Venus verehrt haben, denn heute noch bringen die Frauen Tauben zum Opfer dar, und du weißt ja ebenso gut wie ich, daß die Verkäufer in den Vorhallen des Tempels solche Vögel paarweise feilbieten. Man teilte mir sogar einmal mit, daß irgendein rasender Mensch diese Verkäufer samt ihren Käfigen umgestoßen habe. Die Priester beklagten sich darüber, wie über eine Heiligtumsschändung. Ich denke mir, der Brauch, Turteltauben zu opfern, muß ursprünglich Venus zu Ehren eingeführt worden sein. Warum lachst du, Lamia?»

«Ich lache», sagte Lamia, «über eine komische Idee, die mir eben unwillkürlich durch den Kopf schoß. Ich dachte, wenn nun dieser Jupiter der Juden eines Tages nach Rom kommen und dich mit seinem Haß verfolgen würde! Warum auch nicht? Wir haben von Asien und Afrika schon viele Götter übernommen. Es sind in Rom schon Tempel zu Ehren der Isis und des bellenden Anubis erbaut worden. Und weißt du nicht, daß unter des Tiberius Regierung ein junger Adliger sich für den gehörnten Jupiter der Ägypter ausgab und auf diese Weise die Gunst einer vornehmen Dame gewann, die zu fromm war, um den Göttern irgend etwas zu verweigern? Wer weiß, Pontius, ob der unsichtbare Jupiter der Juden nicht eines Tages in Ostia landet.»

Bei dem Gedanken, daß von Judäa ein Gott kommen könnte, glitt ein flüchtiges Lächeln über die strengen Züge des Statthalters. Dann antwortete er ernst: «Wie sollten die Juden es fertigbringen, ihre heiligen Gesetze anderen Völkern aufzuzwingen, da sie sich doch selbst untereinander um der Auslegung dieser Gesetze willen zerfleischen. Sie spalten sich in mindestens zwanzig Sekten; du hast es ja selbst gesehen, Lamia, wie sie sich auf den öffentlichen Plätzen, jeder mit seiner Schriftrolle in der Hand, gegenseitig beschimpfen und sich an den Bärten reißen, oder wie sie irgendeine von prophetischem Wahnsinn ergriffene Jammergestalt umringen und zum Zeichen der Trauer ihre schmutzigen Kleider zerfetzen. Sie begreifen nicht, daß man in aller Ruhe über göttliche Dinge disputieren kann, obgleich sie für uns alle immer dunkel und verhüllt bleiben. Denn das Wesen der Unsterblichen ist verborgen, und wir vermögen es nicht zu erkennen. Ich halte es immerhin für weise, an die Vorsehung der Götter zu glauben. Aber die Juden haben keine Philosophie und dulden keine andere Meinung. Im Gegenteil, wenn jemand über die Gottheit eine Ansicht äußert, die nicht mit ihren Gesetzen übereinstimmt, so verdient er in ihren Augen die jämmerlichste Todesstrafe, und weil, seit sie unter römischer Herrschaft stehen, kein Urteil ohne Zustimmung des Prokonsuls oder des Statthalters vollzogen werden darf, drängen sie den römischen Magistrat, jeden Augenblick ihre Todesurteile zu unterschreiben, sie erfüllen das Prätorium mit ihrem blutdürstigen Geschrei. Hundertmal habe ich sie so gesehen, wie sie sich haufenweise, reich und arm durcheinander, einmütig um ihre Priester geschart, wie Rasende um meinen elfenbeinernen Sessel drängten, mich an der Toga oder nur an den Riemen meiner Sandalen zerrten, um den Tod irgendeines Unglücklichen von mir zu verlangen, dessen Schuld ich nicht einsehen konnte und den ich höchstens für ebenso wahnsinnig hielt wie seine Verfolger. Was sage ich, hundertmal! Jeden Tag kam es vor, zu allen Stunden. Aber ich mußte ihr Gesetz erfüllen wie das unsere, denn Rom hatte mich nicht zum Zerstörer, sondern zum Hüter ihrer Gebräuche eingesetzt. In der ersten Zeit suchte ich ihnen Vernunft beizubringen, ihre unglücklichen Opfer dem Tode zu entreißen. Aber meine Milde erbitterte sie nur noch mehr, sie kämpften um ihre Beute wie hungrige Geier. Ihre Priester berichteten dem Caesar, daß ich ihre Gesetze verletze, und ihre Beschwerden, die Vitellius noch unterstützte, zogen mir strenge Rügen zu. Wie oft habe ich Lust gehabt, wie die Griechen sagen, Kläger und Angeklagte gemeinschaftlich zu den Raben zu schicken. Glaube nicht, Lamia, daß meine Gefühle gegen dieses Volk nur ohnmächtige Rache und greisenhafter Zorn sind. In mir haben sie Rom und den Frieden besiegt. Ich sehe es kommen, daß wir sie früher oder später vernichten müssen, weil wir sie nicht beherrschen können. Glaube mir, sie sind immer noch nicht unterworfen, der Aufruhr gärt in ihren erhitzten Seelen, und eines Tages wird ihr Haß gegen uns losbrechen, ein Haß, gegen den die Wut der Numider und die Drohungen der Parther nur Kinderlaunen sind. Sie hegen im stillen die unsinnigsten Hoffnungen und grübeln in ihrer Verblendung darüber nach, wie sie uns verderben können. Und das wird niemals anders werden, solange sie auf Grund ihrer Weissagungen an den Fürsten glauben, der aus ihrer Mitte hervorgehen und die Welt beherrschen soll. Man wird mit diesem Volk nicht fertig werden, bis es aufhört zu existieren. Jerusalem muß von Grund auf zerstört werden. Vielleicht wird es mir, trotz meines Alters, gegeben sein, den Tag zu erleben, da seine Mauern in Staub sinken, seine Häuser in Flammen aufgehen und Salz gestreut wird an dem Platz, wo der Tempel gestanden hat. An diesem Tag werde ich gerechtfertigt dastehen.»

Lamia machte einen Versuch, dem Gespräch eine mildere Wendung zu geben.

«Pontius», sagte er, «ich verstehe deinen unauslöschlichen Grimm und deine düsteren Vorahnungen vollkommen. Gewiß, du hast den Charakter der Juden von seiner schlimmsten Seite kennengelernt. Aber ich habe als unbefangener Beobachter in Jerusalem gelebt, mich unter das Volk gemischt, und glaube mir, ich habe manche Tugenden bei diesen Menschen gefunden, die dir verborgen geblieben sind. Ich habe milde, gütige Juden kennengelernt mit schlichten Sitten und gutem Herzen. Ja, du selbst, Pontius, hast mehr als einmal gesehen, wie einfache Männer aus dem Volke unter den Knüppeln deiner Soldaten den Geist aufgaben und wie sie, ohne ihren Namen zu nennen, für eine Sache starben, die sie für die richtige hielten. Solche Menschen haben unsere Verachtung nicht verdient. Ich spreche so zu dir, weil ich finde, daß man in allen Dingen maßhalten soll; aber ich gestehe, daß ich niemals besondere Sympathie für die Juden empfunden habe. Die Jüdinnen hingegen gefielen mir sehr. Ich war jung damals, und die schönen Syrerinnen brachten mein Blut in heftige Wallung. Ihre roten Lippen, ihre feuchtschimmernden Augen, ihre langen, verschleierten Blicke durchschauerten mich bis ins Mark. Mit ihrem gemalten und geschminkten Gesicht, ihrem nach Myrrhe und Narde duftenden Körper bieten sie den Männern seltene und köstliche Genüsse.»

Ungeduldig hörte Pontius ihm zu. Dann sagte er: «Ich war nicht der Mann dazu, in die Netze der Jüdinnen zu geraten, und da du mich darauf gebracht hast, Lamia – ich habe dein ausschweifendes Leben niemals gebilligt. Wenn ich es dich damals nicht fühlen ließ, daß ich dein Vergehen mit der Frau des Konsulars für eine schwere Schuld ansah, so geschah es nur, weil du deinen Fehltritt schwer genug büßen mußtest. Die Ehe gilt bei den Patriziern für heilig, diese Institution ist eine der wichtigsten Stützen

Roms. Was Sklavinnen oder ausländische Frauen betrifft, so haben die Beziehungen, die man mit ihnen anknüpft, keine weitere Bedeutung, wenn der Körper dadurch nicht an eine schmachvolle Weichlichkeit gewöhnt wird. Du hast zuviel den niederen Priesterinnen der Venus geopfert, Lamia, und was ich dir vor allem zum Vorwurf mache, ist, daß du nicht nach dem Gesetz geheiratet und dem Staate Kinder geschenkt hast. Das ist die Pflicht jedes guten Bürgers.»

Aber der einst Verbannte hörte längst nicht mehr auf den alten Statthalter. Er leerte den Becher Falernerweines und lächelte irgendeinem unsichtbaren Bilde zu. Dann sprach er in sehr gedämpftem Tone, der sich allmählich belebte: «Es liegt etwas so Schmachtendes in dem Tanz dieser syrischen Frauen. Ich habe in Jerusalem eine Jüdin gekannt, die in einer elenden Spelunke, beim Schein einer kleinen qualmenden Lampe, auf einem elenden Teppich tanzte. Dabei reckte sie die Arme empor, um ihre Zimbeln zu schlagen. Die Hüften schön geschwungen, den Kopf zurückgeworfen, gleichsam niedergezogen von der Last des schweren, rötlichen Haares, den wollustverschleierten Augen, glühend, begehrlich und schlank, hätte sie Kleopatra selbst vor Neid erblassen machen können. Ich bewunderte ihre barbarischen Tänze, ihren etwas rauhen und doch so wohlklingenden Gesang. Sie duftete nach Weihrauch und schien in einem beständigen Halbschlaf zu leben. Ich folgte ihr überall hin. Ich mischte mich unter die rohe Menge von Soldaten, Strolchen und Maklern, die sie zu umringen pflegten. Dann verschwand sie eines Tages, und ich habe sie nie wiedergesehen. Lange Zeit suchte ich nach ihr in allen verdächtigen Straßen und Spelunken. Es war schwerer, sich ihrer zu entwöhnen, als des griechischen Weins. Ein paar Monate später erfuhr ich zufällig, daß sie sich einer kleinen Zahl von Männern und Frauen angeschlossen hatte, die einem jungen Galiläer folgten, der umherzog und Wunder tat. Er hieß Jesus und war aus Nazareth. Später wurde er wegen irgendeines Verbrechens gekreuzigt. Ich weiß nicht mehr, was es war. Erinnerst du dich noch an diesen Mann, Pontius?»

Pontius Pilatus runzelte die Brauen. Er fuhr mit der Hand über die Stirn, als ob er sich auf etwas zu besinnen suchte. Dann, nach einer kurzen Pause, murmelte er: «Jesus? Jesus – aus Nazareth? – Nein, ich erinnere mich nicht mehr.»

25 Friedrich Dürrenmatt

Pilatus

> Denen aber draußen widerfährt es alles durch Gleichnisse, auf daß sie mit sehenden Augen sehen und doch nicht erkennen, und mit hörenden Ohren hören und doch nicht verstehen

Wie die schweren Eisentüren geöffnet wurden, die seinem Throne am andern Ende des Saales gegenüberlagen, und wie sich ihm aus den offenen Riesenmäulern die Menge entgegengoß, mühsam nur von den Legionären zurückgehalten, welche die Hände zu einer Kette geschlossen hatten und sich mit dem Rücken gegen die Rasenden stemmten, erkannte er, daß der Mensch, der ihm vom Pöbel wie ein Schild entgegengeschoben wurde, niemand anders war als ein Gott; doch wagte er ihn nicht ein zweites Mal mit seinem Blick zu streifen, weil er sich fürchtete. Auch hoffte er Zeit zu gewinnen, indem er den Anblick des Gottes mied, um sich mit seiner schrecklichen Lage vertraut zu machen. Er war sich im klaren, daß er durch die Erscheinung des Gottes vor allen Menschen ausgezeichnet worden war, ohne aber die Bedrohung zu übersehen, die in einer solchen Auszeichnung liegen mußte. Er ließ daher seinen Blick über die Waffen der Legionäre gleiten, prüfte, wie er gewohnt war, die Sturmbänder, die ihnen hart unter dem Kinn lagen, den Zustand der Waffen, die Zuverlässigkeit der Bewegungen und die Festigkeit der Muskeln, um dann mit einem schrägen Blick nach der Menge zu sehen, die erstarrte und sich zu einer unbeweglichen Masse verdichtete, nun lautlos im Raume, an deren Spitze, von hundert Händen gierig umklammert, der Gott ruhig verharrte, den er jedoch noch immer anzusehen vermied. Er senkte vielmehr die Augen auf eine Rolle, die über seine Knie gebreitet war und einen Erlaß des Kaisers enthielt. Er begann nachzudenken, was ihn verhinderte, den Gott vor allem Volk zu ehren. Es wurde ihm der Augenblick deutlich, da ihn der Gott mit seinem Blick getroffen hatte. Er erinnerte sich, dessen Blick gesehen zu haben, als die Türe, durch die sie den Gott brachten, kaum geöffnet worden war, und daß er nur diese Augen gesehen hatte und nichts außerdem. Sie waren nicht anders gewesen als Menschenaugen, nicht mächtiger oder von solchem Licht, das er an griechischen Götterbildern bewunderte. Auch lag nicht die Verachtung in ihnen, welche die Götter gegen die Menschen hegen, wenn sie auf Erden wandeln, ganze Geschlechter zu vernichten, doch auch nicht jene Auflehnung, die er in den Augen der Verbrecher glimmen sah, wenn sie vor ihn gebracht wurden, bei Rebellen wider das Reich oder bei Narren, die lachend starben. Es lag eine bedingungslose Unterwerfung in diesen Augen, die aber eine heimtückische Verstellung sein mußte, weil dadurch die Grenze zwischen Gott und Mensch aufgehoben und so Gott Mensch und Mensch Gott geworden wäre. Er glaubte daher nicht an die Demut des Gottes, und dessen menschliche Gestalt war ihm eine List, die Menschheit zu versuchen. Vor allem war es ihm wichtig zu erfahren, wie sein Verhalten den Gott berührt hatte; denn ihn bewegte die Einsicht, dem Gott gegenüber handeln zu müssen. Ihn verwirrte die Angst, den entscheidenden Augenblick durch die Bewegung des Auges nach unten zu der ausgebreiteten Rolle hin verloren zu haben, weil darin für den Gott eine Mißachtung liegen konnte. Er hielt es daher für das Beste, in den Gesichtern seiner Soldaten nach Anzeichen zu forschen, die auf einen solchen Argwohn hätten schließen lassen. Er schaute scheinbar abwesend auf, bedächtig, ohne sich zu beeilen und ohne seine Furcht zu verraten, so daß er nach den Legionären wie mit Befremden sah, als wüßte er nicht, warum sie in diesem Raume wären. Er konnte jedoch nichts entdecken, das ihn beunruhigte, aber auch nichts, das seinen Argwohn hätte nehmen können; denn er sagte sich sogleich, daß die Legionäre ihre Gedanken zu verbergen wußten; doch war es wieder möglich, daß es ihnen gleichgültig war, wie er sich dem Gott gegenüber benahm, da sie diesen nicht erkannt hatten. So unternahm er es, zum zweiten Male nach der Menge zu sehen, die unter seinem Blick zusammenzuckte. Er sah die Vordersten zurückschrecken, so daß die Menge in der Mitte zusammengedrängt wurde, da gleichzeitig die Hintersten, aus Gier, seinen Blick zu deuten, die Leiber nach vorne schoben. Die Gesichter lagen nackt vor ihm, und weil der Haß sie trieb, schienen sie ihm von einer Häßlichkeit, die ihn ekelte. Er überlegte, ob er nicht den Legionären befehlen solle, die Türen zu schließen, um dann von allen Seiten mit bloßen Waffen in die Menge schlagen zu lassen; doch fürchtete er sich, dies vor einem Gott zu tun. Das Rasen der Menge aber und die Wut, mit der sie den Gott umklammert hielt, gaben ihm die Gewißheit, daß die Menschen von ihm den Tod des Gottes fordern würden, worauf er sein Antlitz unwillkürlich nach dem Gefesselten wandte, obschon eine übergroße Furcht in ihm war, den Augen des Gottes zum zweiten Mal zu begegnen. Die Erscheinung war jedoch derart, daß er den Blick lange auf sie gerichtet hielt. Der Gott war nicht von großem Wuchs, und seine Gestalt war die eines unscheinbaren Menschen. Die Hände waren nach vorne gebunden und blau aufgetrieben. Die Kleider lagen ihm zerfetzt und schmutzig am Leib, so daß an vielen Stellen die Haut zu sehen war, über die rote Striemen liefen. Er sah, daß diese Gestalt des Gottes die grausamste war, die den Menschen täuschen konnte, und daß es dem Gott nur in einem unvorstellbaren Haß hatte einfallen können, in dieser niedrigen Maske zu erscheinen. Was ihn jedoch am meisten entsetzte, war, daß der Gott es unterließ, ihn aufs neue anzuschauen; denn er fürchtete sich zwar vor seinem Blick, aber der Gedanke, der Gott mißachte ihn, war ihm unerträglich. Der Gott hielt das Haupt gesenkt, auch waren seine Wangen bleich und eingefallen, und eine große Trauer schien sich über sein Antlitz ergossen zu haben. Die Augen schauten in sich gekehrt, als wäre alles weit entfernt von ihm, die Menge, die ihn umklammert hielt, die Soldaten in ihren Waffen, aber auch der, welcher vor ihm auf dem Richterstuhle saß und welcher der einzige war, der die Wahrheit erkannt hatte. Er wünschte, die Zeit möchte sich zurückdrehen und der Gott ihn anblicken, wie damals, als sich die Tore geöffnet hatten, und er wußte, daß er dann vor ihm niedersinken würde, laut schreiend und betend, um ihn vor den Legionären und allem Volk Gott zu nennen. Wie er jedoch sah, daß sich der Gott nicht mehr um ihn kümmerte, verkrampfte er die Hände, als wolle er die Rolle auf seinen Knien zerreißen. Er wußte nun, daß der Gott gekommen war, ihn zu töten. So geschah es, daß er in seinen Thron zurückfiel, das Antlitz mit kaltem Schweiß bedeckt, indem die Rolle aus seinen Händen dem Gott vor die Füße sank. Doch als er das Gesicht des Legaten sah, das sich ihm entgegenneigte, gelangweilt und müde, gab er den Befehl mit leiser Stimme, als handle es sich um etwas Nebensächliches, worauf er sich zu einem Präfekten wandte, eben aus Galiläa zurückgekehrt, den er zu sich winkte, während der Befehl vom Legat mit gleichgültiger Stimme laut wiederholt wurde, um dann, wie der Präfekt ihm noch berichtete, der Menge nachzusehen, die sich murrend durch die offenen Türen des Hintergrundes verzog: Aber den Gott sah er nicht mehr, so sehr umgaben ihn die Menschen als ihr Geheimnis.

Die Türen waren nun wieder geschlossen und der Saal vor ihm öde. Er gab ein Zeichen, daß ihn alle verlassen sollten. Er lehnte sich zurück und schaute auf die Rolle nieder, die sein Fuß leise berührte. Seine Hände hielten das Ende der Lehne ruhig umfaßt, und er horchte mit leichtgeneigtem Haupt, wie sich die Offiziere entfernten; nur ein Sklave blieb zurück. Dann ließ er seine Augen aufmerksam über den Saal gleiten, mißtrauisch, als gelte es, die Spuren des Gottes zu entdecken. Er sah die mächtigen Wände, die ohne Schönheit waren und ohne Gliederung, die ehernen Flächen der Türen, durch welche die Menge den Gott davongetragen hatte, bemalt mit seltsamen Ornamenten von einem grellen Rot. In ihm war eine große Ruhe, die er vorher nie gekannt hatte. Die Furcht lähmte ihn. Sie war überall, in ihm und im schweren Lasten der Mauern. Er erhob sich und ging am Sklaven vorbei. Er verließ den Turm durch einen schmalen Gang und betrat den Hof. Auf den Ecktürmen und den hohen Mauern hoben sich einige Legionäre gegen den tiefblauen Himmel ab. Der Steinboden leuchtete in der Sonne. Er schien sich durch Feuer zu bewegen, wie er den Hof überquerte, so sehr umgab ihn das Licht. Er schritt auf das Hauptgebäude zu, das sich als ein plumper, gleißender Würfel vor ihm erhob und betrat die Halle. Dann stieg er die Treppe empor, die dem Eingang gegenüberlag und nach oben in ein Gewirr von kleinen Zimmern mit durchbrochenen Wänden und hochgelegenen Fenstern führte, die schmal und vergittert waren und durch die das Licht des Nachmittags nur schwach flutete. Die Wände waren kahl, denn er wohnte selten in der Hauptstadt des verhaßten Landes; doch war der Boden mit Teppichen und Kissen bedeckt. Im größten Zimmer wartete der Legat, der sich schon gelagert hatte. Er setzte sich zum Offizier, doch berührte er die Speisen nicht und trank nur wenig Wein. Er gab dem Legat ruhig Antwort und hörte dem Gespräch zu. Er war im Geheimen begierig, die Rede auf den Gott zu lenken; doch scheute er sich, weil er dem Legat mißtraute, so daß er lauernd auf ihn sah. Er fing an, bestimmte Fragen über das Heer zu stellen, was den Offizier verwirrte; denn das Gespräch nahm unerwartet eine Wendung ins Sachliche. So konnte er im Geist wie aus einem Versteck mit äußerster Klarheit jeden Moment seiner Begegnung mit dem Gott wiederholen. Er glaubte nicht recht, daß Herodes den Gott behalten würde, denn er ahnte, daß es ihm allein bestimmt war, die Wahrheit zu wissen. Er fürchtete, daß der Gott zu ihm zurückkehren würde, weil er zu ihm gekommen war und sonst zu niemand anderem, und er fühlte eine seltsame Begierde, daß dieser Augenblick schon erfüllt wäre. Der Abgrund zwischen Mensch und Gott war unendlich gewesen, und nun, wie der Gott diesen Abgrund überbrückt hatte, und Mensch geworden war, mußte er an Gott zu Grunde gehen und an ihm zerschmettern, wie einer, den die Welle an eine Klippe schleudert.

Wie nun der Bote kam, der ihm anzeigte, daß der Gott, von Herodes geschickt, gefesselt vor der Burg wieder eingetroffen sei, vom Toben der Menge begleitet, gab er den Befehl, den Gott ins Innere der Burg zu schaffen, um ihn von der Menge zu trennen, worauf er die Zeit abwartete, die die Legionäre brauchten, um den Gott in die Halle des Hauptgebäudes zu führen. Dann erhob er sich und schritt an der Kaiserbüste nahe der Türe vorbei, indem er nach seiner Gewohnheit den Blick auf dem Marmor weilen ließ, der still als ein fremdes, bekränztes Haupt vor ihm schwebte, das sich im Dunkeln verlor. Er ging durch den langen Gang, der zur Treppe führte, an dessen Wänden Legionäre standen. Die Gestalten lösten sich aus den Schatten, grell in den Flammen der Fackeln, die hier schon angezündet waren, so daß ein flackerndes Licht auf den Männern lag, das sich in immer neuen Wellen gelb und rot gegen die eisenbeschlagenen Schilder warf. Er schritt auf den Ausgang zu, der sich seinem Auge als ein helles Rechteck bot, von wo er in die Halle hinunterblicken konnte, und wieder sah er in der Erinnerung den Blick des Gottes. Einen Augenblick schien er zu zögern; doch machte er darauf so entschlossen die wenigen Schritte, daß er die Speere der Legionäre heftig zur Seite drängte und trat in den hellen Raum der Halle hinaus. Er blickte mit einer kurzen Wendung des Kopfes nach unten. Er sah mit Grauen Legionäre, in deren Augen eben noch Spott geleuchtet hatte. Der Gott stand bewegungslos zwischen ihnen. Seine Hände waren immer noch gefesselt, doch hing nun von seinen Schultern ein weißer Mantel herab, mit Menschenkot beschmutzt. Er sah die Verhöhnung des Gottes, aber auch, daß dies seine Schuld war, da er ja den Gott zu Herodes geschickt hatte. So sah er bestätigt, daß alles auf seine Verdammnis hinauslief, was er zu seiner Rettung unternommen hatte, und ging daher den Weg an den Legionären vorbei wieder zurück, ohne sich vorerst weiter um den Gott zu kümmern.

Die Geißelung des Gottes hatte er für die Zeit der dritten Nachtwache befohlen, doch ging er schon vorher nach der bestimmten Stelle zwischen dem Hauptgebäude und dem Turm, der diesem am nächsten lag. Der Tag war heiß gewesen unter der glühenden Sonne, die über den wolkenlosen Himmel gerollt war und über den Hof unter ihr; nun aber war die Nacht über allem, noch ohne Mond, nur vom stechenden Feuer der Sterne durchbrochen, so daß es schien, als wäre die Welt nichts anderes, als die lichtlosen Flächen dieser Mauern und dieser Türme, die wie Rammpfähle in den Himmel gesenkt waren, ein Raum, der unermeßlich an Tiefe war und dennoch mit einer festen und bestimmten Zahl der Schritte zu durchmessen. Er gelangte zum Pfahl, den er für den Gott bestimmt hatte und der steil aus dem Boden in die Nacht ragte, kaum von der Fackel erhellt, die ein Sklave emporhielt. Wie er mit den Händen das Holz umfaßte, spürte er Nägel und Sprießen, die ihm die Haut ritzten, so daß er blutete. Dann wandte er sich zur Mauer des Hauptgebäudes, wo im Eingang einer kleinen Nebenpforte ein Sessel stand, und hieß den Sklaven die Fackel löschen, wie er sich niedergelassen hatte, da er schon die Schritte der Legionäre zu hören meinte; doch ging es noch einige Zeit, bis die Stimmen herüberhallten. An der Burgmauer, die ihm schräg gegenüberlag, machte sich ein schwacher Widerschein der fernen Fackeln bemerkbar, der sich vor seinen weitgeöffneten Augen verstärkte, und endlich sah er die Mauern so grell erleuchtet, daß sich die riesigen Quadern scharf abzeichneten. Der Pfahl hob sich überdeutlich von der Burgmauer ab, so daß sein Schatten pfeilgerade über den Boden lief, worauf er an der Mauer jäh abbrach, um steil über die Wand nach oben in die Unendlichkeit der Nacht zu tauchen, wobei er aber, da sich die Fackeln näher bewegten, wie der irre Zeiger einer ungeheuren Uhr hin und her schwankte. Über die erhellte Fläche des Bodens schob sich eine dunkle Masse auf den Pfahl zu und verbreitete sich nach allen Seiten, wuchs dann hinein in den Raum, als ein dichtes Gemisch von unförmigen Köpfen, wildfuchtelnden Helmbüschen und verkrampften Händen, und endlich traten vor seine Augen die Legionäre: eine wilde Zusammenballung der Leiber und Waffen, unter ihnen solche, die Fakkeln weit in die Nacht hinein hielten; auch ertönten Gelächter und Schreie, da niemand von dem wußte, der unbeweglich in seinem Sessel verharrte, kaum daß er den schweren Atem des Sklaven hinter sich spürte. Mitten unter den Legionären aber mußte, ihm unsichtbar, der Gott schreiten, indem sich dort alles zu einem Wirbel verdichtete; doch bemerkte sein scharfes Auge, wie sich in hartem Schlag Schwertknäufe und Fäuste dorthin senkten, so daß der Zug manchmal stille stand, weil alles nach innen drängte, zuschlug, um sich dann mit schrillem Gelächter zu lockern, worauf die Menschen wieder dem Pfahl zueilten, den die Menge, wie sie ihn erreicht hatte, umringte: Sie waren jedoch so zahlreich, daß er den Gott nicht erkennen konnte. Ein Legionär erkletterte den Pfahl und befestigte die Fackeln im Kreis um die Spitze des Stammes, worauf er ein Seil hinunterwarf, um dann mitten in die Menge zu springen, die sich nun mit lautem Schrei jäh um den Pfahl ballte, sich fürchterlich staute, von den Fackeln über ihnen grell und phantastisch beschienen, so daß die Schatten nach allen Seiten von Menschenhaufen strebten, wie die Blätter einer seltsamen und ungeheuren Blume, die sich plötzlich geöffnet hat. Dann aber strömte die Menge auseinander und löste sich in einzelne auf, die aus dem Licht der Feuerkrone eilten, um sich im Dunkeln niederzulassen, einige so nahe bei ihm, daß seine Füße sie fast berührten. Er saß jedoch ohne Regung und ohne dies zu bemerken; denn furchtbar zeigte sich nun seinem Auge Gott. Er war nackt und die halberhobenen Hände waren vom Seil umschlungen, das schräg angespannt von ihrer Schwere am Pfahl herunterhing. Der Gott stand ein wenig vom Stamm entfernt, einsam an diesem Holz und unter dem tiefdunkeln und doch feurigen Himmel, voll sichtbar im Licht, das ihn wie ein Rad umgab, so daß er in diesen Kreis gebannt war und ein Bild der Macht dessen bot, der unbeweglich in der Finsternis des Seitenportals dem Gott gegenübersaß. Der Schatten des Gottes jedoch wuchs aus dem Lichtkreis der Fackeln heraus mitten in sein Herz, so daß alles, was nun geschah, sich zwischen ihm und dem Gott abspielte; denn alle Dinge, die Legionäre und das Brennen der Fackeln, der Pfahl, der in den Himmel gereckt war, die strengen Quadern der Mauern, die harte Fläche des Bodens, das leise Atmen des Sklaven und die Feuermassen der Gestirne, waren nur da, weil Gott da war und er und nichts anderes, und waren da, weil es zwischen Gott und Mensch keine Verständigung gibt als der Tod, und keine Gnade als der Fluch, und keine andere Liebe als der Haß. Und wie er das gedacht hatte, erhoben sich die Legionäre in der Nacht, von der sie gedeckt wurden, wenige nur von ihnen, und traten von allen Seiten mit nackten Oberkörpern gegen den Gott: einige grell beschienen, und andere nur als Silhouetten sichtbar. In ihren Händen bewegten sich die Peitschen gleich Schlangen, umglitten spielend die mächtigen Arme, glitten dann zuckend leicht über den Boden als grausame Tiere mit unförmigen Köpfen aus Blei. Die Männer umschritten den Gott wie zum Tanz, berührten wie zum Spiel mit den schmalen Peitschen seinen Leib, um dann plötzlich in rasender Wut auf ihn einzuhauen, worauf sich die bleiernen Köpfe tief in den Leib des Gottes gruben, so daß sein Blut aus dem Fleisch brach, was ihn, der ruhig gesessen, mit unendlicher Qual erfüllte, da er im geheimen erwartet hatte, die Peitschen würden am Gott wie an Marmor abgleiten. Nun aber sah er wie der Gott zusammensank, von den furchtbaren Schlägen der Legionäre getroffen, so daß die Füße über den Boden schleiften, weil die Hände durch das Seil weit nach oben gerissen und der Leib von der Wucht der Peitschen im Kreise herumgeworfen wurde, immer wieder von den pfeifenden Hieben der Legionäre getroffen, die halb nackt den Gott umtanzten, um von allen Seiten auf ihn einzuschlagen, vom flackernden Licht der Fackeln übergossen, welches die Schatten gespenstisch auf den steinernen Boden warf, der wie ein Spiegel war, wie dünnes Eis über ein bodenloses Meer gespannt. Dann aber ließen sie, wie der Leib leblos hing, mit starren Gesichtern vom Gott; denn müde lagen die Peitschen in ihren Händen, und langsam verschwanden die Menschen in der Nacht, so daß er allein dem Gott gegenüber zurückblieb, während ungeordnet die Schritte der Legionäre verhallten. Die Fackeln brannten nun ruhiger; doch waren sie dem Erlöschen nahe, und Pech tropfte auf den blutigen Leib, der sich um das Holz des Pfahles schlang. Da geschah es, daß er sich von seinem Sessel erhob und langsam zum Gott trat. Er trat so nahe zu ihm, daß er ihn hätte berühren können; auch sah er den nackten Leib des Gottes mit größter Deutlichkeit. Der Leib war nicht schön; denn die Haut war welk und aufgerissen; auch zeigten sich tiefe Wunden, von denen einige eiterten, und alles war blutüberströmt: Das Gesicht des Gottes aber sah er nicht, weil es zwischen den Armen hing. Wie er jedoch diesen Leib sah, der entstellt war und häßlich, wie jeder gefolterte Menschenleib, und wie er dennoch in jeder Wunde und in jeder Schürfung des Fleisches den Gott erkannte, ging er stöhnend in die Nacht, während hinter ihm über dem Gott die Fackeln erloschen. Zusammengekrümmt wie ein Tier vor Entsetzen lag er irgendwo ohne Schlaf zwischen den kahlen Wänden seiner Gemächer, an denen sich die Flamme der Öllampe spiegelte. Er lebte versunken im Grauen seiner Seele

dahin, einsam unter den Menschen und undurchdringlich denen, die an seinem Auge vorüberzogen, ohne ihn zu bewegen, wie einer, der in Winternächten Menschen gehen sieht, schemenhaft im Lichte des Monds. Einsam irrten seine Hände über die Muster der Teppiche, verkrallten sich in die Kissen oder faßten zitternd den Kelch, in dem der Wein lag. Auch mochte es geschehen, daß sein Blick schräg und seltsam zum Gesicht des Kaisers glitt, das weiß im Dunkel war, mit Lippen, die zu lächeln schienen, unwirklich, wie Tote zwischen ihren Gräbern lächeln, und verloren in der Dämmerung. Dann schaute er stumm nach dem Sklaven, der sich vor seinem Blick abwandte, in welchem geisterhaft ein fremder Neid glomm. Am Morgen jedoch ließ er beim ersten Strahl der Sonne Flötenspieler kommen, und eintönig drang die Melodie an sein Ohr; doch vermochte ihn nichts zu bewegen, weil der Anblick des Gottes seinen Geist nicht mehr verlassen hatte.
Er versuchte nun, sich auf Kosten der Menge zu entlasten, da es ihm nicht gelungen war, den Gott zum Handeln zu zwingen. Der Ort, den er seinem Unternehmen bestimmte, war die Treppe, die zum großen Portal des Hauptgebäudes führte, und die Zeit der frühe Morgen, der jenem Tage folgte, an dem er dem Gott zuerst begegnet war, wie sich denn alles in wenigen Tagen abspielte. Die Treppe und das Hauptportal lagen im Schatten, der sich als schmales Band dem Hauptgebäude entlang über einen kleinen Teil des Platzes und der Menge legte. Die Menschen, die während der Nacht Spottlieder über den Gott gesungen hatten, waren schon früh vor den Toren der Burg erschienen und hatten sich wild schreiend in das Innere des Hofes ergossen, dessen weite Fläche sie nun füllten, gleichgültig darüber, daß sie in der Gewalt der Legionäre waren, die das Volk mit bloßen Waffen umringten. Als er daher von seinen Gemächern die Halle erreicht hatte, sah er durch das geöffnete Tor den Gott und Barabas schon vor der Menge stehen, ein wenig erhöht, wie er es befohlen; doch schritt er ruhig aus der Dämmerung des Saales und trat unvermutet so mächtig in seinem weißen Mantel zwischen den Gott und den Verbrecher, daß der Pöbel unter seinem Blick versteinerte. Er sah gleichgültig auf die Menschen, die sich endlos vor ihm ausbreiteten, mit Köpfen, in denen die roten Augen wie rostige Nägel waren und schwarze Zungen schwer und unförmig zwischen gelben Zähnen lagen. Es war, als hätte die Menge nur ein Gesicht, welches das Gesicht aller Menschen zugleich war, ein ungeheu-

res, drohendes Antlitz, dem die furchtbare Stille entströmte, die sich auf die Dinge gesenkt hatte, das sich nun dem Gott und dem Verbrecher gegenübergestellt sah, der Wahrheit und der Gewalt, und das nun mit einem einzigen gellen Schrei den Tod des Gottes forderte. Wie nun der Gott dies alles duldete, befahl er einem Sklaven, eine Schale mit Wasser zu bringen, in der er zum Zeichen seiner Unschuld die Hände wusch, ohne sich weiter um die tobende Menge zu kümmern: Als er sich jedoch wandte und so das stumme Antlitz des Gottes sah, wußte er, daß ihn die Menge nicht entlasten konnte, da er allein die Wahrheit kannte. So war er gezwungen, eine Grausamkeit um die andere an Gott zu begehen, weil er die Wahrheit wußte, ohne sie zu verstehen, und er barg sein Gesicht in die Hände, die noch vom Wasser der Schale trieften.
Von nun an war es ihm, als würde er sich als ein Toter unter Toten bewegen. Er überprüfte die Vorarbeiten zur Kreuzigung und schaute zu, wie die Legionäre den Gott verspotteten. Er stand mit ruhigen Augen vor dem Gott, die gleichgültig an ihm hafteten; auch ließ er es zu, daß dem Gott eine Dornenkrone aufgesetzt wurde. Dann ließ er sich das Kreuz zeigen und befahl, das ungehobelte Holz vor ihm aufzurichten, worauf seine Hände sorgfältig über die Rinde fuhren. Wie er die Legionäre ausgewählt hatte, sah er dem Zuge nach, bis die Menschen im Burgtor verschwanden, die den Gott mit sich schleppten, der, unter das riesige Kreuz gepreßt, mitten in der Truppe hin und her wankte. Er wandte sich, ohne das Kind eines Sklaven zu beachten, das winselnd über den Hof dorthin lief, wo der Gott im Torbogen verschwunden war. Er kehrte in seine Gemächer zurück und ließ sich ein Mahl bereiten. Er lag unbeweglich am Tisch und hörte das Spiel lydischer Musikanten wie vor ferne, die mit dicken Backen bliesen, während es jenseits der schweren Mauern, die seine Gemächer umschlossen, Nacht wurde. Die Sonne verfinsterte sich. Der Himmel wurde zu Stein, so daß die Menschen im Raume aufschreckten. Die Musikanten bewegten die Flöten von ihren bleichen Lippen und starrten mit großen, runden Augen nach den vergitterten Fenstern. Mitten im Himmel stand unbeweglich die tote Sonne ohne Licht in einer glanzlosen Fläche als ein riesenhafter Ball, der mit tiefen Löchern bedeckt war. Auch erfolgte ein Erdstoß, der alles übereinanderwarf, so daß sich die Menschen laut schreiend an die Erde preßten. Er wußte, daß nun der Gott mit schrecklichen Wundertaten vom Kreuz gestiegen war, um endlich seine Rache zu

vollziehen. Er erhob sich und ging hinaus. Er ließ sein Pferd bringen und ritt mit wenigen Begleitern hinweg. Die Pferde waren scheu, als wären sie in großer Angst. Die Straßen der Stadt waren leer, hineingesenkt in eine zerstörte Erde, auf der ein Himmel lastete, in welchem es keinen Tag und keine Nacht mehr gab. Die Gesichter seiner Begleiter waren fahl und die Helme wie Schneckenhäuser auf den kahlen Köpfen, in denen die Augen ohne Licht steckten. Auch erschrak er, als er seine Hände sah; denn sie waren wie fremde Spinnen, die sich um die Zügel seines Pferdes schlossen. Sie ritten aus der Stadt gegen den Hügel, auf dem die Kreuze standen. Sie kamen an Menschen vorbei, die mit angezogenen Knien am Wege hockten und laut und schnell sinnlose Worte sagten. Einige warfen sich vor die Rosse, doch ohne Schrei, worauf sie zerstampft von den Hufen liegen blieben. Die Palmen waren in der Mitte geknickt und die Ölbäume zerfetzt. Die Gräber in den Felsen waren weit offen, so daß die Leichen heraushingen und die beinernen Hände wie Fahnen in der milchigen Luft waren. Scharen von Aussätzigen wankten in flatternden Mänteln wie schwarze Vögel heran, und ihre Stimmen wehten wie schrille Pfiffe vorüber. Der Pfad stieg die Felsen hinauf. Er war mit zerschmetterten Selbstmördern bedeckt, die sich von den Klippen geworfen hatten. Die Pferde wurden unruhiger, je näher sie der Stätte kamen, wo die Kreuze aufgerichtet waren, mit dem mittleren des Gottes, das leer und kahl in den Himmel ragen mußte, an das sich vielleicht der Gott selbst lehnte, nackt und schön, laut, lachend, um den zu zerreißen, der nun heranritt. Noch immer stand die Sonne ausgebrannt und ohne Bewegung im Zenit, als gäbe es keine Zeit mehr. Auch hatte die Finsternis zugenommen, so daß er fast an das Kreuz prallte, das sich vor ihm steil in die Nacht hob, und nur mühsam stellte er fest, daß es das Kreuz des Gottes war. Schon wollte er sich abwenden, um weiter zu suchen; wie aber im Osten riesenhaft ein grüner Komet heraufzog, sah er, daß dieses Kreuz nicht verlassen war, wie er geglaubt hatte. Es waren die Füße, die er zuerst erblickte. Sie waren von einem Nagel durchbohrt, und wie sein Blick hinaufglitt, bog sich der Leib schwer mit langgezogenen Armen herab, die wild in den Himmel gereckt waren, und gerade über seinem Gesicht hing das tote Antlitz des Gottes.

Als aber nach drei Tagen der Bote früh am Morgen zu ihm gekommen war, der ihm gemeldet hatte, daß der Gott sein Grab in der Nacht verlassen, so daß dieses leer aufgefunden worden sei, ritt er sogleich dorthin und schaute lange in die Höhle. Sie war leer, und der schwere Stein, der sie bedeckt hatte, lag zerbrochen auf der Erde. Langsam wandte er sich. Ein Sklave aber stand hinter ihm, und der sah dann des Pilatus Gesicht: Unermeßlich war es wie eine Landschaft des Todes vor ihm ausgebreitet, fahl im frühen Lichte des Morgens, und wie sich die beiden Augen öffneten, waren sie kalt.

26 Max Frisch

Die Chinesische Mauer

Pilatus im Gespräch mit Don Juan, Columbus und der Unschuldigen aus der Seine: ein geschichtliches Vielebenenspiel ist dieses, vom Autor eine «Farce» genannte Stück von 1955, in dem auch andere Masken aus der Geschichte auftauchen: Napoleon und Brutus, Philipp II. und Cleopatra. Geschrieben ist dieses Stück im Zeichen einer geschichtlichen Wende: Mit der Explosion der Atombombe über Hiroshima hat die Weise, wie in der Vergangenheit Geschichte gemacht wurde, aufgehört, eine Möglichkeit der Politik zu sein. Der Krieg und die gewaltsame Durchsetzung von Machtinteressen ist nicht mehr Mittel, sondern das Ende heutiger Politik. Die Masken der Vergangenheit stehen für exemplarische Verhaltensmuster menschlicher Geschichte, die nun einen anderen Stellenwert erhalten. Das späte 20. Jahrhundert, repräsentiert im Stück durch die Figur des «Heutigen», hat erkannt: «Wer heutzutage auf dem Thron sitzt, hat die Menschheit in der Hand, ihre ganze bunte Geschichte von Taten und von Träumen, Romeo und Julia, Napoleon Bonaparte, Christoph Columbus und wie sie immer heißen; aber auch jene, die namenlos sind: L'Inconnue de la Seine . . . Wir stehen vor der Wahl, ob es eine Menschheit geben soll oder nicht. Wer aber . . . hat diese Wahl zu treffen?» Die erste hier ausgewählte Passage (aus Szene 1) bringt archetypisch das menschliche Versagen vor der Wahrheitsfrage zum Ausdruck. In der Figur des Pilatus spiegelt sich die intellektuelle Haltung des Skeptikers, dessen Entscheidungsunfähigkeit immer wieder ein geschichtliches Verhängnis heraufbeschwört: die Vernichtung des Unschuldigen, hier verkörpert in der Figur des Nazareners. In der 18. Szene taucht Pilatus in ähnlicher Funktion nochmals auf, diesmal mitten in der Gerichtsszene, die der chinesische Kaiser an seinem Hof zu seiner eigenen Entlastung inszeniert. Im Kaiser Hwang Ti ist der universale Typus des skrupellosen, brutalen und machtgierigen Tyrannen verkörpert. In der Konfrontation mit der Wahrheit aber richtet er sich selber. Indem die Pilatus-Gerichtsszene in diese Gerichtsszene eingeblendet wird, bekommt das Schweigen des stummen Wang von Jesus her, der gleichfalls vor seinen Richtern schwieg und so diese sich selbst richten ließ, die Würde einer stellvertretenden Zeichenhandlung: Der Stumme wird zur Repräsentativ-Figur für alle unter der Willkürherrschaft unschuldig Leidenden, die freilich – in der Jesus-Geschichte ebenso wie in der Geschichte vom Stummen Wang – in dialektischer Umkehr als die eigentlich Triumphierenden auf der Seite der Wahrheit stehen.

Szene 1:
Von der Gegenseite erscheinen abermals zwei Masken, die promenieren in der Art, wie man vor einem Anlaß, der auf sich warten läßt, in zufälliger Gesellschaft hin und her promeniert; es sind: ein Römer und ein jugendlicher Spanier, der ungeduldig, dieweil er zuhört, mit einem Handschuh tändelt und heimlich sich umsieht.

DER RÖMER . . . Was ist Wahrheit? Zu jener Zeit nämlich gab es sich, daß ich Statthalter war in einer Provinz, die Hebräisch heißt: Erez Jisrael–

DER SPANIER Ich weiß, ich weiß.

DER RÖMER Eines frühen Morgens (es war aber der Rüsttag des Passah) brachten sie ihn in das Richthaus, und ich sprach zu ihnen: Was für eine Klage bringet ihr wider diesen Menschen? Die Juden aber antworteten und sprachen so und so. Da ging ich wieder zu ihm und sprach zu ihm: Bist du der König der Juden? Er aber antwortete: Mein Reich ist nicht von dieser Welt–

DER SPANIER Ich weiß!

DER RÖMER Nach diesem, da er also gesprochen hatte, ging ich zu den Hohenpriestern und sprach: Ich finde keine Schuld an ihm. Da schrieen sie und antworteten: Er hat sich selbst zu Gottes Sohn gemacht! Da ich nun dieses Wort hörte, fürchtete ich mich sehr und ging wieder hinein zu ihm und sprach zu ihm: Woher bist du? Er aber gab mir keine Antwort. Ich saß nun auf dem Richterstuhl (was auf Hebräisch Gabbatha heißt) und wartete auf seine Antwort vergeblich. Ein jeder, der aus der Wahrheit sei, höre seine Stimme! Da sprach ich: Was ist Wahrheit?

DER SPANIER Ich weiß, das ist bekannt.

DER RÖMER Ich liebe aber die Entscheidungen nicht. Wie kann ich entscheiden, was Wahrheit ist? Es war aber ein Aufruhr, und vor dem Richthaus schrien sie: Kreuzige, kreuzige ihn! Und ich sprach: Ich habe aber eine Gewohnheit, daß ich euch Einen lediggebe auf das Passah; welchen wollet ihr, daß ich euch lediggebe? Da schrieen sie wieder alle und sprachen: Nicht diesen, sondern den Barabbas.

DER SPANIER Ich weiß – ich weiß.

DER RÖMER Barabbas aber war ein Räuber.

DER SPANIER Ein Mörder!

DER RÖMER Da übergab ich ihnen den andern, daß er gekreuziget werde, und sah, wie derselbe hinausging an den sogenannten Schädelort (was auf Hebräisch Golgatha heißt)–

Der Spanier ist zur Inconnue getreten und küßt ihr die Hand.

DER SPANIER Mademoiselle de la Seine?

INCONNUE Wer gibt mir die Ehre?

DER SPANIER Ein Mann, der Sie beneidet! nicht um die Größe Ihres Ruhmes, dem der meine, fürchte ich, nicht nachsteht; ich beneide Sie, Mademoiselle de la Seine, um die Art Ihres Ruhmes!

INCONNUE Wie meint das der Monsieur?

DER SPANIER Alle Welt bildet sich ein, mich zu kennen. Zu Unrecht, Mademoiselle, zu Unrecht! Ihnen gegenüber gibt die Welt es zu, daß sie nichts von Ihnen weiß, nichts als den Namen: L'Inconnue de la Seine! Wie ich Sie beneide!

INCONNUE Ich bin aber lungenkrank, Monsieur, und schwanger–

DER SPANIER Mein Name ist Don Juan.

DER HEUTIGE Von Sevilla? Don Juan Tenorio?

DON JUAN Sie irren sich! Sie kennen mich vom Theater–
Ad spectatores: Ich komme aus der Hölle der Literatur. Was hat man mir schon alles angedichtet! Einmal nach einem Gelage, das ist wahr, ging ich über den Friedhof (der Abkürzung wegen) und stolperte über einen Totenkopf. Und mußte lachen, Gott weiß warum. Ich bin jung, ich hasse das Tote; das ist alles. Wann habe ich Gott gelästert? Das beichten die Ehebrecherinnen von Sevilla, und ein Pfaff, Gabriel Tellez, hat es in Verse gebracht; ich weiß. Strafe Gott ihn für seine dichterische Phantasie! Einmal kam ein Bettler, das ist wahr, und ich hieß ihn fluchen, denn ich bin ein Tenorio, Sohn eines Bankiers, und mir ekelte, in der Tat, vor den Almosen der Tenorios. Was aber wissen Brecht und

sein Ensemble sonst von mir? Im Freudenhaus, das ich nicht nötig habe, spiele ich Schach: Schon hält man mich für intellektuell. Liebe zur Geometrie! Was immer ich tue oder lasse, alles wird mir verdeutet und verdichtet. Wer hält das aus? Ich möchte sein, jung wie ich bin, und nichts als sein. Wo ist das Land ohne Literatur? Das ist es, meine Damen und Herren, was ich suche: das Paradies. Ich suche das Jungfräuliche. *Er wendet sich an Columbus:* Sie sind, wie ich höre, der Entdecker von Amerika?

COLUMBUS So nennen sie's.

DON JUAN Dazu ein Landsmann!

COLUMBUS Ich stehe im Dienst der spanischen Krone, ein geborener Genueser–

DON JUAN Es handelt sich, verehrter Freund und Landsmann, um das Folgende–

COLUMBUS Es handelt sich um die Wahrheit. Wir sind nicht ausgefahren im Namen der spanischen Krone, um einen Erdteil zu entdecken, den man heutzutage (ich weiß nicht warum) Amerika nennt. Um ganze Völker auszurotten, wie es später in Namen der spanischen Krone geschah, dazu sind wir nicht ausgefahren. Und daß man die Felder zerwühlte nach Gold! Das war nicht unser Ziel!

DON JUAN Ich weiß, ich weiß.

COLUMBUS Fünf Jahre mußte ich warten, reden und warten, bis sie die Schiffe mir bauten, fünf Jahre, bis sie mir trauten. Ich habe gesagt, daß wir nach Indien kommen. Und dann der Sturm! Es ging nicht um Indien, nicht um die Schätze von Indien; es ging um die Wahrheit. Tod und Gefahr und Hunger und Durst, Gott weiß es, wir haben geduldet, und dann diese Nächte, da ich gefesselt stand, all diese heulenden Nächte: ich habe gewußt, daß wir nach Indien kommen! und wir sind nach Indien gekommen – Warum schüttelt Er den Kopf?

DON JUAN Ich?

COLUMBUS Jener dort.

DER RÖMER Ja eben: – Was ist Wahrheit?

DON JUAN Ich habe vergessen, Sie vorzustellen: Pontius Pilatus ... Es handelt sich, Kapitän, um Folgendes: Ich möchte Europa verlassen–

INCONNUE Ah!

DON JUAN Ich weiß, Mademoiselle, was Sie jetzt denken. Mozart in Ehren! aber es hat nichts mit Frauen zu tun. *Er wendet sich an die Männer:* Meine Herren, Europa ist der Tod –

Szene 18:

Man bringt den Angeklagten: den stummen Sohn aus dem Vorspiel. Hilflos und verständnislos glotzt er in den Zuschauerraum. Hwang Ti hat sich unwillkürlich erhoben, setzt sich aber wieder.

Hierher! auf uns mußt du schauen!

HWANG TI Weiter! ...

DA HING YEN Angeklagter, du stehst unter dem Verdacht, der Mann zu sein, der sich die Stimme des Volkes nennt, Min Ko, und dessen Sprüche jeder kennt. Ich frage im Namen des Rechts: du weißt, welche Sprüche wir meinen?

HWANG TI Genug!

DER HEUTIGE Was ich durchaus verstehen kann, Majestät! Ihr künstlerischer Wert ist gering. Zu gering, in der Tat, als daß der Staatspreis, den Majestät gestiftet haben, dafür in Frage käme.

DA HING YEN Ich frage im Namen des Rechts: bist du der Mann, der diese Sprüche erfunden und über das ganze Reich verbreitet hat von Mund zu Mund?

DER HEUTIGE Er ist es nicht.

HWANG TI Schweig!

DER HEUTIGE Zufällig weiß ich es ...

DA HING YEN Wenn du schweigst, mein Sohn, so bedeutet das: du willst nicht erkannt sein. Wenn du nicht erkannt sein willst, so heißt das: du bist der Mann, den wir suchen. So heißt das: dein Kopf auf die Lanze. Darum frage ich: Gestehst du es oder bestreitest du es?

Der Stumme schüttelt den Kopf.

Du bestreitest es nicht?

Der Stumme nickt heftig.

Du gestehst es?

Der Stumme schüttelt den Kopf.

Majestät, der Angeklagte bestreitet–

HWANG TI Man beweise es ihm. Weiter! ...

DA HING YEN Zu Diensten.

DER HEUTIGE Du bist es nicht, ich weiß es. Warum redest du nicht? Sie haben Angst vor deinem Schweigen. Siehst du es denn nicht? Sie meinen, du denkst die Wahrheit, mein Sohn, bloß weil du schweigst.

HWANG TI Weiter! ...

DER HEUTIGE Schweige nicht, mein Sohn, rette dich: lobpreise sie mit deiner ganzen Stimme!

HWANG TI Weiter! Sind wir versammelt, um einen Narren anzuhören? Weiter! ...

DA HING YEN Es ist ein alter Brauch, Majestät: der Mann, der die Unschuld verteidigt vor dem Herrscher unseres Reiches, war von jeher der Narr.

HWANG TI Unschuld?

DA HING YEN In den Augen eines Narren, Majestät; wir werden das Gegenteil beweisen.

HWANG TI Ich warte drauf.

DA HING YEN Zu Diensten.

Er gibt ein Zeichen.

Fu Tschu, der Scharfrichter!

In der kleinen Pause, die in Erwartung des Scharfrichters entsteht, erscheinen wieder einmal zwei Masken, die promenieren: die Maria Stuart von Schiller und Pontius Pilatus.

PILATUS Da ich nun auf dem Richterstuhl saß (was auf Hebräisch Gabbatha heißt), antwortete ich und sprach zu ihm: Was ist Wahrheit?

DA HING YEN Ruhe!

PILATUS Es war aber ein Aufruhr vor dem Richthaus, und die Hohenpriester schrien und sprachen: Hinweg mit ihm, kreuzige ihn! Da geißelte ich ihn, und als ich nun sah, daß ich nichts ausrichte, da nahm ich Wasser und wusch die Hände vor dem Volk und sprach: Ich bin unschuldig am Blut dieses Gerechten.

DA HING YEN Ruhe!

PILATUS Der andere aber hieß Barabbas und war ein Räuber –

DA HING YEN Ruhe!

PILATUS – oder Mörder ...

Auftritt der chinesische Scharfrichter.

DA HING YEN Fu Tschu, der Scharfrichter.

Mee Lan hält sich beide Hände vors Gesicht.

Wir fahren weiter im Namen des Rechts. Da der Angeklagte bestreitet, der Angeklagte zu sein, und nicht willens ist, sich selbst anzuklagen –

DER HEUTIGE Er ist stumm!

HWANG TI Schweig.

DER HEUTIGE Ich weiß es!

DA HING YEN Stumm?

DER HEUTIGE Ich kann nichts dafür, Majestät, es ist ein Witz: – Sie suchen die Stimme des Volkes, um sie zum Schweigen zu bringen, und was Sie verhaftet haben, siehe da, es ist ein Stummer.

HWANG TI Woher weißt du das?

DER HEUTIGE Ein Mensch, der eure Gerechtigkeit sieht und schweigt, statt daß er eure Gerechtigkeit lobpreist, um sich vor eurer Gerechtigkeit zu retten, das kann nur ein Stummer sein, scheint mir, oder ein Heiliger, der sein Martyrium sucht . . . Bist du ein Heiliger?

Der Stumme schüttelte den Kopf.

Der Angeklagte bestreitet, ein Heiliger zu sein.

HWANG TI Kann jeder bestreiten!

DER HEUTIGE Ausgenommen ein Heiliger. Denn er ist ein Heiliger, dann lügt er nicht, dann ist er's. Also: – Majestät gestatten die Logik? – ein Mensch, der eure Gerechtigkeit sieht und nicht heuchelt, kann nur ein Heiliger oder ein Stummer sein; da aber der Angeklagte, wie feststeht, kein Heiliger ist –

Hwang Ti steht auf.

HWANG TI Die Folter wird ihn sprechen lehren!

DER HEUTIGE Und was, Majestät, soll er sprechen?

HWANG TI Die Wahrheit!

DER HEUTIGE Wozu?

HWANG TI Meint man, ich kenne die Wahrheit nicht?

DER HEUTIGE Umso besser, Majestät, dann braucht's keine Folter . . .

Hwang Ti sieht sich um wie ein gefangenes Tier.

HWANG TI Stumm? Jetzt auf einmal? Wieso? Nachdem er mich zehn Jahre lang auf allen Straßen und Plätzen verhöhnt hat? Soll ich denn niemals, niemals –

Hwang Ti sieht sich die Mandarine an.

Habe ich meine Richter nicht gelehrt, wie man Verhöre führt, damit man zum Ziele kommt?

DA HING YEN Zu Diensten.

HWANG TI Weiter! sage ich. Oder soll ich mich auch noch von einem Stummen verhöhnen lassen? Weiter! ...

Hwang Ti setzt sich wieder.

DER HEUTIGE Du siehst, mein Sohn, wieviel einfacher es wäre, wenn du heucheln könntest wie alle andern. Dein Schweigen bringt alles durcheinander. Am Ende zwingst du sie noch, die Wahrheit selbst zu sagen.

DA HING YEN Wir fahren weiter im Namen des Rechts. Angeklagter! dein Todesurteil ist gefällt, und der Kaiser, dessen Gnade uns teuer ist, wartet auf dein Geständnis. Denn es ist eine chinesische Sitte von altersher, daß wir keine Todesurteile vollstrecken ohne Beweis oder Geständnis der Schuld. Warum also schweigst du? Verweigerst du nämlich das Geständnis, daß du des Hochverrats schuldig bist, so deutest du an, daß unser Kaiser, genannt der Himmelssohn, der immer im Recht ist, nicht im Recht ist, und bist abermals des Hochverrates schuldig. Verstehst du, mein Sohn, was ich dir sage? Im Namen des Rechts, wiewohl es für deine Hinrichtung keinen Unterschied macht, frage ich zum letzten Mal: Gestehst du, des Hochverrats schuldig zu sein, oder bestreitest du es?

Der Stumme schüttelt den Kopf.

Das soll heißen: du bestreitest es?

Der Stumme nickt.

Das soll heißen, du gestehst es?

Der Stumme schüttelt den Kopf.

Es steht dir nicht zu, mein Sohn, den Kopf zu schütteln über unser Gericht. Antworte! Ich frage zum letzten Mal: gestehst du oder bestreitest du?

Der Stumme nickt und schüttelt den Kopf und nickt immer schneller.

Zum Drachen mit dir! so rede doch – oder bist du denn wirklich stumm?

Der Stumme nickt.

Majestät –

Hwang Ti springt von seinem Throne auf.

HWANG TI Foltert ihn! Das ist nicht wahr! Foltert ihn! Das ist gelogen wie alles, was er je gesagt hat. Foltert ihn.

DER HEUTIGE Was hat er denn je gesagt, Majestät?

HWANG TI Verräter, du elender, du verstockter, meinst du, wir wissen nicht, was du denkst hinter deiner dreckigen Stirn, du Maulaffe, du verlumpter, du Mann von der Straße – Die Große Mauer, sagst du, nichts als Geschäft! Millionen verrecken dabei, sagst du, für unser Geschäft – bestreite es, wenn du kannst!

Der Stumme schweigt.

Blutegel, sagst du, mein ganzer Hof, sagst du, eine Gesellschaft von Blutegeln! Meinst du, ich habe es nicht gehört? Ich, Tsin Sche Hwang Ti, der die Völker befreit, ich, der die Welt befriedet hat, ich: ein Blutegel – sagst du – ich sauge das Blut der Armen, ich nähre mich von den Früchten eurer Kraft! Deiner Kraft!

Hwang Ti versucht Hohnlachen.

Ha! Ha!

Der Stumme schweigt.

Glotze mich an, ja, und zittere! Ich werde dich zum Schweigen bringen, du Schwätzer, du zersetzender, und wenn du kein Wort aus deinem stinkigen Halse bringst, ich weiß genau, was deinesgleichen denkt: Ich bin nicht der Retter eures Vaterlandes, ich bin ein Räuber am Volk, ein Mörder am Volk, ein Verbrecher – bestreite es, wenn du kannst!

Der Stumme schweigt.

Du bestreitest es nicht?!

Der Stumme schweigt.

Man wagt es – mir ins Gesicht – ein Verbrecher – das wagt man – vor allen Mandarinen meines Hofes – mir ins Gesicht ... Ich, der mächtigste Mann in der Welt, ich, sagst du, ich: ein Feigling, ein lächerlicher Tropf, ein Idiot, eine Vogelscheuche meiner eignen Angst, sagst du, ich schlottere, ja, sagst du, ich wage nicht, zu hören, was meine Getreuen in Wahrheit denken, denn ich weiß, daß sie mich hassen, sagst du, und es gibt keinen redlichen Mann, sagst du, in meinem ganzen Reich, der mir, wenn er könnte, nicht ins Gesicht speien möchte –

Hwang Ti wendet sich an den Hof; wieder gelassen und lächelnd:

Meine Getreuen, ist das wahr? Ich frage euch ganz offen: Ist einer in dieser Versammlung, der mir ins Gesicht speien möchte?

Brutus tritt vor.

Ich meine: von meinen Zeitgenossen, die es könnten ...

Brutus tritt zurück.

Ich frage euch vor aller Welt: Ist einer da, der mir ins Gesicht speien möchte?

Alle schütteln den Kopf.

Das heißt: Ihr liebt mich?

Alle nicken mit dem Kopf.

MEE LAN Papa! Hör auf! Das ist doch Wahnsinn. Wozu das? Ein jeder weiß, du hast die Macht. Papa! Du änderst doch nichts an der Wahrheit. Wer glaubt das denn? Ich halte das nicht aus. Was soll das denn! Hör auf, Papa, mit dieser Farce –

Es entsteht eine Stille, ein Mandarin tritt vor.

MANDARIN Endlich!

HWANG TI Wie meint das mein Getreuer?

MANDARIN Der Mund deines eigenen Kindes hat es gesprochen. Endlich! Du hast es gehört.

Hwang Ti blickt sich um, die Stille dauert an, er lächelt. Alles erstarrt. Hwang Ti gibt ein winziges Zeichen an Da Hing Yen. Da Hing Yen gibt es weiter an Fu Tschu, das winzige Zeichen, und Fu Tschu gibt es weiter, man sieht nicht wohin, und der Mandarin wird rückwärts, ehe er's begreift, lautlos abgeschleift. Niemand rührt sich, als sei nichts geschehen.

HWANG TI Ich frage euch noch einmal vor aller Welt: Ist es denn wahr, meine Getreuen, daß ihr alle heuchelt, bloß weil ihr meine Folterkammer kennt?

Alle schütteln den Kopf.

Und du, Mann von der Straße, du wagst es, mir zu sagen – mir ins Gesicht – Meine Herrschaft, sagst du, das ist die Folter. Du sollst sie kennenlernen, du Lügenmaul, du verdammtes, du – mir ins Gesicht! Ein Verbrecher, sagst du, man muß ein Verbrecher sein, um nicht in meine Gefängnisse zu kommen. Und wer noch Geisteskräfte hat, sagst du, der soll sie verbergen. Was weißt denn du von Geisteskräften, du Rotznase? Denn ich, sagst du, ich töte jede Geisteskraft, ich bin die Lüge in Person, ich bin die Pest auf dem Thron, und wer mir die Hand reicht, der stinkt nach Aas, ich bin kein Himmelssohn und bin kein Mensch, ich bin die Geisteskrankheit meiner Zeit – bestreite es, wenn du kannst!

Der Stumme schweigt.

Du bestreitest es nicht!

Der Stumme schweigt.

Soll ich dich mit meinen Händen erwürgen, du Schwätzer, du – damit du endlich schweigst, du mit deinen Geisteskräften, du Stimme des

Volkes, meinst du, ich lasse mich verhöhnen am Tag meines Sieges – meinst du –

Hwang Ti hat plötzlich einen Gedanken: Hast du einen Vater?

Der Stumme nickt, dann schüttelt er den Kopf.

Was heißt das?

DER HEUTIGE Sein Vater ist in eurem Krieg gefallen.

HWANG TI Hast du eine Mutter?

Der Stumme nickt und strahlt.

Dann werde ich deine Mutter foltern lassen –

Der Stumme wirft sich auf die Knie, ohne schreien zu können.

Fu Tschu!

Der Scharfrichter tritt vor.

Ist es wahr, Scharfrichter, was dieser Lästerhund redet auf allen Straßen und Plätzen des Reiches? Ich sei der Henker meiner Freunde, sagt er. Ich frage dich, Henker, vor der ganzen Welt: Von allen, die du gefoltert hast, war einer je mein Freund?

Fu Tschu schüttelt den Kopf.

Ihr hört es ...

Hwang Ti gibt dem Stummen einen Fußtritt.

Stimme des Volkes, du, hast du gehört?

Mee Lan schluchzt laut.

Genug! Die Wahrheit, denke ich, ist erwiesen – Ich, Tsin Sche Hwang Ti, ich: ein Blutegel, ich mäste mich von eurer Kraft! Ich: der Henker meiner Freunde, der Mörder meines Volkes – ich schicke euch in den Krieg, sagst du mir ins Gesicht! Ich selbst mache den Krieg, sagst du, um eure Wut auf die andern zu lenken, um mich zu retten mit eurer Vaterlandsliebe – mir ins Gesicht! Meinst du, ich lasse unser Heiligstes in den Schmutz ziehen, unseren Krieg, unseren Kampf für den Frieden? Die hündischen Barbaren der Steppe, sagst du, sie hätten uns gar nichts getan, wenn ich sie nicht überfallen hätte. Woher weißt du das? Was niemand wissen kann, du Maulaffe, der keine Zeitung zu lesen versteht, du Wasserträger, du Eseltreiber, du verlumpter, woher weißt du, wie es gekommen wäre, wenn ich sie nicht überfallen hätte – überfallen, ja! ja! natürlich haben wir sie überfallen!

Hwang Ti wird heiser.

Schweig! sag ich. Schweig!

Hwang Ti packt und schüttelt ihn.
Ein Wort noch, und ich erwürge dich, du, ein Wort noch!
Hwang Ti schleudert ihn zu Boden.
Tausende, Hunderttausende, sagst du, geschlachtet für eine Lüge, verblutet, verkrüppelt für das Reich eines Geisteskranken – und das mir! – verblutet, sagst du, für mich! Für einen Verbrecher! Und das heute – am Tag unsres Siegs! Meinst du, ich lasse sie alle verhöhnen von dir, die Helden meines Heeres, Tausende und Hunderttausende, die für mich gestorben sind – für mich ja! Ja! Ja! für mich –
Hwang Ti hat fast keine Stimme mehr.
Schweig! sag ich.
Hwang Ti wankt auf den Thron zurück.
Foltert ihn! Er ist's. Foltert ihn, bis er gesteht! Ich will ihn nimmer hören. Foltert ihn, bis er das Krachen seiner eigenen Knochen hört!
Fu Tschu, der Scharfrichter, schleift den Stummen hinaus.
Ich habe mich erregt, Herren meines Hofes, ihr habt den Verleumder gehört – Nichts mehr davon! Es war unser letzter Widersacher ... Meine Getreuen, versammelt im Zeichen dieses glorreichen Tags, laßt uns zur Tafel unsrer Freude schreiten!
Hwang Ti erhebt sich erschöpft von seinem Thron. Ein Herr in der Kleidung des 19. Jahrhunderts tritt hervor, ein Manuskript in der Hand.

HWANG TI Wer bist denn du?

ZOLA – J'ACCUSE.

DER HEUTIGE Der Herr heißt Zola, Emile Zola, französischer Schriftsteller, heute weniger gelesen, aber berühmt für seinen Mut.

ZOLA J'ACCUSE.

DER HEUTIGE Es handelte sich auch um Justiz. Sein Aufruf hat sogar etwas erreicht. Daher gilt Herr Zola heute noch als Vorbild; kein Literat von Anstand läßt es sich nehmen, bei Gelegenheit zu protestieren.

ZOLA J'ACCUSE.

Musik hat eingesetzt, man schreitet zum angesagten Fest, Hwang Ti schreitet Arm in Arm mit Cleopatra, gefolgt von seinem Hof, der es nicht an Choreographie fehlen läßt. Es bleiben Mee Lan (im heutigen Abendkleid) und der Heutige. Zola bleibt stehen, wo er gestanden hat, also im Leeren.

ZOLA J'ACCUSE.

27 Walter Jens

Der Fall Judas

Das Buch rollt den Fall des Judas aus Kerioth überraschend neu auf: in einem fiktiven Seligsprechungsprozeß, den der Franziskanerpater Berthold B. in Jerusalem als der ersten Instanz mit Erfolg angestrengt hatte und der dann in Rom in zweiter Instanz entschieden abgelehnt wurde. Erzähler ist Dr. Ettore J. Pedronelli, der zunächst als Prokurator der römischen Ritenkongregation offiziell mit der Aufbereitung der Judas-Akten befaßt war, dann die Sache des schon resignierenden Pater Berthold zu seiner eigenen machte, nicht ohne dabei selber in Ungnade zu fallen. Bei den folgenden Abschnitten handelt es sich um die Schlußpassagen des Buches, die zeigen, wie wenig der Fall des Judas eine historische Kuriosität ist. In ihm steckt theologisches, sozialpsychologisches, politisches und gesellschaftliches Konfliktspotential, das der Autor zur Überprüfung herrschender Lehrmeinungen in Theologie, Kirche und Gesellschaft erschließen will. Indem Judas in diesem Stück für alle Gebrandmarkten der Geschichte steht, für die vielen «Judasse» unserer Angst- und Machtprojektionen, und so auf den Gezeichneten am Kreuz verweist, werden in diesem Stück auch all die vielen Judasse hineingenommen in den Erlösungsprozeß, der vom Kreuz seinen Ausgang nahm. Von Jesus her sind auch die Judas-Fälle keine hoffnungslosen Fälle mehr.

Ich lebe jetzt, unter dem Namen Ettore J. Pedronelli, in der Nähe von Florenz. Ich, der einmal Pater Ettore P. war: Doktor der Rechte und Lizentiat der Theologie – ein konservativ gesonnener Mann mittleren Alters, dem, wie seine Notizen beweisen, der Glaubensanwalt nicht ferner stand als der Patriarch. Ettore P.: ein Saulus, der sein Damaskus erlebte, als ihn im Herbst 1964 jener Franziskaner Berthold B. aufsuchte, auf dessen Betreiben hin das Verfahren in Sachen Judas vier Jahre zuvor eingeleitet worden war. Von ihm erfuhr ich zum ersten Mal, daß der Prozeß noch immer nicht entschieden sei. (Ich hatte ihn, mit neuen Pflichten beschäftigt, aus den Augen verloren: Meine Aufgabe war getan, und der einzige, bei dem ich mich nach dem Fortgang des Verfahrens hätte erkundigen können, der Kardinalreferent, lebte nicht mehr. Er starb, ganz unerwartet, wenige Wochen nach der Übergabe des Exzerpts.)
Die Angelegenheit, so Pater B., sei ruchbar geworden, man spräche von gezielter Indiskretion: Eine Gruppe fortschrittlich gesonnener Theologen

(die übrigens nicht für Judas' Seligsprechung, wohl aber für die volle Rehabilitierung des Keriothen einträte) habe mehrfach gedroht, das Ganze zu einer öffentlichen Affaire zu machen – und davor fürchte man sich in Kreisen der Kongregation. Zwar sei das Urteil selbst kein Problem; was aber die Begründung: Judas' erneute Verdammung (denn darauf liefe es natürlich hinaus) und die Diskussion angehe, die danach einsetzen werde, so sähe man Schwierigkeiten voraus und halte es deshalb für ratsam, die Sache zunächst einmal anstehen zu lassen, ein paar Jahre zumindest, dann wäre man weiter als jetzt: Schließlich gäbe es ja noch andere Prozesse (mehr als achthundert alles in allem), die seit langem darauf warteten, entschieden zu werden ... darunter Fälle von größtem Gewicht. Pater B. möge sich also gedulden. Das Beste sei, er führe nach Jerusalem zurück: sein Orden, und nicht zuletzt der Guardian, werde sich freuen. Er könne sich darauf verlassen, daß er rechtzeitig Bescheid erhielte, sobald man ihn brauche. Dann sei immer noch Zeit, die Sache, die ihm so sehr am Herzen liege, vor Gericht zu betreiben. In fünf oder sechs Jahren vielleicht? (Es könnten freilich auch acht oder zehn sein; Genaues könne man in Fällen wie diesem nicht sagen.) In der Zwischenzeit aber möge er noch einmal in Ruhe bedenken, daß, ungeachtet seiner theologischen Brisanz, der Fall Judas in erster Linie ein Politikum sei, das behutsamste Behandlung verdiene. Hier käme es auf Vorsicht an, auf Sorgfalt und Diplomatie; die selbstgewisse Pose, wie sie Pater B. in den letzten Wochen und Monaten an den Tag gelegt habe, sei ganz und gar nicht am Platz. Sein Auftreten, das müsse einmal in camera caritatis gesagt sein, wirke selbst auf Gutmeinende provokatorisch.

Das war zweifellos eine Warnung – und Pater B. verstand sie auch so. Aber statt aufzugeben verfolgte er seine Sache fortan mit doppeltem Eifer, machte Eingaben an den Heiligen Stuhl, besuchte Prälaten, hielt Konsultoren auf der Straße an, bat bei den Kardinälen um eine Privataudienz, schrieb Briefe an Theologen, von denen er wußte, daß sie in Rom Einfluß besaßen, kurz, versäumte keine Gelegenheit – und scheute dabei weder Winkelzüge noch dreiste Attacken –, um die Würdenträger unserer Kirche an seinen Fall zu erinnern. Aber je mehr er sich mühte, desto abweisender wurden die Priester, die er besuchte. Briefe kamen ungeöffnet zurück. Anfragen blieben unbeantwortet. Selbst Ordensbrüder ließen sich verleugnen, wenn B. ihre Hilfe erbat; im Kloster, wo er eine Gastzelle bewohnte, wich man ihm aus; wohin er auch kam – überall wurde er als Wirrkopf und Querulant etikettiert – «da kommt Judas» hieß es nicht selten. Aber B. blieb unbeirrbar und machte selbst dann noch weiter, als seine Feinde – auf wessen Geheiß, ist bis heute nicht klar – die Verachtung, die sie ihm bis dahin gezollt hatten, durch offenen Terror ersetzten. Einmal war mit Kreide ein J auf seine Zellentür geschmiert; ein anderes Mal erhielt er einen Brief mit der Aufschrift: An Judas B., den Verräter; dann wieder wurden ihm auf der Straße Zettel in die Hand gedrückt *Gib endlich auf*, und schließlich teilten ihm seine Oberen mit, er habe, wenn er sich weiterhin so verstockt verhalte wie bisher, mit seiner Rückberufung zu rechnen. Das war am Tag, bevor er zu mir kam: unangemeldet, spät abends, mit verstörtem Gesicht, ich wollte ihn nicht hereinlassen, aber er flehte mich an: Ich müsse ihm helfen. (Ja, wer sei er denn überhaupt?) Aber ich kennte ihn doch! (Sein Name?) Ich hätte doch seinen Antrag gelesen. (Wovon er rede?) Das Plädoyer, Judas Ischarioth . . . (Warum halte er inne? Heiße er am Ende B.?) Ich sei seine letzte Hoffnung. (Er käme aus Jerusalem?) Ob er eintreten dürfe? Ich ließ ihn herein. Unser Gespräch begann. Saulus stand vor Damaskus – und der Mann, der ihn bekehrte und dessen Erbe er antreten würde, war einer aus Judas' Gefolge. Als ich Pater B. sah, wußte ich, daß er immer noch unter uns ist: Judas, der Störenfried. Judas, das Freiwild. Ein Opfer der Inquisition; ein Opfer der Glaubensanwälte – ihm galt es zu helfen.

Mein Entschluß stand fest: Ich mußte, um aller Judasse willen, die Sache des einen vertreten. Ich mußte, wenn es nötig sein sollte, den Fall übernehmen. (Es *sollte* nötig werden: B. erkrankte schwer; hoffnungslos, sagten die Ärzte, sein Geist sei zerstört. Die anderen Helfer, das Gericht und die Zeugen, antworteten, wenn sie überhaupt schrieben, resigniert und kühl: Es habe keinen Zweck. Der Fall sei erledigt. Die Feme hatte ihre Wirkung getan.)

Schon am nächsten Tag begab ich mich ans Werk, ging meine Aufzeichnungen durch – wie anders sah nun alles aus: jetzt, wo Judas für mich kein papierener Schatten, sondern ein Mensch aus Fleisch und Blut war, ein Mensch mit einer Seele und einem Schicksal –, studierte die Akten-Kopien, prüfte die Texte, verglich Kommentare . . . und je länger ich las, desto deutlicher wurde das Bild. Der Glaubensanwalt hatte, in seiner Weise, recht: Judas war kein Mensch, sondern ein Tier und ein Teufel. Jawohl,

dazu hatten ihn die Künstler gemacht, die Bildhauer, Dichter und Maler: ihn, den Grobian am Rande des Tischs, mit seiner Judennase und den breiten Backen des Itzigs. Rothaarig, eingehüllt in gelbes Tuch. Der gelbe Neid, der gelbe Geiz. Judas, abgetrennt von den Frommen. Sie schweigen und lauschen – er poltert und droht, stiehlt Fische vom Tisch, läßt das Silber im Beutel verschwinden, vergießt Wein, stößt den Stuhl um, schnappt dem Herrn den Satansbrocken aus der Hand, hat ein Nilpferdmaul, Füße wie ein Gorilla und das Herz eines Maulwurfs. («Wer sah je ein so unerhörtes Gastmahl», schreibt einer der Väter, «wo der Maulwurf, der Sohn der Finsternis, zugleich mit dem Adler teilnahm? Zur Abendzeit verließ Judas den Saal, der Bock war geflohen . . . und als er hinausging, war sein Kopf schwer wie ein Stein, sein Gesicht glühte, seine Züge waren entstellt, sein Herz zitterte, sein Wesen war verstört, die Zähne knirschten, die Knie schlotterten. Die Überlegung wich von ihm, und er war ohne Verstand.»)
Welch ein Kontrast zu den Frommen und Feinen mit dem Heiligenschein! Sie beten. Er gestikuliert. Sie kommunizieren. Er furzt und spielt auf: «Wenn ein Jud einen Pomp läßt, dann tanzen die Engel im Himmel.»
Judas, der Schwarze unter den Blonden; sie in der Mitte, er am Rand – mal riesengroß, mal klein wie ein Zwerg. Auf jeden Fall: der andere. Während die Elf zusammengehören, steht Judas für sich. Sein Umgang: Teufel, Tiere und Juden. Hunde und gerupfte Hähne, Geister der Hölle und die Männer mit dem spitzen Hut.
Ausgespuckt und verlacht. Christus ruht triumphierend am Kreuz. Seine Füße stehen fest auf dem Stockel. Die Gemeinde trägt ihren Herrn. Judas krepiert am Baum. Seine Beine zappeln in der Luft. Der Geldsack ist umgekippt. Die Silberlinge nützen nichts.
Ausgezischt und verworfen. Elf Männer gehen zur Kirche. (Kirche heißt: *Rosenkranz und Kreuz*). Einer geht in die Synagoge. (Synagoge heißt: *Marterwerkzeug und zerbrochener Stab.*)
Langsam begann ich die Wut zu begreifen, den Haß, der diesem Einen galt. (Und, das wußte ich jetzt, auch heute noch gilt.) Judas: Das ist der Skeptiker unter den Glaubensgewissen. Der einzig Selbständige unter den auf blinden Gehorsam eingeschworenen Vielen. Der Zauderer unter den Losstürmenden. Der Warner unter den Sorglosen. Der Rechner unter den Verschwendern. Judas, der Nein-Sager: die ungeliebte Kassandra, die,

von Gott verflucht, den Blinden sagen muß, wie's ausgehen wird: Heute Jubel und morgen das Grab.

Judas, der Nacht vertrauter als dem Tag. Ein Kind des Saturn und nicht Jupiters Sohn, *dachte* zu viel. Er, der Außenseiter, der durch seine pure Existenz den Ja-Sagern zeigte, daß Alternativen bestünden und es nicht nur *heute* gäbe, sondern auch *morgen*, nicht nur *Christentum*, sondern auch *jüdischen Glauben*, nicht nur *Leben*, sondern auch *Tod*. Das, alles zusammen, hat ihm den Haß eingetragen: die Wut der Dogmatiker vom Schlage Johannes'.

Während meiner Studien – zunächst noch in der Heiligen Stadt, dann, nachdem man mir die missio canonica genommen hatte, in einem kleinen Dorf bei Florenz – begann ich zum ersten Mal den Ingrimm zu verstehen: die Leidenschaft, mit der das Gericht, zur Empörung des Glaubensanwalts, die johanneischen Thesen als Tiraden eines Moralisten abgelehnt hatte, der seinen Gegner erledigen wollte. Dieser Johannes (*Johannes iste*, wie ich auf latein sagen möchte, um meinen Abscheu zu zeigen) war für mich nie, wie die Kirche lehrt, der jungfräuliche Lieblingsjünger unseres Herrn; nie das fromme Kind unter dem Kreuz; nie der Oberhirt von Ephesos; nie der Märtyrer im siedenden Kessel; nie der Verbannte von Patmos; nie der hundertjährige Evangelist, mit seinem Spruch: «Kindlein, liebet einander»: Johannes war für mich immer nur der Evangelist und nie der Apostel gewesen – kein Jünger Jesu, sondern ein Fanatiker: ein Glaubensanwalt des Urchristentums. (Daß ich ihn auch öffentlich als Inquisitoren etikettierte, trug mir nicht allein den Haß der Korbmacher, Lichterzieher und Weingärtner ein, deren Patron er ist, sondern führte am Ende auch zum Bruch mit Rom.)

Aber ich stehe zu meinen Worten – und ich werde mich zu verteidigen wissen: Komme mir niemand mit dem Unterschied – der feinsinnigen Differenz – zwischen Antijudaismus und Antisemitismus! Betone keiner, zum hundertsten Mal, die Sentenz (Evangelium Johannis' Kapitel 8, Vers 44) *»Ihr Juden stammt vom Teufel ab: Der ist euer Vater» vertrüge*, wie wir Theologen sagen, keine fundamentalistische Deutung. Höre man endlich auf mit dem Gerede vom frommen Johannes, der, selbst ein Jude, seinen Stammesgenossen nur den Abfall vom Tempel vorhalten wollte: *Einst wart ihr Kinder Abrahams. Heute seid ihr Söhne der Welt.* Was zählt dies alles gegen die Tatsache, daß ein Mann es gewagt hat, den Kosmos in gut und böse, fromm und teuflisch, christlich und jüdisch zu teilen, in *wir* und *sie*, in weiß und schwarz? Ein Mann, der die Satansbrut in jenem Judas Gestalt werden ließ, dem er – kalt und wohl überlegt – ein doppeltes Kainsmal einbrannte: das Zeichen des Verrats und das Zeichen des Wuchers ... zwei Symbole, die Judas Ischarioth – bis in unsere Tage hinein: Man denke an die Schmähschriften der deutschen Faschisten und die antisemitischen Traktate, die während des Konzils verteilt worden sind – zum Stellvertreter der gesamten Judenschaft machten. Judas, der Schacherer, Inbegriff der Zinstreiber im Getto. Judas, der Verräter: Sprecher eines Volkes, das Jesus preisgegeben hat und darum ausgerottet werden muß. Judas, der Teufelssohn, der die Teufelskinder die Teufelskunst lehrt: «Ich verfluchter Goi kann nicht verstehen», schreibt auf Johannes' Spur ein evangelischer Christ, Martin Luther, «woher die Juden solche hohe Kunst haben, ohne daß ich muß denken, da Judas Ischarioth sich erhenckt hatte, daß ihm die Darme zurissen, und wie den Erhenkten geschicht, die Blase zerborsten, da haben die Juden ihre Diener mit güldenen Kannen und silbernen Schüsseln dabei gehabt, die Judas Pisse sampt dem anderen Heilgthumb aufgefangen, darnach untereinander die Merde gefressen und gesoffen, daß sie Glossen in der Schrift sehen, die weder Matthäus noch Isaias noch alle Engel geschweige wir verfluchten Gojim sehen können.» In der Tat, hier geht die Saat auf, die Johannes (und nicht nur er: Gott verzeihe mir meinen Zorn!) gesät hat; hier wird der Wind zum Sturm: *Sperrt die Juden in den Stall. Laßt ihre junge Mannschaft Zwangsarbeit tun. Nehmt ihnen Straßen und freies Geleit. Jagt sie hinaus. Verbrennt ihre Tempel. Behandelt sie wie die Zigeuner. Es sind keine Menschen: Denkt daran, was Judas getan hat. Denkt ...* genug. Man erspare mir das Weitere. Ich bitte meine Leser, die Aussagen des Evangelisten Johannes im Zusammenhang mit Luthers Schrift «Von den Juden und ihren Lügen» zu überprüfen. Mancher, der mich jetzt der Blasphemie beschuldigt, wird dann behutsamer urteilen, das «Wertsystem einer gesunden Zeit», wie der Glaubensanwalt den militanten Dualismus genannt hat, kritischer sehen und für meine eigene Position, die vom Geist der Aufklärung und Toleranz geprägt ist, Verständnis aufbringen. (Wohlgemerkt, es liegt mir fern, den Evangelisten Johannes auf eine Stufe mit Faschisten zu stellen und *Verketzerung* und *Vergasung* in einem Atem zu nennen. Es liegt mir aber ebenso fern, vergessen zu lassen, daß es keineswegs ein pures Mißver-

ständnis war, wenn die Antisemiten sich, zwei Jahrtausende lang, auf jene johanneische Juden-Deutung beriefen, die Pogrom- und Lynchjustiz entschuldbar macht ... eine Deutung, in deren Zentrum, als Beweis aus Fleisch und Blut, Judas Ischarioth steht.)
Das Gericht hat recht; der Glaubensanwalt irrt: Es war Johannes, dem das Böse in Menschengestalt nicht genügte. Darum hat er – seinen Vorgänger Lukas noch übertrumpfend – die Gestalt eines bösen Menschen geschaffen und ihr den Namen Judas gegeben. *Aber diese Worte sagte er nicht, weil es ihm um die Armen ging – was kümmerten Judas die Bettler –, sondern weil er ein Dieb war: ein Kassenverwalter, der die Einlagen beiseite schaffte – alleweil in den eigenen Beutel damit:* Täusche ich mich, wenn ich glaube, daß dieser Satz – wer weiß! – der folgenreichste ist, den je ein Schriftsteller geschrieben hat, und daß hier ein Modell entworfen wird – Itzig will den Christen spielen und sieht sich als Jude entlarvt –, das die Stärke einer Zauberformel hat? Ein einziger Vers – aber welche Kraft geht von ihm aus ... welche provokatorische Macht, wenn man bedenkt, daß der Kronzeuge des Glaubensanwalts, Kardinal F., noch im Jahre 1932 Judas' *Charakterfehler* anprangerte?
Versteht Ihr jetzt, Leser dieses Berichts, weshalb ich dafür kämpfe, daß der Fall Judas nicht in Vergessenheit gerät, und warum ich seit zehn Jahren – zuerst vor der Ritenkongregation und dann vor der Kongregation *per le cause dei Santi* als Pater Bertholds Erbe auftrete? Begreift Ihr, warum ich nicht aufgebe, obwohl mich oft genug bereits der Sekretär – wenn nicht gar der Pförtner – abweist und ich ausgelacht werde: *Seht! Judas ist wieder in Rom!* Könnt Ihr Euch vorstellen, warum ich Eingaben über Eingaben mache, Himmel und Hölle in Bewegung setze, weltlichen und geistlichen, christlichen und jüdischen Ämtern meine Zirkulare zukommen lasse?
Oder seht Ihr immer noch nicht ein, daß Judas kein Verräter und Heuchler, sondern der Allergläubigste war – der Erwählte des Herrn? Ihr Verstockten! (Verzeiht. Ich weiß, auch ich stand einmal auf der anderen Seite – und wäre mir nicht einer aus Judas' Gefolge, in Gestalt von Pater B., leibhaftig begegnet, ich hätte den Mann aus Kerioth vielleicht schon vergessen.) Nein, ein Vorwurf steht mir nicht zu: wohl aber, am Schluß, ein Bekenntnis.
Judas, das weiß ich, hat getan, was Gott von ihm verlangte: *Bring den*

Stein ins Rollen. Mach einen Anfang. Er war eingeweiht – und er hat ja gesagt: im klaren Wissen, was man von ihm verlangte. (Wieviel leichter wäre es gewesen, an Christi Stelle zu sterben: wieviel glorreicher, als Ihn töten zu müssen.) Aber er hat es getan.

Wer etwas anderes behauptet, muß Jesus in einen Dämon verwandeln, der mit uns spielt, uns in Versuchung führt, ja uns zum Verbrecher werden läßt. Ich aber weigere mich, an einen solchen Jesus zu glauben: einen gnadenlosen Gottmenschen, der das Brot der Heiligen Kommunion in eine Zyankalikapsel verwandelt: *«Und als er den Bissen empfangen hatte, fuhr der Teufel in ihn.»* Und ich weigere mich auch, dem Dogma eines Glaubensanwalts zu vertrauen, das mir einreden möchte, daß es kein Aberwitz sei, in einem Atemzug von der ewigen Verwerfung des Menschen und von seiner Freiheit zu sprechen. Ich weigere mich, daran zu glauben, daß Gott, wie ein Cesare Borgia über den Wolken, Judas zum Opfer bestimmt hat und daß der Sichelmann (denn das wäre er!) dennoch für seine Tat verantwortlich ist: verworfen und – schuldig! Nein, das *credo quia absurdum* geht mir nicht über die Lippen. Ich weigere mich zu glauben, daß sich Gottes Freiheit verringert, wenn sich meine – und Judas' – Freiheit vergrößert. Ich weigere mich, auch nur eine Sekunde lang daran zu zweifeln, daß Judas unseren Herrn Jesus aus freiem Entschluß – und weil Gott es so wollte – überliefert hat. Jawohl, ich weigere mich.

Die Beweise, die Pater B. vorgetragen und das Gericht gebilligt hat, sind unwiderlegbar. Sie werden durch die Thesen des Promotor fidei in keinem einzigen Punkte erschüttert. (Der Glaubensanwalt sagt: Judas ist, als Apostel, durch Matthias abgelöst worden. Aber er verschweigt, daß der Bericht über die Nachwahl eine späte, in sich widersprüchliche Einfügung ist: *Wenn* jemand einen neuen Apostel gewählt hätte – angenommen, Judas sei tatsächlich ein Verräter gewesen –, dann doch zuallererst, zwischen Auferstehung und Himmelfahrt, Jesus selbst! Aber es gab keinen Verräter: Nicht ohne Grund sagt der Glaubensanwalt auch nur mit einem einzigen Wort, was denn Judas eigentlich verraten haben soll – Jesu Aufenthalt vielleicht? Den kannten Tausende! Schließlich wimmelte die Stadt während des Passah-Fests von Pilgern aus ganz Israel – und Gethsemane war nicht mehr als ein paar Steinwürfe vom Zentrum entfernt. So also steht es mit den Beweisen des Glaubensanwalts.)

Wenn ich einen Einwand gegen den von mir übernommenen Antrag, Ju-

das Ischarioth seligzusprechen (als einen Märtyrer: Weil es schwerer ist, Ihn hingeben zu müssen als gekreuzigt zu werden) ... wenn ich einen Einwand für schlüssig erachte, dann ist es dieser: Es gibt keinen Judas. Paulus, der Kronzeuge, kannte keinen Verräter unter den Zwölf. Judas war eine Erfindung jenes Evangelisten, der sehr genau wußte, daß jede Gruppe – eine Partei so gut wie eine Glaubensgemeinschaft –, die darauf pocht, sie allein vertrete die Wahrheit und nur in ihr sei das Heil, nicht allein des äußeren, sondern auch des inneren Feindes bedarf, um Geschlossenheit zu wahren und jede Spaltung von vornherein zu verhindern. Darum, in Jesu Zeiten zurückprojiziert, der böse Verräter: Ein Warnzeichen – *Seid wachsam! Seid auf der Hut!* –, das der Glaubensanwalt und Vertreter der Reinen Lehre, Johannes, seiner im Äußeren von tückischen Wölfen und im Inneren von Schafpelz-Verrätern bedrohten Gemeinde aufrichtete. (Judas Ischarioth als ein präfigurierter Bucharin: Ein Komplice – bereit, die Guten den Bösen zu überliefern. Judas, dem, als Luzifers Söldner, am Ende nur das Schuldgeständnis bleibt *Die Ungeheuerlichkeit meines Verbrechens ist ohne Grenzen* – und dann der Tod.)
Kein Zweifel, die These vom Verräter, die jemand erfand, weil er ihn brauchte, klingt überzeugend. Doch ich glaube ihr nicht. Sie ist zu einfach. Jesu Hilferuf *Tu's schnell!* widerspricht ihr in gleicher Weise wie der zwölfte Thron im Himmel. Aber selbst wenn sie stimmte, die These, gäbe es für mich nicht den geringsten Grund, meinen Antrag zurückzuziehen. Im Gegenteil, ich hielte ihn sogar um so entschiedener aufrecht und würde verlangen, den Mann aus Kerioth *in effigie* seligzusprechen. Dann nämlich stünde Judas – Judas, mein Bruder – für jene Millionen, die die Orthodoxie (welcher Art immer sie sei) um ihres Freimuts oder, oft genug, auch nur um ihrer Andersartigkeit willen verdammte. Dann wäre er eine Chiffre für Jude und Heide, für Kommunist, Neger und Ketzer – für alle, die man verteufelte und zum Sündenbock machte. Dann verdiente er die Auszeichnung eines Märtyrers, die ihm das Gericht zuerkannte, doppelt und dreifach und wäre von unserer katholischen Kirche – der ich, Ettore J. Pedronelli, bis zu meinem Tode treu bleiben werde – erst recht seligzusprechen. So oder so: Die Kongregation muß jetzt handeln.

Ehre dem Judas.

Ehre den Opfern.

Note
Der vorstehende Text hat den Charakter eines fiktiven Berichts, bei dem der Verfasser sowohl die Partei des Richters als auch die Positionen von Verteidiger und Staatsanwalt vertritt. Diese Form wurde gewählt, um die Strittigkeit eines Falls zu demonstrieren, der, nach einem tausendfachen Schuldspruch, scheinbar längst erledigt ist. In Wahrheit aber bedarf das Verfahren, wie der Traktat zu belegen versucht, der Revision durch eine neue Instanz.
Vergessen wir nicht: In Jerusalem hingen *zwei* Männer am Holz. Es gab *zwei* Opfer. Blutacker und Schädelstätte gehören zusammen.
Der Fall Judas, der ein Fall all jener Anderen ist, die, als Gebrandmarkte, auf den Gezeichneten am Kreuz verweisen, steht zur Neuentscheidung an.
Die Akten sind offen.

28 Ingeborg Drewitz

Judas Ischarioth

Ich habe geglaubt, ich hasse IHN.
Warum hat ER stillgehalten, als IHN der Kuß traf? Die Lippen sind mir bitter, als wäre mein Ekel auf ihnen geronnen – weil ER weinte, stumm und ohne Tränen.
Und ich habe geglaubt, ich verachte IHN.
Meine Sprache war unbeholfen und meine Hände verstockt, wenn ER sie fassen wollte. Der Eifer der andern überspülte mich. Aber ich hatte kein Zuhause außer IHM. Darum bin ich bei IHM geblieben, nicht wegen Gott. Ich war eingekerkert in mir selbst vorher.
Es war bei den Aussätzigen. «Judas», fragte ER, «fürchtest du dich?» Ich bin wohl rot geworden, weil er *mich* fragte, hatte morgens noch betrunken an der Straße gehockt und war ihnen aus Langeweile in den verlorenen Tag hinterhergelaufen.

«Judas, fürchtest du dich?» Ich habe den einen umarmt und den Gestank geschluckt statt einer Antwort. Nachher durfte ich neben IHM gehen. Der Abendstaub sprühte golden.
Die andern wollten den Branntweindunst nicht vergessen und ließen immer einen Kreis um mich. Aber ER suchte meine Hände. So habe ich geglaubt, ER liebte mich mehr als sie. O, ich hätte IHN damals geküßt! Ich ging neben IHM und bewachte SEINEN Schlaf. Aber mich verzehrte die Güte, die ER andern schenkte, weil ich doch nur IHN hatte, und die andern hatten Haus und Weinberg, hatten Brot und Frau. Ich rechnete SEINE verschleuderte Güte nach, die mich hätte reich machen können. Gewiß hatte auch ER den Branntweindunst nicht vergessen und war SEINE Güte nur Gewohnheit. Er kam noch immer an meine Seite wie an die der anderen Jünger. SEINEN Schlaf verbarg ER jetzt vor mir. Da habe ich gedacht, ER fürchte mich, weil es leichter war, das zu denken, als IHN zu begreifen. Ich maß oft unsre Schatten aneinander und nippte an der Macht meiner Verachtung. SEIN Gott verzerrte sich mir zu einem gealterten Sinnierer, von dem ER Abbilder verteilte.
«Er verrät uns auserwähltes Volk! Er verrät Jahwe», zürnten die Pharisäer.
«Was nimmt er den Reichen und was gibt er uns?» murrten die Armen. Ich war hellhörig geworden, seit ich wußte, daß SEIN Schatten in meinem versank. Wenn ER jetzt an meine Seite kam, zuckte mir ein Grinsen unterm Bart.
Ich war stolz, daß ich IHN haßte.
Ich wollte die Silberlinge nicht, die sie mir boten.
Dreißig Silberlinge in der Kotgrube.
Aber die beringten Finger der Reichen haben sich nicht beschmutzt, und die Schwielen der Armen sind ehrlich geblieben durch diese dreißig Silberlinge.
Und ich bin der Verräter.
Der Alte auf den Bildern ist nur noch Mund, vom Schrei auseinandergerissen, SEIN stummer Mund.
Ich stehe nicht vor Pilatus' Haus. Ich rufe nicht «Kreuzige!» Aber der Wind trägt mir die tausend Stimmen herüber. Und ich kann mich nicht schämen. Die tausend Stimmen. Dazwischen das Schweigen ...
Ich habe geglaubt, ich hasse IHN.

Meine Sprache war unbeholfen und meine Hände verstockt.
Aber mein Schatten breit neben SEINEM.
Für dreißig Silberlinge ist ein Weinberg feil.
Die Rebstöcke tränen.
Für dreißig Silberlinge ein Mutterschaf.
Der schmale Augenspalt schreit.
Für dreißig Silberlinge eine Hütte.
Und die vorbeigehen, sagen «Trinker» und nachher «Verräter».
Und immer, immer mein Schatten hinter mir.
«Kreuzige! Kreuzige!» . . .
Ich habe geglaubt, ich hasse IHN.
Und DER mich hassen müßte, hat geweint.

VIII. Der arme Bruder und der Bruder der Armen

29 Bert Brecht

Weihnachtsgedichte

Maria

Die Nacht ihrer ersten Geburt war
Kalt gewesen. In späteren Jahren aber
Vergaß sie gänzlich
Den Frost in den Kummerbalken und rauchenden Ofen
Und das Würgen der Nachgeburt gegen Morgen zu.
Aber vor allem vergaß sie die bittere Scham
Nicht allein zu sein
Die dem Armen eigen ist.
Hauptsächlich deshalb
Ward es in späteren Jahren zum Fest, bei dem
Alles dabei war.
Das rohe Geschwätz der Hirten verstummte.
Später wurden aus ihnen Könige in der Geschichte.
Der Wind, der sehr kalt war
Wurde zum Engelsgesang.
Ja, von dem Loch im Dach, das den Frost einließ, blieb nur
Der Stern, der hineinsah.
Alles dies
Kam vom Gesicht ihres Sohnes, der leicht war
Gesang liebte
Arme zu sich lud
Und die Gewohnheit hatte, unter Königen zu leben
Und einen Stern über sich zu sehen zur Nachtzeit.

Weihnachtslegende

1

Am Heiligen Abend heut
Sitzen wir, die armen Leut
In einer kalten Stube drin
Der Wind geht draußen und geht herin.
Komm, lieber Herr Jesus, zu uns, sieh an:
Weil wir dich wahrhaft nötig han.

2

Wir sitzen heute so herum
Als wie das finstere Heidentum
Der Schnee fällt kalt auf unser Gebein
Der Schnee will unbedingt herein.
Komm, Schnee, zu uns herein, kein Wort:
Du hast im Himmel auch kein Ort.

3

Wir brauen einen Branntewein
Dann wird uns leicht und wärmer sein
Einen heißen Branntewein brauen wir
Um unsere Hütt tappt ein dick Tier.
Komm, Tier, zu uns herein nur schnell:
Ihr habt heut auch keine warme Stell.

4

Wir tun ins Feuer die Röck hinein
Dann wird's uns allen wärmer sein

Dann glüht uns das Gebälke schier
Erst in der Früh erfrieren wir.
Komm, lieber Wind, sei unser Gast
Weil du auch keine Heimat hast.

Die Gute Nacht

Der Tag, vor dem der große Christ
Zur Welt geboren worden ist
War hart und wüst und ohne Vernunft.
Seine Eltern, ohne Unterkunft
Fürchteten sich vor seiner Geburt
Die gegen Abend erwartet wurd.
Denn seine Geburt fiel in die kalte Zeit.
Aber sie verlief zur Zufriedenheit.
Der Stall, den sie doch noch gefunden hatten
War warm und mit Moos zwischen seinen Latten
Und mit Kreide war auf die Tür gemalt
Daß der Stall bewohnt war und bezahlt.
So wurde es doch noch eine gute Nacht
Auch das Heu war wärmer, als sie gedacht.
Ochs und Esel waren dabei
Damit alles in der Ordnung sei.
Eine Krippe gab einen kleinen Tisch
Und der Hausknecht brachte ihnen heimlich einen Fisch.
(Denn es mußte bei der Geburt des großen Christ
Alles heimlich gehen und mit List.)
Doch der Fisch war ausgezeichnet und reichte durchaus
Und Maria lachte ihren Mann wegen seiner Besorgnis aus
Denn am Abend legte sich sogar der Wind
Und war nicht mehr so kalt, wie die Winde sonst sind.
Aber bei Nacht war er fast wie ein Föhn.
Und der Stall war warm und das Kind war sehr schön.
Und es fehlte schon fast gar nichts mehr

Da kamen auch noch die Dreikönig daher!
Maria und Joseph waren zufrieden sehr.
Sie legten sich sehr zufrieden zum Ruhn
Mehr konnte die Welt für den Christ nicht tun.

30 Hermann Hesse

Jesus und die Armen

Du bist gestorben, lieber Bruder Christ,
Wo aber sind die, für die du gestorben bist?

Du bist gestorben für aller Sünder Not,
Aus deinem Leibe ward das heilige Brot,
Das essen sonntags die Priester und die Gerechten,
An deren Türen wir Hungrigen fechten.

Wir essen dein Brot der Vergebung nicht,
Das der fette Priester den Satten bricht;
Dann gehn sie, verdienen Geld, führen Krieg und morden,
Keiner ist durch dich selig geworden.

Wir Armen, wir gehen auf deinen Wegen
Dem Elend, der Schande, dem Kreuz entgegen,
Die andern gehen vom heiligen Nachtmahl heim
Und laden den Priester zu Braten und Kuchen ein.

Bruder Christ, du hast vergebens gelitten –
Gib du den Satten, um was sie dich bitten!
Wir Hungrigen wollen nichts von dir, Christ;
Wir lieben dich bloß, weil du unser einer bist.

31 Christine Lavant

Christus, bist du wirklich auch in mir?

Christus, bist du wirklich auch in mir?
Wirst du alles können überdauern,
wenn ich einmal hinter jenen Mauern
eingesperrt so kreische wie ein Tier?
Wenn sie mich zu einem Bündel schnüren,
bis die Hände nimmermehr sich rühren,
und die ganze Wut im Mund gesammelt
nichts als ausweglose Flüche stammelt
rundherum um deinen hohen Namen.
Jesus – Bruder –, bleib in Gottes Namen
dennoch nahe – nein –, komm ganz in mich!
Heiland, Heiland, ich beschwöre dich,
komme! Bleibe! – Halt es bei mir aus.
Meine Angst umkreist das Irrenhaus
schon seit Jahren, denke! – schon seit Jahren.
Hast du wirklich auch *die* Qual erfahren
einst am Ölberg, dann – dann steh mir bei!
Schau, ich weiß, vielleicht den nächsten Schrei
hört der Nachbar schon und es geschieht,
daß ein Wärter auf der Brust mir kniet
und mich lachend in den Wagen schafft.
Ach, mein Jesu, gibt mir etwas Kraft,
etwas Gnade für die ärgste Zeit,
daß mein Leib sich nicht noch selbst befreit,
um dem nächsten Zustand zu entfliehn.
Hilf mir, hilf mir, laß mich nicht so knien,
nicht umsonst mein Augenlicht verderben,
tu ein Wunder, laß mich heut noch sterben!

32 Marie Luise Kaschnitz

Ich vergesse so viel

Ich vergesse so viel
Das meiste
Nur einiges nicht

Nicht die englische Tänzerin
Mit den roten Schuhen
Nicht den brennenden Bergahorn
Vor der Eigernordwand

Auch nicht die Toten
Mit Kalk übergossen
Wie sie glänzten im Mondlicht

Zeit schöner Engel
Mit dem Kranz im Haar
Und der Pistole im Gürtel

Im Briefkasten liegt ein Zettel
Verlaß das Haus
Und ein anderer
Jesus war bei dir

Jesus wer soll das sein?
Ein Galiläer
Ein armer Mann
Aufsässig
Eine Großmacht
Und eine Ohnmacht
Immer
Heute noch.

33 Marie Luise Kaschnitz

Das alte Thema

I.
Ab und zu
Du
Gott noch immer Unbekannter
Berührst uns
Wie der an die Decke
Der Sistina gemalte
Den eben erst
Erschaffenen Adam
Nur mit einem Finger
Da fliegen wir
Für diesen Augenblick
Dir im Konvoi
Da nährst Du uns
Von Kuppe zu Kuppe
Mit dem Mut Deines Anfangs
Wir aus demselben Stoff gemacht
Wie Du
Noch ohne Blutgeruch
Und Brandgeruch
Schöpfer Geschöpf
Wir flogen
Liebten uns
Uneingeschränkt
Zum ersten letzten Mal

2.
Der alte Brunnen
Noch lange nicht ausgeschöpft

Nicht oft genug
Angegangen
Auf Tagwegen Nachtwegen
Der Schindanger Golgatha
Nicht genug
Masken abgerissen und altem Flitter
Nicht genug
Gedankt

Gedankt wofür
Für Biafra und Indochina
Für die Gaskammern Folterkammern Todeszellen
Für den schäbigen Trost
Die winzige Verheißung
Dafür gedankt?

3.
Komm näher mir
Mein armer Bräutigam
Der nichts zustande gebracht hat
In zwei Jahrtausenden
Dem seine Wunden nicht fruchteten
Und die Dornenkrone nicht blühte . . .

4.
Du Bettler, Bruder, Bruder
Geh in mich ein
Streck deine Arme
In meinen Armen aus
Deine Finger
In meinen Fingern
Erfülle mich
Mit deiner Ungeduld
Die auch Geduld war
Überirdische
Wie man es nimmt

5.
Wie man Sie nimmt
Unmenschlicher Herr Jesus
Den wir nicht länger anreden
Mit dem vertraulichen Du
Auf jeden Fall haben die Forscher jetzt
Herausbekommen daß Ihr Kreuzestod
Eine Folterung ersten Ranges war
Und äußerst schmerzhaft.
(Von den Schächern spricht
In diesem Zusammenhang keiner)

6.
Wenn einer alt ist heißt es
Er kriecht zu Kreuze
Aber so ist es nicht
Das Kreuz geht übers Feld
In seinem Rücken
Schiebt sich ihm
Unter die Schultern
Die Nägel kommen geflogen
Nur
Nicht jeder der leidet ist heilig

7.
Noch ein neues Land
Aber ich fürchte mich
Was werde ich sehen
Die alten Hungerbäuche
Und hören die alten
Gehetzten Schritte
Die Schläge auf nacktes Fleisch

8.
Ein neues Land
O Reiselust und Furcht

Denn wer sagt, daß dort wirklich Frieden ist.
Luft zu atmen
Und reine Strände
Swimming in lovely sea?
Die Kinderengel vielleicht
Tragen ihre alten Napalmgesichter
Das stand nicht im Prospekt

Oder doch

Oder doch?

34 Marie Luise Kaschnitz

Castelvetrano

Wir beten für die Seele des Banditen
Der gehetzt worden ist wie ein Tier im Wald
Der ein Obdach suchte in den Mauern unserer Stadt
Der getötet wurde im Schlaf und sein Leib auf die Straße geworfen
Zerfetzt von Kugeln.

Seine Haut war dunkel vom Rauch der Höhlenfeuer
Von der Julisonne, vom Salz der Lagune.
Er hatte die Brust eines Fischers, der sich auf die schweren Ruder legt
Die Gelenke eines Jägers, der übers Geröll herabspringt.

Schätze hat er gesammelt für die Armen
Hundert Barren Gold, die verschwunden sind.
Die irgendwo liegen klaftertief
Bedeckt von faulendem Laub
Bekrochen von Nattern.

Die in die Wälder gehen, sind Könige.
Durch die Stille der Nacht senden sie Morsezeichen
Unheimlich glänzt der Lichtschein ihres Feuers
Auf dem Grunde der einsamen Schluchten.

Der Herr Offizier hat scharfe Ohren.
Er kommt jeden Tag, ißt zu Mittag, spart nicht am Wein.
Seine Blicke springen umher wie Eidechsen.
Wir verstehen zu schweigen.

Wir beten für die Seele des Banditen,
Der sein Leben geendet hat wie Jesus Christus
Durch die Hand des Verräters.

35 Ernst Eggimann

Jesus-Texte

jesus
im reich
der reichen
die immer reicher
während
die armen
immer ärmer
kommt dein reich
unerreichbar
durch deine liebe
kommt dein reich
durch
dein schwert

jesus
seit der alte gott
des gehorsams
im paradies
eine falle stellte
brauchen wir dich
als opferlamm

jesus
wirf den apfel zurück
zeig uns den neuen gott
der liebe
der kein blut braucht
wir wollen keine kreuze mehr

jesus in auschwitz
jesus in sibirien
jesus in hiroshima

schnittpunkt
aller leiden
der menschen
den menschen

DU

wirf das kreuz weg
tanze mit uns

jesus
in dieser welt voller berechnung

wo jeder
vor jedem
nur immer der erste
sein will
ist
jeder erfolg
der misserfolg
eines andern

blase
meinen ehrgeiz
in alle wolken
lass mich
der letzte sein
lächelnd leicht dinge tun
unberechenbar
kindisch
zum kopfschütteln

wenn jeden tag
dein reich kommt

jesus
knete den sauerteig
in meinem verstand
lass ihn aufgehen
phantastisch und närrisch

lehre mich die andern rechnungen
ich verschenke und
werde reich
ich halte nichts fest und

erhalte in fülle
weil ich schwach bin
weil ich die andere backe hinhalte
trifft mich keiner
weil ich ja sage
weil ich mitleide
weil ich mich mitfreue
gewinne ich das leben

36 Josef Reding

krippenrede für die 70er jahre

also, werd nicht so
wie dieser da
in unklaren familien
verhältnissen
unterwegs geboren
na ja dafür kann
er nichts
ist keine schande
doch auch nichts
rühmliches
aber dann
als er dreißig war
hatte er
keine ausbildung
kein auskommen
keine rücklagen
keine wohnung
kein reittier
oder fahrzeug

und auch für die ehe
war er offenbar
untauglich
was blieb ihm da
übrig als über
land zu ziehen
langhaarig
schmuddelig
barfüßig
eine klicke
von fans bei sich
die ihre familien
und berufe im stich
gelassen hatten
und dann wiegelte
er das volk auf
mit doppeldeutigen
reden und
gefährlichen geschichten
in denen die staatslenker
und die geistlichkeit
die heerführer
und überhaupt alle
die was hatten
schlecht wegkamen
drei jahre hat
man den
edelgammler
aus dem
zufallsgeburtsort
bethlehem so
gewähren lassen bis
er überschnappte
und handgreiflich
wurde gegen die
börsianer und

devisenwechsler
die seit jeher
ihren angestammten
platz im tempel
hatten da war
zapfenstreich, sense,
ex
hinterlassen hat er
ein paar handbreiten
verschwitztes leinen
da war er
dreiunddreißig
im gleichen alter
wie vater der damals
schon die prokura in
henschels drahtzieherei
kriegte jetzt weißt
du bescheid und mir
soll keiner nachsagen
daß ich mich nicht
traue die wahrheit
zu sagen
auch
über diesen
da.

IX. Der Revolutionär und die verratene Revolution

37 Erich Kästner

Dem Revolutionär Jesus zum Geburtstag

Zweitausend Jahre sind es fast,
seit du die Welt verlassen hast,
du Opferlamm des Lebens!
Du gabst den Armen ihren Gott.
Du littest durch der Reichen Spott.
Du tatest es vergebens!

Du sahst Gewalt und Polizei.
Du wolltest alle Menschen frei
und Frieden auf der Erde.
Du wußtest, wie das Elend tut
und wolltest alle Menschen gut,
damit es schöner werde!

Du warst ein Revolutionär
und machtest dir das Leben schwer
mit Schiebern und Gelehrten.
Du hast die Freiheit stets beschützt
und doch den Menschen nichts genützt.
Du kamst an die Verkehrten!

Du kämpftest tapfer gegen sie
und gegen Staat und Industrie
und die gesamte Meute.

Bis man an dir, weil nichts verfing,
Justizmord, kurzerhand, beging.
Es war genau wie heute.

Die Menschen wurden nicht gescheit.
Am wenigsten die Christenheit,
trotz allem Händefalten.
Du hattest sie vergeblich lieb.
Du starbst umsonst. Und alles blieb
beim alten.

38 Peter Weiss

Hölderlin

«Hat er sich geopfert? Hat er das Los eines Märtyrers gewählt? Wir können keinen Helden gebrauchen. Wir lehnen die mystische Verehrung ab, die den Opfertod mit dem Glorienschein umgibt. Wir weisen das Christusbild zurück, die Kreuzesabnahme, das Warten auf die Auferstehung. Was bleibt, ist Ches Tod, der Verrat an ihm, der Hinterhalt, ein zerfetzter Leichnam.» So hatte Peter Weiss auf die Nachricht vom Tod des kubanischen Revolutionärs Che Guevara 1967 reagiert. Das mit Ches Tod aufgebrochene Thema, welchen Sinn das Selbstopfer des einzelnen im revolutionären Kampf habe, hat den Marxisten Peter Weiss in den folgenden Jahren nicht mehr losgelassen. Und in seinem «Hölderlin»-Stück, vier Jahre später, steht denn auch diese Problematik im Vordergrund der Auseinandersetzung: vor allem im Abschnitt über die Empedokles-Geschichte, im 2. Akt von «Hölderlin» als Stück im Stück inszeniert. Bei seinen Studien zu «Hölderlin» hatte Weiss – wie er selber sagte – in dem «phantastischen Empedokles-Fragmet» Hölderlins die Geschichte eines sich selbst opfernden revolutionären Helden entdeckt und war fasziniert von der plötzlichen Aktualität dieses Fragments: «Empedokles, in Hölderlins Welt verschlungen, für mich heute zudem in die Welt des Che Guevara verschlungen, behält seine zentrale Aussage». Im folgenden sind Passagen zu Beginn des 2. Aktes aus der 6. Szene wiedergegeben. Zu Beginn des 2. Aktes hat Hölderlin, für Weiss (wie auch für andere Interpreten wie P. Bertaux, M. Walser) ein heimlicher jakobinischer Revolutionär, seine Freunde Hegel, Neuffer, Schelling, Schmid und Sinclair in Homburg (1799) zusammengerufen, um ihnen ein letztes Mal, fast schon verzweifelt, mit Hilfe seiner fiktiven Empedokles-Figur die gegenwärtig nötige politische Handlungsweise, die nach seinem Verständnis nur die politischer Revolution sein kann, begreiflich zu machen. Empedokles, eine Figur aus dem 5. Jahrhundert vor Christus, ist in diesem Stück der weise Philosoph, Naturforscher, Baumeister und Arzt des Staates Agrigent am Fuß des Ätna-Vulkans auf Sizilien, den das Volk zum König machen will. Empedokles aber sieht ein, daß er das Volk nicht von der Unterdrückung durch die erstarrten Gesellschaftsstrukturen befreien kann und entschließt sich, ein Signal zu setzen, um das Volk aus seiner politischen Lethargie herauszureißen: Er verläßt die Stadt, geht in die Berge und versucht, unter den Bauern und Hirten revolutionäres Bewußtsein zu erzeugen. Als er auch dort auf Ablehnung stößt und von den Staatstruppen verfolgt wird, stürzt er sich in den Ätna. Deutlich sind die Gestaltung der Empedokles/Che-Guevara-Figur Züge der Gestalt Jesu Christi sprachlich hineinverwoben. Der Passionsweg des Empedokles ist in vielem präfiguriert durch den Passionsweg Christi: Vertreibung und Verfolgung, Menschenverlassenheit und Verrat. Aber auch hier taucht erneut das Thema der (christlichen) Dialektik von Scheitern und Sieg, Niederlage und Triumph auf, mit der der Marxist Weiss christliche Hoffnung beerbt.

CHOR
Wer ist Empedókles
HÖLDERLIN
Er ist der TodtFeind
aller einseitigen Existenz
Er haßt das Flickwerk
die Servilität
verachtet
wer um seine Haut bangt und
um seine Ämther zittert
CHOR
Wo lebt Empedókles
HÖLDERLIN
Er lebt in einem Staat
in dem die Priester und
die SchrifftGelehrten herrschen
in dem dir nichts aus deinem Innern

frey hervorgehn darf
und jedem Thun sich ständig
Gränzen sezen

CHOR
Wo ist dieser Staat

HÖLDERLIN
Dort ist er
wo hinter Stadt und Feldern
die Landschafft wüst ist
wo verbrannte Steppen
aufsteigen zu Gebirgen
deren höchster Gipfel
riesiger Vulkan
in Wolken liegt
Ich nenn ihn Aethna
und der Staat heisst
Agrigent

CHOR
Zu welcher Zeit

HÖLDERLIN
Fünfhundert Jahr eh
unsre ZeitRechnung begann
und heut

CHOR
Warum so weit entfernt
an solchem Orth

HÖLDERLIN
Weil eine mythische Figur
erscheinen muss
jezt
da der FeuerBrand der Grossen
Revoluzion erloschen
und in Vereinzelten nur
noch weiterglimmt
Weil einer
des StundenZählens satt

darann erinnern muss
dass etwas das einst
glühend war und
in unermessliche Vergangenheit
gerathen ist
unter starkem Athem
wieder zur Flamme
werden kann

CHOR

Und wie will dieser
das beweisen

HÖLDERLIN

Durch einen freywillgen
Entschlus
Indem er es nicht nur
bei der Idee belässt
sondern
aus der Idee sich
raus sprengt
und alles aufgiebt
was Gewohnheit Sitte
und Verordnung ist
zeigt er
worauf es ankommt
Er
Filosof Erforscher der Natur
Baumeister Artzt
von vielen ausersehn zum König
verzichtet endgültig
auf alle Bindungen und Ehren
verkörpernd
das erschrekend Unerwartete
das für ihn selbst
den Untergang
bedeuten kann

Hegel
Was bleibt er denn nicht lieber
in seinem Staate Agrigent
und greift kraft seiner Stellung
dort verändernd ein
Hölderlin
Weil das ein Staat ist
der erstarrt ist
den nichts erschüttern kann
als eine ausserordentliche
That
Hegel
Er könnte sich
zum König krönen lassen
Hölderlin
Dies ist die Zeit
der Könige nicht mehr
Schmid
Und auch der Einzelnen
nicht mehr
sondern der Massen
Hölderlin
Nun ist es so dass alles
dösend liegt
verdorben von den Litaneyn
der Hohen Priester
gefälscht die Bücher denen
die des Lesens kundig sind
Lüge
ist jedes Wort
das in den Hierarchien
der herrschenden Beamthen
geäussert wird
Was vermögen da die Arbeitenden
in den WerckStätten und Läden
fürchtend unter der Knute

das Geringe noch das sie erwerben
zu verlieren
Und seht das LandVolk
seit jeher ausgeschlossen
von jeglicher Bildung
voll AberGlaubens
dass es nur ewigliche Plage
kennen dürfe
Mit seinem Schritt
reisst er sie aus der Lethargie

CHOR
Und wohin führt ihn
dieser Schritt

HÖLDERLIN
Weg aus der Stadt
weg aus dem aufgehäuften
Reichthum
hinauf die Felder und die Hügel
zum Aethna

NEUFFER
Als wärs der Olymp

HEGEL
Man wird ihn nicht vermissen

HÖLDERLIN
Er fängt jezt erst
zu leben an

SCHELLING
Sein Hang zur unberechenbaren Handlung
wird vom Gegner ausgenüzt
Kaum wird sein Vorhaben bekannt
kommen sie schon geströhmt
den leeren Plaz zu füllen
den er hinterliess
und Flüche werden ausgesprochen
über ihn
und über ihn verhängt

Verbannung

CHOR

Wir hörn von Empedókles
Viel hat er gethan
beim Baun der Strassen und
beim Regeln der Flüsse
Er hat den Feldern kunstvolle
Bewässerung gegeben
Seuchen bekämpft
mit seinen Medicinen
Unermüdlich war er am Werck
zu unterrichten
die Jugend

HÖLDERLIN

Und wie ihr erwarthet
macht Hermokrátes sich auf
der Oberste Priester
ihn anzuklagen

SCHMID

Und den vorbildlichen Schritt
wird er den Bürgern als solch
unheimlich Ärgerniss darstelln
dass sies nicht fassen können
und sich geblendet
abwenden von ihm

Aus dem Chor vortretend der Sprecher des Hermokrates.

HERMOKRATES

Ein VolksFeind ist er
Betrogen hat er
die Beschlüsse der Mehrheit
Frech sich verbündet
mit den Mächten des Dunckels
Weh dem
der ein Wort von ihm
noch freundlich hinnimmt
der ihn beherbergt

wenn er kommt
nachts an die Thür
und der ihm
wenn er stirbt
die GraabesFlamme bereitet
Soll er büssen als Fremdling
und vergehn in der Wildniss
Solln Unkraut und Disteln
über ihm wachsen

GLASER WAGNER

Ist denn keiner da
der zu ihm hält
Er muss bei seinem Wircken
doch Freunde und Gehülfen
um sich haben
Wo sind sie jezt

CHOR

Wo sind sie alle
die mit ihm
planten und entwarfen
die sorgsam sich besprachen
guthiessen seinen RathSchluss
und deren Critik
er offen stand

SCHMID

Welche Frage
Wissen wir doch allzu gut
wie aus Gefährten schnell
Würmer und Reptile werden
die dem bescholtnen Nächsten
sich in die Eingeweide wühln
und ihn zerfleischen

HÖLDERLIN

Da ist Strato
sein Bruder
hoher Herr in Agrigent

Chor
Und was sagt
Strato
Sinclair
Strato schweigt
Glaser Wagner
Leiblicher Bruder
Muss ihm doch zu Hilfe eilen
Chor
Strato räth ab
Die Zeit ist noch nicht reif
meint er
Verweist
aufs Warthen
Schmid
Wie unser Hegel
Hegel
Verderblich ein Entschluss
wenn er zu früh kommt
Zum Untergang verurtheilt
die Erhebung
wird aufgerufen dazu
wenn wenige nur
folgen können
Zum Mörder wird
wer schwäzt
zu einer Zeit
wo die Verschwiegenheit
Geboth ist
Hölderlin
Das ist die Stimme
meines Manes
So
soll er in diesem
ThrauerSpiel
sich äussern

CHOR

Viele Junge aber überall
sind auf Empedókles Seiten
wären jeden Tag bereit
sich ihm wo auch immer
anzuschliessen

Aus dem Chor vortretend der Sprecher des Pausanias.

PAUSANIAS

Wie lange solln wir denn noch warthen
Jahrzehnte lang hiess es
die Zeit sey noch nicht reif
Das kann noch ein Jahrhundert lang
so dauern
wenn wir nicht selbst
die Zeit ins Rollen bringen

HÖLDERLIN

Pausánias folgt ihm
ist sein Schüler und Gehilfe
bricht auf mit ihm
gemeinsam in den Bergen
ein Laager aufzuschlagen
auszubilden dort
die Kämpfer
die den schweren Weg
zu ihnen finden werden
um später die Erneurung
nach Agrigent zu tragen

GLASER WAGNER

Ich versteh noch nicht
warum er in der Stadt nicht
die Vertrauten um sich sammelt
Findet dort Versteke Arsenale
leichter auch
Verpflegung anzuschaffen
und wenns noth thut
die Verwundeten zu heilen

Hölderlin
Was ihm geschieht
ist unaussprechlich
streng und kalt
Die fremde Welt und
die Gestalten drinn
für die wir noch
Vergleichbares
nicht kennen
versuch ich
nah zu rüken
Höret gut zu
so lässt vielleicht
die grosse Trennung
von dem kühnen und
entlegnen Stoff
sich überwinden
Glaser Wagner
AckerBauren Hirten wird er finden
die mistrauisch dem Städter
aus dem Weg gehn
und den Söldnern
die ihm nachspührn
für eine KupferMünze
seinen Pfad verrathen
Chor
Empedókles und Pausánias
sind seit Nacht und Tag
über Felder und durch Wälder
hin gezogen
WetterWolken warn ihr Dach
AscheBoden ihre Schlafstatt
Weit entfernt von lezten Wegen
wenig Beute in den kargen
Felsen sich erlegend
müde finden in den Höhen

ein paar Hütten sie
Aus dem Chor vortretend der Sprecher eines Bauern.

PAUSANIAS
Wir möchten etwas Mais
und eine Calebass voll Wasser
von dir kaufen

DER BAUER
Manche Thüren öffnen sich für Geld
die meine nicht

PAUSANIAS
Wir zahlen reichlich

DER BAUER
Geht wo anders hin

PAUSANIAS
Ein wenig Tuch dass ichs
ihm um die Füsse winde
von scharfen Steinen
sind sie bluthend
sieh ihn nur an
lass ihn nicht draussen stehn
an diesem Tag
wo sich das harte Wild
vorm Sonnenbrand
zur Höhle flüchtet

DER BAUER
Ich kenn ihn
Das ist der Verfluchte
von Agrigent
Hinweg mit euch

SCHMID
Ich bin gewis
FreySchärler sind jezt auf dem Weg
Ich hätt mich ihnen angeschlossen

CHOR
Und auf dem Weg sind
schwer bewaffnete Cohorten

LeibGardisten aus dem Stall
der Priesterschafft und StaatsBeamthen
können schiessen stechen Hals abschneiden
sind belehrt in jeder Art der Folter
zünden jede Hütt an die sein Blik traf
lassen im Rauch erstiken Fraun und Kinder
hängen die armen Bauren an die Bäume

HEGEL

Und sehn wir es historisch
wärs verständlich
Sie können mit Gewalt nur
reagiren
wenn es um die Erhaltung ihres
wenn auch mangelhaften
Staats geht

SINCLAIR

Der Ansicht dieses allerfahrnen
Manes
aber kann nicht Strato seyn
Er muss zu dieser Stunde sinnen
wie Empedókles
Hilfe beizubringen ist
muss wissen
dass sein Bruder
auf ihn rechnet

SCHELLING

Ich mein dass zu der Zeit
die Geister schon gespalten sind
und Muthige treten
für Empedókles ein
während Hermokrátes
die Vielzahl aller Schwächlinge
um sich schaart

SÄNGER

Schlimm ist es nur
dass alle

die den Helden lieben
so lang er blüht und glänzt
sich vor ihm scheun
wenn er verdüstert und
verödet ist

CHOR

Denn angefalln
von kleinen grünen Vögeln
deren scharfe Schnäbel sich
auf ihre Schädel richten
durchs Dikicht das von Schlangen
Scorpionen und Mosquitos wimmelt
vom Fieber ausgehöhlt
von Athemnoth bedrängt
Empedókles
und neben ihm
Pausánias

EINE STIMME IM CHOR

Doch auf der HochEbne
schliessen paar FeldArbeiter
die ihre Herrn
voll Hass verliessen
ihnen sich an
Bringen ein magres
Maulthier mit
den Weg dem Empedókles
zu erleichtern

EINE STIMME IM CHOR

Allein die Hoffnung
dass einer unterwegs war
von dem geflüstert wurde
dass er die Laage für uns
bessern wollte
genügte uns
dass wir die Lehmhütten verliessen
und uns mit den Machetas

zu ihm schlugen

CHOR

Dann wieder dorniges Gehölz
verfehlte Aufstiege
umständliches Zurükkehrn
Durst und Hunger

HEGEL

Und das ists weshalb er sich
zu solchem Sprung aufmacht
Sich als Erbärmlichster
der Armen hin zu legen
und sich am Fels
sein sterbend Haupt
zerschlagen lassen

SCHELLING

Ich beginne
die That des Empedókles
zu verstehn als
poetische Handlung

HÖLDERLIN

Das Gerücht von seinem Zug
hat sich verbreitet
In andern Gegenden
bahnt Ähnliches sich an
Schon ist zu hörn
vom Widerstand der Sclaven
in den SilberMinen
schon heissts
in der gebannten Stille
unsrer Städte
dass in den Bergen
eine mächtige Armee
sich sammelt

GLASER WAGNER

Wie soll denn dieses Häufflein
das sich auf seinen Beinen

kaum halten kann
uns beistehn
Sind wirs doch eher
die jene oben in den Bergen
retten müssten

HÖLDERLIN
So ist es Wagner
Das will Empedókles sagen
Reisst euch
aus der Genügsamkeit
Erwartet nicht
dass euch zu helfen ist
wenn ihr euch selbst nicht helft
Beginnet eure eigne Zeit
und macht euch auf den Weg

39 Alfred Andersch

JESUSKINGDUTSCHKE

Für Walter Heist

»Das ist nur eine Platzwunde», sagte Carla, während sie Marcels Schädeldecke untersuchte. «Nur oberflächlich.»
Sie schob seine schwarzen Haare auseinander und prüfte den Verlauf der Wunde, so gut es im Licht der Laterne ging. Marcel stand an den Lampenpfahl gelehnt, Blut rann ihm in zwei Bahnen über das Gesicht, er wischte es vorsichtig weg, wenn es ihm in die Augen drang.
«Er muß verbunden werden», sagte Carla zu Leo. «Am besten bei mir in der Klinik. Ob wir hier irgendwo ein Taxi auftreiben?»
Carla war Medizinstudentin. Sie diente gerade ein Praktikum ab, Moabiter Krankenhaus.
«Du solltest erst einmal nach Hause, dich umziehen», sagte Leo. «Du mußt ja bis auf die Haut naß sein.»
Sie schüttelte den Kopf. «Nicht nötig», sagte sie, «der Mantel hat das mei-

ste abgehalten. Ich hab in der Klinik Sachen zum Wechseln.»
Ihre Haare, die genauso schwarz waren wie die von Marcel, klebten ihr am Kopf. Sie trug einen hellen Regenmantel, der mit einem Gürtel geschlossen war.
Während sich Leo zwang, das Blut zu betrachten, wie es in Marcels Bart sickerte, hörte er hinter sich die Schritte der Demonstranten, die durch die Kochstraße abzogen. Sie liefen nicht mehr, weil die Polizei nur bis zur Ecke Charlottenstraße angegriffen hatte. Der Wasserwerfer dort war noch immer in Tätigkeit, obwohl die Straße schon leer war. Leo, sich von Marcel und Carla abwendend, sah dem Strahl zu, wie er von den Scheinwerfern jenseits der Mauer illuminiert wurde. Plötzlich wurde er abgedreht. Sekundenlang herrschten nichts als Schweigen und der schwarze Glanz der nassen Fahrbahn. Dann erst wurden die Polizisten im Hintergrund der Straße sichtbar, es wimmelte von ihnen, nichts wie Helme und Mäntel um das Pressehaus, hinter dessen Fenstern alle Lichter brannten. Ungefähr hundert Meter vor dem Wasserwerfer, fast schon an der Ecke zum Checkpoint Charlie, lag ein Mann auf dem Bürgersteig, mit dem Gesicht nach unten. Ein Zivilist, anscheinend ein Arzt, den die Polizisten durchgelassen hatten, die in mehreren Ketten den Sektorenübergang zernierten, ging auf den Liegenden zu.
Möglich, daß trotz der Tumulte ein paar Taxis vor der U-Bahn-Station Kochstraße stehen, dachte Leo, aber in diese Richtung gehen hieße der Polizei direkt in die Fänge laufen.
«Kommt!» sagte er. «Am Askanischen Platz gibt es Taxis.»
Sie waren unter den letzten, die den Schauplatz verließen. Als sie durch die Anhalter Straße gingen, war die Nacht irgendeine April-Nacht in Berlin, kühl und leer. Jedesmal, wenn sie in einen Lichtkreis gerieten, stellte Leo fest, daß Carla Marcel aufmerksam beobachtete; offenbar befürchtete sie, das Blut würde auf einmal zu quellen beginnen, hell und in Strömen.
Am Grün-Rondell des Askanischen Platzes stand eine einzige Taxe. Der Fahrer hatte einen Arm aufs Steuerrad gestützt und den Kopf in die Hand gelegt, er schien zu schlafen, aber als Leo schon die Hand am Türgriff hatte, sagte er, ohne seine Stellung zu verändern: «Lassen Se man die Pfoten wech! Ick fahre keene Studenten.»
Wie immer, wenn ihm etwas Derartiges zustieß, dachte Leo zuerst einmal an seine Bärenkräfte, daran, daß viele seiner Bekannten ihn einen Bullen

nannten. So, wie er gebaut war, würde er den Mann mit einem einzigen Griff aus seinem Auto heben. Aber als er schon nach der Türe neben dem Fahrersitz greifen wollte, fiel ihm ein, wie er vor einer halben Stunde versäumt hatte, den Schlag abzuwehren, der Marcels Kopf getroffen hatte.
«Wir haben einen Verletzten bei uns», sagte Carla. «Er muß so schnell wie möglich behandelt werden.»
Der Mann gab keine Antwort, sondern kurbelte nur das Wagenfenster hoch. Sie sahen, wie er nach dem Mikrophon seines Sprechfunkgeräts griff.
«Gehen wir zum Halleschen Tor!» schlug Leo vor. «Mit der U-Bahn bis Wedding und dann umsteigen nach Putlitzstraße.»
«Und dort müssen wir noch mal in die U-Bahn umsteigen», sagte Carla. «Wenn wir zu Fuß durch den Tiergarten gehen, sind wir schneller da.»
Leo mußte ihr recht geben. Er wäre nur gerade jetzt gern mit der U-Bahn vom Halleschen Tor nach Wedding gefahren. Auf dieser Strecke fuhren die Züge unter der Friedrichstraße längs durch Ostberlin, ohne zu halten. Das Licht in den meistens fast leeren Waggons wurde schwächer, man saß in einer achromatischen Dämmerung, in der die Stationen auftauchten, gelb gekachelte Wolken. Stadtmitte, Französische Straße, Oranienburger Tor. Auf den Bahnsteigen standen immer zwei Volkspolizisten nebeneinander, die Gewehre über die Schultern gehängt.
Sie gelangten an den Landwehrkanal, wandten sich nach rechts. Reichspietschufer, las Leo. Die Nacht sollte eigentlich nach Mord riechen, dachte er, nach Köbis und Reichspietsch, nach Liebknecht und Luxemburg, von Rechts wegen sollte sie eine nach Hilfe schreiende Nacht sein, aber sie war nur schlecht beleuchtet und aprilen, das Wasser des Kanals stand dicht und nichtssagend zwischen den hellen Steinböschungen, manchmal fuhr ein Auto durch die schwach sich bewegenden Lichtkreise, die auf dem Boden der Uferstraße lagen.
Rechts stand jetzt wieder die Mauer, manchmal nur als kurzes Verbindungsstück zwischen den Wänden von Lagerhäusern, dann wieder in längeren Fronten. Sie folgten ihr, indem sie in die lange verlassene Straße nach Norden einbogen, die Linkstraße. Hinter der Mauer ein diffuser Lichtschein; das machte die Seite, auf der sie gingen, noch dunkler.
In der Linkstraße tat Marcel zum erstenmal wieder den Mund auf.
«Lukács' Kritik an Bucharin ist doch falsch», sagte er. «Bucharin hat eini-

ges schon damals gesehen, was Lukács eben noch nicht gesehen hat.»
«Sag mal», fragte Leo, «hast du etwa den Bucharin aufgetrieben?»
«Ja», sagte Marcel, «bei dem Antiquar in der Flensburger Straße. Ich dachte, ich seh' nicht recht. Die deutsche Ausgabe von 1922.»
«Mensch!» sagte Leo. «Wann kann ich sie kriegen?»
«Vorläufig noch nicht. Wir machen erst mal ein Seminar darüber.»
Marcel studierte Soziologie. Nachdem das Institut aufgeflogen war, bestimmten die Studenten einstweilen die Seminar-Themen.
«Bucharin sieht als einziger die Rolle der Technologie», erklärte Marcel. «Er sagt: ‹Jedes gegebene System der gesellschaftlichen Technik bestimmt auch das System der Arbeitsverhältnisse zwischen den Menschen.› Und gerade deswegen greift Lukács ihn an. Er behauptet, Bucharin identifiziere die Technik mit den Produktivkräften ...»
«Was nicht einmal so falsch wäre.» Leo unterbrach ihn. «Bei uns in der Architektur sind beide identisch, möchte ich behaupten.»
«Na schön», sagte Marcel, «aber Bucharin geht nicht einmal so weit. Er sagt nur, daß die Entwicklung der Gesellschaft von der Entwicklung der Technik abhängt. Und Lukács nennt das einen ‹falschen Naturalismus›.»
Sie hörten plötzlich auf zu sprechen, weil ein Polizei-Jeep neben ihnen hielt. Der Polizist, der neben dem Fahrer saß, sprang heraus und kam auf sie zu.
«Darf ich um Ihre Ausweise bitten!» sagte er.
«Warum denn?» fragte Leo. «Dürfen wir hier nicht gehen?»
«Wenn Sie Schwierigkeiten machen wollen, können Sie gleich einsteigen!» sagte der Beamte.
Leo holte seinen Berliner Personalausweis heraus und reichte ihn dem Mann. Als Studenten waren sie daran gewöhnt, ohne Grund kontrolliert zu werden; sie trugen darum immer Ausweispapiere bei sich.
Der Polizist sah Marcel an. «Was ist denn mit Ihnen los?» fragte er.
«Er ist gestürzt und hat sich den Kopf aufgeschlagen», sagte Carla.
«So», sagte der Polizist. «Einfach so gestürzt.»
«Nein», sagte Carla, «nicht einfach so gestürzt, sondern gestürzt. Das gibt es. Ich arbeite im Moabiter Krankenhaus, und wir bringen ihn gerade dorthin.»
Sie gab ihm ihren westdeutschen Paß. Er zog ein Notizbuch hervor und begann, ihre Namen einzutragen.

«Sie haben nicht das Recht, uns aufzuschreiben», sagte Leo.
«Sie würden sich wundern, wenn Sie wüßten, wozu ich das Recht habe», erwiderte er, ganz ruhig.
Leo spürte, wie Carla ihre Hand auf seine Schulter legte.
«Keine Angst», sagte er laut. «Ich tu ihm schon nichts.»
Der Polizist sah ihn an. «Sie sollen vorhin einen Taxifahrer bedroht haben», sagte er.
«Das ist nicht wahr», sagte Carla. «Er hat sich geweigert, uns zu fahren, und wir haben kein Wort gesagt und sind weggegangen. Kein Wort! Obwohl er gesagt hat, daß er Studenten nicht fährt.» Sie schrie es fast.
Nicht einmal dieser Polizist überhörte es, daß sich hier jemand sein Recht holen wollte. Er ließ von Leo ab.
«Ihren Ausweis noch!» sagte er zu Marcel, während er Carla und Leo die Papiere zurückgab.
Als er Marcels Schweizer Paß sah, wurde er beflissen.
«Wir bringen Sie zur nächsten Unfallstation, wenn Sie es wünschen», sagte er.
«Ich wünsche», sagte Marcel, «daß Sie auch meinen Namen noch in Ihr Buch schreiben.»
«Das ist nicht nötig», erwiderte er.
Marcel schnappte seinen Paß von den Fingern des Polizisten weg, drehte sich um und ging weiter.
Den Kerl einfach stehenlassen war nicht nur ein guter Abgang gewesen, dachte Leo, als er und Carla Marcel folgten, sondern auch die beste Taktik. Wer weiß, was alles passiert wäre, wenn ich noch lange diesem Polypen gegenübergestanden hätte. Ach was, dachte er sofort, das ist Angabe. Ich bin ein Angeber. Gar nichts wäre passiert. Und Marcel weiß es vielleicht. Wenn er vorhin, ehe er den Schlag bekam, noch fähig gewesen ist zu beobachten, was um ihn herum vorging, dann müßte er es wissen. Dann ist er vielleicht so schnell weggegangen, weil es ihm peinlich war, mit anzuhören, wie ich eine Lippe riskierte. Eine Lippe und sonst nichts.
Aber Marcel schien an ganz anderes zu denken. Noch während sie hörten, wie der Jeep hinter ihnen wendete und wegfuhr – das Geräusch hörte sich an wie ein Fluch, der in der Nacht verklang –, setzte er schon ihr Gespräch fort.
«Bucharin hat bestritten, daß man die Geschwindigkeit der gesellschaftli-

chen Prozesse voraussagen kann», berichtete er. «Er wollte aus der Soziologie eine Naturwissenschaft machen. Man muß das mal durchdiskutieren. Übrigens sind die meisten bei uns schon gegen ihn. Er ist ihnen zu vorsichtig. Manche sagen sogar, er sei ein Pessimist. Sie stimmen Lukács zu, der natürlich ganz genau das Gefährliche an Bucharin erkannt hat und ihn mit Lenin niederknüppelt. ‹Es gibt Revolutionäre, die zu beweisen versuchen, daß es keinen Ausweg aus der Lage gibt. Dies ist ein Fehler. Unbedingt aussichtslose Lagen gibt es nicht.›»
«Hat Lenin das gegen Bucharin gesagt?» fragte Leo.
«Ach wo, keine Rede. Lukács zitiert es einfach aus irgendeiner Ansprache Lenins, die mit Bucharin gar nichts zu tun hat. Aber es ist genial zitiert. Lukács zitiert immer genial.»
Er blieb plötzlich stehen.
«Leo», fragte er, «sind wir in einer unbedingt aussichtslosen Lage?»
«Im Gegenteil», antwortete Leo, «denk doch nur mal daran, was wir schon alles in Gang gebracht haben. Mit nichts als ein bißchen Rabatz in den Universitäten und mit ein paar Demonstrationen. Wir fangen doch grade erst an.»
Er hatte geantwortet, ohne sich zu besinnen, und doch schien es ihm sogleich, als sei er nicht ganz ehrlich gewesen, als habe er Marcel nur beschwichtigen wollen. Aber es war wirklich seine Ansicht, er hatte nicht nur Marcel zuliebe, auf dessen Gesicht sich das Blut schon zu verkrusten begann, so dahergeredet. Um ihn abzulenken, sagte er, während sie schon weitergingen: «Nu laß man Lukács zufrieden! Er hat sehr gute Sachen geschrieben. Kennst du ‹Erzählen oder beschreiben›?»
Als Marcel verneinte, wollte Leo ihm die Vorzüge von Lukács' ‹Erzählen oder beschreiben› auseinandersetzen, aber Carla unterbrach ihn.
«Wißt ihr eigentlich», fragte sie, «wie Bucharin umgekommen ist?»
«Natürlich wissen wir das», antwortete Leo. «Stalin, die Schauprozesse und so weiter.»
«Wörter», sagte Carla. «Leere Sprachhülsen: Stalin, Schauprozesse.»
«Was willst du damit sagen?»
«Bucharin hat sich vor Gericht als verbrecherischen Charakter bezeichnet. Er hat Trotzki verleugnet. Am Morgen seiner Erschießung mußte man ein wimmerndes Stück Fleisch aus der Zelle ziehen. Noch das Exekutionskommando hat er um sein Leben angebettelt.»

«Unsinn», sagte Marcel. «Lies Merleau-Ponty, wenn du wissen willst, wie der Prozeß gegen Bucharin verlief!»
«Ich habe ihn gelesen», antwortete Carla heftig.
Während sie sich stritten, begann Leo einen Stein zu kicken, der vor ihm auf der Straße lag. Er mußte einfach etwas tun. Diese Nacht wurde zur reinsten Katastrophe. Er rannte eine Weile hinter dem Stein her, kickte ihn immer weiter, dann blieb er stehen und wartete.
«Warum bist du eigentlich bei uns?» hatte er Carla einmal gefragt, kurz nachdem er sie kennengelernt hatte, vor ungefähr einem Jahr. Sie hatte ganz klare Auskünfte geben können. Ihr Vater, Chefarzt an einer Klinik in Duisburg, Chirurg – auch Carla wollte Chirurgin werden –, war in seiner Jugend einmal kurze Zeit in einem Konzentrationslager gewesen. Er hatte Carla eine ziemlich primitive, aber wirksame Theorie des Widerstandes beigebracht. «Wir haben damals alle gekuscht», pflegte er zu sagen, «alle, ohne Ausnahme. Wir ließen uns einfangen wie die Hasen. Niemand, ich wiederhole: niemand ist auf die Idee gekommen, daß man gegen Gewalt Gewalt setzen könnte. Niemand hat gekämpft, ich meine wirklich gekämpft, mit der Waffe in der Hand. Es ist doch aussichtslos, hieß es immer. Du bist nur ein Mädchen, Carla, aber halte dich an die, die kämpfen, wenn sie vor der Gewalt stehen!» Der alte Herr – er war übrigens erst in den Fünfzigern – verhielt sich auch jetzt konsequent; er schrieb seiner Tochter verständnisvolle Briefe, diskutierte mit ihr jedoch taktische Fragen, um sie vor ausgesprochenen Dummheiten zu bewahren. Carla ist ein klarer Fall, dachte Leo, sie besitzt ein perfektes Über-Ich, ihren Vater. Auf Carla ist Verlaß. Auf Carla ist viel mehr Verlaß als auf alle, die zu uns kommen, weil sie ihre Eltern spießig finden.
Sie gingen noch immer an der Mauer entlang, aber schräg links von ihnen lag jetzt die Philharmonie, Scharouns steinernes Zelt, das Leo stets bewunderte, wenn er es erblickte. Von weißem Licht umsponnen, machte es die Mauer zu irgendeiner Mauer.
«Entschuldigt», sagte Marcel, «aber ich glaube, ich muß mich mal eben einen Moment hinsetzen.»
Er setzte sich auf das Trottoir. Carla kniete sofort neben ihm.
«Leg dich hin», sagte sie, «und atme ein paarmal tief durch!»
Er streckte sich aus, und Carla schob ihren Arm unter seinen Kopf. Leo sah ihre nassen Strümpfe und Schuhe.

«Herrgott, Carla, du holst dir noch was», sagte er.
Sie schüttelte nur den Kopf und beobachtete Marcels Atemzüge, während sie seinen Kopf hoch stützte, damit die Wunde nicht wieder zu bluten begann.
Leo schlenderte umher. Es war ihm peinlich, daß er nichts zu tun hatte. Nach einer Weile entdeckte er die Schrift an der Mauer. Die Mauer war hier von der Philharmonie her schwach ausgeleuchtet.
«Menschenskinder», rief er, «kommt mal her!»
Marcel hatte sich schon wieder aufgesetzt. Carla stützte ihn beim Aufstehen. Sie ging dorthin, wo Leo stand. Gemeinsam lasen sie die Inschrift JESUSKINGDUTSCHKE, die irgend jemand mit dicker roter Kreide in einer Zeile und in Großbuchstaben auf die Mauer geschrieben hatte. Da er zwischen den drei Namen keinen Raum gelassen hatte, war aus ihnen ein einziger Name geworden.
«Es gibt doch Irre unter uns», sagte Leo. Er lachte auf.
Die beiden anderen blieben stumm. Nach einer Weile sagte Carla: «Weißt du, so irre finde ich das gar nicht.»
Marcel starrte finster auf die Buchstaben.
«Alle diese Apostel der Gewaltlosigkeit!» sagte er.
«Na, Dutschke kannst du doch nicht zu denen rechnen», wandte Leo ein.
«Hör mir mit Dutschke auf!» sagte Marcel. «Er quatscht immer nur vom langen Marsch durch die Institutionen. Mehr ist ihm bis jetzt nicht eingefallen.»
Leo war bereit, über Gewalt und Gewaltlosigkeit zu diskutieren, aber als er sich zum Gehen wandte, erblickte er das Taxi, das auf dem Kemperplatz, neben der Philharmonie stand. Er hechtete los.
Im Auto sackte Marcel zusammen; mit geschlossenen Augen lehnte er in seiner Ecke.
Leo saß vorne neben dem Fahrer. Er drehte sich halb um und streckte seinen Arm nach rückwärts aus, aber Carla ergriff seine Hand nicht.
«Nicht», sagte sie leise, «nicht jetzt.»
Im Tiergarten war es dunkel. Es war fast so, als führen sie bei Nacht durch eine offene Landschaft.
Leo zog seinen Arm zurück und setzte sich gerade hin. Er hatte heute schon einmal seinen Arm zurückgezogen.
Er sah wieder den Polizisten auf Marcel zukommen, der noch immer me-

thodisch und selbstvergessen Steine warf, auch als die Polizei schon angriff und alle liefen. Es war ganz richtig, daß sie liefen, und außerordentlich dumm von Marcel, daß er stehenblieb und weiter Steine warf. Der Polizist rannte mit erhobenem Knüppel auf Marcel zu, und als er heran war, hätte es eines einfachen Handgriffs von Leo, der neben Marcel stand, bedurft, um ihn außer Gefecht zu setzen. Leo hätte nur den zum Schlag erhobenen Unterarm packen und den ganzen Arm mit einer kurzen, eisern drehenden Bewegung aus dem Schultergelenk kugeln müssen: der Mann hätte sich brüllend vor Schmerzen am Boden gewälzt. Er hatte es nicht getan. Zwar hatte er seinen Arm ausgestreckt, aber zu langsam, in einer berechnet langsamen Geste, von der er wußte, daß sie zu spät kommen würde, und die damit endete, daß er nicht den Polizisten, sondern Marcel am Arm ergriff, nachdem der Schlag ihn getroffen hatte, daß er Marcel herumriß, ihn nach hinten stieß, schleifte, trug, bei welchem Geschäft ihn übrigens die Polizisten in Ruhe ließen. Leo war es schon gewohnt, daß sie ihn nicht angriffen. Er war fast zwei Meter groß, von Gestalt ein Athlet, ein federnder Riese. Er war kein Bulle. Er war aktiver Sportler, hatte sich auf Kugelstoßen und Hammerwurf spezialisiert; der Trainer beschwor ihn, sich weniger mit Politik zu befassen, er sagte, wenn Leo sich ganz auf Kugelstoßen konzentrieren würde, wäre er in einem Jahr in der Weltklasse. Leo trug seine blonden harten Haare kurz geschnitten; mit seinem *crew-cut* und infolge der Art, in der seine Backenmuskeln sein Gesicht umrissen, hielten ihn fast alle zuerst für einen Amerikaner.
«Es war fabelhaft von dir», hörte er Carla sagen, «daß du bei Marcel geblieben und ihn herausgeholt hast.»
Er atmete auf. Sie hatte also nicht beobachtet, was wirklich geschehen war. Außerdem stimmte es ja: er war bei Marcel geblieben. Nur daß er dann Angst bekommen hatte, ganz gewöhnliche physische Angst, und nicht einmal besinnungslose, sondern klare Angst. Er hatte haarscharf berechnet, was kommen würde, wenn er den Angreifer entwaffnet hätte: sie hätten sich zu fünft, zu zehnt auf ihn gestürzt und ihn total zusammengeschlagen. Und Marcel dazu. Den Schlag auf Marcels Kopf zuzulassen, war das kleinere Übel gewesen. Der ganze Prozeß war in seinem Bewußtsein abgelaufen. Es war, wie wenn er manchmal die Kugel nicht stieß, sondern aus seiner Handfläche in den Sand abrollen ließ, weil er festgestellt hatte, daß er nicht richtig atmete oder das rechte Bein nicht kraftvoll genug bela-

stet hatte.
Die Lichtertürme des Hansaviertels. Die S-Bahn-Unterführung. Vor der Klinik mußten sie Marcel überreden, auszusteigen. «Laßt mich doch sitzen», sagte er, «es ist so schön hier!» Carla sah besorgt aus.
Das Ambulatorium war ein fast leerer Raum. In der Praxis hat sich ergeben, dachte Leo, daß man in einem solchen Raum nicht mehr braucht als ein Untersuchungslager auf Rollen, einen Medikamentenschrank, drei Stühle. Er saß neben Marcel, weil Carla, als sie gegangen war, gesagt hatte: «Setz dich neben ihn! Es könnte sein, daß er umkippt.» Er dachte über rein funktionelle Räume nach. Dieses Untersuchungslager, dieser Medikamentenschrank erinnerten an nichts weiter als daran, daß sie ein Untersuchungslager, ein Medikamentenschrank waren. Solche Dinge, ein solcher Raum entsprachen seiner Vorstellung von Architektur – von Häusern und Räumen, die sich selbst definierten. Sie waren keine Fetische.
«Mir ist grausig schlecht!» Marcel sagte es so selbstvergessen, daß er Schweizerdeutsch sprach; er sagte ‹gruusig›, und das ch in schlecht brachte er ganz als Rachenlaut hervor. Leo sah sein bleiches Gesicht.
Gott sei Dank kam Carla jetzt zurück. Sie brachte einen Arzt mit. Obwohl sie nur ein paar Minuten weggewesen war, hatte sie es fertiggebracht, sich völlig zu verändern. Sie trug jetzt einen weißen Kittel und Turnschuhe, sie hatte ihre Haare getrocknet und gekämmt und dazu noch den Arzt aufgetrieben. Leo hatte sie noch nie in ihrer Arbeitsumgebung gesehen. Sie wirkte hier geschlossener, kompakter, fester als sonst. Er hätte sie gerne angefaßt.
Der Arzt war ein großer leptosomer und infolgedessen sich ein wenig gebeugt haltender Mann, um die Vierzig. Er ging sofort auf Marcel zu, stellte keine Fragen, sah sich nur die Wunde an, betastete sie und beobachtete Marcels Reaktionen. Leo hatte den Eindruck, daß Marcel dem Arzt sympathisch war. Marcel war allgemein beliebt. Er war schon ein Jahr in Berlin, aber er sah immer noch so aus, als käme er direkt aus dem Café Odeon in Zürich. Obwohl er seinen Bart ziemlich struppig wachsen ließ, obwohl er sich große Mühe gab zu verwildern, wirkte er hübsch. Sogar jetzt noch, dachte Leo, sieht sein Gesicht aus, als wäre es von Celestino Piatti entworfen, das Gesicht eines blutenden, bleichen und glühenden jungen Mannes auf einem Buchumschlag. Dabei war Marcel alles andere als ein Modell für angewandte Kunst; er war ein methodischer kleiner

Kämpfer, störrisch, hartnäckig, ein Schweizer mit verletztem Rechtsempfinden.

Sie hatten sich in der Bibliothek der Technischen Universität kennengelernt, vergangenen Herbst, während Leo an seiner baugeschichtlichen Examensarbeit schrieb. Er hatte auf seinem Studienplatz eine kleine Handbibliothek angehäuft. Marcel erschien immer erst zwischen elf und zwölf Uhr, nahm rechts oder links von Leo Platz, wenn einer der beiden Stühle noch frei war, und las Zeitungen; gelegentlich schrieb er etwas auf einen Zettel.

«Entschuldige, wenn ich dich störe», sagte er eines Tages zu Leo. «Bitte, was heißt ‹Insulae›?»

Er deutete auf das Titelblatt von Leos Arbeit. Es war also einfach Neugier gewesen, was ihn veranlaßt hatte, immer den Platz neben Leo aufzusuchen. Er gab es zu.

«Das Wort verfolgt mich», sagte er, «seitdem ich es bei dir gesehen habe. Schreibst du einfach über Inseln?»

«Nein», sagte Leo. «‹Insulae› hießen die Mietskasernen im antiken Rom.»

«Ein merkwürdiger Name für Häuser.»

«Die ‹Insulae› waren die ersten Wohngroßbauten. Man grenzte jedes dieser Häuser durch Straßen und Freizonen ab, um die *plebs*, die in ihnen wohnte, kontrollieren zu können. Die größten ‹Insulae› entstanden unter Nero. Es ist heute so gut wie sicher, daß Nero den neronischen Brand nur veranstaltete, weil er die Slums um das Forum loswerden mußte, die ein Dschungel geworden waren, in dem die *plebs* nicht mehr überwacht werden konnte.» Sie sprachen im Flüsterton miteinander, wie es in der Bibliothek vorgeschrieben war.

«Bist du in Rom gewesen?» fragte Marcel.

«Ja, den ganzen Sommer», antwortete Leo. «Ich hatte ein italienisches Stipendium für diese Arbeit.»

Da er, wie alle, Marcel sogleich anziehend fand, fragte er: «Und du, was machst du?» Er deutete, vielleicht eine Spur geringschätzig, auf Marcels Zeitung.

Marcel schob ihm seinen Zettel hin.

«Da», sagte er, «das hab' ich heute gefunden. Nur heute. In einer einzigen Nummer.»

Leo nahm den Zettel und las erstaunt die Wörter, die Marcel in einer sehr

geraden, ordentlichen, die Unterlängen verschluckenden Schrift geschrieben hatte: *Nichtstuer – Gammler – Störenfriede – Pöbel – SA-Methoden – Krawallgier radikaler Halbstarker – Krawallbrüder – Rädelsführer – Politische Phantasten – Politisches Rowdytum – Provokateure – Halbstarke Wirrköpfe – Mob – Terror – Ausschreitungen – Kriminelle.* In einigem Abstand davon standen noch die Wörter *Die Anständigen* und *hart und konsequent.*
«Ich arbeite an einer sprachsoziologischen Untersuchung über Mordhetze», flüsterte Marcel. «Titel: *Vor dem Pogrom. Über die Technik der Einrichtung von Ghettos durch Sprache.*»
Leo hatte auf den Zettel gestarrt. «Siehst du die Lage so schwarz?» hatte er gefragt.
«Du etwa nicht?» Auf den Zettel deutend, hatte Marcel gesagt: «Das hier wird zu Mord führen, soviel ist sicher.»
Der Arzt ließ von Marcel ab. Er hob die Achseln. «Wir müssen auf jeden Fall eine Aufnahme machen», sagte er.
Er bat Leo, Marcel beim Auskleiden behilflich zu sein. «Wir müssen zuerst einmal die Wunde säubern», sagte er zu Carla. «Ich sehe mal nach, ob OP Zwo frei ist.»
Als er gegangen war, sagte Carla zu Marcel: «Das geht nur mit Teilnarkose. Du wirst überhaupt nichts spüren.» Marcel verhielt sich teilnahmslos; in der Wärme, unter dem grellen grauen Licht ließ er sich gleichgültig ausziehen, ging aber allein in Unterhose und Hemd zum Untersuchungstisch und legte sich darauf. Sie sahen, daß er einen mageren und zierlichen Körper hatte. Carla breitete eine Wolldecke über ihn.
«Es ist also doch mehr als eine Platzwunde?» fragte Leo leise.
«In solchen Fällen besteht immer Frakturverdacht», sagte Carla.
Sie schüttelte unwillig den Kopf, als Leo sagte: «Du siehst prima aus in deinem weißen Kittel.»
Der Arzt kam zurück und berichtete, der Operationssaal sei in zehn Minuten frei. Er fühlte noch einmal Marcels Puls, dann setzte er sich auf einen der Stühle. Offensichtlich war er müde.
Plötzlich hörten sie, wie er sagte: «Ihr schnappt nach dem Bonbon der Revolution statt nach dem Brot der Reform.»
Leo lag eine scharfe Antwort auf der Zunge, aber er überlegte sich, daß er Carla nicht in Ungelegenheiten bringen wollte. Vielleicht mußte sie sich

mit diesem Medizinmann gut stellen. Leo hatte sich auf das Fensterbrett gesetzt, weil es dort am dunkelsten war; in diesem medizinischen Raum kam er sich zu groß, zu klotzig vor.
Es war Carla, die antwortete, ohne sich zu besinnen.
«Wir wollen nur nicht mehr die Scheiße dieser Gesellschaft fressen», sagte sie.
Leo sah zu dem Arzt hinüber. Würde er irgendein Zeichen des Unwillens, des Ekels von sich geben? Aber er schien es schon gewohnt zu sein, daß Mädchen, die sich mit lang fallenden dunklen Haaren und blassen Gesichtern ein romantisches Aussehen gaben, bedenkenlos skatologische Ausdrücke in den Mund nahmen. Es schien, als zöge er sich wieder in seine Müdigkeit zurück.
«Gesellschaft», sagte er nach einer Weile. «Es ist doch ganz gleichgültig, in welcher Gesellschaft man lebt. An einer Gesellschaftsordnung ist nur wichtig, ob sie von anständigen oder von unanständigen Leuten gemacht wird.»
«Ach du meine Güte!» sagte Carla.
Leo schaltete sich ein. «Also nur ein paar nette Leute an die Spitze», sagte er, «und schon haben wir einen anständigen Kapitalismus. Glauben Sie wirklich an so was?»
«Oder einen anständigen Kommunismus», antwortete der Arzt.
«Ja, eigentlich ist das meine Meinung.»
«Eine unbrauchbare Elite-Theorie», sagte Leo. «Hört sich gut an, wie alle diese liberalen Phrasen, aber . . .»
Eine Schwester unterbrach ihn. Sie meldete, der OP-Raum sei vorbereitet. Zusammen mit Carla rollte sie den Tisch hinaus, auf dem Marcel lag. Der Arzt lächelte Leo höflich zu, als er ihnen folgte. Leo bedauerte, daß er ihm das Wort *Phrasen* an den Kopf geworfen hatte.
Sein Vater war noch auf, als er nach Hause kam. Sie bewohnten ein Reihenhaus in Lankwitz, er und sein Vater. Seine Mutter war bei seiner Geburt gestorben. Sein Vater war von 1933 bis 1945 im KZ gewesen, und als er herauskam, hatte er nichts Eiligeres zu tun gehabt, als ein Kind zu machen, an dem die vom Krieg und vom Warten erschöpfte Frau gestorben war. «Wenn sie wüßte, wat du für'n Laban jeworden bist!» sagte Leos Vater manchmal. Er selber war eher klein und mager. Jetzt war er fünfundsechzig und sah aus, als sei er Leos Großvater, nicht sein Vater. Er war

Schlosser bei Siemens gewesen; sie hatten ihn vor drei Jahren als Werkmeister pensioniert. Von dem Geld, das er für die Jahre im KZ erhalten hatte, ließ er Leo studieren; zusammen mit den hundertachtzig Mark vom *Berliner Modell* reichte es gerade.

«Ick mache deine zwölf Jahre Oranienburg wieda jut», hatte Leo einmal gesagt. Zu Hause, mit seinem Vater, berlinerte er.

«Laß man, denk nich dran!» hatte sein Vater erwidert. «So mußte et ehm't kommen.»

In Wirklichkeit war er nicht der Meinung, es hätte eben so kommen müssen. Daß er 1933 Mitglied der Stadtteil-Leitung Wedding der KPD gewesen war, hatte ihn zwölf Jahre seines Lebens gekostet. Seine Ansicht über die Partei pflegte er in dem Satz zusammenzufassen: «In der Theorie war die Partei imma jroß.» Und er fügte hinzu: «Nischt wie allet imma jenau voraussagen, is ooch nich abendfüllend.»

Leo mußte ihm die Demonstration vor dem Pressehaus genau schildern. Er nickte anerkennend.

«Allerhand, wat ihr so fertichbringt!» sagte er. «Und allet so aus der la meng. Ohne Orjanisation, ohne Partei!»

Sie saßen in der Küche. Leo, der seit dem Nachmittag nichts mehr gegessen hatte, aß ein Wurstbrot, trank helles Bier.

«Wenn ick denke, wie jenau wir imma übalecht haben, ehe wir wat riskierten», sagte sein Vater.

Er rauchte eine gebogene Pfeife, stieß graues Gewölk aus.

«Ob et jut is, det ihr so wenich übalecht? Ick jloobe, ihr wißt janich, mit wem ihr euch da anlecht. Der Rudi Dutschke hat's bestimmt nich jewußt.»

Leo beobachtete, wie das KZ-Trauma seinen Vater förmlich schüttelte. «Vater», sagte er, «et hilft allet nischt. Wir müssen unsere Erfahrungen alleene machen.»

«Ick weeß schon», erwiderte sein Vater, wieder gefaßt. «Nur det ihr jetzt in eure Niederlaje looft, det steht fest.»

Leo hatte keine Lust, über Sieg oder Niederlage zu sprechen; sein Vater hatte ihn auf einen ganz anderen Gedanken gebracht. Wenn eine große revolutionäre Partei, dachte er, zu lange überlegt hatte, ehe sie etwas riskierte, dann durfte auch er möglicherweise einmal überlegen, die Folgen bedenken, das kleinere Übel wählen, anstatt besinnungslos zuzuschlagen,

nur weil ein Freund in Gefahr war.
Nur daß eine solche Erwägung natürlich alles veränderte.
Er mußte diese Frage Marcel vorlegen. Wenn Marcel keine Fraktur hat, überlegte er, werde ich morgen zu ihm gehen und ihm erzählen, daß ich den Schlag gegen ihn hätte abwehren können. Er stellte sich vor, wie Marcel reagieren würde.
«Das ist doch ganz unwichtig», würde er wahrscheinlich sagen. «In jedem Kampf gibt es wechselnde subjektive Situationen.»
Leo würde versuchen, es ihm so geduldig wie möglich zu erklären. «Ich habe Angst vor der Gewalt gehabt», hörte er sich sagen. «Da kann ich doch nicht mehr dafür eintreten, daß andere die Gewalt anwenden, zu der mir der Mut fehlt. Und zu denen, die du die Apostel der Gewaltlosigkeit nennst, kann ich mich jetzt auch nicht mehr schlagen – sanft sein, weil man feige ist: also nein!»
Was würde Marcel dagegen vorbringen? Leo fielen keine schlagenden Argumente ein, die er Marcel in den Mund legen könnte. Natürlich, Marcel würde einen methodischen Vortrag halten: über die objektive Bedeutung der Gewalt, über die Zersetzung des revolutionären Denkens durch Psychologie. Und das alles nicht einmal, um Leo zu trösten, um ihm über das Peinliche wegzuhelfen, sondern weil er wirklich an die Macht objektiver Erkenntnisse glaubte, daran, daß ihnen gegenüber subjektive Schwächen gar nicht ins Gewicht fielen. Was bedeutete ein einziges sekundenschnelles Versagen in der langen Geschichte der Revolution? Nichts.
Zuletzt würde er seinen geliebten Merleau-Ponty zitieren. «Der euphorische Revolutionär stammt aus der Bilderfabrik von Epinal», würde er sagen.
Als sein Vater schlafen gegangen war, rief Leo im Krankenhaus an. Es dauerte eine Ewigkeit, bis er Carla an den Apparat bekam.
«Marcel ist in Ordnung», sagte sie. «Er hat keine Fraktur. Er muß nur zwei oder drei Tage in der Klinik bleiben.»
Sie teilte ihm die Besuchszeiten mit. Er spürte, wie sie darauf wartete, daß er etwas mit ihr vereinbarte. Sie war nicht mehr abweisend wie vorhin.
Nachdem er eingehängt hatte, überlegte er, daß ihm noch einiges an Material für die ‹Insulae›-Arbeit fehlte. Es gab da einige Häuser in Ostia, die er noch nicht untersucht hatte. Sein Vater würde ihm das Geld für die Reise geben. Er brauchte nicht viel.

40 Stephan Hermlin

Corneliusbrücke

1
Ich habe einen langen Weg vor mir von der Tür, deren Klinke ich kaum erreichen kann, durch das ungeheuer weite, ungeheuer hohe Zimmer hin bis zum Balkon, vor dem Querpfeifen gellen, Trommeln rasseln; ich will nicht zu spät kommen; laufend, springend, stolpernd vor Eile, überwinde ich die enorme Distanz. Ein Zauberlicht ist um mich her, die Bäume mit von Sonne getigertem Laub greifen mit riesigen züngelnden Ästen nach den Fenstern, sehr leises Vogelgezwitscher ist so nahe, daß es aus den Ekken des Zimmers zu dringen scheint, ich spüre ein Gleiten und Schwingen, ein betäubender Schwall unbekannter Düfte dringt zu mir empor, da ist die Drehung einer Hüfte, das Erzittern von Federn über einem breitrandigen Hut, kurze, entzückende Ausrufe werden hörbar, Händeklatschen, denn die Musik schweigt. Ich kann nun den stumpfen Widerschein des Lichts auf den Stahlhelmen erkennen; was da dicht unter mir steht, kann eine Kompanie sein, die Soldaten haben eine Wendung gemacht, sie stehen unbeweglich, mit dem Rücken zu mir, und im Haus gegenüber hat sich ein Fenster geöffnet, Offiziere grüßen starr hinauf zu einem Mann in Uniform, den ich durch Laubmassen und Lichtflecke hindurch auf gleicher Höhe undeutlich erblicke, ihn oder vielmehr ein Stück Stoff und ein Heben der Hand. Dies sei, sagte eine Stimme leise von oben, der Mann, der unsere im Felde unbesiegten Heere geführt hat.
Das Haus, von dem aus ich zu General Ludendorff hinübersehe, ist das letzte auf der rechten Seite der langen, mächtigen Straße, die an dem am weitesten nördlich gelegenen Punkt des Hauses einen spitzen Winkel mit der Keithstraße bildet. Nach links und nach rechts geht, den Kanal entlang, das stille, von alten Bäumen und Buschwerk bestandene Lützowufer ab, an dem man spazierengehen oder träumen oder etwas verbergen kann. Wenn man von unserem Hause aus nach der anderen Seite die Straße hinabblickt, in die Richtung der Gedächtniskirche, von der her jeden Abend ein wildes, vielstimmiges Geläut dröhnt, weiß man, daß an der nächsten

Ecke die Wichmannstraße liegt, dann die Nürnberger, dann die Kurfürstenstraße. Da unten liegt auch das Eden-Hotel, zweihundert, vielleicht dreihundert Meter entfernt. Das alles weiß man übrigens noch gar nicht, man erfährt es erst später, man lernt die Namen auswendig, ohne jeden Grund.

2

Die Frühlings- oder Sommerszenerie, über der Querpfeifen und Trommeln lärmen, ist gar nicht gemeint. Ein Krieg war gewesen, ich hatte schon die «Wacht am Rhein» singen können, mein Vater war zurückgekehrt. Ich hörte ihn Scarlatti-Sonaten spielen nachts, wenn ich für Sekunden zwischen Schlaf und Wachen lag. Wie gut war die Nacht meiner Kindheit, durch die nichts drang als diese Musik. Auch die Taggeräusche sind um mich bemüht, sie bedeuten Sorge um mich, Pflege, Trost. Kaum habe ich zu leben begonnen, versucht man bereits, mir diese Last abzunehmen. Die Zimmer sind lautlos und voller Licht; was brennt da draußen; es müssen blühende Kastanien sein. Vor mir öffnen sich, eines nach der anderen, fast ohne Geräusch, die breiten gläsernen Schiebetüren. Das Aubusson-Zimmer mit den beiden Gainsboroughs. Von allem, was war, lebt das also, man weiß nicht, warum und zu welchem Zweck. Aber da war doch etwas anderes gewesen. Vor diesem unbegreiflichen, unveränderlichen späten Frühjahr oder frühen Sommer ein Winter mit Kälte, durchdringend feuchter Leere, mit seinen langen Monaten, einem Januar zum Beispiel. Wie lang auch die Nächte sind, die vom fünfzehnten auf den sechzehnten etwa. Ein Krieg war vorbei, gewiß, aber hier in der Budapester Straße, die damals noch zum Kurfürstendamm gehörte und darum so hieß, war er nie verloren worden. Was immer auch im Land geschah, oder in dieser Stadt, ihren nördlichen und östlichen Vorstädten mit ihren Versammlungen, Debatten, Ausschüssen, Streiks, Maschinengewehrsalven, drang nicht hierher, auch wenn es sich manchmal nur ein paar Kilometer weiter abspielte. So gut mich meine Nächsten in diesem Hause behüteten, so gut schützten unbekannte, unsichtbare Mächte Haus und Straße. Es hätte aber sein können, daß gerade in jener Nacht, da mein Vater wieder Scarlatti spielt und ich tief in der Höhle des Schlafes liege, in der Straße eine gewisse Bewegung entsteht. Eigentlich ist es gar nichts und kaum der Rede wert. Passanten gibt es ja beinahe keine zu dieser späten Stunde; aber so spät ist es nun auch wieder nicht, nicht später als halb elf, kurz vor elf, für Erwachsene zählt das kaum. Eine kleine Gruppe sammelt sich zwei-, dreihundert Meter weiter unten, läuft auseinander, sammelt sich von neuem, Türen schlagen, zwei Autos setzen sich, übrigens mit erheblichem Abstand voneinander, in Bewegung. Aus dem zweiten ertönt ein schwacher Knall, da ist es aber immer noch ein ganzes Stück entfernt, man kann es bei uns unmöglich gehört haben, schon gar nicht, wenn Klavier gespielt wird. Die beiden Autos fahren ziemlich langsam vorbei, das eine geradeaus über die Brücke in den Tiergarten hinein; das andere biegt nach links ab um die Ecke, an der der General Ludendorff wohnt. Es fährt den Kanal entlang. Dort ist es sehr dunkel.

3

Es muß ein Lärmen gewesen sein, die Trunkenheit des Sieges und die andere, alltägliche, das Hin- und Herblitzen von Schreien: «Rosa! Rosa!» – «Da ist der rote Hund!» – «Von denen kommt uns keiner lebendig weg!» – «Die Sau muß schwimmen!», nur zwei-, dreihundert Meter von der Stelle entfernt, wo ich, ein kleines Kind, in tiefem Schlaf lag. Das, was immer dazu bestimmt gewesen war, an Maschinen zu stehen, Straßen zu kehren, Wagen zu lenken, Waffen zu führen für andere, hatte sich ein paar Tage lang hochgereckt; man hatte davor gezittert; hatte eine unausdenkbare Zukunft vor sich gesehen, die Kanaille am Ruder, oben, was unten gewesen war. Alles war nun wieder in Ordnung, aber für die schändliche Angst, die man ausgestanden hatte, sollten die da zahlen. *Aber dies ist eure Stunde und die Macht der Finsternis.*

Zwei Tage nach dieser Stunde klingt eine Stimme aus einem Automaten: «Man hat die schrecklichen Ereignisse, die wir in Berlin in den letzten Tagen durchlebten, einen Bruderkrieg genannt. Ich kann die Berechtigung dieses Ausdrucks nur teilweise anerkennen. Verbrecher und Plünderer sind nicht meine Brüder.» Der Automat ist der ehemalige kaiserliche Staatssekretär und jetzige Volksbeauftragte Scheidemann. Verbrecher sind jene, die auf Jahrhunderte von Gewalt mit acht Tagen Gewalt antworten, Plünderer aber die, welche von einzelnen geraubtes Eigentum den vielen Beraubten zurückgeben wollen. Aus dem Automaten dröhnt es: «Ich bedaure den Tod der beiden aufrichtig. Sie haben Tag für Tag das Volk zu den Waffen gerufen und zum gewaltsamen Sturz der Regierung aufgefordert. Sie sind nun selbst Opfer ihrer eigenen blutigen Terrortaktik geworden.» Ein Gebrüll übertont die leisen Worte, die aus Zuchthäusern kommen. «Der Krieg», hatte der Mann geschrieben, «der Krieg und die vielen Mängel der Welt plagen und bekümmern Dich. Aber aus *der* Nacht gibt's Rettung, nur eine Rettung freilich: den Entschluß, die Beseitigung dieser Übel sich zum Lebenszweck zu setzen. Nur *das* Leben ist unmöglich, das alles laufen lassen wollte, wie es läuft. Nur das ist möglich, das sich selbst zu opfern bereit ist, zu opfern für die Allgemeinheit. Mein Leben war bisher, trotz allem, glücklich ...» Die leise Stimme sagt: «Ich möchte helfen unter Opferung von tausend eigenen Leben, mithelfen an dem einzigen, was der russischen Revolution und der Welt helfen kann. Verdammte Ohnmacht. Ich stoße an die Wände.» Die Frau flüstert: «Ich habe manchmal das Gefühl, ich bin kein richtiger Mensch, sondern irgendein Vogel oder ein anderes Tier in Menschengestalt, innerlich fühle ich mich in so einem Stückchen Garten oder im Feld viel mehr in meiner Heimat als auf einem Parteitag. Ihnen kann ich ja wohl das alles sagen: Sie werden nicht gleich Verrat am Sozialismus wittern. Sie wissen, ich werde trotzdem hoffentlich auf dem Posten sterben: in einer Straßenschlacht oder im Zuchthaus ...»

Dort unten an der Straße hat man sie eingeliefert in das große Hotel, wo der Stab der Gardekavallerieschützendivision liegt. Sie waren schon seit einigen Tagen auf der Flucht gewesen. Auch an der Litfaßsäule in der Nähe unseres Hauses hing das große Plakat «Tötet sie!», der Automat dröhnte: «Sozialdemokraten waren sie längst nicht mehr, denn den Sozialdemokraten sind die Gesetze der Demokratie heilig, gegen die sich jene auflehnten. Wir sind ein geschlagenes Volk und kämpfen mit moralischen Waffen.» Die heiligen Gesetze und die moralischen Waffen werden gleich mit durchschlagendem Erfolg zur Anwendung gebracht werden. Die unter die Mörder fielen, werden erst gefragt, wer sie seien. Der Hauptmann Papst sagt später vor Gericht: «Ich fragte: Sind Sie Frau Rosa Luxemburg? Darauf sagte sie: Entscheiden Sie bitte selber. Da sagte ich: Nach dem Bilde müßten Sie es sein. Darauf entgegnete sie: Wenn Sie es sagen.» *Er antwortete ihm und sprach: Du sagst's.* Nichts mehr kann sie retten. In diesen Minuten wird nicht nur über zwei, es wird über viele Leben entschieden, über ein ganzes Land. Viel später stellt sich die Qual einer fixen Idee ein: Was wäre geschehen, was alles wäre vermieden worden,

wenn man das da hätte aufhalten können. Der Gedanke an die ausgelöschten, an die vergeblich gelebten, an die verkrüppelten Leben.
Nicht die Anstrengung der Natur, die sie hervorgebracht, nicht die Größe einer Idee, nicht das Zusammentreffen glücklicher Umstände, das so viel innere Schönheit zeugte, kann sie retten, nicht die «Akkumulation des Kapitals» noch die Schriften gegen den Krieg, nicht die geflüsterten Worte aus den Zuchthäusern, nicht die Kenntnis Bachs («Ihr sollt die Matthäuspassion hören. Die Noten hatte ich im Militärarrest. Studiere sie vorher. Nicht ganz leicht zu verstehen – Kontrapunkt und Fuge. Gleich der erste Satz: achtstimmiger Chor nebst Cantus firmus; durchblickt man das Zaubergewebe, ist man ganz berauscht»), nicht die Schwärmerei für Hugo Wolf («Ach, Sonitschka ...»), nicht die Liebe zu Mensch und Tier, zu Versen und Blumen. Sie müssen sterben.

4
Aus der Vernehmung von Angeklagten:
«Ich habe noch verschiedene Fragen bezüglich des Kolbenschlages. Für wie schwer haben Sie die Verletzung gehalten?»
«Für sehr leicht. Denn er beugte sich vorn herüber, faßte mit der Hand drauf und sagte: Es blutet ja.»
«Er soll gesagt haben: Ich bin geschlagen.»
«Ich weiß es nicht.»
...
«Ich bitte den Angeklagten zu fragen, weshalb er geschossen hat.»
«Weil der Führer geschossen hat. Weil es selbstverständlich war.»
...
«Wohin haben Sie gezielt?»
«Ich habe gezielt, um zu treffen, Büchsenlicht war nicht mehr. Ich habe draufgehalten.»
«Wie weit war er da von Ihnen entfernt, als Sie schossen?»
«Ich würde bis zur vorderen Kante des runden Tisches nehmen.»
«Auf wieviel Meter würden Sie das schätzen?»
«Das würde ich auf fünf Meter schätzen.»

5
Als die Frau aus dem Hotel geführt wird, versetzt ihr auf Anordnung von

Hauptmann Pabst der Posten stehende Jäger Runge drei furchtbare Kolbenhiebe über den Kopf. Man schleift sie ins Auto. Sie hat keinen Laut von sich gegeben. Als der Wagen anfährt, springt jemand auf, schießt die Bewußtlose in die Schläfe, springt wieder ab, geht ins Hotel zurück. Einen Schuh der Frau findet der Soldat Becker auf dem Trottoir und behält ihn als Trophäe. *Auf daß erfüllet würde die Schrift.*

6

Die Mörder wurden nie bestraft. Einer erhielt einige Wochen Hausarrest. Ein anderer bekam zwei Jahre Gefängnis. Unter dem Tisch schob man ihm einen Paß zu. Er fuhr für kurze Zeit nach Holland und wurde nach einigen Monaten amnestiert. Solange die Mörder in Untersuchungshaft saßen, standen ihre Zellentüren Tag und Nacht offen. Sie konsumierten Damen und Champagner. Gelegentlich trafen sich Untersuchungsrichter und Häftlinge nachts vor der Kolibri-Bar.

Eine Zeitung berichtet über den Prozeß: «Kurz nach neun Uhr erscheinen die Angeklagten. Sie werden nicht auf dem üblichen Weg zur Anklagebank gebracht, sondern durchschreiten vom Richterzimmer aus den Saal. Sie kommen lachend und strahlend daher, die Brust mit Orden geschmückt . . .»

Dabei ist es geblieben. Dies ist unser Leben geworden. Sie waren die Angeklagten, aber sie kamen aus dem Richterzimmer. Sie schritten, und wir lagen am Boden. Sie lachten, und wir hatten den Mund zu halten. Sie trugen Orden davon und wir nur unsichtbare Wunden. Ein halbes Jahrhundert ist verrauscht, und immer noch fragt es in uns weiter.

Nachts, im Traum, trete ich vor das Haus, in dem ich als Kind war, und von dem nichts geblieben ist. Ein Befehl hat mich hinuntergerufen. Ich bin natürlich viel älter, bin aber zugleich noch das Kind von damals. Es soll Januar sein, aber die Luft ist weich und regnerisch, und Wirbel von Dunst fliehen über den nassen Asphalt. Unerträglich hell leuchten die Kerzen der Kastanien. Kein Mensch, kein Laut. Wenn ich an die Bordschwelle trete, fahren unten vor dem Eden-Hotel zwei hochgebaute Wagen lautlos an, nicht einmal ein Rauschen der benagelten Reifen ist hörbar. Sie gleiten an mir vorbei, einer hinter dem anderen, hinter den beiden Chauffeuren des ersten, ganz in Finsternis gekleidet, sehe ich den Mann mit seinem Schnurrbart. Er hat seinen Kneifer verloren, den er nun nicht braucht: Er hält die Augen geschlossen. Von seinen Lippen, die sich lautlos bewegen, kann ich die Worte ablesen: Es blutet ja. Der Wagen fährt langsam über die Brücke und verschwindet. Der zweite nähert sich, ich erblicke die Frau, wie leicht sie doch in ihrer Ecke lehnt, kalkweiß, auch sie mit geschlossenen Augen, das dichte, lockere Haar fällt herab, verdeckt nur halb das Loch an der Schläfe, einen Blutfaden, sie gibt mir ein kleines Zeichen mit der Hand. Der Nebel wird plötzlich stärker, während sich der Wagen nach links wendet, dem Lützowufer zu. Er hat nur noch etwa zweihundert Meter zu fahren.

1 Wolf Biermann

Es gibt ein Leben vor dem Tod

Jesus, der große Schmerzensmann
Am Kreuz, im Glanz der Wunden
Er hatte seine Schau im Tod
Und alle Welt sah seine Not
Und als die Leut drei Tag danach
Sein leeres Grab gefunden
Und keinen Leichnam fanden
Da warn sie froh. Da wußten sie:
Der Mensch ist auferstanden
– es gibt ein Leben nach dem Tod!

Exekution! da! seht den Communard
Wie der vor den Gewehren stand
Hat ihn Picasso mir gemalt:
Die Hosen runter, an der Wand
Der dicke rote Kerl steht da
Und weint und lacht sich eins dabei

Wie er sein' Arsch dem Tod hindreht!
Ich habs, auf Weiß gemalt mit Rot
Des Malers Bild beweist es ja:
– es gibt ein Leben nach dem Tod

Der kleine Biermann denkt bei sich:
Ja! ja, das stimmt in meinem Sinn
Die Auferstehung gibts! weil ich
Ja dafür selber Beispiel bin:
Mein toter Vater lebt! sogar
Die Narrn, die Don Quichoten!
Im Freiheitskrieg der Menschheit gibt
Es keine toten Toten.
Das ist so wahr wie trocken Brot:
– es gibt ein Leben nach dem Tod

Anmerkung
Ach, daß es danach noch was Schönes gibt
Ist tröstlich in unserer Lage.
Wie gut! und doch, da bleibt uns noch
Die kleine – die große – die Frage
(das wüßten wir gern noch daneben!)
Ob's sowas gibt – wir hättens gern:
– auch *vor* unserm Tode ein Leben

42 Wolf Biermann

Rotgefärbter Tatsachenbericht vom wahren Leben und Tod des Jesus Christus

Das ist eine plebejische Lesart des Evangeliums. Allerhand modernere Christen sagen: Gott ja, der Jesus! gelebt hat er, ans Kreuz geschlagen wurd er. Die Auferstehung aber ist nichts als eine fromme Lüge. Ach, wenn diese Armen die wunderbare Auferstehung Jesu verleugnen, Genossen, dann wollen wir ihnen das Evangelium predigen auf unsere, auf weltliche Art. Denn Auferstehung ist das kostbare Gleichnis vom Sieg der Menschen über den Tod. Wir nämlich auferstehen in unseren Kindern, in unseren Werken, in Aufständen und wenn wir aufstehen und zugrundegehn in dieser Revolution.

1.
Wahr ist, daß seine leibliche Mutter
Ihrem Ehemann Hörner aufsetzte. Die edle
Einfalt des Zimmermanns aber rettete Maria
Vor der üblichen Todesstrafe. Das auch scheint erwiesen:
Männlichen Geschlechts war das Kind
Der Knabe also gedieh leidlich
Mut und Pfiffigkeit der Mutter
Bewahrten ihn vor schlimmeren Ungelegenheiten
Gelegentlich der staatlich verordneten
Abschlachtung sämtlicher Säuglinge
Deren habhaft werden konnten die Häscher
Des Königs Herodes. Wahr ist wohl auch
Jene Meldung, daß der Knabe ungenügend
Beaufsichtigt, Respekt vermissen ließ
Vor alten Herrn und durch vorwitzige
Reden (altkluge, öffentliche) frühzeitig
Von sich reden machte

2.
Wahr ist: der oben Bezeichnete imponierte
Dem ungebildeten Volk auf den Marktplätzen
Durch allerhand raffinierte Kunststücke
Womit er den Pöbel glauben machen wollte
Er sei GOttes Sohn. Das gelang ihm.
Durch verwirrende Sit-inns und Go-inns
Hetzte er einen Haufen Niedere auf
Gegen die sogenannte Gewaltherrschaft

Des Unglaubens, des Irr- und Aberglaubens
Im Land des Fremdherrschers Herodes
Leugnete frech, einen Staatsstreich zu planen
(«Mein Reich ist nicht von dieser Welt!»)
Gründete aber eine Kommunistische Partei
Mit einem Politbüro an der Spitze, getarnt
Als sogenannte Jünger, in Wahrheit aber
Elf Berufsrevolutionäre und einer unter ihnen
Judas, Agent des herodischen Geheimdienstes.

3.
Wahr ist, daß besagter Verräter seinen Chef
Auf dessen eigenen Wunsch hin hochgehn ließ
Er verriet den, der verraten werden wollte
Auf delikate Weise: durch einen Kuß
Machte er ihn dem Einsatzkommando der Polizei
Kenntlich. Besagter Verräter soll sich danach
Geschämt haben. Aber nicht zu Tode. Wahr ist
Auch das: im Tonfall der Demut brüskierte
Dieser Christus das Gericht durch Hochmut
Sein Mangel an Reue war skandalös. Vielmehr
Beharrte er auf den ungesetzlichen Ansichten
Die ihn hatten werden lassen zu dem
Was er eben war. Er erklärte vor Gericht
Das Gericht für nicht zuständig. So
Nahm die Gerechtigkeit ihren Lauf.

4.
Wahr ist, daß man den zum Tode Verurteilten
Hetzer massive Balken schleppen ließ, den
Intellektuellen strafte mit körperlicher Arbeit
Wahr ist auch, daß der schwächliche Mann
Schwer trug an jenem Holzkreuz. Anspucken
Ließ man ihn, den überführten Entlarver
Peitschen und verspotten von denen, die er
Verhetzt hatte vordem. Aus Schikane zerrten

Die Polizisten ihn über volkreiche Plätze
Und also vorbei auch an seinen untergetauchten
Oder einstmaligen Genossen, so daß diese
Ihre Gesichter abwandten von ihm vor Scham
Und kannten ihn nicht mehr, und sie ließen ihre
Füße sich seitwärts irren, aus Furcht.

5.
Nicht
Wahr ist, daß hinlänglich Gezeichneter
Den großen Tod starb am Kreuz. Und *nicht*
Wahr ist, daß der Leichnam drei Tag darauf
Eine steinerne Grabplatte lüftete. Und *nicht*
Wahr, daß Jesus gen Himmel flog als ein anderer
Diese Lesart ist eine Legende, verbreitet
Vom harten Kern seiner Jünger, die all das
Unter die Leute streuten, nur, um sich selbst
Und auf lange einen Namen zu machen. Das gelang.

6.
Wahr
Ist: Jesus Christus, eskortiert von Beamten
In Zivil, schleppte er sich durch Dörfer, durch
Städte des heiligen Landes. Solange trug er
Sein Holz durch immer stillere Jahre, solange
Bis die Männer sagten, wenn er vorbei kam: Ach,
Was tuts, er lebt ja noch. Immerhin, sagten die Fraun
Der hat Glück: Besser, er trägt das Kreuz
Als das Kreuz trägt ihn!
Und Jesus weinte ohne Tränen und lernte nun das:
Ein lebender Märtyrer, der ist sehr tot.

7.
Und die Straßenkinder gewöhnten sich an den
Wunderlichen mit dem morschen Kreuz auf dem Ast
Und die Straßendirnen gewöhnten sich an den

Anblick, wie auch die Straßenpolizisten. Und
Jesus Christus gewöhnte sich an sich und sein
Sperriges Gepäck. Bald schon wurden die Schmähungen
Rar. Der Speichel floß nun sparsamer. Kein
Schwanz bemerkte ihn noch. Bald auch konnte er
Sich nicht mehr erinnern wie alles gekommen war.
Sogar Herodes vergaß auf den Fall.

8.
Als seine Wächter endlich darauf kamen,
Daß Christus seine Schand-Runden durch das Land
Auch alleine drehte mit dem Kreuz, da blieben sie
Zu Haus und wässerten ihre Gärten hinterm Haus.
Oliven gab es mal gute mal keine, Erdbeben, auch
Kleinere Kriege. Brot wurde gebacken. Kinder
Gemacht. Steuern hinterzogen. Wein gekeltert.
Der alte Sonderling aber ging unbemerkt unter
Im gewaltigen Alltag. Und die berühmten
Requisiten? Was blieb von der Legende? Wahr
Ist: Er wurde geschlagen, ja, an das Kreuz
Nämlich: der grauen Jahre. Die Nägel
Die drei, waren nichts weiter als
Furcht und Schwäche und Vergeßlichkeit. Die
Dornenkrone, auch sie: Nichts, als
Eine gelungene Metapher für des Menschen
Endlichkeit. Der Essigschwamm: Nichts
Als ein Schwamm voll mit Essig.

9.
Die *Auferstehung* aber, diese
Schamloseste der Erfindungen, ist wahre Lüge
Und dauert. Und wird dauern bis die Götter
Menschen geworden sind und die Menschen
Götter. Bis dahin – und keinen Tag länger.

X. Unter Narren und Irren

43 Max Frisch

Christus als Puppe?

Zürich, Café de la Terrasse

Gestern, unterwegs ins Büro, begegne ich einem Andrang von Leuten, die bereits über den Randstein hinaus stehen, alle mit gestreckten Hälsen; manchmal ein Lachen aus der unsichtbaren Mitte –

Bis ein Gendarm kommt.

Er fragt, was geschehen sei, und da wir es nicht wissen, keilt er sich in den Haufen hinein, nicht barsch, aber von Amtes wegen entschieden. Das gehe nicht, sagt er mehrmals, das gehe nicht! Wahrscheinlich wegen des Verkehrs –

Und dann:

Ein junger Mensch steht da, groß, bleich, eher ärmlich was die Kleidung betrifft, aber kein Bettler, wie es scheint, heiter, unbefangen wie ein Kind; ein offener Koffer liegt neben ihm, und dieser Koffer, wie man nun sieht, ist voller Marionetten. Eine hat er herausgenommen und hält sie eben an den Fäden, so daß das hölzerne Männlein gerade auf dem Pflaster spazieren kann; unbekümmert um den Gendarm, der einen Augenblick ratlos scheint:

«Was soll das?»

Der junge Mensch, keineswegs verdutzt, zeigt weiter, wie man die einzelnen Gliedmaßen bewegen kann, und einen Atemzug lang, lächelnd und den Daumen im Gürtel, schaut auch der Gendarm zu, der das liebe Gesicht eines Bienenzüchters hat.

«Was soll das?»

Der Mensch, indem er auf die Puppe schaut, lächelnd, da jedermann die

Antwort sehen kann:
«Jesus Christus.»
Der Gendarm:
«Das geht nicht ... Hier nicht ... das geht nicht –.»

Marion und die Marionetten

Andorra ist ein kleines Land, sogar ein sehr kleines Land, und schon darum ist das Volk, das darin lebt, ein sonderbares Volk, ebenso mißtrauisch wie ehrgeizig, mißtrauisch gegen alles, was aus den eignen Tälern kommt. Ein Andorraner, der Geist hat und daher weiß, wie sehr klein sein Land ist, hat immer die Angst, daß er die Maßstäbe verliere. Eine begreifliche Angst, eine lebenslängliche Angst, eine löbliche Angst, eine tapfere Angst. Zuzeiten ist es sogar die einzige Art und Weise, wie ein Andorraner zeigen kann, daß er Geist hat. Daher das andorranische Wappen: Eine heraldische Burg, drinnen ein gefangenes Schlänglein, das mit giftendem Rachen nach seinem eignen Schwanze schnappt. Ein schmuckes Wappen, ein ehrliches Wappen; deutet auf das Verhältnis zwischen Andorraner und Andorraner, welches ein leidiges ist wie meistens in kleinen Ländern.
Das Mißtrauen –.
Die andorranische Angst, Provinz zu sein, wenn man einen Andorraner ernst nähme; nichts ist provinzieller als diese Angst.

Marion hatte die Puppen geschnitzt, während er krank war. Weil er krank war; die viele Zeit. Er schnitzte sie aus Lindenholz, weil das Lindenholz am wenigsten splittert; es ist nicht hart, nicht eigensinnig, es hat keine Äste, wo das Messer stockt. Das ist die Gefahr, das Stocken bei den Ästen, und dann, plötzlich, springt das Messer davon, und alles ist wieder verdorben, die Nase weg. Lindenholz ist ein williges Holz, ein treues Holz, seine Helle, der Gleichmut seiner Jahrringe; man kann es wirklich loben. Als er den dritten Nagel in die Wand schlug, um seine Puppe daran aufzuhängen, die dritte, da fragte ihn die Krankenschwester, was er mit diesen Dingern spielen wollte, was für ein Stück ...
Das war die Frage.
Sie nahm die Puppe in die Hand:

«Der sieht wie Jesus Christus aus.»
Ja, dachte Marion, aber alle die andern?
Pontius Pilatus –
Judas –

Zuerst spielt Marion für die Armen des Dorfes. Wobei er keineswegs die Frage stellt, warum es Arme gibt und andere; ob darin ein Unrecht liegt oder nicht. Er tut es nicht aus Mitleid. Es genügt ihm, daß er Freude macht; was auch ihm wieder Freude macht. Er tut es ohne Anspruch, ohne Ehrgeiz, ohne Bewußtsein ...
Eines Tages entdeckt ihn ein Kurgast.
Ein Herr mit Monokel –
Cesario, das Urteil von Andorra.
Zu erzählen wäre die rührende und auch wieder tröstliche Szene, wie Marion seiner alten Mutter erklären will, was das bedeutet, ein Brief von Cesario. Er liest ihn vor. Eine Einladung von Cesario. Er liest sie noch einmal vor. Und die Mutter zittert, wie sie eben immerfort zittert, die Arme, den lieben langen Tag:
«Wie heißt der Herr?»
O Grenze des Ruhmes! ...
Aber es bleibt dabei, auch wenn die Mutter es nicht begreift: Marion fährt in die Stadt, Marion, der alles für bare Münze nimmt, was man ihm sagt. Er steht am offenen Wagenfenster und winkt, lange noch, es flattern seine Haare, es senkt sich der Rauch über die heimatlichen Felder, Wolken von Bernstein, denn es ist ein sonniger Morgen, und Marion fährt in die Stadt: mit Jesus Christus im Koffer.

Im Kaffeehaus, wo Cesario natürlich auf sich warten läßt, zeigt er seine Puppen einer Kellnerin. Andere treten hinzu; es macht ihnen Spaß, und Marion muß zeigen, wie so eine Puppe auf dem Boden geht –
Bis jener Gendarm kommt:
«Das geht nicht.»
Warum nicht?
Cesario ist es peinlich; er nimmt sein Monokel aus dem Auge, reibt es und tut, als könnte er nicht sprechen, wenn er das Monokel nicht hat, und Marion bleibt ohne Antwort auf seine Frage.

Sein Staunen darüber, wie jedermann sich ein wenig anders verhält, wenn andere am Tisch sitzen. Man wird nicht klug aus den Leuten, und es ist wie ein Schachtraum, was Marion in den folgenden Wochen erlebt: jedesmal, da er eine Figur ergreifen will, hat sie soeben die Farbe gewechselt – Marion schreibt in einem Brief:
«Oft möchte ich meinen, sie halten mich alle zum Narren, nichts weiter. Sie schnöden über einen Maler, den ich nicht kenne, sie nennen ihn einen Scharlatan und so weiter, und in der gleichen Woche, wenn ich ins Kaffeehaus gehe, treffe ich sie wieder: sie trinken und rauchen und unterhalten sich mit Geist, mit Ernst und vortrefflich. Was soll unsereiner da reden, damit er nicht immerfort schweigt? Ich schnöde auch über den Maler, den ich nur aus ihren eignen Worten kenne, und frage den Fremden, ob er den Scharlatan auch kenne, und der Fremde ist es selbst, und der Scharlatan bin ich.»

Sein wachsender Drang, nicht länger mitzumachen; er will den Menschen sagen, was er denkt, so offen als möglich, gleichviel, wer am Tische sitzt. Sein Irrtum besteht darin, zu meinen, daß er damit die anderen zwinge, ein gleiches zu tun . . .

Von einer sehr reichen Andorranerin, als sie starb, sagte die Welt: Sie hatte ein sehr gutes Herz. Nämlich sie hatte, sonst ohne Arbeit und Aufgabe, sehr viel Wohles getan, Geschenke und so weiter . . .
Marion hat die Dame gekannt.
«Sicher ist», so denkt er: «sie hatte Anfälle von schlechtem Gewissen. Das aber, wer weiß, schon das wäre ein großes Lob für die Verstorbene; ich habe wenige Reiche getroffen, die es so weit brachten.»
Hat er es gesagt?
Und wem?
Und gleichviel, wer am Tische saß?
Und einmal, als sie bereits die Sessel wieder aufeinander bockten und Marion noch immer zwischen seinen Ellbogen saß, verloren in einer Sintflut des Herzens, erbarmte sich seiner eine Kellnerin.
Schön war es nicht –
Am andern Morgen sieht er sie hangen: Moses, die drei Könige, Christus aus Lindenholz.

Und nur der Judas fehlt noch immer.
Als kenne er ihn nicht.

Über Marionetten

Gestern wieder einmal in einem Puppenspiel, und nachdem alles zu Ende war, durften wir sogar hinter das Bühnchen treten. Es ist ein enger Raum mit verbrauchter Luft, verwundert betrachten wir die hangenden Puppen, irgendwie ungläubig, ob es wirklich die gleichen sind, die uns eben bezaubert haben. Auch der Teufel hangt nun an der Latte, schäbiger als man erwartet hat. Während des Spieles wirken sie immerfort anders, je nach der Szene, je nach den Worten, die sie selbst nicht sprechen und hören. Man begründet es mit dem wechselnden Einfall des Lichtes, mit den verschiedenen Haltungen ihres Kopfes und so weiter. Irgendwie bleibt man enttäuscht, während der Puppenvater sich die Hände seift, spült, trocknet und von weiteren Plänen erzählt. Oder wenigstens ist man im stillen betroffen, wie die Puppen plötzlich ins Leere starren, leblos, geistlos, als kennen sie uns nicht wieder . . .

Was jedesmal auffällt:
Wie leicht es den Marionetten gelingt, auch außermenschliche Wesen darzustellen, einen Erdgeist, einen Kobold, Ungeheuer und Feen, Drachen, Geister der Lüfte und was das Herz begehrt. Auch auf der großen Bühne kann es sich ja geben, daß solche Gestalten erscheinen müssen, die Meerkatzen oder ein Ariel; dort besteht immer die Gefahr, daß es peinlich wird, und bestenfalls gelingt es dem Schauspieler, daß sie nicht lächerlich werden; die erhoffte Wirkung jedoch, nämlich ein letztes Grauen oder eine überirdische Wonne, die von solchen außermenschlichen Wesen ausgehen sollten, kann die Bühne kaum erreichen, solange sie mit wirklichen Menschen darstellt. Die Marionetten können es. Viel liegt schon an dem Umstand, daß die Puppe, die hier einen Menschen darstellt, und die andere Puppe, die einen Erdgeist gibt, aus dem gleichen Stoff sind. Das bedeutet: daß die Marionette, die uns den Erdgeist vorstellt, ebenso glaubhaft oder unglaubhaft ist wie die andere, der wir den Menschen glauben sollen. Auf der großen Bühne, meine ich, können wir den Erdgeist nicht

glauben, weil er gegenüber dem Menschen nicht aufkommt: weil der Mensch, der ihm gegenübertritt, wirklich ein Mensch ist, eine Natur aus Fleisch und Blut. Das andere dagegen, der Erdgeist, bleibt ein Bild, ein Zeichen. Und damit spielt die Szene, wie vortrefflich sie auch gespielt werde, von vornherein auf zwei verschiedenen Ebenen, die nicht auf die gleiche Art glaubhaft sind. Beim Puppenspiel sind sie es. Auch beim antiken Maskenspiel: wenn Athene und Odysseus gleicherweise eine Maske tragen, wenn sie gleicherweise unwahrscheinlich und zeichenhaft bleiben, können wir auch die Göttin glauben.

Ein anderes, was an den Marionetten begeistert, ist ihr Verhältnis zum Wort. Ob man will oder nicht, das Wort im Puppenspiel ist immer überhöht, so, daß es sich nicht verwechseln läßt mit der Rede unsres Alltags. Es ist übernatürlich, schon weil es von der Puppe getrennt ist, gleichsam über ihr lebt und webt; dazu ist es größer, als es jemals ihrem hölzernen Brustkorb entspräche. Es ist mehr als jenes begleitende Geräusch, das uns täglich aus dem Munde kommt. Es ist das Wort, das im Anfang war, das eigenmächtige, das alles erschaffende Wort. Es ist Sprache. Das Puppenspiel kann sich keinen Augenblick lang mit der Natur verwechseln. Es ist ihm nur eines möglich, nämlich Dichtung; sie bleibt sein einziger Spielraum.

Der Vergleich mit dem antiken Theater, das ebenfalls diese starren Masken hatte, drängt sich noch in mancher Hinsicht auf. Beide Theater, das größte und das kleinste, wirken durch das Mittel eines veränderten Maßes. Dort ist es die Maske, womit man die Figuren vergrößert, und später auch noch der Kothurn; beim Puppenspiel machte man sie kleiner. Und die Wirkung ist wesentlich die gleiche: wir können uns nicht mehr neben die handelnden Figuren stellen, nicht Schulter an Schulter, und wir sollen es auch nicht, im Gegenteil, der veränderte Maßstab verbietet jegliche Anbiederung: Wir sind hier, und sie sind dort, und was sich auf der Szene ereignet, sehen wir aus einer unüberbrückbaren Distanz, gleichviel, ob diese durch Vergrößerung oder Verkleinerung erreicht wird. Mit Staunen erleben wir dann, daß die Marionetten, je länger ihr Spiel gelingt, auf eine zwingende Weise lebendig werden; zuweilen vergessen wir ganz, daß sie kleiner sind als wir, Zwerge und sogar Zwerge aus Holz, die wir mit unsrer Hand umfassen und aus dem Spiele werfen könnten; wir entdecken, wir erfahren das Verhältnismäßige aller äußeren Größen, auch der unseren, und solange ihr Spiel nicht gestört wird durch irgendeine Tücke, durch einen Zufall der Gebärden, die aus dem Rahmen fallen und eben dadurch den Rahmen verraten, so lange ist der Geist an keine Größenmaße gebunden. Die hölzernen Zwerge, indem sie spielen, übernehmen gewissermaßen unser Leben. Sie werden wirklicher als wir, und es kommt zu Augenblicken eigentlicher Magie; wir sind, ganz wörtlich, außer uns.

Und nachher:
Wie schäbig sie an der Latte hangen, jetzt, wenn sie unser Leben nicht mehr haben, wenn wir wieder in uns sind.
Christus als Puppe?
Übrigens erinnere ich mich, daß wir als Studenten einmal ein Puppenspiel sahen, welches das Abendmahl darstellte. Er war erschütternd. Es war heilig in einem Grade, wie es mit einem menschlichen Darsteller, der uns einen Christus vortäuschen will, nie möglich wäre. Ein Christus aus Lindenholz, wie Marion ihn macht: man denke an ein Kruzifix, und auch dort wird es nicht als Lästerung empfunden; die Puppe, im Gegensatz zum leiblichen Schauspieler, begegnet uns von vornherein als Gestaltung, als Bild, als Geschöpf des Geistes, der allein das Heilige vorstellen kann. Der Mensch, auch wenn er ein Bild spielt, bleibt immer noch aus Fleisch und Blut. Die Puppe ist Holz, ein ehrliches und braves Holz, das nie den verfänglichen Anspruch erhebt, einen wirklichen Christus vorzustellen, und wir sollen sie auch nicht dafür halten; sie ist nur ein Zeichen dafür, eine Formel, eine Schrift, die bedeutet, ohne daß sie das Bedeutete sein will. Sie ist Spiel, nicht Täuschung; sie ist geistig, wie nur das Spiel sein kann –.

44 Ernst Eggimann

Apokrypher Mythos aus dem beginnenden Wassermannzeitalter

1
heute
19.56
westeuropäische zeit
seine herabkunft
auf london airport heathrow
einige minuten später
wird er mit der blauen el al tasche
oben auf der treppe erscheinen
konjunktion eines unbekannten satelliten
mit venus und jupiter
im augenblick
da er die erde betritt

wochenschau:
millionen von fernsehzuschauern
verfolgen auf dem bildschirm
seine zufällige erscheinung
hinter drei nobelpreisträgern
aber keiner erkennt ihn

hosianna
gepriesen sei
der da kommt im namen des herrn
am lautsprecher wird ausgerufen
dass ein koffer
nicht abgeholt worden sei
er enthält feinen sand
der durch die ritzen sickert

2
immer wieder
steigt er aus flugzeugen
er zeigt seinen falschen pass
mit einem mittelalterlichen bild
wechselt seine american express
traveler checks
die täuschend ähnlich sind
er spricht alle sprachen
aber er schweigt und hört zu
kennt jedes klima
friert wo man friert
schwitzt wo man schwitzt
isst brot und reis und teigwaren
fleisch und fisch

da er der sonne entgegenreist
gewinnt er vierundzwanzig stunden
die er einem sterbenden verschenkt
der braucht sie
um einen brief zu schreiben
eine flasche wein zu trinken
eine hand zu halten
(das ist das einzige wunder diesmal)
er schläft in parks wohnt
in alten hotels jugendherbergen
bei der heilsarmee
dort liest er die bergpredigt
erinnert sich
und fügt mit bleistift einen satz bei:

die erde ist eine kugel

3
dann und wann
wäscht er einem die füsse

der auf ihn gewartet hat
ihn gleich erkannte
auf dem fussgängerstreifen
oder im bus
nicht dieses innige lächeln
die umarmung
wo die heiligenscheine verschmelzen
oder kniefall und bussgebet
nein da kommt einer
unter all den leuten
die mich nicht sehen
erkennt mich bis ins innerste
sagt ja

predigen ist nicht nötig
sie verstehen sich
sprechen wenig
trinken tee zusammen oder wein
und wenn er weiterreist
ist alles klar
zuviele antworten
zuviele fragen und
auf einmal nur
er
sein lachen wird
mein lachen
das wort
macht keine worte mehr

4
von seiner fülle haben wir alle
genommen gnade um gnade

frau veronika k.
nimmt ihn im wagen mit
weil er im regen steht

sie sprechen über den regen
frau veronika k. fährt weiter
als sie wollte
in ein gebiet
wo der regen aufhört
dort blüht der löwenzahn golden
auf riesigen feldern
übertragung durch anschauen
übertragung durch fusswaschung
übertragung durch autostopp
übertragung durch kuss und durch beischlaf
lachende übertragung
lächelnde übertragung
übertragung im traum
übertragung durch einen einzigen blick
übertragung durch den tonfall eines wortes
übertragung durch prügel
übertragung durch schmutzige kleider
trinkgefässe besteck durch den atem
siehe ich komme wie ein dieb
die krankheit breitet sich aus
sie hat bereits die chinesische mauer erreicht
auch in rotchina ist man fassungslos

5
viele erinnern sich
ihn gesehen zu haben
er trägt einen vollbart
hat feurige augen
spricht leise und langsam
geht ein wenig gebückt
grinst das ist es er grinst
hat den bart abgeschnitten
und die langen haare
ist ein taxifahrer der umwege macht
ein dolmetscher für hopi und tamil

vielleicht ein mädchen
aus kanada

im irrenhaus
erkennt ihn aber ein christus
legt seinen namen ab und
wird ein paulus
ein anderer gibt ihm den kuss
dann versuchen sie ihn frühmorgens
am stiegengeländer zu kreuzigen

weil sich die visionen häufen
und viele irren
in der nacht zu leuchten beginnen
bei stundenlangen gesängen
entlässt man ihn wieder
auf die strasse

6
wir lieben deine schwäche
deine verletzliche haut
wir lieben deine tränen
deine angst
du bist nicht brauchbar
wenn unsere werke
vollkommen werden
wenn die rotation zentriert ist
alle uhren endlich gleichlaufen
der herztod auf die sekunde genau
und schmerzlos
du störst immer mehr
in der immer perfekteren schöpfung
bist du der fehler
das was uns fehlt
bist du

7

es ist zu spät
zu viele haarwirbel drehen schon
in der andern richtung
wenn man jeden einsperren würde
oder jede
auf die verdacht fällt
er zu sein man müsste
neben gefängnissen und irrenhäusern
alle kirchen füllen
der auszug hat begonnen:

du bist der weg
hier öffnet sich das leben
hier treten wir aus unserer enge
hier machen wir alles neu
werden wir auch betrogen
werden wir auch bestohlen
von denen
die auf immer mehr besitz
sitzen bleiben
wir ziehen weiter
lassen die fleischtöpfe zurück
kühlschränke und bankkonten
wir haben nichts
als uns

werden wir auch verfolgt
von denen
die unsere arbeit
verarbeiten wollen
sie finden uns nicht
wo man schlange steht
wir wollen nichts
für uns

du bist der weg
der auszug hat begonnen
hier öffnet sich das leben
hier machen wir alles neu

45 Harvey Cox

Von Christus dem Clown

Haltet den Kerl!
Den geschminkten Gaukler mit dem blöden Grinsen
und diesem ganzen Narrenlärm
der Harlekine und der fetten Weiber und der Feuerschlucker –
es sind doch nichts als Schwindler, finde ich,
Eindringlinge jedenfalls,
unerwünscht in unserer wohlvermeß'nen Welt,
die keine Überraschungen mehr kennt.
Haben wir nicht gelesen, er sei tot?
Man darf doch nichts mehr glauben, was man liest!
Und trotzdem taten wir's, trotz Lilien, Chören und so fort.
Ach ja, wir wußten doch, daß etwas uns in unsere Nase stach
mit diesen Rosenkränzen, Mantras und dem Weihrauch.
ER aber war so grau, so unzugänglich,
einbalsamiert von Kirchen und vom Staat
zum Zweck der Schaustellung bei freudelosem Anlaß.
Soll dieser Bänkelsänger wirklich wieder da sein –
der unbedarfte Troubadour,
der sich mit seinen Taschenspielertricks
politisch ahnungslos
dem kaiserlichen secret service
selbst ans Messer lieferte?
Der soll zurück sein? Ganz unmöglich!

Gewiß hört man so mancherlei Gerüchte,
doch stammen sie aus jenen ja auch sonst
ganz unzuverläßlichen Nachrichtenquellen,
von Leuten, denen keiner trauen kann –
Damen von zweifelhaftem Ruf und Gauner
voller Fingerfertigkeit.
Die haben angedeutet, daß er wirklich lebe –
wie Liebe, Lachen und Leichtgläubigkeit,
der Menschen alte Fehler.
Wer aber mag denn solchen Leuten glauben?
Nur Kinder tun das oder blöde Narren,
und dann vielleicht noch ein paar harmlose Mädchen.
Wer aber sonst?
Wer sonst?

46 Eva Zeller

Karnevalsgag

Als was gehst du
Ich gehe als Gott
Maxi mit Bart und
Dornenkrone und so

Du stellst dich tot
Ich wecke dich auf
Wetten die Leute
lachen sich krank

Zum Dank kreuzigst du mich
Ich aber sage dir
Gib mir statt Essig
Schnaps zu saufen

47 Eva Zeller

Ich lobe den Tag vor dem Abend

Und ist mir ein Wort
noch nicht auf die Zunge gelangt
schon bevormundet mich
die gefürchtete Stimme
Von allen Seiten
fordert sie mich heraus
Wo soll ich hingehn
Wie den Ahnungslosen spielen

Der Himmel gebe
daß ich mitrede
wenn das Schweigen
überhandnimmt
Mitschreie mit Worten
deren Niedrigkeit angesehn

Ich fürchte an mir
ist ein Narr verlorengegangen
Ich lobe den Tag
vor dem Abend

48 Heinar Kipphardt

März: Ecce Homo

Erinnerung an März: An einem klaren Herbstmorgen war Kofler wie gewöhnlich in die Klinik gefahren. Er war spät dran, beeilte sich aber nicht.

Er hatte einen Kollegen gebeten, ihn bei der wöchentlichen Chefkonferenz zu vertreten, er mochte den drahtigen Professor Feuerstein nicht über Arbeitstherapie in der Industriegesellschaft reden hören und nicht über forensische Großtaten im Mordfall Pichler. Er wollte ihn nicht kleine grüne Äpfel essen sehen und keinen Gemüsesaft trinken, und Kofler wollte auch nicht reiten, nicht in den Kunstverein eintreten und keine psychopathologische Kunst mit der Unterstützung der Firma CIBA publizieren. Grasige Hügel und Wäldchen, Kühe, ein Bach, dann Apfelwiesen. Traktoren auf den Feldern, die schon zur Klinik gehören. Kofler fuhr jeden Tag 25 km durch das so geheißene Holzland, das keine Touristen anzog. Weit genug von der Stadt entfernt, aber nicht zu weit, war es für die Abgeschlossenheit einer psychiatrischen Klinik geeignet. Nicht zu erreichen durch Massenverkehrsmittel, Ruhe, Mauern, Park, gedacht als eine nach innen gekehrte Welt für sich, Landwirtschaft, Gärtnerei, Versorgungsbetriebe, auch kleine Industriehallen neuerdings, Fensterfertigung, Fahrradmontage für ein Versandhaus, der Stifter der Reithalle. Der Kern der Klinik war ein ehemaliges Kloster, die Kirche stammte aus dem 13. Jahrhundert, der viergeschossige Klosterbau mit gewaltigen Flügeln war um 1750 im Barockstil geplant und im Rokoko vollendet worden, kürzlich stationsweise restauriert, in historischen Pastellfarben, reicher Stukkatur und Schnitzerei. Der Bibliothekssaal, eine Rarität, der Erbauungszwecken diente, Gottesdiensten beider Bekenntnisse, wurde in der Ferienzeit gern von Touristen aufgesucht. Kirche und Bibliothekssaal können besichtigt werden, ohne die Klinik zu betreten.
Kofler bog in einen asphaltierten Weg, der am alten Gutshof vorbei von rückwärts in die Klinik führte, rechts und links Obstgehölze. An einer Kreuzung sperrte ein Schild den Weg, ein in der Mitte der Straße aufgestelltes Stoppschild. In dessen Mitte stand mit Fettstift geschrieben «Ecce Homo». Ein Pfeil zeigte links in den Feldweg. Kofler fuhr den Wagen an die Seite und sah sich in der Nähe von großen Apfelbäumen um, die eine Wiese hinauf standen. Als er schon gehen will, ist ihm, als huste jemand oder ächze. Er sieht einen nackten Mann, gekreuzigt im Apfelbaum, die Seite blutbeschmiert, Hände und Füße durchbohrt, auf dem Kopf ein goldener Lorbeerkranz. Es ist sein Patient Alexander März. Kofler steht ohne sich zu rühren.
Da öffnet der Gekreuzigte die Augen und zündet sich eine Zigarette an. Er

macht einige Züge, dann springt er, die Zigarette im Mund, auf die Wiese, von einer Ladung Äpfel gefolgt. Er wischt sich mit einem Büschel Gras die rote Farbe von der Bauchseite und den Füßen, nimmt aus den Taubnesseln sein verstecktes Kleiderbündel und zieht sich an.

Als Kofler ihm ein paar Tempotaschentücher gab, schrak er zusammen, als hätte er vergessen, daß Kofler da war.

«Ich staune, Herr März.»

«Die psychiatrische Wissenschaft erstaunt zu sehen, das ist ein schönes Gefühl.»

«Wieso eigentlich Christus?»

«Christus wäre recht. Ich, wäre ich Christus, wäre recht.»

«Was interessiert Sie an Christus?»

«Daß er wie ich von seinesgleichen ermordet wurde.»

«Sie? Warum?»

«Ich bin nichts wert, ich kann mich nicht einordnen.»

«Wollen Sie sich denn einordnen?»

«Wenn ich könnte, möchte ich gern wollen.»

Die verschmierte Farbe auf dem weißen Leib, die sommersprossige Haut auf dem kurzgeschorenen Kopf mit dem Kranz aus getrockneten Maisblättern, der hasenschartendeckende, verblaßte rote Vollbart um das Kindergesicht erinnerten Kofler an eine Patientenzeichnung, Christus, psychiatriert.

Kofler hatte März nie nackt gesehen, nie untersucht, offenbar war März in den Jahren auf Abteilung 5 körperlich nie krank gewesen. Er war kräftiger als sich Kofler vorgestellt hatte, gelenkiger. Das waren doch fünf, sechs Meter, die er heruntergesprungen war. Sie stiegen in das Auto und fuhren durch den alten Gutsteil mit den langgestreckten Gutsarbeiterhäusern, die um die Jahrhundertwende gebaut worden waren. Die Landesklinik bewirtschaftete ein Gut von 500 Hektar, und es befand sich auf dem technischen Stande der modernen Landwirtschaft. Schweinemast, Rindermast, Ferkelaufzucht, Kuhställe und Molkerei, Karpfenteiche, Enten- und Putenfarm. Die Gutsarbeiter, in der Überzahl langjährige Patienten, an deren Entlassung nicht mehr gedacht wurde, sahen den Arzt nur, wenn sie Neuigkeiten boten. Sie nahmen ihre Medikamente und lebten in der Obhut der Gutspfleger und der Gutsverwaltung. Einige hatten das Privileg, auch Traktoren zu fahren, andere pflegten die Reitpferde der Klinik und des Reitervereins. März drehte ungeniert das Radio ab, entfernte im Spiegel der Sonnenblende die Farbreste aus seinem Gesicht, und warf den Kranz zum Fenster hinaus.

«Sie baten mich kürzlich um ein Gedicht.»

«Worüber?»

«Die Zigarette.»

Er zog einen Zettel aus der Hosentasche und reichte ihn dem chauffierenden Kofler.

«Würden Sie mir das Gedicht vorlesen?»

März las das Gedicht wie einen Zeitungstext, den er zum erstenmal sah, machte die Zäsuren an den Zeilenenden und wiederholte auch den Titel.

Die Zigarette.
Es war ein Junge wo auf der
Straße anderer Junge war
Er zündete sich eine Ziegarette
an, das Feuer fing,
der Holunder brannte ab
mit ihm.

«Wie schreiben Sie Zigarette?» fragte Kofler.

«Mit ie.»

«Warum?»

«Das ist komischer.» März warf den Zettel aus dem Auto. Kofler hielt an und holte den Zettel, den März aber nicht zurücknehmen wollte. Es sei als Gelegenheitsarbeit für Kofler geschrieben. Ob das Gedicht etwas mit der Kreuzigung zu tun habe, fragte Kofler.

«Nicht, insofern die heutige Darbietung eine höchst unvollkommene war. Ihr Zweck war die Beförderung der Nachdenklichkeit.»

«Darbietung sagen Sie?»

«Haben Sie, Herr Doktor, nie erfahren, der Schizo vor allem ist ein Schauspieler?»

Kofler wandte ein, es handle sich dann um einen ziemlich stummen, nach innen gerichteten Schauspieler.

«Natürlich», sagte März, «denn er ist nicht nur der Schauspieler der schrecklichen Rollen seiner Bühne, sondern auch der Zuschauer, der das wahre Theater der Grausamkeit am blutenden Leibe erlebt. So wird er gefühllos, blind und stumm.»

Wie März das meine.
«Ich, zum Beispiel in diesem Augenblick, bin ein fremder Gymnasiast, Pole, der Lord Byron-Zeit, der den armen Asylanten März spielt, der im Begriff ist, Christus zu spielen. Aber doch auch gemartert wird, wie Sie wohl wissen werden, verehrter, wenig eingeweihter Doktor.»
Sie passierten die hintere Pforte, mieden die Gärtnerei, wo März zum zweitenmal in dieser Woche bei der Arbeit fehlte. Der Park und die Spazierwege waren um diese Zeit fast leer, eine kleine Kolonne, die Wege harkte, Wiesen nach Papier absuchte. Wenn Laub von den Ahornbäumen fiel, war es in einer Stunde in Säcken verstaut und abgefahren, auf Plätzen und Alleen herrschte ein Unterwassergrün, und alle Bewegungen schienen langsam. Kofler brachte März zu den alten Werkstätten, die hinter den Wirtschaftsgebäuden lagen, um zu vermeiden, daß März in der Arbeitsbelohnung zurückgestuft wurde. (...)

Einige Tage später überreichte er mir eine Zeitung, die überschrieben war: Der Mörder Jesus. Sie stellte wieder die bekannte Szene des Abendmahls dar, Jesus in der Mitte (Hasenscharte?), sechs Jünger an jeder Seite. Merkwürdig war, daß Jesus und alle seine Jünger bis auf einen ihr langes Haar in übergenau ausgeführten weiblichen Hauben trugen. Die Hauben waren die am genauesten ausgeführten Details der ganzen Zeichnung. Der einzige mit kurzem, stichligen Männerhaar war Judas. Zu allem Überfluß rauchte er eine Virginia. Ich fragte, was ihn denn immer wieder so an Jesus interessiere. «Daß er ein Schizo war.» Das Studium des Neuen Testamentes belege hundertfach, der historische Erlöser war ein produktiver Schizophrener, dem zu seiner Passion nur eines gefehlt habe, die wissenschaftliche Psychiatrie. Der kommende Erlöser werde ebenfalls ein produktiver Schizo sein, Dichter und Revolutionär.

Kofler. Weitere Darstellungen christlicher Motive.
Als Schmerzensmann liegt März auf einem Untersuchungstisch, Elektroden an Händen und Füßen. Er ist umgeben von seinen Leidenswerkzeugen in symbolischer Darstellung: In einem Frauenmund züngelt eine Flamme; ein Papagei; zwei Hände waschen sich in Unschuld; ein Gesicht in einem Spiegel; ein Ohr, in das ein Mann hineinhaucht; ein Ohr, in das eine Frau hineinhaucht; eine Hand, die Geld auf eine Zunge zählt; ein Git-

ter, in den davon gebildeten Feldern eine Spritze, ein Skalpell, ein Federhalter, ein Penis, ein Äskulapstab, eine Uhr. Der Kopf des Schmerzensmannes ist von einer rhombisch gezeichneten Vulva gespalten, ein Schwert geht quer durch seinen Kehlkopf, Feuer unter den Fußsohlen.

Jesus vor den Doktoren. Ein Kind (Alexander) vor Weißkitteln mit Büchern unter dem Arm und Blindenbrillen. Stirnrunzelnd umringen sie das Kind. Skorpion und Schlange steigen aus den Köpfen der Ärzte. Vor Alexander ein großer Schmetterling in Rosa und Schwarz.

Die Gefangennahme. Christus, ein Ohr in der Hand, wird von Polizisten gefesselt, eine Frau verbirgt ihr Gesicht mit einem Tuch.

Folterung und Verhöhnung, Fünfzehn Ärzte umtanzen Christus mit der Dornenkrone, der in Zungen spricht (Papierstreifen). Sie schwingen Spritzen, Messer und Fangnetze, einer hält vor Christus ein Vogelbauer mit offener Tür.

Ans Kreuz genagelt. Ein nackter Junge, ein Schleiertuch um die Hüften geschlungen, aber ohne Genitale, wird von Männern in schwarzen Anzügen und Zylindern an eine Aborttür genagelt. Ein Mädchen bläst ihm mit einem roten Rohr ins Ohr. (Wen stellt das dar? – Vater, Onkel, Kantor Dampffeld, Doktor Mikule. – Wer ist das Mädchen? – Am Rohr wohl Lydia.)

Es ist vollbracht. Ein Arzt reicht Jesus den Essigschwamm, ein Arzt sticht ihn mit der Lanze.
Kreuzabnahme. Die Mutter küßt Christus die Füße, trocknet das Blut mit ihren Haaren. Ursula hält das Schweißtuch mit dem Bildnis Alexanders.

März zeichnete das Abendmahl noch ein drittes Mal, sechs Jünger an jeder Seite und Jesus zersägte das Opferlamm. Jesus und alle Jünger waren wieder bis auf einen Mädchen und hatten langes Frauenhaar. Der eine mit männlichem Stichelhaar war aber hier nicht Judas, sondern Petrus, kenntlich an einem Hahn auf seinem Kopf, in der Hand ein Schlüsselbund. Auf jedem der übrigen Köpfe saß ein männlicher Affe, der sie niederdrückte.

Es schwebte über jeder Figur ein Fleischerhaken. Um eine Erklärung gebeten meinte März, das Christentum sei der Versuch den tatsächlichen Kannibalismus in einen symbolischen zu überführen. Dieser Versuch sei mißglückt. Drohende Tötung des Artgenossen als Fleischerhaken über jedem. (. . .)

An einem kalten Novembertag fuhr Kofler nachts aus der Klinik nach Hause, an dem alten Gutshof vorbei und den Obstwiesen. Wo der Feldweg kreuzt, sieht er im Scheinwerferlicht das Stoppschild mit dem eingeschriebenen «Ecce homo» und einem roten Pfeil. Er fährt in den Feldweg und in die Wiese hinein, springt aus dem Wagen, ohne den Motor abzustellen und sucht nach dem Apfelbaum. «Herr März! Herr März!» Er läuft zu dem Wagen zurück und kurvt zwischen den Bäumen umher. Erleichtert sieht er im Nebenlicht der Scheinwerfer tatsächlich wieder den nackten März gekreuzigt im nunmehr kahlen Baum stehen, lächelnd als Kofler zu ihm raufsieht und eine Zigarette im Mund. «Kommen Sie runter, Herr März! Kommen Sie mit mir nach Hause, denn Sie erkälten sich ja! Kommen Sie, Herr März!» Da öffnet der Gekreuzigte die Augen und zündet sich wie damals eine Zigarette an. Eine wilde Feuerbrunst fährt über März und den ganzen benzinübergossenen Baum, in dem man März nicht mehr sieht.

Die Zigarette
Es war ein Junge wo auf der
Straße anderer Junge war
Er zündete sich eine Ziegarette
an, das Feuer fing,
der Holunder brannte ab
mit ihm

Bald gehe ich hier fort. (Tagebucheintragung Koflers.)

B. KRIPPE, GALGEN UND EIN ANFANG

I. Weihnachten

9 Ilse Aichinger

Die größere Hoffnung

Heldin dieses 1948 erschienenen Romans ist das elfjährige halbjüdische Mädchen Ellen, das sich zu Beginn im Büro des amerikanischen Konsuls einer deutschen Stadt während des Dritten Reiches versteckt hat, um hier ein Visum für die Vereinigten Staaten zu bekommen, in die ihre Mutter bereits ausgereist ist, während Ellen bei der Großmutter zurückblieb. Amerika ist für dieses Kind das Land der «großen Hoffnung», der Freiheit. Doch dem Konsul gelingt es, das Mädchen davon zu überzeugen, daß das Visum, das er ausstellte, die Menschen letztlich immer enttäuschte: Sie fänden nie die Freiheit, die sie sich damit erhofft haben. Später schließt sich Ellen einer Gruppe jüdischer Kinder an, die das «Wiedergutmachungsspiel» spielen. Sie wollen ein ertrinkendes Kind aus dem Fluß retten, damit der Bürgermeister zur Belohnung die Schuld ihrer «falschen Großeltern» vergißt und sie ausreisen läßt. Die Symbolik des Romans verdichtet sich, als die jüdischen Kinder auf dem Friedhof, dem einzigen Platz, den ihnen die faschistische Gesellschaft noch ungestört überlassen hat, «Verstecken» spielen. Spiel und Realität werden hier plötzlich ineinandergeschoben: Die Kinder spielen auf dem Friedhof zwischen den Grabsteinen sich selbst und nehmen im Rollenspiel so ihr Schicksal vorweg. Am eindrucksvollsten wird diese rollenspielartige Vorwegnahme des Schicksals mit Hilfe eines Krippenspiels demonstriert, jenem «großen Spiel», das in der hier folgenden Szene beschrieben ist. Der Rahmen der Handlung könnte nicht dramatischer gesteckt sein: Auf einem Dachboden spielen die jüdischen Kinder das Spiel vom Frieden, von der Herbergssuche, von den Königen und der Flucht, während sie jeden Moment gefaßt sein müssen, daß draußen die Häscher vor der Türe stehen, um sie in die Vernichtungslager zu deportieren. Im Rollenspiel der Weihnachtsgeschichte beginnen diese Kinder sich freizuspielen, die Geschichte vom verratenen Christkind als ihre eigene zu entdecken und so im Akt der Identifikation ihr bevorstehendes Schicksal anzunehmen. Sie begreifen, daß das, was mit ihnen gespielt wird, das ist, was sie selber gerade spielen im Gewand von Josef und Maria, dem Engel und den Königen.

Maria ließ das Bündel fallen und Josef stieß den Engel leicht in die Seite. Der Engel wandte den Kopf und lächelte hilflos zu den Heiligen Drei Königen hinüber, die als Landstreicher verkleidet nebeneinander auf der großen Kiste saßen. Die Heiligen Drei Könige zogen die Beine ein wenig hoch und starrten brennend, mit blassen, finsteren Gesichtern nach der Tür. Es hatte geläutet.
Der Engel verlor alle Überlegenheit. Derselbe Engel, der ihnen eben mit einem leisen Jauchzen seiner schwankenden Knabenstimme geboten hatte: «Werft eure Mäntel ab!» als Beweis dafür, daß sie Suchende seien, daß sie von weit her kämen, daß sie Geschenke trügen und silberne Christbaumketten unter ihren schmutzigen Fetzen um den Leib geschlungen hätten, daß – daß –
Aber es war keine Zeit mehr. Es hatte geläutet.
Und sie mußten in der halben Dämmerung, die Hände um die Knie geschlungen, verbittert und reglos, die alte Ungewißheit weiter ertragen, ob wir nichts oder Könige sind. Und sie durften ihre Mäntel nicht abwerfen, weil sie Angst hatten, Angst, noch immer. Jede kleinste Bewegung konnte sie verraten. Ihre Schuld war, geboren zu sein, ihre Angst war, getötet, und ihre Hoffnung, geliebt zu werden: die Hoffnung, Könige zu sein. Um dieser Hoffnung willen vielleicht wird man verfolgt.
Josef fürchtete seine eigene Angst und sah weg. Maria bückte sich und hob mit einer lautlosen Bewegung das Bündel wieder auf. Nichts soll eine Mutter hindern. Sie schmiegte sich an Josef, der wegsah, wie der König in ihrem Arm sich an das Kreuz schmiegen würde, an das er geschmiedet war. Während die Kinder sich fürchteten, ahnten sie seine Lehre, sich zu schmiegen, woran man geschmiedet wird, und sie fürchteten diese Ahnung mehr als das schrille, schnelle Läuten draußen vor der Tür.
Möglich aber, daß diese Ahnung selbst zu läuten begonnen hatte.
Schweigend verharrten sie in der Finsternis. Mit einer verrosteten Sicherheitsnadel steckte der Engel das Leintuch fester um seine Schultern. «Es wird nichts sein», stammelte er, «es klingt wirklich nur, als ob –», er brach ab.
«Sei still», sagte der größte Landstreicher höhnisch, «bleib bei deiner Rolle!»

Und es läutete. Es läutete: viermal kurz und dreimal lang. Aber das verabredete Zeichen war anders.
«Irgend jemand irrt sich», flüsterte der Landstreicher mit dem steifen Fuß, der kleinste von allen. «Irgend jemand weiß nicht, ob er zu uns oder zur Geheimen Polizei gehört. Ob er ein Freund oder ein Mörder ist.»
Wer weiß das schon von sich?
Der kleine schwarze Hund unter dem Tisch begann zu bellen.
«Haltet ihm die Schnauze zu», sagte Josef böse, «der ist nichts mehr für uns.»
«Ich war von Anfang an dagegen, ihn zu behalten», sagte Maria, «wir haben kein Futter für ihn und es könnte sein, daß er uns verrät. Es steht auch an dieser Stelle nur etwas von einem Esel. Etwas, das trägt», seufzte sie dann, «etwas Stilles, das trägt.»
«Juden dürfen keine Haustiere haben», flüsterte der Engel, «und ein versiegelter Waggon trägt auch. Die Frage ist nur, wohin.»
«Vor Ägypten wird gekämpft!»
«Dann eben nach Polen.»
«Und der König der Juden?»
«Fährt mit.»
Das Läuten an der Tür setzte wieder ein, es klang jetzt flehend.
«Wir beginnen zu spielen, wir öffnen nicht!»
«Dann rasch, beeilt euch! Achtung – fertig –»
«Los!»
Die drei Landstreicher sprangen auf. Spiegelnd hielten sie ihre Laternen gegen das Glas der alten Kommode.
«Habt ihr den Frieden gesehen?» rief der kleinste Landstreicher.
«Aber du hältst ja deine Laterne ganz schief!» Der Engel unterbrach ihn. «Herbert, ich glaube fast, deine Faust zittert. Hast du Angst? Das gehört nicht zu deiner Rolle. Habt ihr den Frieden gesehen? Frag wie ein Mann, Kleiner, greif über ihre Schultern, damit sie zu suchen beginnen, in ihren Patronentaschen und unter ihren Kopfkissen –»
«Habt ihr den Frieden gesehen?»
Das Läuten verstummte und schien ebenfalls auf Antwort zu warten. Die Kinder fröstelten und rückten aneinander. Gähnend und abgründig tat sich die Leere vor ihnen auf und befahl: erfüllt mich! Da ließen sie den zweiten Landstreicher sagen:

«Es ist niemand hier.»

«Niemand, hörst du, Georg? Niemand, ein furchtbares Wort. Alle und doch niemand, Millionen Menschen und doch niemand. Niemand, alle, die hassen, und alle, die wegschauen, hört ihr: Niemand haßt uns, niemand verfolgt uns – niemand! Warum fürchtet ihr euch? Niemand, sag es noch einmal, Georg! Zu singen soll sie beginnen, deine Traurigkeit, und in ihren Massenversammlungen sollen sie es hören: Niemand, niemand, niemand ist hier!»

Waghalsig flackerten die Laternen der drei Landstreicher in das dunkle Zimmer.

«Zu lange haben wir gesucht!»

«Verflucht, auch unser Licht geht aus.»

«Jetzt finden wir ihn nimmermehr.»

«Und unsere Kraft zerbricht.»

«Ja, wenn man wüßt –»

«Was Friede ist!»

«Aber man weiß es nicht.»

Mutlos ließen sie sich auf den schmutzigen Teppich fallen.

«Auf dieser Erde ist es nicht.»

«Wir haben überall gesucht –»

«Geschrien –»

«Gedroht!»

«Gefleht!»

«Geflucht!»

Wieder setzte das Läuten ein. Die Stimmen der Kinder überstürzten sich. Sekundenlang gelang es ihnen, die Glocke zu übertönen.

«Wir leuchten in jedes Haus.»

«Man warf uns überall hinaus.»

«Zu schwach brennt euer Licht!»

sagte der Engel in die Atempause der Menschen.

«Was sagt ihr da?»

«Ich sprach kein Wort.»

«Es kam von da!»

«Es kam von dort!»

Unbeirrt stritten die Landstreicher weiter, zerpflückten die Stimme des Engels und lösten sie in Unruhe auf:

«Ihr habt's gesagt!»
«Nein, ihr!»
«Und ihr!»
«O weh, ihr lügt –»
«Es kam von hier!»
«Was stoßt ihr, Herr?»
«Von ungefähr.»
«Von ungefähr?
Ei, das ist gut,
da bleibe ich auf meiner Hut!»
«Wie seid ihr feig,
ich habe Mut!»

«Den Frieden suchet ihr!» rief der Engel und schwang sich auf den Schrank. «Den Frieden!» seufzte er, aber das Läuten blieb wie ein stählerner Rahmen und ein dunkles Bild.

«Wir haben überall gesucht.»
«Die Straßen auf, die Straßen ab»,
«Und alles haben wir versucht.»
«Geraubt, getötet und gebrannt»,
«Wir stiegen bis zur Höll hinab!»
«Und fanden nichts –»

Fluchend und ineinander verkeilt lagen die Landstreicher auf der Erde. Immer schneller und eindringlicher brannte die Stimme des Engels über ihren Raufhändeln. Die Kapuzen schwankten und die Flurglocke schrillte über die Stimme des Engels. Wie eisiger Regen sprühte dieses Läuten in die abgewandten, verhüllten Gesichter der Kinder. Öffnet, öffnet!
Dieses dunkle Zimmer war nichts mehr als eine einzige schwankende Kapuze, die schlecht schloß.
Und es läutete. Viermal kurz und dreimal lang. Die quälende Beharrlichkeit der falschen Parole.
Die drei Landstreicher versenkten lauernd Knie und Fäuste in den alten Teppich. Der Jüngste hob den Zeigefinger.

«Da sahen wir
Ein Lichtlein schimmern durch die Tür.»
«'s ist niemand hier –»
«Nun sind wir ganz verwirrt.»

Die Stimme des Kleinsten zitterte. Die anderen schoben ihn beiseite. Jeder der drei Landstreicher wollte zuerst sprechen:

«Wer sagt uns, wo der Friede ist?»
«Wer ihn entdeckt?»
«Und wer ihn mißt?»
«Ja, wenn man wüßt –»
«Was Friede ist –»

Erschöpft ließen sie die Köpfe sinken.

«Zerfetzt ist unser Kleid»,
«Zerrissen unsere Schuh!»
«Wir finden keine Ruh
in Ewigkeit.»

Wieder hob der Kleinste den Zeigefinger.

«Da fällt mir etwas ein,
Ihr müßt ganz stille sein.»
«Es ist Weihnachtszeit»,

seufzte der Engel vom verhangenen Fenster her.

«Weihnachtszeit?»

Die drei Landstreicher richteten sich rasch auf. Es hing mit Geschenken zusammen, mit Kuchen und Mistelzweigen und den verständnislosen, erregten Gesichtern der Erwachsenen. Wie aber hing es mit dem Schrillen der Glocke zusammen, das jetzt nicht mehr abriß?

«Beeilt euch!» mahnte der Krieg, der, einen riesigen, gestohlenen Luftschutzhelm bis weit über die Mitte des Gesichts gezogen, an der Tür zum Vorzimmer lehnte. «Sie rennen uns die Tür ein. Sie verladen uns sonst, bevor wir fertig sind.»

«Um so besser», sagte Josef mürrisch, «der Jänner ist so grau. Alle Silberschnüre sind dann schon zerschnitten, und der Magen tut weh.»

«Bis es Mai wird, sind wir schon Kirschbäume», sagte der Krieg spöttisch.

«Sei still», rief Maria, die das Bündel fest an sich gepreßt hielt, «hör auf damit, ich will kein Kirschbaum sein! Und auch sonst kein Baum!»

«Spielt weiter!» rief der Engel.

«Was heißt das nun,
was sollen wir tun?»
«Kommt, singen wir das Weihnachtslied!»

Die drei Landstreicher bewegten die Lippen, aber sie konnten nicht singen, in der Ewigkeit der letzten Viertelstunde hatten sie es verlernt. Die Lust an der Lust hatten sie verloren, etwas Fremdes hatte ihre Lippen versiegelt.

«Ich bin zu müd,
bin viel zu müd!»
«Und deine Flöte klinget hohl,
du bläst ja keinen klaren Ton!»
«Doch hört –»
«Der Friede läuft davon!»
«Ich hol ihn ein!»
«Nein, ich –»
«O nein!»
«Wo ist das Licht?»
«Ich find es nicht –»

Die Kinder sprangen auf. Das Läuten da draußen war plötzlich abgebrochen. Plötzlich und, wie es allen schien, endgültig. Nichts rührte sich mehr.

«Öffnet», sagte der Engel leise, «öffnet lieber!»

Das Leintuch blieb hängen und hinderte ihn, vom Schrank zu springen.

Der Krieg stieß die Tür ins Vorzimmer auf. Die drei Landstreicher jagten hinaus.

Öffnet, öffnet jedem, der euch verlangt! Wer nicht öffnet, versäumt sich selbst.

Die Kinder rissen entschlossen die Flurtür auf und prallten enttäuscht zurück.

«Du? Sonst niemand?»

Verweint und erschöpft lehnte Ellen an dem eisigen, grauschwarzen Stiegengeländer.

«Weshalb habt ihr nicht aufgemacht?»

«Du hast das Zeichen nicht gewußt!»

«Ihr habt es mir nicht gesagt.»

«Weil du nicht zu uns gehörst.»

«Laßt mich mitspielen!»

«Du gehörst nicht zu uns!»

«Und weshalb nicht?»

«Du wirst nicht geholt werden.»

«Ich verspreche es euch», sagte Ellen, «daß ich geholt werde.»
«Wie kannst du solche Dinge versprechen?« rief Georg zornig.
«Manche wissen es», sagte Ellen leise, «und manche wissen es nicht. Und geholt werden alle.»
Sie stieß die andern beiseite und rannte allen voran in die Finsternis. Und sie zerrte den Engel an seinem weißen Leintuch fast vom Schrank und bettelte: «Laßt mich mitspielen, bitte laßt mich doch mitspielen!»
«Deine Großmutter hat dir verboten, mit uns zu spielen», sagte Leon, der Engel auf dem Schrank.
«Weil meine Großmutter immer noch glaubt, daß es ein Glück ist, zurückzubleiben.»
«Und du?»
«Schon lange nicht mehr», sagte Ellen und schlug die Glastür hinter sich zu. Wieder schloß sich der Raum um die Kinder wie eine schwarze Kapuze.
«Wir haben keine Rolle mehr für dich.»
«Laßt mich die Welt spielen!»
«Ein gefährliches Spiel», sagte Leon.
«Ich weiß», rief Ellen ungeduldig.
«Hanna spielt die Welt», murrte Kurt.
«Nein», sagte Ellen leise, «nein! Heute nacht geholt worden.»
Die Kinder rückten ab und bildeten einen Kreis um sie.
«Weiter!» rief Leon fiebrisch. «Wir müssen weiterspielen!»
«Leon, wer hat uns so schlechte Rollen gegeben?»
«Schwere Rollen, und sind nicht die schwersten Rollen die besten?»
«Aber was für ein furchtbares Publikum wir haben, ein dunkler Rachen, der uns verschlingt, Menschen ohne Gesichter!»
«Hättest du mehr Erfahrung, Ruth, du wüßtest, daß vor jeder Bühne eine seufzende Finsternis ist, die getröstet sein will.»
«Wir sollen trösten? Wer tröstet uns?»
«Wer hilft uns auf den Lastwagen, wenn er zu hoch ist?»
«Fürchtet euch nicht!» rief Leon und sein Kopf züngelte wie eine schmale, dunkle Flamme aus den weißen Tüchern. «Denn siehe, ich verkündige euch eine große Freude!»
«Ihr dürft verrecken, das ist alles!» unterbrach ihn Kurt.
Der Engel verstummte vor dem Mißtrauen auf den nächtlichen Feldern,

vor den blassen Gesichtern der Ausgelieferten. Er wußte nicht weiter.
«Noch lange nicht alles», half ihm eines der Kinder aus der Finsternis, «denn euch ist heute –»
Unten durch die enge Gasse fuhr ein schwerer Lastwagen. Die Fenster zitterten und auch der Himmel vor den Fenstern begann zu zittern. Die Kinder zuckten zusammen, waren versucht, zum Fenster zu stürzen, rührten sich aber nicht. Der Lastwagen dröhnte, wurde leiser, fuhr vorbei und entfernte sich. Jedes Dröhnen verstummt irgendwann vor der Stille, jeder Laut ist vergeblich, den sie nicht erfüllt.
«Weiter, spielt weiter!»
Zu spielen. Es war die einzige Möglichkeit, die ihnen blieb, die Haltung knapp vor dem Unfaßbaren, die Anmut vor dem Geheimnis. Dieses verschwiegenste Gebot:
Spielen sollst du vor meinem Angesicht!
In der Sturzflut der Qualen hatten sie es erraten. Wie die Perle in der Muschel lag die Liebe in dem Spiel.

«Kommt, streitet nicht!»
«Seht, unser Licht geht aus,
der Sturm will es verwehen
und unsere Kraft zerbricht.»
«Wir wollen schlafen gehen».

Stille setzte ein, das Stichwort für die Engel. Leon sprang mit einem Ruck vom Schrank in den matten Kreis der Laternen. Er sprang dazwischen, um darüber zu bleiben. Und er warf ihre Frage zurück:

«Habt ihr den Frieden gesehen?»
«Wir sahen ihn nicht.»

Die Landstreicher sanken nieder und zogen die Kapuzen tief und endgültig über ihre verwirrten Gesichter.
«Wenn ihr sehen könntet, wie ich euch sehe!» stammelte der Engel seiner Rolle entgegen. «Wie still ihr da liegt und wie unmenschlich tapfer in diesem finsteren Zimmer!»
Er ließ die Arme hängen. Die Lust, zu schauen, und der Ruf, das Bild zu halten, überwältigte ihn auch hier. Wenn ihr sehen könntet, wie ich euch sehe. Aber das Licht nahm ab.
«Wie schade, Leon, daß du nie Regisseur sein wirst!»
«Doch, ich werde es sein. Auf dem Lastauto und im Waggon, es wird ein

gutes Stück, das könnt ihr mir glauben! Kein Happy-End und kein Applaus, still sollen sie nach Hause gehen, mit blassen Gesichtern, die im Finstern leuchten –»

«Sei still, Leon! Siehst du denn nicht, wie rot ihre Gesichter sind und wie schillernd ihre Augen? Hörst du sie denn nicht jetzt schon lachen, wie sie lachen werden, wenn man uns über die Brücken führt?»

«Leon, in welcher Währung wird man dich bezahlen und mit welcher Gesellschaft läuft dein Vertrag?»

«Menschliche Gesellschaft, zahlt mit Feuer und Tränen.»

«Bleib ein Engel, Leon!»

Leon zögerte. Er breitete die Arme über die schlafenden Landstreicher aus. «Schlaft tief –», er holte Atem, schwieg einen Augenblick und sprach dann weiter:

«Vielleicht im Traum
schenkt Gott euch,
was ihr suchen gingt
auf einem falschen Weg.
Löscht eure Lichter aus,
denn keins von ihnen führt nach Haus,
einzig das Licht der Liebe blinkt
über den schwachen Steg!»

Der Engel beugte sich nieder und blies die Laternen aus. Wie die letzte einsame Kerze in einem dunklen Fenster blieb er in der Finsternis.

«Werft euern Stolz dahin,
er macht euch gegen nichts gefeit,
die Liebe hat ein anderes Kleid.
Ich frage euch: wohin
wollt ihr den Frieden suchen gehn?
Das Streiten hat hier keinen Sinn,
der Friede liegt im Herzen drin,
das habt ihr übersehn.»

Der Engel breitete die Arme so weit über die drei Schlafenden aus, als wollte er damit alle Schlafenden und auch die Geheime Polizei umfangen, die am hellsten zu wachen glaubte und am tiefsten schlief.

«Schlaft tief,
vielleicht im Traum

schenkt Gott euch,
was ihr suchen gingt
durch Mord und Brand.
Löscht eure Lichter aus,
denn keins von ihnen führt nach Haus,
allein das Licht der Liebe strahlt
von Land zu Land.»

Der Engel trat zurück. Die Landstreicher bewegten sich unruhig im Schlaf. In der Finsternis hörte man, wie Josef erregt auf Maria einsprach. «Komm jetzt, wir sind an der Reihe!» Aber sie rührte sich nicht.

«Komm!» rief der Engel.

Maria packte das Bündel fester. «Ich habe keinen Schleier», sagte sie, «und ohne Schleier spiel ich nicht.»

«Was meinst du damit?» fragte Leon. «Und jetzt?»

Die drei Landstreicher sprangen auf und fielen lärmend über sie her. «Spiel, hörst du, spiel!» Und sogar der Krieg, den Helm in der Hand, bat: «Spielt weiter, spielt doch weiter!» Ihr Schreien drang auf den Flur.

«Wolltest du die Maria spielen, ja oder nein?»

«Ja», erwiderte Bibi, «aber nicht ohne Schleier. Ihr habt mir einen Schleier versprochen, und ohne Schleier spiele ich nicht mit!» Sie preßte das Bündel furchtsam an sich.

«Wenn es nichts anderes ist», sagte Ellen langsam und riß ihre Tasche auf. Ein weißes Tuch leuchtete in den finsteren Raum. Bibi legte das Bündel beiseite. Die anderen stiegen rasch von Kisten und Sesseln, kamen näher und tasteten mit kalten Fingern danach. Bibi hatte es schon gepackt und sich darin eingehüllt.

«Wie schön du bist!» riefen die Kinder. Sie klatschten in die Hände, warfen Falten, strichen sie wieder glatt und sahen geblendet hinauf wie arme Seelen am Rande des Fegefeuers, wo Himmel und Hölle mit ihren letzten Halbinseln grenzen. Und sie lachten glücklich. Wenn ihr sehen könntet, wie ich euch sehe, dachte Leon. Aber während er glaubte, das Bild zu verlieren, blieb es im wachen Blick des beiseitegelegten Gottes.

«Wenn es nichts anderes ist», wiederholte Ellen zornig. Ihr Gesicht tauchte lauernd hinter Bibi auf. Und ehe die imstande war, sich von ihrem erstaunten Spiegelbild zu trennen, hatte sie ihr den Schleier vom Kopf gerissen, schwang ihn hoch und drehte ihn um sich selbst. Finster funkelten ihre Augen aus dem fließenden Glanz.

«Du», rief Bibi, «wie ein Kameltreiber siehst du aus!»
«Das ist mir gerade recht.»
«Gib den Schleier her!» sagte Bibi undeutlich. Stumm und kampfbereit standen sie sich gegenüber. Das Wunder war zur Welt gekommen, aber die Welt wollte es selber sein. Maria hatte Bedingungen gestellt, der Engel hatte vergessen, die drei Könige zu warnen, und Gott war dem Herodes in die Hände gefallen. «Gib den Schleier her!» sagte Bibi noch einmal. Sie zitterte vor Zorn. Wie eine zarte, fremde Waffe flog ihre Hand vor und verkrallte sich darin. Ellen wich zurück. Sie verwickelten sich ineinander, zerrten und hielten fest. Nichts anderes blieb als das stille Knistern der Seide, die Furcht aller Schleier, zerrissen zu werden. Aber ehe es noch dazu kam, entfaltete er sich, hell und immer heller, schwebend wie etwas sehr Versöhnliches zwischen Tag und Traum, wie die Stille der Verkündigung, und sank plötzlich, nicht mehr festzuhalten, gelassen zu Boden. Der Funke sprang über, sie hatten begriffen, worum sie kämpften.
«Der Vorhang», stammelte Leon und fuhr abwehrend mit den Armen hoch.
«Hannas Vorhang, an dem sie zuletzt nähte.»
«Für das Haus an der schwedischen Küste.»
«Für das weiße Zimmer mit den hohen Fenstern, wo ihre sieben Kinder schlafen sollten.»
Ihre sieben Kinder, die so tief schlafen, daß niemand sie wecken kann, ihre sieben Kinder, die so süß träumen, daß kein Gott sie stört. Ihre sieben Kinder, die nicht verflucht sind, geboren, gebrandmarkt und getötet zu werden.
«Wann hast du sie gesehen, Ellen?»
«Gestern, spät abends.»
«Wußte sie schon etwas?»
«Ja.»
«Und was hat sie zuletzt getan?»
«Mantelknöpfe fester genäht.»
«Sieben Knöpfe», sagte Leon. Wieder splitterte das Eis auf dem dunklen Teich und das Wagnis, weiterzulaufen, wurde immer größer.
«Sie wollte euch noch einen Brief schreiben», sagte Ellen, «aber dann brachte sie ihn nicht fertig und gab mir das nur mit. Sie sagte, wenn wir ihn für das Spiel brauchen könnten, wäre es ihr recht.»

«Du hättest ihn nicht nehmen dürfen, Ellen, er sollte Fliegen und zuviel Sonne abhalten.»
«Zuviel Sonne!»
«Weil Hanna die Sonne nicht wollte. Zuletzt sagte sie doch immer, sie sei eine Betrügerin, die die Menschen täuscht und brutal macht.»
«Deshalb sollte auch der Vorhang im Meerwind wehen. Ganz leicht aus dem Fenster wehen!»
«Er wird wehen», sagte Ellen.
«Ein Bahrtuch», sagte Georg leise. «Wenn Kinder sterben.»
«Wen meinst du?» lächelte Herbert ängstlich.
«Nicht dich, Kleiner!»
«Doch, du hast mich gemeint!»
«Vielleicht habe ich uns alle gemeint», murmelte Georg.
«Hanna hätte den Schleier behalten sollen, vielleicht hätte er sie beschützt.»
«Man behält nur das, was man hergibt.»
Die Kinder hoben erschrocken die Köpfe. Niemals wurde es klar, wer das gesagt hatte. Die lichte Stimme des Engels in einem finsteren Traum. Man behält nur das, was man hergibt.
Gebt ihnen also, was sie euch nehmen, denn sie werden immer ärmer davon. Gebt ihnen euer Spielzeug, eure Mäntel, eure Mützen und euer Leben. Schenkt alles weg, um es zu behalten. Wer nimmt, verliert. Lacht, wenn sie euch die Kleider vom Leib und die Mützen vom Kopf reißen, denn man behält nur das, was man hergibt. Lacht über die Gesättigten, lacht über die Beruhigten, die Hunger und Unruhe verloren haben, die kostbarsten Gaben, die den Menschen verliehen sind. Schenkt euer letztes Stück Brot weg, um den Hunger zu bewahren, gebt das letzte Stück Boden auf und bleibt in Unruhe. Werft den Glanz eurer Gesichter in die Finsternis, um ihn zu verstärken.
«Spielt weiter!» sagte Leon.
Josef stützte sich auf seinen Knotenstock. Maria hatte ihren Arm leicht auf den seinen gelegt, und der kleine Hund mit dem weißen Fleck über dem linken Auge lief nebenher, obwohl er nirgends in der Schrift genannt war. Er spielte, ohne zu fragen, das Ungenannte, dieses Stille, das trägt.

«Der Weg war weit, den wir kamen,
wir haben fremde Namen

auf dieser Welt.»
«Aber in unseren Armen
halten wir Gottes Erbarmen,
wie er uns hält.»
«Und tragen sein Verlangen,
die Menschen zu umfangen,
in diesem Kind.»
«Und tragen alle Schmerzen
von Gottes verstoßenem Herzen
durch Dunkel und Wind.»

Josef und Maria blieben ermattet stehen, versuchten sich gegenseitig ins Gesicht zu schauen, aber man sah nicht mehr viel. Auch die Gesichter der übrigen versickerten wie helle Farben in die Schwärze der Schatten. In dieser zunehmenden Undeutlichkeit wurde klar, wie unerreichbar eines für das andere war, wie unerreichbar für sich selbst und den Rest aller Verfolger.

Maria schrak zusammen.

«Doch wir sind nicht allein,
schau hier die drei Gesellen an!»

Sie packte Josef am Ärmel und deutete auf die schlafenden Landstreicher vor der Kommode. Einer von ihnen rollte sich auf die andere Seite und bewegte im Schlaf die Lippen:

«Zerrissen die Schuh,
nicht Rast und Ruh!»
«Er spricht im Traum.»
«Du armer Mann,
daß ich dir doch sagen kann,
wie Gottes Liebe glüht!»
«Wer ist es, der mich rief?
Ich bin zu müd, bin viel zu müd.»
«Er schläft ja tief»,

sagte der Engel. Enttäuscht richtete sich Maria auf.

«Zerschlissen das Kleid
und der Weg viel zu weit»,

flüsterte der zweite Landstreicher.

Wieder neigte sich Maria über ihn.

«Du armer Mann,
daß ich dir doch sagen kann –»
«Er schläft ja tief»,
unterbrach sie Josef müde. Man merkte ihm an, daß er Lust gehabt hätte, sich daneben zu legen, wäre er nicht Josef gewesen, Josef, ein Gerufener, mit der Angst, auserwählt zu werden.
«Mich friert,
wer weckt mich aus dem Traum –»
Zum dritten Mal schrak Maria zusammen. Jemand hatte im Vorzimmer Licht angedreht, und das Licht fiel durch die Glastür. Die Glastür zitterte, ohne die Konturen der Kinder zu empfangen, die dunkel blieben vor dieser kalten Helligkeit.

Es klopfte, gleich darauf öffnete jemand. In der Tür stand die Dame vom Zimmer nebenan. Sie trug in der rechten Hand einen kleinen, mit Lederriemen verschnürten Koffer, in der linken einen zusammengeklappten Schirm und auf dem Kopf eine bunte Mütze mit einer Feder.

«Alle guten Geister», sagte der Krieg, ohne den Satz zu vollenden, und nahm den Helm ab. Es gehörte nicht zum Spiel.

«Was tut ihr hier im Finstern?» Sie tastete nach einem Schalter. Josef legte den Arm schützend um Maria, als könnte er sie bewahren vor dem trügerischen Licht. Die andern rührten sich nicht. Die Dame von nebenan wiederholte ihre Frage, aber sie bekam keine Antwort.

«Ihr seid krank», sagte sie erschrocken. Sie hatte auf dem alten Teppich drei zerlumpte, unbewegliche Gestalten bemerkt, dahinter Krieg und Engel, die nebeneinander auf einer Kiste saßen und flüsterten, und den schwarzen Hund zwischen Josef und Maria.

«Wohin gehen Sie?» fragte Georg.

«Weg!» erwiderte sie.

«Weg», sagte Leon nachdenklich, «weg gehen viele. Aber vielleicht ist es die falsche Richtung.»

«Ihr solltet auch weggehen, unter allen Umständen! Die Gegend ist gefährlich.»

«Mit der Zeit werden fast alle Gegenden gefährlich», sagte Leon.

«Wir wollen nicht mehr weggehen.»

«Ihr werdet es bereuen!»

«Reue ist ein großes Gefühl», sagte der Krieg und setzte seinen Helm wie-

der auf. Herbert mußte lachen und hüstelte.
Die Dame von nebenan schüttelte hilflos den Kopf. Sie war dieser Art von Rebellion nicht gewachsen. «Ich gehe jetzt jedenfalls, ihr bleibt allein in der Wohnung!»
«Wiedersehen», sagte Leon.
Josef und Maria folgten ihr und sperrten ab. Aufgeregt rannte der kleine Hund hinterher. Sie verlöschten alle Lichter und behielten nur die Laterne und das Bündel im Arm.

«Ich geb es euch zum Hüten,
leg es in eure Hände –»

aber ehe Maria das Bündel zwischen die Schlafenden legen konnte, fiel Ellens Schatten über sie.

«Ich bin die Welt
und auf der Flucht,
ach, daß ich Frieden fände!»

Die Welt war barfuß und hatte eine alte Decke um Kopf und Schultern geschlungen, wirr und lang hing ihr Haar darunter hervor.

«Der Krieg jagt mich von Haus zu Haus,
er fängt mich ein und lacht mich aus,
er treibt mich aus mir selber aus
in Angst und Feuerbrände.»
«Wen suchest du?»
«Ich suche Ruh.»
«Voll Blut sind deine Hände!»

Erschrocken lehnte sich Maria an Josefs eckigen Körper. Unter dem Hubertusmantel hörte sie sein Herz schlagen, das flößte ihr Mut ein.

«Wir tragen Gott,
sind auf der Flucht.
Die Welt jagt uns von Tür zu Tür,
hat uns nicht aufgenommen,
drum suchen wir die Herberg hier,
wir flohen ja vor dir.»
«Vor dir!»
«Nun bist du doch gekommen.»

Der schwarze, kleine Hund spitzte die Ohren und schnüffelte. Die Verwunderung der Heiligen Familie griff auch auf ihn über. Sie durchdrang die Kühle des vergessenen Raumes und überwältigte sie: Kommt ihr uns doch immer wieder nach? Kreuzigt ihr doch nur, womit ihr nicht fertig werdet, und müßt zuletzt unter den eigenen Kreuzen die Zuflucht finden? Peitscht uns, tötet uns, trampelt uns nieder, einholen könnt ihr uns erst dort, wo ihr lieben oder geliebt werden wollt. Wo ihr den Fliehenden auf der Spur bleibt, um Zuflucht bei ihnen zu finden. Werft eure Waffen weg und ihr habt sie erreicht.

«Wollt ihr mich nicht verbergen
in eurem hellen Schleier?»

Mit abgetretenen Absätzen stieß der Krieg an den Rand der Kiste, um sein Kommen einzuleiten. Furchterfüllt starrte die Welt um sich.

«Da ist er,
höret ihr!»

Der Krieg war von der Kiste gesprungen. Seidig knisterte die Finsternis.

«O laßt mich ein,
wenn ihr es nur versucht!»

«Wir sind selbst Fremde hier
und auf der Flucht –»

Maria blieb stecken. Der Krieg, zum Griff bereit, wich vor sich selbst zurück. Denn es hatte geläutet und es läutete noch immer. Es läutete zum zweitenmal.

Es gab aber in diesem Spiel keinen Souffleur, keinen, der den Ernst milderte und die Verwegenheit allen Spielens flüsternd untergrub, keinen, der den Einsatz angab, ohne sich einzusetzen. Beides fiel endgültig zusammen. Der das Einspringen übersieht, verwirft sich, und der das Ausspringen übersieht, verwirft sich doppelt. Wie schwer es war, zu kommen und zu gehen zur rechten Zeit wie Morgen und Abend. Daran lag alles. Aber die Kinder wußten nicht weiter, denn es läutete Sturm.

«Das Christkind», flüsterte Herbert, aber niemand lachte.

«Der Briefträger», sagte Ruth rasch und ohne daran zu glauben.

«Die Dame von nebenan, vielleicht hat sie etwas vergessen.»

«Sich selbst hat sie vergessen.»

«Seid still!»

«Die hat doch Schlüssel!»

«Spielt weiter!»

«Welches Spiel meinst du?»

«Das wir spielen oder das mit uns gespielt wird?»
Die Kinder zögerten. Das Läuten setzte aus und setzte wieder ein, fuhr wie der blutige Kopf eines Raubvogels an die verschlossene Tür.
«Spielt weiter, hört ihr!»
Aber was mit uns gespielt wird, verwandelt sich nur unter Schmerzen in das, was wir spielen. Sie befanden sich inmitten der Verwandlung, spürten deutlicher den Dunst der Fetzen um ihre Leiber und ahnten zugleich stärker den verborgenen Glanz der Christbaumketten um Hüften und Hals. Schon begannen die beiden Spiele ineinanderzuströmen und flochten sich untrennbar zu einem neuen. Die Kulissen schoben sich beiseite, die vier engen Wände der Faßbarkeiten zerschellten, siegreich wie fallendes Wasser brach das Unfaßbare hervor. Spielen sollst du vor meinem Angesicht!
«Spielt weiter!»
Maria packte das Bündel fester. Höhnend tauchte der Krieg aus den Schatten. Er sprang aus einer Ecke und doch zugleich aus allen Ecken und schien mit dem Schrillen der Glocke durch eine Unzahl von Falltüren aus Decke und Fußboden zu brechen. Sein Mantel war zu lang und zu großartig, und er zerrte ihn hinter sich her. Josef versuchte, ihn wegzustoßen. Draußen läutete es ununterbrochen.
Gehetzt warf sich die Welt herum. Fackeln und Bogenlampen fielen unhörbar ins Bodenlose und erloschen. Das Bündel schien zu leuchten. Der Krieg pfiff durch die Zähne. Er riß die Welt an sich und ließ sie wieder fallen, warf sie hoch und stieß sie wieder fort.

«Geh weg von hier,
komm, bleib bei mir,
ich spiel mein wildes Spiel mit dir!»

Die Landstreicher blinzelten durch die Finger, während der Engel auf den linken Ellbogen gestützt im Dunkel hing wie am Rand einer Kuppel. Die Welt zögerte.

«Bleib hier!»
«Laß dieses kleine Kind allein,
geh weg von hier
und bleib bei mir,
sei mein!»

Die Flurglocke tobte und verlangte nach einer Entscheidung.
Die Landstreicher bewegten sich unruhig im Schlaf. Maria hielt das Bün-

del ungeschickt in die kalte Dämmerung.
«Entscheide dich,
nimm mich!»
«Nimm mich!»
Die Welt schwankte. Sie schlug die Decke fröstelnd um sich. Der Krieg beugte sich vor und versuchte ihr ins Gesicht zu schauen. Ihre Augen funkelten in die Schwärze, sie suchten das größere Wagnis. Noch einmal hob der Engel warnend seine Stimme. Die Flurglocke wimmerte, sie schien außer Atem. Sie bat um etwas. Welches ist das größere Wagnis?
Die Welt streckte die Arme aus dem Tuch nach dem Kind aus.
«Ich habe mich entschieden,
für dich.»
Der Krieg riß den Helm vom Kopf.
«Wie freu ich mich,
ich bin der Frieden!»
Jubelnd warf er den Soldatenmantel zurück in die Finsternis. Feuer fiel in den müden Holzstoß. Die Glocke schrillte.
«Macht auf, es hat keinen Sinn!»
«Leise!»
«Spielt weiter!»
Die Wehen der Verwandlung fielen über die Kinder. Tief im Dunkeln standen sie gegeneinander. Josef riß sich von Maria los, der Knotenstock polterte lärmend zu Boden. Der Engel sah auf seine Hände hinab, als wären sie gefesselt.
Georg tappte die Mauer entlang und versuchte die Tür zu finden.
«Wohin gehst du?»
«Ich werde öffnen.»
Entsetzt sprangen die drei Landstreicher auf und wollten ihn zurückhalten. Die Tür war nicht geölt und sang ein fremdes Lied.
«Wem wirst du öffnen, Georg?»
Es war der Herr von drüben. Die Kinder atmeten erleichtert auf. Der Herr, der ihnen helfen wollte. Leon kannte ihn flüchtig von früher. Er besuchte ihn öfter und schien sich nichts aus dem Stern an der Tür zu machen; er kannte auch seine Freunde. Er hatte, wie er den Kindern immer wieder versicherte, einigen Einblick. Und er hatte auch versprochen, sie zu warnen, sobald er etwas erfahren sollte.

Sie drehten das Licht an und brachten einen Sessel. Der Fremde verlangte ein Glas Wasser. Als er den Helm unter dem Klavier bemerkte, erkundigte er sich, woher sie ihn hätten.
«Ausgeborgt», murmelte Kurt.
«Was los?» fragte Leon ungeduldig.
Der Mann antwortete nicht gleich. Schweigend umstanden ihn die Kinder. Ruth brachte ein Glas Wasser. Er trank langsam, und sie betrachteten ihn ehrfürchtig. Keines von ihnen wagte, noch mehr zu fragen. Er streckte die Beine von sich und sie wichen ein wenig zurück. Als er sie einzog, kamen sie nicht wieder näher. Er sagte: «Fürchtet euch nicht!»
«Ich bin es», ergänzte Ellen. Der Mann warf ihr einen ärgerlichen Blick zu. Er wischte sich einen Tropfen vom Mundwinkel und hustete. Georg klopfte ihm auf die Schulter, erschrak und sagte: «Entschuldigen Sie, bitte!» Der Mann lächelte, nickte und sah nachdenklich an ihren kleinen steifen Füßen entlang. Wenn man alles andere wegdachte, sah es aus wie eine Reihe von Schuhen, die zum Putzen bereit standen. Ruth seufzte. Er hob den Kopf und sah sie aufmerksam an. Dann sagte er plötzlich: «Es ist alles abgeblasen. Die Deportationen nach Polen sind eingestellt.»
Die Kinder rührten sich nicht. Von weitem hörte man das Hupen eines Feuerwehrautos, den letzten Ton immer um eine halbe Note zu hoch.
«Wir sind also gerettet?» sagte Leon. «Gerettet», wiederholte Herbert. Es klang, als sagten sie: «Verloren.»
«Ich glaube es nicht!» rief Ellen. «Wissen Sie es sicher?»
«Und woher?»
Der Fremde begann zu lachen, krampfhaft, laut und so lange, bis sie über ihn herfielen: «Ist es wahr, ist es wirklich wahr?» und der schwarze, kleine Hund knurrend an seinen Hals sprang.
«So wahr ich lebe!»
«Aber wie wahr leben Sie?» murmelte Ellen.
Er sprang auf, empört schüttelte er sie ab. «Ihr seid unverschämt. Was wollt ihr eigentlich?»
«Spielen», sagte Georg, «wir waren gerade mitten darin!»
Finster drohte sein Gesicht unter der zerlumpten Kapuze hervor: Stör uns nicht, täusch uns nicht, laß uns! Gerettet, ein fremdes Wort. Wort ohne Inhalt, Tor ohne Haus. Gibt es einen Menschen auf der Welt, der gerettet ist?

Der Fremde sprach zornig vor sich hin und suchte nach seinem Hut. «Bleiben Sie», baten die Kinder, «wissen Sie denn nichts Sicheres?» «Sicher ist, daß ihr verrückt seid!» Er ließ sich in den Sessel zurückfallen und begann wieder zu lachen. «Ich wünsche eine Erklärung», sagte er, als er sich wieder beruhigt hatte.
«Uns liegt nicht mehr soviel daran», erwiderte Georg.
«Eines Tages», sagte Leon, «wenn alles vorüber wäre, würden wir aneinander vorbeigehen und uns nicht wiedererkennen.»
«Unter großen Regenschirmen!» rief Ellen.
«Es ist wahr», sagte Leon nachdenklich, «wir wollen nicht mehr zurück.» «Ich schon», unterbrach ihn Bibi, «ich schon, ich will hierbleiben und tanzen gehen. Ich will, daß mir noch jemand die Hand küßt!»
Der Fremde stand ganz still. Dann beugte er sich plötzlich über sie und tat es. «Danke», sagte Bibi verlegen. Hell und flüchtig hing ihr Atem in der Luft. Sturm fuhr um den Häuserblock, es war kälter geworden.
«Man sieht den Hauch!» sagte Herbert.
Georg sah auf die Uhr. Wie gestoßen bewegte sich der kleine Zeiger. Gleich darauf schien er zu bemerken, daß er immer wieder an dieselbe Stelle kam, und blieb stehen. Er war betrogen worden. Seit die Kinder das Spiel unterbrochen hatten, sanken schwere Pausen zwischen die Sekunden, die Abstände wuchsen.
«Was habt ihr denn eben gespielt?» fragte der Fremde.
«Frieden suchen», erwiderte Herbert.
«Spielt doch weiter!»
«Sagen Sie uns erst genauer, was mit uns geschehen soll!»
«Genaueres weiß ich nicht. Befehl von oben, die Deportationen sind eingestellt. Ganz unerwartet.»
«Richtig», rief Georg, «ganz unerwartet, aber warum wartet niemand darauf? Weshalb geschieht das Gute immer unerwartet?»
«Spielt jetzt weiter», sagte der Fremde, «spielt mir vor!» Es klang wie ein Befehl.
«Wir spielen», sagte Leon, «aber wir spielen niemandem vor.»
«Spielen Sie doch mit!»
«Ja, spielen Sie mit!»
«Aber nein!» rief der Fremde aufgebracht, schüttelte den Kopf, wurde ein wenig blasser und schob die Kinder von sich. «Lächerliche Gesellschaft!»

«Weshalb sind Sie so zornig?» fragte Herbert erstaunt.
«Ich bin nicht zornig. Ich bin uninteressiert.»
«Seien Sie lieber zornig», sagte Georg brüderlich.
«Wir spielen das Spiel noch einmal, für Sie. Aber Sie müssen mitspielen!»
«Ist das die Probe oder ist es die Aufführung?»
«Das wissen wir selber nicht.»
«Und habt ihr denn eine Rolle für mich?»
«Sie können einen Landstreicher spielen.»
«Etwas Besseres nicht?»
«Zuletzt werden Sie die Lumpen abwerfen und ein heiliger König sein!»
«Werde ich das? Und gibt es nicht nur drei heilige Könige?»
Der Fremde spielte mit. Er spielte im Namen aller unheiligen Könige, eine große stumme Rolle. Er ging hinter den Kindern her und belauschte ihre verzehrende Sehnsucht. Er hörte ihr verzweifeltes: «Es ist niemand hier!» und erschrak.
Über ihre Köpfe hinweg starrte er zur Tür.
«Warum spielt ihr im Dunkeln?»
«Wir sehen besser so!»
Er vermied es, weiter zu fragen. Herbert hatte die warmen Finger in seine große, feuchte Hand gelegt und wies ihm behutsam den Weg. Dicht hinter den drei Landstreichern ging mit schweren ungeschickten Schritten der fremde Mann.

«s'ist jemand hier!»
«Wer kann das sein?»
«Wir bilden uns wohl alles ein.»
«Wir sind allein
und schon zu müd!»
«Drum schließt die Tür,
das Licht verglüht,
bald wird es kalt und finster sein
und alle Hoffnung flieht.»

Der Fremde ließ sich zögernd mit den Landstreichern zu Boden fallen und stellte sich schlafend. Groß und stumm lag er zwischen ihnen. In der Wohnung darüber hörte man Schritte. Jemand ging unruhig auf und ab. Der Fremde grub den Kopf in die Arme.

«Du armer Mann,

daß ich dir doch sagen kann,
wie Gottes Liebe glüht.»
«Wer ist es, der mich rief?
Ich bin zu müd, bin viel zu müd!»
«Er schläft ja tief!»

Josef wollte Maria weglocken, weg von diesen Vermummten, die immer noch nicht wußten, ob sie gut oder böse waren, weg von diesem vierten stummen Landstreicher, aber sie zögerte.

«Er lacht!» rief sie plötzlich. «Schaut her! Er lacht uns aus!»

«Er erstickt ja fast!»

«Was gibt es denn zu lachen?»

«Warum lachen Sie?»

Georg rüttelte zornig an seinen Schultern. Sie rissen ihm den Schal vom Hals und versuchten, seinen Kopf zu heben, aber es gelang ihnen nicht. Mit aller Kraft bemühte sich der Fremde, sein Gesicht zu verbergen. Wie ein bebender Berg lag er in ihrer Mitte und ließ ihre harten, eckigen Fäuste auf seinen Mantel trommeln. Es schien ihm wohlzutun. Seine Schläfen waren rot angelaufen. Herbert zerrte an seinem Kragen.

«Was gibt es denn zu lachen? Worüber lachen Sie?»

«Laßt los», rief Leon zornig, «laßt sofort los!» Aber Herbert hörte nicht. Er glaubte an den Fremden, er hatte seine Hand gehalten. Fieberhaft riß er an dem Mantel.

«Du reißt mir noch den Kragen ab», sagte der Mann und hob den Kopf.

«Er weint», sagte Ellen.

«Gebt ihm den Hut zurück!»

«Nein», sagte der Fremde, «nein, das ist es nicht.»

Für einen Augenblick vergaß er um eines anderen Auftrags willen den Auftrag seiner Behörde. Er vergaß, daß er ein Häscher war, er vergaß die Geheime Polizei und den Befehl, diese Kinder solange aufzuhalten, bis man sie holen kam. Keines von ihnen durfte mehr die Wohnung verlassen. Im Haus ging der Lift hoch. Sanft und unaufhaltsam drang es durch die Mauern. Der Mann wollte aufspringen, wollte die Kinder warnen: «Geht, lauft weg, eure Zusammenkünfte sind entdeckt!», fühlte sich aber gelähmt und auf unbegreifliche Weise in ihren Bann geschlagen. Der Lift ging vorbei.

«Im vierten Stock wohnt ein Herr mit Krücken», sagte Ruth.

«Aber nein», sagte der Mann.
«Weiter!» unterbrach ihn Leon.

«Ich frage euch: Wohin
wollt ihr den Frieden suchen gehen –»

Die Träume begannen zu glühen.
Der Fremde fühlte, wie der Boden unter den flüchtenden Schritten der Welt zu zittern begann. Er hörte das Klirren der Fenster und wünschte nichts anderes, als hier liegen zu bleiben. Er sah im Schein der Laterne, wie Maria ihr Kind der Welt übergab.
Er hörte die Warnung des Engels, und als es zum dritten Mal läutete, war er der letzte, der aufsprang. Wie im Traum streifte er den Staub von seinem Mantel und schlug den Kragen zurück. Er mußte die Rolle des unheiligen Königs zu Ende spielen. Denn es gibt nur drei heilige Könige.

«Werft eure Mäntel ab!»

Selig leuchteten die Silberschnüre auf. Keines der Kinder beachtete ihn, sie stürzten zur Tür.
Wie eine große tanzende Flamme schlug ihr Spiel über ihnen zusammen.

50 Wolfgang Borchert

Die drei dunklen Könige

> Oh, nichts, wisperte er, das sind nur die Nerven. Man hat eben zuviel Angst gehabt.

Er tappte durch die dunkle Vorstadt. Die Häuser standen abgebrochen gegen den Himmel. Der Mond fehlte, und das Pflaster war erschrocken über den späten Schritt. Dann fand er eine alte Planke. Da trat er mit dem Fuß gegen, bis eine Latte morsch aufseufzte und losbrach. Das Holz roch mürbe und süß. Durch die dunkle Vorstadt tappte er zurück. Sterne waren nicht da.

Als er die Tür aufmachte (sie weinte dabei, die Tür), sahen ihm die blaßblauen Augen seiner Frau entgegen. Sie kamen aus einem müden Gesicht. Ihr Atem hing weiß im Zimmer, so kalt war es. Er beugte sein knochiges Knie und brach das Holz. Das Holz seufzte. Dann roch es mürbe und süß ringsum. Er hielt sich ein Stück davon unter die Nase. Riecht beinahe wie Kuchen, lachte er leise. Nicht, sagten die Augen der Frau, nicht lachen. Er schläft.
Der Mann legte das süße mürbe Holz in den kleinen Blechofen. Da glomm es auf und warf eine Handvoll warmes Licht durch das Zimmer. Die fiel hell auf ein winziges rundes Gesicht und blieb einen Augenblick. Das Gesicht war erst eine Stunde alt, aber es hatte schon alles, was dazugehört: Ohren, Nase, Mund und Augen. Die Augen mußten groß sein, das konnte man sehen, obgleich sie zu waren. Aber der Mund war offen, und es pustete leise daraus. Nase und Ohren waren rot. Eri lebt, dachte die Mutter. Und das kleine Gesicht schlief.
Da sind noch Haferflocken, sagte der Mann. Ja, antwortete die Frau, das ist gut. Es ist kalt. Der Mann nahm noch von dem süßen weichen Holz. Nun hat sie ihr Kind gekriegt und muß frieren, dachte er. Aber er hatte keinen, dem er dafür die Fäuste ins Gesicht schlagen konnte. Als er die Ofentür aufmachte, fiel wieder eine Handvoll Licht über das schlafende Gesicht. Die Frau sagte leise: Guck, wie ein Heiligenschein, siehst du? Heiligenschein! dachte er, und er hatte keinen, dem er die Fäuste ins Gesicht schlagen konnte.
Dann waren welche an der Tür. Wir sahen das Licht, sagten sie, vom Fenster. Wir wollen uns zehn Minuten hinsetzen. Aber wir haben ein Kind, sagte der Mann zu ihnen. Da sagten sie nichts weiter, aber sie kamen doch ins Zimmer, stießen Nebel aus den Nasen und hoben die Füße hoch. Wir sind ganz leise, flüsterten sie und hoben die Füße hoch. Dann fiel das Licht auf sie.
Drei waren es. In drei alten Uniformen. Einer hatte einen Pappkarton, einer einen Sack. Und der dritte hatte keine Hände. Erfroren, sagte er, und hielt die Stümpfe hoch. Dann drehte er dem Mann die Manteltasche hin. Tabak war darin und dünnes Papier. Sie drehten Zigaretten.
Aber die Frau sagte: Nicht, das Kind.
Da gingen die vier vor die Tür, und ihre Zigaretten waren vier Punkte in der Nacht. Der eine hatte dicke umwickelte Füße. Er nahm ein Stück

Holz aus einem Sack. Ein Esel, sagte er, ich habe sieben Monate daran geschnitzt. Für das Kind. Das sagte er und gab es dem Mann. Was ist mit den Füßen? fragte der Mann. Wasser, sagte der Eselschnitzer, vom Hunger. Und der andere, der dritte? fragte der Mann und befühlte im Dunkeln den Esel. Der dritte zitterte in seiner Uniform: Oh, nichts, wisperte er, das sind nur die Nerven. Man hat eben zuviel Angst gehabt. Dann traten sie die Zigaretten aus und gingen wieder hinein.

Sie hoben die Füße hoch und sahen auf das kleine schlafende Gesicht. Der Zitternde nahm aus seinem Pappkarton zwei gelbe Bonbons und sagte dazu: Für die Frau sind die.

Die Frau machte die blassen Augen weit auf, als sie die drei Dunklen über das Kind gebeugt sah. Sie fürchtete sich. Aber da stemmte das Kind seine Beine gegen ihre Brust und schrie so kräftig, daß die drei Dunklen die Füße aufhoben und zur Tür schlichen. Hier nickten sie nochmal, dann stiegen sie in die Nacht hinein.

Der Mann sah ihnen nach. Sonderbare Heilige, sagte er zu seiner Frau. Dann machte er die Tür zu. Schöne Heilige sind das, brummte er und sah nach den Haferflocken. Aber er hatte kein Gesicht für seine Fäuste.

Aber das Kind hat geschrien, flüsterte die Frau, ganz stark hat es geschrien. Da sind sie gegangen. Kuck mal, wie lebendig es ist, sagte sie stolz. Das Gesicht machte den Mund auf und schrie.

Weint er? fragte der Mann.

Nein, ich glaube, er lacht, antwortete die Frau.

Beinahe wie Kuchen, sagte der Mann und roch an dem Holz, wie Kuchen. Ganz süß.

Heute ist ja auch Weihnachten, sagte die Frau.

Ja, Weihnachten, brummte er, und vom Ofen her fiel eine Handvoll Licht hell auf das kleine schlafende Gesicht.

51 Friedrich Dürrenmatt

Weihnacht

Es war Weihnacht. Ich ging über die weite Ebene. Der Schnee war wie Glas. Es war kalt. Die Luft war tot. Keine Bewegung, kein Ton. Der Horizont war rund. Der Himmel schwarz. Die Sterne gestorben. Der Mond gestern zu Grabe getragen. Die Sonne nicht aufgegangen. Ich schrie. Ich hörte mich nicht. Ich schrie wieder. Ich sah einen Körper auf dem Schnee liegen. Es war das Christkind. Die Glieder weiß und starr. Der Heiligenschein eine gelbe gefrorene Scheibe. Ich nahm das Kind in die Hände. Ich bewegte seine Arme auf und ab. Ich öffnete seine Lider. Es hatte keine Augen. Ich hatte Hunger. Ich aß den Heiligenschein. Er schmeckte wie altes Brot. Ich biß ihm den Kopf ab. Alter Marzipan. Ich ging weiter.

52 Marie Luise Kaschnitz

Dezembernacht

Feldhüter haben in einem Geräteschuppen
(Steckrübenacker, Pflaumenbäume, Flußwind)
Eine Geburt aufgespürt, hier unzulässig.
Flüchtlinge gehören ins Lager und registriert.
Der Schafhirt kam dazu, ein junger Mann,
Der ging mit einem Stecken übers Mondfeld.
Sein Hund mit Namen Wasser sprang an der Hütte hoch.
Ein Alter drinnen gab Auskunft, er sei nicht der Vater.
Die Feldhüter verlangten Papiere. Das Neugeborene schrie.
Die Schafe versperrten die Straße. Drei Automobile
Ein Mercedes, ein Bentley, eine Isetta hielt an.
Drei Herren stiegen aus, drei Frauen, schöner als Engel,

Fragten, wo sind wir, spielten mit den Lämmern.
Spenden Sie etwas, sagten die Feldhüter.
Da gaben sie ihnen
Ein Parfüm von Dior, einen Pelz, einen Scheck auf die Bank von England.
Sie blieben stehen und sahen zu den Sternen auf.
Glänzte nicht einer besonders? Ein Rauhreif fiel,
Die kleine Stimme in der Hütte schwieg.
Ein Mercedes, ein Bentley, eine Isetta fuhren an
Und summten wie Libellen. Der Hirte schrie
Fort mit euch Schafen, fort mit euch Lämmern.
Ist das Kind gestorben? Das Kind stirbt nie.

53 Peter Huchel

Dezember 1942

Wie Wintergewitter ein rollender Hall.
Zerschossen die Lehmwand von Bethlehems Stall.

Es liegt Maria erschlagen vorm Tor,
Ihr blutig Haar an die Steine fror.

Drei Landser ziehen vermummt vorbei.
Nicht brennt ihr Ohr von des Kindes Schrei.

Im Beutel den letzten Sonnblumenkern,
Sie suchen den Weg und sehn keinen Stern.

Aurum, thus, myrrham offerunt . . .
Um kahles Gehöft streicht Krähe und Hund.

. . . quia natus est nobis Dominus.
Auf kahlem Gerippe glänzt Öl und Ruß.

Vor Stalingrad verweht die Chaussee.
Sie führt in die Totenkammer aus Schnee.

54 Wolfdietrich Schnurre

Anbetung

Ich bin kein König;
mein Fahrrad lehnt an diesem Stall
und alles, was ich bring, ist Angst:
Du wirst jetzt fliehn.

Der Esel hat schon aufgehört, das zarte
reifgeschmückte Maul
ins Gerstengold zu tauchen, bald
wird auch das Weiß der Tauben blasser,
und der Morgen mahnt.

Maria spiegelt sich
in einer leeren Büchse, deren Rund
verzerrt; ihr Mund übt Lächeln,
sie will gewappnet sein.

Das Feuerzeug, das Josef sich
an die zernarbte Pfeife hält,
läßt Schatten tanzen, seine Wangen
sammeln Nacht; der Bart,
mit Sägespänen dicht durchwirkt,
zuckt rhythmisch auf.

Du lachst.
Der Tabakqualm mischt sich
mit Myrrhenduft und zieht

als blaue Wolkenader
dem Stier ums Haupt, das schläfrig nickt.

Die hier Kronen trugen, sind
gegangen. Der Jordan führt noch
Flecke von Benzin; zu Stahl
vor Ehrfurcht ward die Woge
unterm Rad. Die Gaben
glänzen stumpf im Kot;
der Bastschuh Josefs trat sie ein;
Pokale hindern, wenn man flieht,
und Leuchter nützen nichts: das Licht
ist billig, wo man Sterne
auf den Schultern trägt.

Nur dieser eine, der uns rief,
erlischt zu früh:
Die Schafe werden wieder ruhig,
gestillt vom Staunen, schiebt der Hirt
die Krempe zwischen All und Aug,
und alle Wölfe atmen auf.

Noch lächelst du, und den Herodes
wird ein Eselstrott beschämen, doch
die Telefone schrillen
dein Frohlocken dir voraus;
und Grenzen hindern nur Verfolgte,
Verfolger reichen
übern Schlagbaum sich die Hand.

Der Pfeifenkopf ist ausgebrannt;
ein letzter Funke fliegt
ins Fell der Kuh, das ahnend bebt.
Maria bündelt die Konserven,
ein zweites Bündel dann, das Kind;
und mürrisch schiebt mich
Josef aus dem Weg.

Ich bin kein König;
mein Fahrrad lehnt an diesem Stall
und alles, was ich hab, ist Angst:
Du mußt jetzt fliehen.

55 Heinrich Böll

So ward Abend und Morgen

Was wichtig war und schwer wog,
geschah unabhängig vom Kalender.

Erst mittags war er auf den Gedanken gekommen, die Weihnachtsgeschenke für Anna im Bahnhof am Gepäckschalter abzugeben; er war glücklich über den Einfall, weil er ihn der Notwendigkeit enthob, gleich nach Hause zu gehen. Seitdem Anna nicht mehr mit ihm sprach, fürchtete er sich vor der Heimkehr; ihre Stummheit wälzte sich über ihn wie ein Grabstein, sobald er die Wohnung betreten hatte. Früher hatte er sich auf die Heimkehr gefreut, zwei Jahre lang seit dem Hochzeitstag: Er liebte es, mit Anna zu essen, mit ihr zu sprechen, dann ins Bett zu gehen; am meisten aber liebte er die Stunde zwischen Zu-Bett-Gehen und Einschlafen. Anna schlief früher ein als er, weil sie jetzt immer müde war – und er lag im Dunkeln neben ihr, hörte ihren Atem, und aus der Tiefe der Straße schossen manchmal die Scheinwerfer der Autos Licht über die Zimmerdecke, Licht, das sich senkte, wenn die Autos die Steigung der Straße erreicht hatten, Streifen hellen gelben Lichts, das für einen Augenblick das Profil seiner schlafenden Frau an die Wand warf; dann fiel wieder Dunkelheit übers Zimmer, und es blieben nur die zarten Kringel: das Muster des Vorhangs, vom Gaslicht der Laterne an die Decke gezeichnet. Diese Stunde liebte er von allen Stunden des Tages am meisten, weil er spürte, wie der Tag von ihm abfiel, und er in den Schlaf tauchte wie in ein Bad.

Jetzt schlenderte er zögernd am Gepäckschalter vorbei, sah hinten seinen Karton noch immer zwischen dem roten Lederkoffer und der Korbflasche stehen. Der offene Aufzug, der vom Bahnsteig herunterkam, war leer, weiß von Schnee: er senkte sich wie ein Blatt Papier in den grauen Beton des Schalterraums, und der Mann, der ihn bedient hatte, kam nach vorn und sagte zu dem Beamten: «Jetzt wird's richtig Weihnachten. Ist doch schön, wenn die Kinder Schnee haben, was?» Der Beamte nickte, spießte stumm Zettel auf seinen Nagel, zählte das Geld in seiner Holzschublade und sah mißtrauisch zu Brenig hinüber, der den Gepäckschein aus der Tasche genommen, ihn aber dann wieder zusammengelegt und eingesteckt hatte. Er war schon zum drittenmal hier, hatte zum drittenmal den Zettel herausgenommen und ihn wieder eingesteckt. Die mißtrauischen Blicke des Beamten störten ihn, und er schlenderte zum Ausgang, blieb dort stehen und sah auf den leeren Vorplatz. Er liebte den Schnee, liebte die Kälte; als Junge hatte er sich daran berauscht, die kalte klare Luft einzuatmen, und er warf jetzt seine Zigarette weg und hielt sein Gesicht in den Wind, der leichte und sehr viele Schneeflocken auf den Bahnhof zutrieb. Brenig hielt die Augen offen, denn er mochte es, wenn sich die Flocken an seinen Wimpern festklebten, immer neue, während die alten schmolzen und in kleinen Tropfen über seine Wangen liefen. Ein Mädchen ging schnell an ihm vorbei, und er sah, wie ihr grüner Hut, während sie über den Vorplatz lief, vom Schnee bedeckt wurde, aber erst als sie an der Straßenbahnstation stand, erkannte er in ihrer Hand den kleinen roten Lederkoffer, der neben seinem Karton im Gepäckraum gestanden hatte.
Man sollte nicht heiraten, dachte Brenig, sie gratulieren einem, schicken einem Blumen, lassen blöde Telegramme ins Haus bringen, und dann lassen sie einen allein. Sie erkundigen sich, ob man an alles gedacht hat: an das Küchengerät, vom Salzstreuer bis zum Herd, und zuletzt vergewissern sie sich, ob auch die Flasche mit Suppenwürze im Schrank steht. Sie rechnen nach, ob man eine Familie ernähren kann, aber was es bedeutet, eine Familie zu sein, das sagt einem keiner. Blumen schicken sie, zwanzig Sträuße, und es riecht wie bei einer Beerdigung, dann zerschmeißen sie Porzellan vor der Haustür und lassen einen allein.
Ein Mann ging an ihm vorbei, und er hörte, daß der Mann betrunken war und sang: «Alle Jahre wieder», aber Brenig veränderte die Lage seines Kopfes nicht, und so bemerkte er erst spät, daß der Mann eine Korbfla-

sche in der rechten Hand trug, und er wußte, daß der Karton mit den Weihnachtsgeschenken für seine Frau jetzt allein oben auf dem obersten Brett im Gepäckraum stand. Ein Schirm war darin, zwei Bücher und ein großes Piano aus Mokkaschokolade: die weißen Tasten waren aus Marzipan, die dunklen aus reinem Krokant. Das Schokoladenpiano war so groß wie ein Lexikon, und die Verkäuferin hatte gesagt, daß sich die Schokolade ein halbes Jahr hielte. –

Vielleicht war ich zu jung zum Heiraten, dachte er, vielleicht hätte ich warten sollen, bis Anna weniger ernst und ich ernster geworden wäre, aber er wußte ja, daß er ernst genug, und Annas Ernst gerade richtig war. Er liebte sie deswegen. Um der Stunde vor dem Einschlafen willen hatte er aufs Kino, aufs Tanzen verzichtet, hatte Verabredungen nicht eingehalten. Abends, wenn er im Bett lag, kam Frömmigkeit über ihn, Frieden, und er wiederholte sich dann oft den Satz, dessen Wortlaut er nicht mehr genau wußte: «Gott schuf die Erde und den Mond, ließ sie über Tag und Nacht walten, zwischen Licht und Finsternis scheiden, und Gott sah, daß es gut war. So ward Abend und Morgen.» Er hatte sich vorgenommen, in Annas Bibel den Satz noch einmal genau nachzulesen, aber er vergaß es immer wieder. Daß Gott Tag und Nacht erschaffen hatte, erschien ihm mindestens so großartig wie die Erschaffung der Blumen, der Tiere und des Menschen.

Er liebte diese Stunde vor dem Einschlafen über alles. Aber seitdem Anna nicht mehr mit ihm sprach, lag ihre Stummheit wie ein Gewicht auf ihm. Hätte sie nur gesagt: «Es ist kälter geworden . . .», oder: «Es wird regnen . . .», er wäre erlöst gewesen – hätte sie nur «Ja, ja», oder «Nein, nein» gesagt, irgend etwas viel Dümmeres als das, er wäre glücklich und der Gedanke an die Heimkehr wäre nicht mehr schrecklich gewesen. Aber ihr Gesicht war für Augenblicke wie aus Stein, und in diesen Augenblicken wußte er plötzlich, wie sie als alte Frau aussehen würde; er erschrak, sah sich plötzlich dreißig Jahre weit vorwärtsgeworfen in die Zukunft wie in eine steinerne Ebene, sah auch sich alt, mit einem Gesicht, wie manche Männer es hatten, die er kannte: gerillt von Bitternis, krampfig von verschlucktem Schmerz und leise mit Galle durchgefärbt bis in die Nasenflügel hinein: Masken, durch den Alltag gestreut wie Totenköpfe . . .

Manchmal auch, obwohl er sie erst seit drei Jahren kannte, hatte er gewußt, wie sie als kleines Mädchen ausgesehen hatte, er sah sie als Zehnjäh-

rige träumend über einem Buch bei Lampenlicht, ernsthaft, dunkel die Augen unter den hellen Wimpern, blinzelnd über dem Gelesenen mit offenem Mund ... Oft, wenn er ihr beim Essen gegenübersaß, veränderte sich ihr Gesicht wie jene Bilder, die sich durch Schütteln verändern, und er wußte plötzlich, daß sie schon als Kind genauso dagesessen hatte, vorsichtig die Kartoffeln mit der Gabel zerkleinert und die Soße langsam hatte darübertröpfeln lassen ... Der Schnee hatte seine Wimpern fast verklebt, aber er konnte noch die 4 erkennen, die leise über den Schnee heranglitt wie ein Schlitten.
Vielleicht sollte ich sie anrufen, dachte er, sie bei Menders ans Telefon bitten, dann würde sie mit mir sprechen müssen. Gleich nach der 4 würde die 7 kommen, die letzte, die an diesem Abend fuhr, aber ihn fror jetzt, und er ging langsam über den Platz, sah von weitem die hellerleuchtete blaue 7, blieb unentschlossen an der Telefonzelle stehen und sah in ein Schaufenster hinein, wo die Dekorateure Weihnachtsmänner und Engel gegen andere Puppen auswechselten: dekolletierte Damen, deren nackte Schultern mit Konfetti bestreut, deren Handgelenke mit Luftschlangen gefesselt waren. Puppen von Kavalieren mit graumeliertem Haar wurden hastig auf Barhocker gesetzt, Pfropfen von Sektflaschen auf die Erde gestreut, einer Puppe wurden die Flügel und die Locken abgenommen, und Brenig wunderte sich, wie schnell sich ein Engel in einen Mixer verwandeln ließ. Schnurrbart, dunkle Perücke, und fix an die Wand genagelt der Spruch: «Silvester ohne Sekt?»
Weihnachten war hier schon zu Ende, bevor es angefangen hatte. Vielleicht, dachte er, ist auch Anna zu jung, sie war erst einundzwanzig, und während er im Schaufenster sein Spiegelbild betrachtete, sah er, daß der Schnee seine Haare wie eine kleine Krone bedeckte – so hatte er es früher auf Zaunpfählen gesehen –, fiel ihm ein, daß die Alten unrecht hatten, wenn sie von der fröhlichen Jugendzeit sprachen: wenn man jung war, war alles ernst und schwer, und niemand half einem, und er wunderte sich plötzlich, daß er Anna ihrer Stummheit wegen nicht haßte, daß er nicht wünschte, eine andere geheiratet zu haben. Das ganze Vokabular, das einem so zugetragen wurde, galt nicht: Verzeihung, Scheidung, neu anfangen, die Zeit wird helfen – alle diese Worte halfen einem nichts. Man mußte allein damit fertig werden, weil man anders war als die anderen, und weil Anna eine andere Frau war als die Frauen der anderen.

Flink nagelten die Dekorateure Masken an die Wände, reihten Knallbonbons auf eine Schnur; die letzte 7 war längst abgefahren, und der Karton mit den Geschenken für Anna stand allein oben auf dem Regal. Ich bin fünfundzwanzig, dachte er, und muß für eine Lüge, eine kleine Lüge, eine dumme Lüge, wie sie Millionen Männer jede Woche oder jeden Monat begehen, so hart bestraft werden: mit einem Blick in die steinerne Zukunft, muß Anna als Sphinx vor dieser Steinwüste hocken sehen, mich selbst, gelblich durchfärbt von Bitternis als alten Mann. Ja, immer würde die Flasche mit Suppenwürze im Schrank stehen, der Salzstreuer am rechten Ort, und er würde längst Abteilungsleiter sein und seine Familie gut ernähren können: eine steinerne Sippe, und niemals mehr würde er im Bett liegen und in der Stunde vor dem Einschlafen die Erschaffung des Abends loben, Gott für den großen Feierabend danken, und er würde jungen Leuten zur Hochzeit so dumme Telegramme schicken, wie er sie bekommen hatte . . .

Andere Frauen hätten gelacht über eine so dumme Lüge wegen des Gehalts, andere Frauen wußten, daß alle Männer ihre Frauen belogen: Es war vielleicht eine Art naturbedingter Notwehr, gegen die sie ihre eigenen Lügen erfanden, Annas Gesicht aber war zu Stein geworden. Es gab auch Bücher über die Ehe, und er hatte in diesen Büchern nachgelesen, was man tun konnte, wenn etwas in der Ehe schiefging, aber in keinem der Bücher hatte etwas von einer Frau gestanden, die zu Stein geworden war. Es stand in den Büchern, wie man Kinder bekam und wie man keine Kinder bekam, und es waren viele große und schöne Worte, aber die kleinen Worte fehlten.

Die Dekorateure hatten ihre Arbeit beendet: Luftschlangen hingen über Drähten, die außerhalb des Blickwinkels befestigt waren, und er sah im Hintergrund des Ladens einen von den Männern mit zwei Engeln unter dem Arm verschwinden, während der zweite noch eine Tüte Konfetti über die nackten Schultern der Puppe leerte und das Schild «Silvester ohne Sekt?» noch ein wenig zurechtrückte.

Brenig klopfte sich den Schnee von den Haaren, ging über den Platz zurück in die Bahnhofshalle, und als er den Gepäckschein zum viertenmal herausgenommen und geglättet hatte, lief er schnell, als habe er keine Sekunde mehr zu verlieren. Aber der Gepäckschalter war geschlossen, und es hing ein Schild vor dem Gitter: «Wird 10 Minuten vor Ankunft oder

Abfahrt eines Zuges geöffnet.» Brenig lachte, er lachte zum erstenmal seit Mittag und blickte auf seinen Karton, der oben auf dem Regal hinter den Gittern wie in einem Gefängnis lag. Die Abfahrtafel hing neben dem Schalter, und er sah, daß der nächste Zug erst in einer Stunde ankam. So lange kann ich nicht warten, dachte er, und nicht einmal Blumen oder eine Tafel Schokolade werde ich um diese Zeit bekommen, nicht ein kleines Buch, und die letzte 7 ist weg. Zum erstenmal in seinem Leben dachte er daran, ein Taxi zu nehmen, und er kam sich sehr erwachsen vor, zugleich ein wenig albern, als er über den Bahnhofsvorplatz zu den Taxis lief.
Er saß hinten im Wagen, hielt sein Geld in der Hand: 10 Mark, sein letztes Geld, das er reserviert hatte, um für Anna noch etwas Besonderes zu kaufen, aber er hatte nichts Besonderes gefunden, und nun saß er da mit seinem Geld in der Hand und beobachtete das Taxameter, das in kurzen Abständen – in sehr kurzen Abständen schien ihm – jedesmal um einen Groschen stieg, und jedesmal, wenn das Taxameter klickte, traf es ihn wie ins Herz, obwohl die Uhr erst bei DM 2,80 stand. Ohne Blumen, ohne Geschenke, hungrig, müde und dumm komme ich nach Hause, und ihm fiel ein, daß er im Wartesaal sicher eine Tafel Schokolade bekommen hätte.
Die Straßen waren leer, das Auto fuhr fast geräuschlos durch den Schnee, und in den Häusern konnte Brenig hinter den erleuchteten Fenstern die Weihnachtsbäume brennen sehen: Weihnachten, das, was er als Kind darunter verstanden und an diesem Tag empfunden hatte, das schien ihm weit weg: Was wichtig war und schwer wog, geschah unabhängig vom Kalender, und in der Steinwüste würde Weihnachten wie irgendein Tag im Jahr und Ostern gleich einem regnerischen Novembertag sein: Dreißig, vierzig abgerissene Kalender, Blechhalter mit ausgefransten Papierresten, das würde übrigbleiben, wenn man nicht aufpaßte.
Er erschrak, als der Fahrer sagte: «Da sind wir ...» Dann war er erleichtert, zu sehen, daß das Taxameter auf DM 3,40 stehengeblieben war. Er wartete ungeduldig, bis er auf sein Fünfmarkstück herausbekommen hatte, und es wurde ihm leicht ums Herz, als er oben Licht sah in dem Zimmer, wo Annas Bett neben seinem stand. Er nahm sich vor, nie diesen Augenblick der Erleichterung zu vergessen, und als er den Hausschlüssel herauszog, ihn in die Tür steckte, spürte er wieder dieses dumme Gefühl, das er beim Besteigen des Taxis gespürt hatte: Er kam sich so erwachsen vor, zugleich ein wenig albern.

In der Küche stand der Weihnachtsbaum auf dem Tisch, und es lagen Geschenke für ihn da: Strümpfe, Zigaretten und ein neuer Füllfederhalter und ein hübscher, bunter Kalender, den er sich im Büro würde über den Schreibtisch hängen können. Die Milch stand in der Kasserolle auf dem Herd, er brauchte nur das Gas anzuzünden, und die Brote waren fertig zubereitet auf dem Teller – aber das war jeden Abend so gewesen, auch seitdem Anna nicht mehr mit ihm sprach, und das Aufstellen des Weihnachtsbaumes und das Zurechtlegen der Geschenke war wie das Schmieren der Brote: eine Pflicht, und Anna würde immer ihre Pflicht tun. Er hatte keine Lust auf die Milch, und auch die appetitlichen Brote reizten ihn nicht. Er ging in die kleine Diele und sah sofort, daß Anna das Licht gelöscht hatte. Die Tür zum Schlafzimmer war aber offen, und er rief ohne viel Hoffnung leise in das dunkle Viereck: «Anna, schläfst du?» Er wartete, lange schien ihm, als fiele seine Frage unendlich tief, und das dunkle Schweigen in dem dunklen Viereck der Schlafzimmertür enthielt alles, was in dreißig, vierzig Kalenderjahren noch auf ihn wartete – und als Anna «Nein» sagte, glaubte er, sich verhört zu haben, vielleicht war es eine Täuschung, und er sprach hastig und laut weiter: «Ich habe eine Dummheit gemacht. Ich habe die Geschenke für dich bei der Aufbewahrung am Bahnhof abgegeben, und als ich sie holen wollte, war geschlossen, und ich wollte nicht warten. Ist es schlimm?»
Diesmal war er sicher, ihr «Nein» richtig gehört zu haben, aber er hörte auch, daß dieses «Nein» nicht aus der Ecke des Zimmers kam, wo ihre Betten gestanden hatten. Offenbar hatte Anna ihr Bett unters Fenster gerückt. «Es ist ein Schirm», sagte er, «zwei Bücher und ein kleines Piano aus Schokolade, es ist so groß wie ein Lexikon, die Tasten sind aus Marzipan und Krokant.» Er sprach nicht weiter, lauschte auf die Antwort, aber es kam nichts aus dem dunklen Viereck, aber als er fragte: «Freust du dich?», kam das «Ja» schneller als die beiden «Nein» vorher . . .
Er löschte das Licht in der Küche, zog sich im Dunkeln aus und legte sich in sein Bett: Durch die Vorhänge hindurch konnte er die Weihnachtsbäume im Hause gegenüber sehen, und unten im Haus wurde gesungen, er aber hatte seine Stunde wieder, hatte zwei «Nein» und ein «Ja», und wenn ein Auto die Straße heraufkam, schoß der Scheinwerfer für ihn Annas Profil aus der Dunkelheit heraus . . .

56 Johannes Bobrowski

Unordnung bei Klapat

Da kommt man nach Hause, da ist einfach Weihnachten. Ist wohl gar nichts passiert? Frohes Fest oder gesegnetes und in die Kirche, da kann sein, was will.
Klapat, sagt die Frau, du redst und redst. Wir sind doch immer gegangen, Karfreitag, Weihnachten, Totensonntag.
Hör mir auf mit Totensonntag, sagt Klapat. Dafür ist der Bruder vielleicht gefallen, sechzehn, daß der da auf die Kanzel kriecht und krakeelt, die Gedenktafel muß raus. Haben wir doch gelernt: Niemand hat größere Liebe denn die, daß er sein Leben lässet für seine Freunde. Und deshalb, sagte er, soll die Tafel raus aus der Kirche. Weil das draufsteht. Weil das nicht gesagt ist auf deinen Vater und auf meinen Bruder, und wenn der Junge, aber er hat doch geschrieben, daß er lebt, wenn der aber auch – da hat man also gar nichts, bloß die Frechheiten von dem Kerl.
Klapat, sagt die Frau und bindet die Schürze ab, du ißt jetzt erst, du ärgerst dich immer. Der Karl-Heinz denkt, daß wir den Baum geschmückt haben und daß wir in die Kirche gehn, nachher.
Haben wir ja auch, den Baum, sagt Klapat. Wie die alten Germanen.
Essen ist immer gut, also sagt Klapat: Gehen wir meinetwegen auch in die Kirche, ich zieh Uniform an, und wenn er wieder mit so etwas anfängt, gehn wir raus.
Noch ein bißchen, sagt die Frau und säbelt am Gebratenen herum. Schöne Erfindung, so tote Sau, muß man sagen. Sagt auch Klapat und hält den Teller hin. Und jetzt fällt ihm ein, daß sie den ganzen Vormittag im Büro von Weihnachten geredet haben. Der Prellwitz immer von Weltesche und sowas. Soll man also den Baum an die Decke hängen und unten drunter einen Apfel, am Bindfaden, das ist dann die Erde.
Gar nicht so zum Lachen, sagt Klapat verweisend, weil Lina einfach Quatsch sagt und abwinkt.
Aber wer hängt schon den Baum an die Decke, dann lieber gar keinen. Klapat legt Messer und Gabel hin, kreuzweis über den Teller, und fängt an zu erzählen. Was Horstigall gesagt hat.

Also die hatten zu Hause so einen drehbaren Fuß, wo sie den Baum immer reinsteckten. Der spielte Weihnachtslieder. Im Drehen.
Ist ja zum Lachen, sagt die Frau.
Nein gar nicht, sagt Klapat, überhaupt nicht. So ein Kasten, verstehst du, Blech und außen bemalt. Und der Schlüssel wurde versteckt jahrüber, damit ihn keiner aufzog. Bloß Weihnachten. Und red mir nicht immer zwischen, und eine Weihnachten, na ja, da haben sie ihn wohl überdreht oder sowas, jedenfalls: Erst dreht er sich ganz richtig und sie sitzen da und singen mit und sein Vater, sagt er, kaut schon an Steinpflaster und Katharinchen, da geht es aber los, da dreht sich der Kasten immer schneller, da fliegen schon die Kugeln, klatsch, gegen die Wand, klatschklatsch, der Kater reißt aus, die Kinder hinterher, schöne Bescherung. Klapat lacht, daß ihm die Augen tränen. Na was denkst du, fröhliche Weihnachten.
Und nun fällt ihm ein, was der Neumann gesagt hat: Letzte Weihnachten war schön, waren die Jungens zu Hause, er hat drei Stück beim Militär, einer ist Feldwebel, da haben sie gesoffen, war sehr gemütlich.
Möchtest du das machen, Klapat, sagt Lina vorwurfsvoll. Aber na ja, die Frau vom Neumann ist tot, dieses Jahr kommt keiner auf Urlaub, der alte Mann sitzt da. Soll er in die Kirche gehn. Aber Neumann ist ja wohl Dissident, wie man früher sagte, die glauben an kein höheres Wesen, bloß an solche, die einen befördern können, so ein Beamtenglauben.
Und nun sitzen Klapats also in der Kirche, Klapat in SA-Uniform, Lina im Schwarzseidenen. Lina denkt, wie wird ihm bloß gehen, dem Kind? Der Herr Eschenbach spielt oben seine Orgel, erst schnell und dann langsam, und klingelt immer ein bißchen dazwischen.
Hat den Zimbelstern eingeschaltet, sagt Klapat, hört sich gut an. Und dann reckt Klapat den Hals, weil Hochwürden die Kanzelstiege hinaufklettert.
Und was sagt er da, der Herr Dompfarrer? Erst einmal, daß die Gemeinde Stille Nacht zu Hause singen soll, nicht in der Kirche.
Der will bloß jedem querkommen. Aber mir nicht. Heute nicht. Hier sitz ich, Klapat, in Uniform, Beamter, Frontkämpfer, EK II, und mein Sohn ist im Felde. Soll er bloß wieder anfangen von Soldaten und Krieg, soll er bloß wieder anfangen, der Mensch, wird schon sehen, was dann ist.
Na was denn, Klapat?
Dann steh ich auf und geh raus. Und die Lina mit.

Aber Hochwürden redet nicht vom Krieg, sondern von Frieden, je länger Klapat hinhört, desto verdächtiger hört sich das an. Wieso Frieden, wo wir jetzt Krieg haben? Aber soll er denn von Krieg reden? Also doch von Frieden? Soll er oder soll er nicht? Auf jeden Fall aber: Was er da oben redet, ist ja wohl nicht das, was man sich anhören kann, jetzt im Krieg und in Uniform: Daß die Friedfertigen die Friedenmacher sind und nicht solche, die mit dem Frieden fertig geworden sind.
Und Stille Nacht auch nicht. Weltesche will man ja schon nicht verlangen. Aber wenigstens Stille Nacht.
Dies ist das Buch von der Geburt Jesu Christi, so fängt das Neue Testament an, sagt Hochwürden, und gleich danach heißt es: Die Geburt Christi war aber also getan. Getan, meine Freunde, also: Gott tut etwas, mit dieser Geburt, an seiner Welt.
Das nächste weiß Klapat nun wieder. Aber dieses Getan und daß das ganze Testament von Anfang an über Weihnachten redet, – na ich weiß nicht, da kommt ja wohl noch mehr, Heilige Drei Könige, Karfreitag, Ostern, Erster Mai, nein der nicht, Himmelfahrt, Pfingsten. Und Reformationsfest und Bußtag. Haben außerdem alles die alten Germanen erfunden, sagt Prellwitz. Ist ja vielleicht wahr, mußte ja erst mal geboren sein, das Christkind, aber so meint er das wohl nicht, jedenfalls nicht so einfach: geboren und dann weiter wie bekannt.
Und Lina sitzt da, lange Haare, kurzer Sinn, aber dafür gleich immer am Wasser gebaut. Soll sie. Besser jetzt, als nachher unterm Baum, man ist auch nur ein Mensch.
Das ganze Testament. Nein, Klapat ist nicht fertig damit. Direkten Grund zum Aufstehen hat es nicht gegeben, höchstens vorhin wegen dem Frieden, jetzt im Krieg, aber man geht doch wohl Weihnachten in die Kirche, weil Weihnachten ist: Etwas Altes also, das man kennt, an das man nur erinnert zu werden braucht, um gleich vor Augen zu haben: wie es früher zu Hause war und wie wir immer den Baum klauen gingen, in der Schonung, und ein Jahr hatte der Förster Kiuppel alle Bäume gezeichnet, und dann kam er auf Besuch, Zweitfeiertag, aber gesagt hat er nichts, bloß uns draußen an die Ohren genommen, uns Jungens. Und dann Kriegsweihnachten, siebzehn, da haben wir geheiratet. Und jetzt: Das ist das Buch von der Geburt. Da wird etwas getan: Frieden, wo jetzt Krieg ist. Paßt alles nicht, hinten und vorne nicht, denkt Klapat.

Da liegt er im Bett, nachts, und es ist alles vorbei.
Nein, aufgestanden sind sie nicht. Erst nachher, wie es sich gehört, als die Kirche aus war. Dann haben sie gesungen, zu Hause, die beiden Klapats, und sind sich alt vorgekommen. Und er hat die Geige vorgeholt, soviel kann er noch. Und einen Brief haben sie geschrieben an den Jungen. Und Klapat hat noch einmal angefangen von Horstigalls Drehfuß, der Lieder spielte, aber er hat bald aufgehört, nur ein bißchen Radio und um zwölf die Glocken.
Kein Wort mehr davon. Aber sind denn solche Feste dazu da, daß man durcheinander kommt? Daß man daliegt und nicht schläft? Das weiß ich nicht.

57 Jesse Thoor

Adventrede

Und die Bewegtheit des Herrn ist ohne Groll und von großer Dauer.
Und seine Gerechtigkeit hört nicht auf, und seine Güte bleibt ewig.
Und darum entfernen wir gern die Bitterkeit, wie ein enges Gewand.
Und die Trauer legen wir ab, wie einen Mantel im Frühling.

Und mit viel Sorgfalt nehmen wir die Einsamkeit von unserer Stirn.
Und wir weisen unsere Aufmerksamkeit hin zu den einfachen Dingen.
Und wir verlassen uns auf das Dach, das keinen Regen durchläßt.
Und wir vertrauen dem Stuhl, der fest steht, und der uns trägt.

Und es kommen wieder zu uns die täglichen Wiesen und die Sonntage.
Und die Salamander mit den seidenen Strümpfen und goldenen Hemden.
Und auch die Lämmer und die Zicklein ... meine gnädigen Freunde.

Und die Lieder der Hirten ... und die Gebete der erwachenden Frauen.
Und es brechen die Tore auf ... und es treten hervor die Erkennbaren.
Und sie stehen makellos da ... und sie breiten ihre Flügel aus.

58 Reiner Kunze

Weihnachten

Sie saß neben mir auf der Bank und badete ihr Gesicht in der Sonne. Sie hatte ihre Augenbrauen ausgewechselt, mit Pinzette: ein für allemal. Die neuen waren strenge Linien, die von der Kindheit trennten.
Wir schwiegen, sie bei geschlossenen Augen. Doch wer weiß, was sie sah, denn plötzlich sagte sie: «Wenn doch schon Weihnachten wäre.»
Die Rosen blühten.
«Was hast du vor zu Weihnachten?» fragte ich.
«Nichts», sagte sie. «Aber dann wäre doch Weihnachten.»
Ich entsann mich, daß sie auch vergangenes Jahr nicht hatte auf den Weihnachtsbaum verzichten wollen. Geschmückt mit Lametta, Zuckerwerk und zwölf Kerzen, hatte er in ihrem Zimmer gestanden – vor einem riesigen roten Plakat mit lachendem Che Guevara.

59 Nicolas Born

Dick vermummtes Winterbild

Ich spüre nichts und gehe durch stille Autokolonnen.
Die Welt ist eingepackt in Goldpapier.
Die Beleuchter stöhnen.
Das Gehirn labt sich am gelben Neon-Geflügel
der Wienerwaldstätten;
eine Rolle Drops erstrahlt in feierlichem Glanz.
Hier auf der U-Bahntreppe verliere ich haltlos
die Tränen
und wieder vergeht auch bei uns zu Hause
ein Winter ohne jede Zuchtperle.

Die Hauptperson liegt in ihrem kleinen Bett
mein Kind, ich sehe es an, es ist Jesus.
Es riecht so gut durch die Windeln – Babycreme
gemischte Gerüche und Gefühle, Wollsocken
eine Herberge, ein Licht dem man sich nähern kann.
Ich nehm die Hände aus den Taschen. Ich bin
verrückt nach diesem Babygeruch.
Das grüne Badewasser läuft ab und unter der Erde
schäumt ungesehen ein Wunder auf.
Ich und du – wir schlagen uns heute morgen
mit unendlich humanem Ausdruck ans Kreuz.
Das war wieder mal das Frühstück. Meiner Frau
bleibt die Milch weg von der Schufterei, ich sehe das ein.
Draußen wird noch geschossen. Man packt uns
an den kleinen Beinen und wirft uns in die Luft.
Wir werden geschlagen und erschossen, das aber erst später.
Jesus greift nach meiner Brille, aber vielleicht
will er mich nur segnen.
Ich will keine alten Geschichten und
keine neuen Geschichten. Und ich will keine
renovierten Geschichten.
Ich will die Verwandlung menschlicher Energie
in warme Zimmer und dampfende Abendessen.
Ich hack dir dein Holz, damit du es von Weihnachten
bis Ostern warm hast.
Vergleiche sind mir verhaßt aber einmal
hat man uns in Wiesloch kein Zimmer vermietet,
weil wir irgendwie aussahen.
Dir zuliebe besauf ich mich Weihnachten nicht.
Schon seh ich dich in der Sonne auf einem Strohhalm kauen.
Im Radio singt ein Quartett Engel
die Seele eines Hahns fliegt auf vom Klotz
und der Briefträger fliegt vorbei und gibt mir
vierhundert Mark
und die Reisenden fliegen in den Himmel
der stumpf ist von Schnee.

Ich rauche schon wieder.
Die Könige müssen in der Nähe sein – es klingelt.
Erleuchtete Fenster in dunklen Wolken.
Du bist Jesus, aber andere sind es auch.
In der Brieftasche trag ich das Funkbild einer
  Rehfütterung im Harz
durch deine Kindheit geht die russische
  Schlittenfahrt.
Diese Engel quietschen ganz schlüpfrig.
Sie haben ihr Geheimnis verloren und trudeln
  wie Flugzeugteile.
Es riecht nach Braten, das ist so bei uns.
Nie werde ich erfahren wie alt du einmal wirst
  Jesus
von mir zu meinem Ebenbild gemacht
  damit kommst du nicht weit.

60 Jürgen Becker

Dezember-Gedicht

und dies ist Dezember; in diesem Jahr
ein Monat mit Streik, Krieg, etcetera,
                                        und wieder
ist diese Sache, die wir
                          Christnacht, Weihnachten
nannten,
        einst, als eine Sache wie
                                    Ökonomie
noch wie ein Märchen war.
                              Nun, frage ich,
ist dies das älteste Beispiel für
                                  Täuschungen

in der Kindheit (»Engel-Haar« auf den Teppichen,
und als das Fenster klappte, sieh mal, »war
das Christkind fortgeflogen«), und,
frage ich,
glaubten wir denn
gar nichts mehr, seitdem –
Immerhin, keine Sirenen am Heiligen Abend,
und so war Stille
(»Kriegs-Weihnacht«) einmal
kein Märchen;
konkret, wie diese Erinnerung.
Aber, wo
ist der Schnee jetzt: die alten Bilder
sind Bilder mit Schnee
(das Beispiel
Erinnerung Landschaftsmalerei), oder
das Rot auch der Abendhimmel
(»Christkind
bäckt Kuchen«) –
dieses braune Geniesel,
nun, in der Ölluft,
dies ist Dezember.
Feuilletons wider die Heuchelei, fromm
wird die Hamburger Presse am Sonntag;
Advent.

Dies ist Saison, und am Heiligen Abend
sehen wir Beckett, wieder, Drittes Programm.
Weihnachten, also,
ist eine Sache der Medien,
und der Hessische Rundfunk plant
eine Sendung
mit Lyrik
für diesen Termin, und ich schreibe
Lyrik
für diesen Termin;

bloß, wie
erkläre ich dir, was einmal war,
zum Beispiel
»Hohe Nacht der klaren Sterne«
oder die Sache mit
Krippe, Esel und Ochs –
Wörter, hörst du, die Wörter.
Die Wörter
für Bäume, Sterne, Schnee, den Umsatz und
das Evangelium, das Erinnerte, die Zeit
vor zweitausend Jahren
und diese Saison.
Rückenschmerzen; schwieriger Etat. Aber
wir singen
nein, deine krächzende Stimme –
also, dann still,
und vielleicht
noch (Bilder, Dezember)
der Schnee.

II. Passion und Kreuz

1 Ernest Hemingway

Heute ist Freitag

Drei römische Soldaten sind um elf Uhr abends in einer Kneipe. Rings an den Wänden sind Fässer. Hinter dem hölzernen Schanktisch ist ein hebräischer Weinverkäufer. Die drei römischen Soldaten sind ein bißchen blau.

Erster Soldat: Hast du den Roten probiert?

Zweiter Soldat: Nein, ich hab 'n nicht probiert.

Erster Soldat: Du solltest 'n probieren.

Zweiter Soldat: Also gut, George, schmeißen wir 'ne Runde vom Roten.

Der hebräische Weinverkäufer: Hier, meine Herren. Der wird Ihnen schmecken. *(Er setzt einen irdenen Krug, den er aus einem der Fässer gefüllt hat, vor sie hin.)* Das ist ein nettes, kleines Weinchen.

Erster Soldat: Na, trink auch 'n Glas von. *(Er wendet sich an den dritten römischen Soldaten, der an einem Faß lehnt.)* Was ist denn mit dir los?

Dritter Soldat: Hab Bauchweh.

Zweiter Soldat: Kommt vom Wassertrinken.

Erster Soldat: Probier mal den Roten.

Dritter Soldat: Ich kann das verdammte Zeugs nicht trinken. Kriege Magensäure von.

Erster Soldat: Warst zu lange hier draußen.

Dritter Soldat: Zum Teufel, wem sagst du das?

Erster Soldat: Sag mal, George, kannst du dem Herrn da nicht was geben, um seinen Magen zu kurieren?

Der hebräische Weinverkäufer: Hier schon parat.

(Der dritte Soldat probiert, was der Weinverkäufer für ihn gemischt hat.)

Dritter Soldat: He, du, was hast du da reingetan, Kameldreck?

Weinverkäufer: Trinken Sie 's nur 'runter, Herr Leitnant. Wird Sie wieder ins Lot bringen.

DRITTER SOLDAT: Na, schlimmer kann's nicht werden.

ERSTER SOLDAT: Riskier 's mal. George hat mich neulich tadellos wieder ins Lot gebracht.

WEINVERKÄUFER: Waren in schlechter Verfassung, der Herr Leitnant. Ich weiß schon, was einen verdorbenen Magen kuriert.

(Der dritte römische Soldat trinkt das Glas runter.)

DRITTER SOLDAT: Jesus Christus! *(Er schneidet ein Gesicht.)*

ZWEITER SOLDAT: Alles falscher Alarm!

ERSTER SOLDAT: Ach, ich weiß nicht. Der hat sich heute da recht ordentlich benommen.

ZWEITER SOLDAT: Warum ist er nicht vom Kreuz runter gestiegen?

ERSTER SOLDAT: Weil er nicht vom Kreuz runter steigen wollte. Das gehört nicht zu seiner Rolle.

ZWEITER SOLDAT: Na, den Kerl möcht ich sehen, der nicht vom Kreuz runter will.

ERSTER SOLDAT: Zum Teufel, davon verstehst du nichts. Frag mal George. Wollte er vom Kreuz steigen, George, oder nicht?

WEINVERKÄUFER: Wissen Sie, meine Herren, ich war nicht mit draußen. Das ist eine Angelegenheit, die mich nicht interessiert hat.

ZWEITER SOLDAT: Wißt ihr, ich hab schon 'ne Menge von denen gesehen, – hier und auch anderswo. Ich sage euch, wenn ihr mir einen zeigt, der nicht vom Kreuz runter will, wenn's ernst wird – ich meine, wenn's wirklich ernst wird –, dann will ich zu ihm raufklettern.

ERSTER SOLDAT: Ich muß sagen – der hat sich heute da recht ordentlich benommen.

DRITTER SOLDAT: Der war tadellos.

ZWEITER SOLDAT: Ihr Jungen wißt nicht, wovon ich rede. Ich sag nicht, ob er sich gut benommen hat oder nicht. Was ich sagen will, ist, wenn's ernst wird. Wenn sie mit dem Annageln anfangen, daß es dann wohl keinen gibt, der nicht halt sagen würde, wenn er könnte.

ERSTER SOLDAT: Hast du 's nicht verfolgt, George?

WEINVERKÄUFER: Nein. Hab mich gar nicht für interessiert, Herr Leitnant.

ERSTER SOLDAT: Ich war überrascht, wie der sich benommen hat!

DRITTER SOLDAT: Was ich nicht mag, ist, wenn sie sie annageln. Wißt ihr, das muß einem furchtbar an die Nieren gehen.

ZWEITER SOLDAT: Das ist nicht so schlimm, als wenn sie sie hochhissen. *(Er macht, beide Handflächen aneinandergepreßt, eine Hebebewegung.)* Wenn ihr Gewicht an ihnen zieht, das ist der Moment, wo 's sie packt.
DRITTER SOLDAT: Manche packt's verdammt schlimm.
ERSTER SOLDAT: Hab ich sie denn nicht gesehen? Ich hab 'ne Masse gesehen. Ich sag euch, der hat sich heute da recht ordentlich benommen.
(Der zweite römische Soldat lächelt den hebräischen Weinverkäufer an.)
ZWEITER SOLDAT: Du bist 'n regelrechter Christe, alter Freund.
ERSTER SOLDAT: Na klar, mach nur weiter und veräppel ihn. Aber paß auf, was ich dir jetzt sage. Der hat sich heute da recht ordentlich benommen.
ZWEITER SOLDAT: Wie wär's mit noch 'm bißchen Wein?
(Der Weinverkäufer sieht erwartungsvoll auf. Der dritte römische Soldat sitzt mit gesenktem Kopf da. Er sieht elend aus.)
DRITTER SOLDAT: Ich will nicht mehr.
ZWEITER SOLDAT: Bloß für zwei, George.
(Der Weinverkäufer stellt einen Krug, eine Größe kleiner als vorher, hin. Er lehnt sich über den hölzernen Schanktisch.)
ERSTER SOLDAT: Hast du sein Mädel gesehen?
ZWEITER SOLDAT: Hab ich nicht direkt neben ihr gestanden?
ERSTER SOLDAT: 'ne richt'ge Schönheit.
ZWEITER SOLDAT: Ich kannte sie vor ihm. *(Er zwinkert dem Weinverkäufer zu.)*
ERSTER SOLDAT: Ich hab sie häufig in der Stadt gesehen.
ZWEITER SOLDAT: Der ging's früher glänzend. Aber er hat ihr kein Glück gebracht.
ERSTER SOLDAT: Ach, der hat kein Glück. Aber ich muß sagen, er hat sich heute da recht ordentlich benommen!
ZWEITER SOLDAT: Was ist denn aus seiner Blase geworden?
ERSTER SOLDAT: Na, die haben sich verdrückt. Nur die Frauen sind bei ihm geblieben.
ZWEITER SOLDAT: Das waren feine Drückeberger! Als sie ihn hochgehn sahen, hatten sie genug.
ERSTER SOLDAT: Die Frauen sind bei ihm geblieben.
ZWEITER SOLDAT: Sicher, die sind geblieben.
ERSTER SOLDAT: Hast du gesehen, wie ich ihm den ollen Speer reingestoßen habe?

ZWEITER SOLDAT: Wirst schon noch mal Unannehmlichkeiten kriegen, wenn du so was machst.
ERSTER SOLDAT: Das war doch das wenigste, was ich für ihn tun konnte. Ich sag euch, der war schon recht ordentlich heute.
DER HEBRÄISCHE WEINVERKÄUFER: Die Herren wissen, daß ich schließen muß.
ERSTER SOLDAT: Wir trinken noch eine Runde.
ZWEITER SOLDAT: Wozu denn? Das Zeugs taugt ja doch nichts. Kommt, wir wollen fortmachen.
ERSTER SOLDAT: Na, nur noch eine Runde.
DRITTER SOLDAT: *(Steht vom Faß auf.)* Nein, kommt man. Wir wollen gehen. Ich fühl mich heute abend verdammt schlecht.
ERSTER SOLDAT: Nur noch eine!
ZWEITER SOLDAT: Nein, los. Wir gehn jetzt. Gute Nacht, George. Schreib's an.
WEINVERKÄUFER: Gut Nacht, die Herren. *(Er sieht ein wenig bedrückt aus.)* Sie könnten mir wohl nicht 'ne kleine Anzahlung geben, Herr Leitnant?
ZWEITER SOLDAT: Zum Teufel noch mal, George. Mittwoch ist Zahltag.
WEINVERKÄUFER: Schon recht, Herr Leitnant. Gut Nacht, die Herren. *(Die drei römischen Soldaten gehen zur Tür raus auf die Straße.) (Auf der Straße.)*
ZWEITER SOLDAT: George is 'n Schwein, genau wie die ganze übrige Bande.
ERSTER SOLDAT: Ach, George ist 'n netter Kerl.
ZWEITER SOLDAT: Bei dir ist heute abend jeder ein netter Kerl.
DRITTER SOLDAT: Los, wir wollen in die Baracke machen. Ich fühl mich heute verdammt schlecht.
ZWEITER SOLDAT: Du bist schon zu lange hier draußen.
DRITTER SOLDAT: Nein, das ist es nicht allein. Ich fühl mich verdammt schlecht.
ZWEITER SOLDAT: Du bist schon zu lange hier draußen. Das ist alles.

Vorhang

62 Ernst Meister

Doppelgesicht

Spindeln aus Rauch.

Das Verwesen der Namen
und ihr einziges Amen.

Raum von Welten
und des Fleisches Verlies,
Verlassenheit,
Haus.

Senkrechter, siegreicher
Pfahl – Erdenhier –
und der waagrechte
Balken vom Kreuz:
Grenze und Last.

Alles Doppelgesicht
und
deutbar fast.

63 Ernst Meister

Toter Christus

Wiewohl betretend
die sanften Sünderinnen,
war er vermutlich
dem *Jüngsten* lieb,

Sonnengefieder und Sichel,
Geist, der die Morgen kräht,
die Morgen des Herzens.

Anwesend war er
den kurzen Tagen des Sohnes,
fast ein Jünger.

Was aber begab sich?

Der Kahn, eine Predigt,
treibt
auf hohen Wassern
und setzt sich
auf einen Berg.
Das Wort bleibt vorhanden
als eine Prüfung.

Toter Christus!
Der Hahn hat, Herr,
länger als drei Tage
deinen Namen geschrien,
bis ein Stein stöhnte:
Ich bin Leib
und muß schlafen.

64 Elisabeth Langgässer

Saisonbeginn

Die Arbeiter kamen mit ihrem Schild und einem hölzernen Pfosten, auf den es genagelt werden sollte, zu dem Eingang der Ortschaft, die hoch in den Bergen an der letzten Paßkehre lag. Es war ein heißer Spätfrühlings-

tag, die Schneegrenze hatte sich schon hinauf zu den Gletscherwänden gezogen. Überall standen die Wiesen wieder in Saft und Kraft; die Wucherblume verschwendete sich, der Löwenzahn strotzte und blähte sein Haupt über den milchigen Stengeln; Trollblumen, welche wie eingefettet mit gelber Sahne waren, platzten vor Glück, und in strahlenden Tümpeln kleinblütiger Enziane spiegelte sich ein Himmel von unwahrscheinlichem Blau. Auch die Häuser und Gasthöfe waren wie neu: ihre Fensterläden frisch angestrichen, die Schindeldächer gut ausgebessert, die Scherenzäune ergänzt. Ein Atemzug noch: dann würden die Fremden, die Sommergäste kommen – die Lehrerinnen, die mutigen Sachsen, die Kinderreichen, die Alpinisten, aber vor allem die Autobesitzer in ihren großen Wagen ... Röhr und Mercedes, Fiat und Opel, blitzend von Chrom und Glas. Das Geld würde anrollen. Alles war darauf vorbereitet. Ein Schild kam zum andern, die Haarnadelkurve zu dem Totenkopf, Kilometerschilder und Schilder für Fußgänger: Zwei Minuten zum Café Alpenrose. An der Stelle, wo die Männer den Pfosten in die Erde einrammen wollten, stand ein Holzkreuz, über dem Kopf des Christus war auch ein Schild angebracht. Seine Inschrift war bis heute die gleiche, wie sie Pilatus entworfen hatte: I.N.R.I. – die Enttäuschung darüber, daß es im Grunde hätte heißen sollen: er *behauptet* nur, dieser König zu sein, hatte im Laufe der Jahrhunderte an Heftigkeit eingebüßt. Die beiden Männer, welche den Pfosten, das Schild und die große Schaufel, um den Pfosten in die Erde zu graben, auf ihren Schultern trugen, setzten alles unter dem Wegekreuz ab; der Dritte stellte den Werkzeugkasten, Hammer, Zange und Nägel daneben und spuckte ermunternd aus.
Nun beratschlagten die drei Männer, an welcher Stelle die Inschrift des Schildes am besten zur Geltung käme; sie sollte für alle, welche das Dorf auf dem breiten Paßweg betraten, besser: befuhren, als Blickfang dienen und nicht zu verfehlen sein. Man kam also überein, das Schild kurz vor dem Wegekreuz anzubringen, gewissermaßen als Gruß, den die Ortschaft jedem Fremden entgegenschickte. Leider stellte sich aber heraus, daß der Pfosten dann in den Pflasterbelag einer Tankstelle hätte gesetzt werden müssen – eine Sache, die sich von selbst verbot, da die Wagen, besonders die größeren, dann am Wenden behindert waren. Die Männer schleppten also den Pfosten noch ein Stück weiter hinaus bis zu der Gemeindewiese und wollten schon mit der Arbeit beginnen, als ihnen auffiel, daß diese

Stelle bereits zu weit von dem Ortsschild entfernt war, das den Namen angab und die Gemeinde, zu welcher der Flecken gehörte. Wenn also das Dorf den Vorzug dieses Schildes und seiner Inschrift für sich beanspruchen wollte, mußte das Schild wieder näherrücken – am besten gerade dem Kreuz gegenüber, so daß Wagen und Fußgänger zwischen beiden hätten passieren müssen.

Dieser Vorschlag, von dem Mann mit den Nägeln und dem Hammer gemacht, fand Beifall. Die beiden anderen luden von neuem den Pfosten auf ihre Schultern und schleppten ihn vor das Kreuz. Nun sollte also das Schild mit der Inschrift zu dem Wegekreuz senkrecht stehen; doch zeigte es sich, daß die uralte Buche, welche gerade hier ihre Äste mit riesiger Spanne nach beiden Seiten wie eine Mantelmadonna ihren Umhang entfaltete, die Inschrift im Sommer verdeckt und ihr Schattenspiel deren Bedeutung verwischt, aber mindestens abgeschwächt hätte.

Es blieb daher nur noch die andere Seite neben dem Herrenkreuz, und da die erste, die in das Pflaster der Tankstelle überging, gewissermaßen den Platz des Schächers zur Linken bezeichnet hätte, wurde jetzt der Platz zur Rechten gewählt und endgültig beibehalten. Zwei Männer hoben die Erde aus, der dritte nagelte rasch das Schild mit wuchtigen Schlägen auf; dann stellten sie den Pfosten gemeinsam in die Grube und rammten ihn rings von allen Seiten mit größeren Feldsteinen an.

Ihre Tätigkeit blieb nicht unbeachtet. Schulkinder machten sich gegenseitig die Ehre streitig, dabei zu helfen, den Hammer, die Nägel hinzureichen und passende Steine zu suchen; auch einige Frauen blieben stehen, um die Inschrift genau zu studieren. Zwei Nonnen, welche die Blumenvase zu Füßen des Kreuzes aufs neue füllten, blickten einander unsicher an, bevor sie weitergingen. Bei den Männern, die von der Holzarbeit oder vom Acker kamen, war die Wirkung verschieden: einige lachten, andere schüttelten den Kopf, ohne etwas zu sagen; die Mehrzahl blieb davon unberührt und gab weder Beifall noch Ablehnung kund, sondern war gleichgültig, wie sich die Sache auch immer entwickeln würde. Im ganzen genommen konnten die Männer mit der Wirkung zufrieden sein. Der Pfosten, kerzengerade, trug das Schild mit der weithin sichtbaren Inschrift, die Nachmittagssonne glitt wie ein Finger über die zollgroßen Buchstaben hin und fuhr jeden einzelnen langsam nach wie den Richtspruch auf einer Tafel ...

Auch der sterbende Christus, dessen blasses, blutüberronnenes Haupt im Tod nach der rechten Seite geneigt war, schien sich mit letzter Kraft zu bemühen, die Inschrift aufzunehmen: man merkte, sie ging ihn gleichfalls an, welcher bisher von den Leuten als einer der ihren betrachtet und wohl gelitten war. Unerbittlich und dauerhaft wie sein Leiden, würde sie ihm nun für lange Zeit schwarz auf weiß gegenüberstehen.
Als die Männer den Kreuzigungsort verließen und ihr Handwerkszeug wieder zusammenpackten, blickten alle drei noch einmal befriedigt zu dem Schild mit der Inschrift auf. Sie lautete: «In diesem Kurort sind Juden unerwünscht».

65 Erich Fried

Kreuzweg

Links und rechts ein Dieb
in der Mitte der ist ein Kaiser.
Was ist das für ein Wegweiser,
Mann mit dem Stacheldraht?

Mit Stacheldrahtstreifen im Haar,
und sein Atem wird schon leiser.
Was ist das für ein Wegweiser
oben auf meinem Berg?

Oben auf meinem Berg,
mit des Blutes rostigen Resten?
Und er zeigt nach Osten und Westen
und zeigt keine Ortschaft an.

Kein Wort zeigt Orte an,
außer wenn das ein Wort ist,
wenn dieses INRI ein Ort ist,
an den man kommen kann?

66 Günter Herburger

Jesus in Osaka

Warum soll ich Gottes Sohn sein? Das ist die Schlüsselfrage des Jesus in diesem «Zukunftsroman» Günter Herburgers (1970), der im Jahr 1984 spielt. Der Jesus dieses Romans hat etwas begriffen von der Entfremdung zwischen ihm und den Menschen, er weiß, was die Menschen alles im Lauf der Geschichte auf ihn abgeladen haben. Deshalb beginnt er, abzubauen und niederzureißen, was ihn von den Menschen trennt, und der Leser Herburgers ist Zeuge dieses Prozesses, vor allem im Kapitel «Passionsspiele», dem dramatischen Höhepunkt des Romans. In dieser Szene, aus der im folgenden Passagen abgedruckt sind, bringt Jesus sein Kreuz auf die Teck, einen Berg im schwäbischen Industriegebiet, den die Japaner (sie haben sich in diesem Zukunftsroman längst dort niedergelassen) wegen seiner Kegelform wie ihren heiligen Berg Fujiyama verehren. Hier soll endgültig ein Exempel statuiert und das Kreuz vernichtet werden. Arrangiert ist die ganze Szene um die Kreuzvernichtung als eindrucksvolle Choreographie. Nachdem das Kreuz aufgestellt wurde, ist Jesus wieder ans Kreuz gestiegen und beginnt mit den Menschen, die sich um das Kreuz versammelt haben, einen ekstatischen Wechselgesang.

Die Versammlung drängt zurück und drückt, gemeinsam ausatmend und begleitet von Rufen und Gelächter, erneut von allen Seiten zur Mitte vor. Das Kreuz bebt in der Masse, die Frauen und Mädchen, dicht um den Stamm geschart, werden wieder zusammengepreßt.
«Schöne Liebe», rufen sie, «schöne Liebe, schöne Liebe!»
«Du sollst dir kein Bild machen», erwidert Jesus.
«Schöne lange Liebe! Schönge lange Liebe!»
«Du sollst dir kein Bild machen von Gott und dem Himmel», fährt er fort.
«Schöne lange dicke Liebe! Schöne lange dicke Liebe!»
«Du sollst dir kein Bild machen von Gott und dem Himmel, sondern auf der Erde vollenden!»
«Schöne lange dicke reine Liebe! Schöne lange dicke reine Liebe, mehr wollen wir nicht», fordern sie.
«Ich bin Gottes Sohn», sagt er. «Wir sind Gottes Söhne und Frauen, die selber Vater und Mutter haben und keine Bilder brauchen. Wenn wir uns jetzt erlösen, kommen wir in den Himmel. Daß der Tod uns erlöst, macht uns böse und verzweifelt.»

«Liebe! Schöne lange dicke reine Liebe wie im Himmel! Liebe wie Himmel», verlangt die Versammlung und stößt, zurück- und wieder vorwärtsdrängend, im Zentrum zusammen gegen das Kreuz, an dem Jesus hängt, der die Haltegriffe umklammert, mit den Beinen rudert, jetzt eine Hand losläßt und, umschwingend wie ein Affe, zum Querbalken hinaufturnt, wo er sitzt und winkt, bis die Menge sich beruhigt.
«Ich habe den besten Platz», ruft er. «Wenn ihr mich herunterschüttelt, müßt ihr mich auffangen!»
«Ja», schreien sie. «Herunterfallen!»
«Wenn ich falle, müßt ihr mich auffangen, damit mir nichts geschieht!»
«Ja!» schreien sie. «Fall herunter, wir fangen dich!»
«Wenn ihr mich auffangt, müßt ihr geschickt nachgeben, sonst breche ich Arme und Beine!»
«Ja, ja!» schreien sie. «Fall endlich herunter, sonst holen wir dich! Herunterfallen, herunterfallen!»
«Ich will mutig sein», schreit er. «Ich lasse mich fallen, dann brauche ich das Kreuz nicht mehr! Es bleibt leer!»
«Ja, ja, mutig sein», antworten sie.
«Sauer macht lustig!» ist eine einzelne Stimme zu hören.
«Sauer macht lustig», wiederholen alle. «Wer mutig ist, fällt gern! Wer lustig ist, bellt gern!»
Jesus läßt sich vom Querbalken herunter, angelt schon mit den Füßen nach der angenagelten Stütze, als ihn, während er den Stamm umklammert, der nächste Ansturm der Menge trifft und das Kreuz beinahe aus der Halterung reißt.
«Ich spreche von mir!» ruft Jesus.
«Ich spreche von mir, denn ich sehe nur mich!» ruft Jesus.
«Ich spreche von mir, denn ich sehe nur mich, seit zweitausend Jahren ans Kreuz genagelt!» ruft Jesus.
«Ich spreche von mir, denn ich sehe nur mich, seit zweitausend Jahren ans Kreuz genagelt. Ich will nicht mehr häßlich sein und leiden!» ruft er.
«Häßlich sein und leiden, zweitausend Jahre lang», antwortet die Menge.
«An kleinen Kreuzen für Kinder», sagt er, «an Kreuzen in Zimmerecken, an Kreuzen in Kirchen, an schönen mageren Kreuzen in Gerichtssälen, an Friedhofskreuzen und Wegkreuzen, an Kreuzen auf Blusen und Mäntel gestickt, an Fahnenkreuzen und Kreuzen der Wohlfahrt und Vernunft,

auf Briefmarken, Medaillons, Armbändern, Ringen, Kappen, Dachfirsten, Türen, Sendemasten, Gipfeln und Flugzeugrümpfen, an Kreuze genagelt, die geschnitzt, gegossen und aus Stein gemeißelt werden, an brennenden, schmelzenden, flackernden, leuchtenden, brummenden und strahlenden Kreuzen aus Wachs, Kohle, Beton oder Gold mit Edelsteinen hänge ich seit zweitausend Jahren und werde angebetet, geküßt, gestreichelt, beschworen, beschimpft, bespuckt, bespritzt, beschossen und gerühmt, doch ich will kein blutiges Symbol mehr sein, daß die Kinder den Eltern gehorchen aus Angst, daß die Armen gehorchen den Reichen aus Angst,
daß die Armen und Reichen gehorchen den Kirchen aus Angst,
daß die Armen und Reichen und Kirchen gehorchen aus Angst,
daß die Schwachen sich anstrengen aus Angst,
daß die Starken ihre Kraft vergessen aus Angst,
daß die Verzweifelten wieder hoffen aus Angst,
daß die Glücklichen sich vor ihrem Mut fürchten aus Angst,
daß die Satten sich nach schlechten Zeiten sehnen aus Angst,
daß die Hungrigen mit ihren Rippen prahlen aus Angst,
daß die Frommen nie genug kriegen von ihren Werken aus Angst,
daß die Leichtfertigen plötzlich erschrecken aus Angst,
daß die Toten geschminkt werden aus Angst,
daß die Lebenden beschmutzt werden aus Angst, gefoltert werden aus Angst, getötet, vernichtet und in alle Richtungen verschickt werden aus Angst,
daß wir singen und lachen aus Angst,
daß wir weinen und sterben aus Angst,
und daß wir lieben aus Angst, einer hinter dem anderen, bis die ganze Kette ineinandersteckt und die Erde in einer Schlinge aus Leibern hängt, die nie enden soll, sonst würden wir in bodenlose Unendlichkeit stürzen, Tag und Nacht.
«Angst», antworten sie im Chor.
«Keine Angst mehr und kein Kreuz mehr», ruft er.
«Keine Angst mehr und kein Kreuz mehr mit Blut», antworten sie.
«Keine Angst mehr und kein Kreuz mehr mit Blut, damit die Kinder und Armen gehorchen», ruft er.
«Keine Angst mehr und kein Kreuz mehr mit Blut, damit die Kinder und

Armen gehorchen, weil sie keine Macht haben», antworten sie.
«Keine Angst mehr und kein Kreuz mehr mit Blut, damit die Kinder und Armen gehorchen, weil sie keine Macht haben, den Himmel zu säubern von der anstrengenden Unendlichkeit», ruft er.
«Keine Angst mehr und kein Kreuz mehr mit Blut, damit die Kinder und Armen gehorchen, weil sie keine Macht haben, den Himmel zu säubern von der anstrengenden Unendlichkeit», antworten sie.
«Die nur den Reichen gehört», schreit er.
«Die nur den Reichen gehört», schreien sie.
«Die nur den reichen Reichen und den reichen Kirchen gehört!»
«Die nur den reichen Reichen und den reichen Kirchen gehört!»
«Die nur den reichen Reichen und den reichen Kirchen gehört, den reichen Demütigen und den reichen Gläubigen!»
«Den reichen Demütigen und den reichen Gläubigen!»
«Die nur den reichen Reichen und den reichen Kirchen gehört, den reichen Demütigen und den reichen Gläubigen, den reichen Liebenden und den reichen Hoffnungslosen!»
«Den reichen Liebenden und reichen Hoffnungslosen!»
«Die nur den reichen Reichen und den reichen Kirchen gehört, den reichen Demütigen und den reichen Gläubigen, den reichen Liebenden und den reichen Hoffnungslosen, den reichen Klugen und reichen Idioten!»
«Den reichen Klugen und reichen Idioten!»
«Die nur den reichen Reichen und den reichen Kirchen gehört, den reichen Demütigen und den reichen Gläubigen, den reichen Liebenden und den reichen Hoffnungslosen, den reichen Klugen und den reichen Idioten, den reichen Päpsten und den glücklichen Spöttern, die sich umarmen und ihre Liebe austeilen gnädig umsonst!»
«Den reichen Päpsten und den glücklichen Spöttern, die sich umarmen und ihre Liebe austeilen gnädig umsonst!»
«Denn die Bäuche der Armen werden voll Luft bleiben», sagt er.
«Denn die Bäuche der Armen werden voll Luft bleiben», wiederholen sie.
«Und die Ohren der Kinder voller Befehle», sagt er.
«Und die Ohren der Kinder voller Befehle», wiederholen sie.
«Und die Köpfe der Alten voll Einsamkeit und Quark», sagt er.
«Und die Köpfe der Alten voll Einsamkeit und Quark», wiederholen sie.
«Und die Köpfe der Arbeiter voll Langeweile», sagt er.

«Und die Köpfe der Arbeiter voll Langeweile», wiederholen sie.
«Und die Köpfe der Frauen voll Langeweile und Furcht», sagt er.
«Und die Köpfe der Frauen voll Langeweile und Furcht», wiederholen sie.
«Und die Köpfe der Ingenieure voll Langeweile und Furcht», sagt er.
«Und die Köpfe der Ingenieure voll Langeweile und Furcht», wiederholen sie.
«Und die Köpfe der Wissenschaftler voll Langeweile und Furcht, weil sie dem Zweck ihrer Arbeit nicht mehr trauen wollen», sagt er.
«Und die Köpfe der Wissenschaftler voll Langeweile und Furcht, weil sie dem Zweck ihrer Arbeit nicht mehr trauen wollen», wiederholen sie.
«Und die Köpfe und Herzen der reichen Kaufleute voll Langeweile und Furcht, weil der Zweck ihrer Arbeit uns verhöhnt», sagt er.
«Und die Köpfe und Herzen der reichen Kaufleute voll Langeweile und Furcht, weil der Zweck ihrer Arbeit uns verhöhnt», wiederholen sie.
Einige in der Menge umarmen sich und beginnen, auf der Stelle zu hüpfen wie Sportmannschaften vor dem Kampf, andere schreien oder schlagen um sich, die ersten Ohnmächtigen werden weggetragen, ein Toter wird langsam über die Köpfe hinweg weitergereicht, die meisten aber bleiben auf ihren Plätzen und antworten Jesus, der sich nur noch mit einer Hand festhält, weit vom Kreuz vorbeugt und bei jedem Satz, den er hinausschreit, vor eifernder Ungeduld eine neue Haltung einnimmt. Sein Haar ist schweißverklebt, sein mageres Gesicht glänzt in glücklicher Erschöpfung.
«Deshalb dürfen wir keine Angst mehr haben vor dem Kreuz», ruft er.
«Deshalb dürfen wir keine Angst mehr haben vor dem Kreuz», rufen sie.
«An dem ein Gefolterter hängt, der Furcht und Schrecken verbreiten soll unter den Armen und Kindern!» ruft er.
«An dem ein Gefolterter hängt, der Furcht und Schrecken verbreiten soll unter den Armen und Kindern!» rufen sie.
«Damit sie nicht aufhören, an die Reichen und Erwachsenen zu glauben», ruft er.
«Damit sie nicht aufhören, an die Reichen und Erwachsenen zu glauben», wiederholen sie.
«Die ohne Himmel auskommen, weil sie schon reich und glücklich sind auf dieser Welt», ruft er.

«Die ohne Himmel auskommen, weil sie schon reich und glücklich sind auf dieser Welt», wiederholen sie.
«Und aus Langeweile erfinden, wieder von Schicksal und Vertrauen zu reden», ruft er.
«Und aus Langeweile erfinden, wieder von Schicksal und Vertrauen zu reden», wiederholen sie.
«Obwohl wir kein Schicksal mehr verlangen», ruft er.
«Obwohl wir kein Schicksal mehr verlangen», wiederholen sie.
«Und verlernt haben, neugierig zu sein aus Furcht und Schwäche», ruft er.
«Und verlernt haben, neugierig zu sein aus Furcht und Schwäche», wiederholen sie.
«Und Gehorsam und Trägheit die Reichen reich erhält und die reichen Kirchen folgsam und fromm», ruft er.
«Und Gehorsam und Trägheit die Reichen reich erhält und die reichen Kirchen folgsam und fromm», wiederholen sie.
«Deshalb verlasse ich das Kreuz», schreit er, «und komme zu euch, damit die Angst, die ich errichtet habe, verblaßt, und der Gehorsam, der euch quälte, sich in Freiheit und Liebe verwandelt!»
Jesus reißt sich das Hemd vom Leib und wirft es hinunter. Als es sich ausbreitet und flatternd sinkt, beginnen einige in der Menge zu stöhnen und zu jammern, als würden sie von Schmerzen gepeinigt. Sie reißen sich ebenfalls die Hemden, Jacken und Blusen vom Leib, andere machen es ihnen nach, hüpfen und klatschen in die Hände oder fangen zu weinen an.
«Freiheit und Liebe», schreit Jesus, «Freiheit und Liebe!»
Seine Hose fällt hinunter, während die Schreie aus der Versammlung nach Freiheit und Liebe, nach Vater, Mutter, Hoffnung, Reichtum immer lauter werden und die meisten sich die Kleider ausziehen. Das wunderbare Gefühl, einig zu sein, stampft auf der Stelle, wird immer mächtiger und verlangt nach Handlung.
«Ich komme», ruft Jesus.
Er breitet die Arme aus, zögert noch einen Augenblick, dann läßt er sich einfach fallen. Als sein nackter Körper vom Kreuz stürzt, knurrt und ächzt die Menge, bevor sie ihn mit emporgereckten Händen auffängt. In einer einzigen Bewegung geben die Zuschauer, während sein Leib in ihre Arme schlägt, nach und dämpfen seinen Sturz. Er taucht unter und ist schon nicht mehr von ihnen zu unterscheiden.

Junge Männer spritzen aus Kanistern Benzin am Kreuz hoch und zünden es an. Ohne zu singen oder zu schreien, sehen die nackten Zuschauer das Kreuz Christi in Flammen gehüllt schrumpfen und schwanken, schließlich zusammenbrechen. Und während die Versammlung, in der sich irgendwo Jesus befindet, mit dem Abstieg beginnt, verwandeln aufflammende Flutlichter den Berggipfel der Teck in die Schneekappe des Fujiyama.

67 Christine Lavant

Kreuzzertretung

Kreuzzertretung! – Eine Hündin heult
sieben Laute, ohne zu vergeben,
abgestiegen in die Hundehölle
wird ihr Schatten noch den Wurf verwerfen.

Oben bleibt der Vorhang ohne Riß,
nichts zerreißt um einer Hündin willen,
und der Herr – er ließ sich stellvertreten –
sitzt versponnen bei den ganz Vertrauten.

Auch die Toten durften nicht herauf!
Vater, Mutter, – keines war am Hügel,
und die Sonne hat sich bloß verfinstert
in zwei aufgebrochenen Augensternen.

Von der Erde bebte kaum ein Staub,
nur ein wenig sank die Stelle tiefer,
wo der Balg, dem man das Kreuz zertreten,
sich noch einmal nach dem Himmel bäumte.

Der Kadaver – da ihn niemand barg –
kraft der Schande ist er auferstanden,
um sich selbst in das Gewölb zu schleppen,
wo Gottvater wie ein Werwolf haust.

68 Marie Luise Kaschnitz

Abschied von Rom

Wo man hinaufging
Unter Platanen
Die schräge Straße
Zur Villa Medici
Mit Wasserschleiern
Über Stirn und Wangen
Und Tropfen hergeschleudert
Judasbaum

Orte mir lange bekannte
Sterben ab
Während du auftauchst
Australisches Sydney
Mit den Betonsegeln schlohweißen
Deiner Hafenoper
Und weiter landeinwärts
Dem undurchdringlichen Busch

Die einen Meeressaum
Zur Heimat haben
Ungaretti Montale Quasimodo
Sind gut daran
Alles lesen sie auf

Vor der eigenen Tür
Und finden als Strandgut
Täglich die Ewigkeit

O meine Gedankenwege
Springböckig steppenüber
Flutend in Wellen
Nicht wie auf dem kalten Bildschirm
Vielmehr ich bin's
Mein Schweiß auf der Haut
Mein Brennen in der Kehle
Meine Dornen im Fuß.

Als James Ensor
Seinen Gekreuzigten malte
Und die Tafel zu seinen Häupten
Schrieb er auf die Tafel
Nicht INRI
Ensor.

69 Marie Luise Kaschnitz

Gerontologie

I
Sonnenblumensamen werden schwarz
Sonnenblumenstengel verkrümmen sich
Den Fischen wächst Grünes auf ihren rotgoldenen Schuppen
Der Baum verkröpft.
Der Büffel verläßt die Herde
Der Hund wird irre, fällt seinen Herrn an.
Der Mensch neigt das Haupt auf die Brust
Trinkt vom Gift seiner Tränen.

II
Kleiner werden im Alter
Zwergenklein
Leichter werden im Alter
Spinnwebleicht
Keine Kraft mehr zu halten was fällt
Keine sich anzuklammern
Grillenstimme die zirpt
Hinter der Säulentrommel
Aber das Glotzauge groß
Eine furchtbare Tiefe.

III
Die am meisten, so heißt es
Vertrauten
Aus welchen Gründen auch immer
Oder aus gar keinem Grunde
Diese
Werden am tiefsten gebeugt
Kurz vor dem Ende.
Die Arme mit denen sie spielend die Erdkugel stützten
Werden ihnen gebrochen
Welch ein Gewicht erdrückt sie.

Die Sonne wird ihnen gestohlen
Und in einen Sack gesteckt
Die Bäume zu ihren Häupten
Haben niemals Blätter getragen
Der Wind weht aus Asien
Ach ihr Winter in Wien.

Keiner mehr da, an den sie sich wenden können
Alle Seiten im Adreßbuch leere Seiten
In den Beichtstühlen Schemen.

Am schnellsten verschwindet was
Sie den Sinn ihres Lebens nannten
Oder den Sinn alles Lebens.
Dieser wird ausgeblasen. Ein Nichts
Eine kleine Zugluft
Zwischen Tür und Angel
Genügt.

Auch das Kreuz, auf das sie zuletzt
Ihre Arme heben wollten
Und rufen, Herr, ist es möglich
Und sich ergeben
Auch dieses Holz
Kommt auf den Hackklotz

Und das alles dauert so lange er
Der besonders geliebte Sohn
Der die Vernunft kannte
Und den höher als alle Vernunft
Ebenfalls kannte
Der gerne leben und gerne sterben wollte,
So lang er noch atmet
Genau
So
Lang.

70 Eva Zeller

Golgatha

Wann
wenn nicht
um die neunte Stunde

als er schrie
sind wir ihm
wie aus dem Gesicht geschnitten

Nur seinen Schrei
nehmen wir ihm noch ab
und verstärken ihn
in aller Munde

71 Peter Handke

Die linkshändige Frau

Sie schauten nur und aßen. Die Frau lachte auf; schüttelte den Kopf. Dann erzählte sie: «Vor vielen Jahren habe ich einmal Bilder von einem amerikanischen Maler gesehen, vierzehn in einer Reihe, die die Leidensstationen Jesu Christi darstellen sollten – du weißt, wie er Blut schwitzt auf dem Ölberg, wie er gegeißelt wird, undsoweiter . . . Diese Bilder bestanden aber nur aus schwarzweißen Flächen, ein weißer Untergrund, über den längs und quer schwarze Streifen gingen. Die vorletzte Station – ‹Jesus wird vom Kreuz genommen› – war fast schwarz zugemalt, und die Station danach, die letzte, wo Jesus ins Grab gelegt wird, auf einmal völlig weiß. Und jetzt das Seltsame: Ich ging an dieser Reihe langsam vorbei, und wie ich vor dem letzten Bild stand, dem ganz weißen, habe ich plötzlich darauf das fast schwarze als flimmerndes Nachbild noch einmal gesehen, einige Augenblicke lang, und dann nur noch das Weiß.»

72 Wolfdietrich Schnurre

Dezember

Die Beinkirche, Winter, sie ist
mit gläsernen Dolchen geschmückt,

und das Kreuz, an dem der Erfrorene hängt,
gleißt in kristallenem Glast.
Komme, Gebieter des lautlosen Todes und lies
die Frostmesse uns;
es ist Zeit zu erstarren.

73 Wolfdietrich Schnurre

Tröstung

Erschrick nicht,
wenn ein gelber
Schirokko die Kunde
dir bringt, dieses Leben
wurde geträumt
in einem verdorrten
Termitengehirn:

Gott ist ins Nest
des Webervogels
gefahren;
der hilft ihm
zu spinnen.

Erschrick nicht,
wenn die Ebene
der gefiederten Schlangen
dich ruft und am Himmel
der Widerrist einer
noch wenig bekannten
Echsenart aufglänzt:

Gott hat
die Harpyie
zum Freund;
die schärft sich
die Krallen.

74 Wolfdietrich Schnurre

Der Schattenfotograf

Ichthys I

1. Der Weidenkorb voll glitschig-japsender Fische stand auf dem Hof vor der Küche. Die Sonne brach sich in zuckenden Rotfederflossen und gezackten Barschwiderristen.

2. Hände und Unterarme der Küchen-Nonne waren mit Schuppen bedeckt. Sie stach mit dem Küchenmesser in die seufzenden Bäuche der Fische. Jedesmal wenn sie sich über die fischblutgerötete Tischplatte beugte, schleifte das Goldkreuz, das ihr an einer feingliedrigen Kette vom Halse herabhing, durch das bunte Fischeingeweide.

3. Sie warf uns die abgeschnittenen Schwänze und Flossen zum Spielen hin. Wir testeten ihre Verwendbarkeit im Schachtelhalmbach hinterm Heim. Keine der Flossen, nicht einer der Schwänze wollte mehr schwimmen.

Ichthys II

Der die Milde
zu bringen gedachte:
Wer
verriet ihn den Netzen?
Es herrschte doch Stille am Fluß.
Das Schilf schwieg.
Der Schlamm
warf keine Blasen mehr auf.
Die Libelle
ließ den pergamentenen Schwirrton
ihres Fluges verstummen.
Das Wassergeflügel
hatte den Kopf
ins Rückengefieder gewühlt;
und angehaltenen Atems
lauschte die Dommel,
zum Pfahlstumpf erstarrt,
dem eigenen Herzen.

Es war doch
Abwehr vereinbart.
Es sollte
das Verhalten der Muschel,
die die Zartheit des Fleisches
hinter perlmutternen Türen
verschließt, doch
gelten für alle.
Wer nahm sich da aus?
Wer lief da über zum Feind,
zu den Fischern,
die es verstanden,
die Tiefe zu loten,
die Brechung
des Lichts zu berechnen;
Blei an den Säumen,
Netze niederzulassen
vor der preisgegebenen Burg?

Geheiligt die Arglosigkeit.
Nun spiegelt sich stumpf
im Glanz seiner Schuppen
das lächelnde Messer:
Gekommen,
den Ausgleich zu lehren,
verkommst du, gemordet.

Der Händler
wiegt den Kadaver;
sie erhalten dich pfundweis.

Kein schlechtes Gedicht; jedoch auch ein wahres? Die nahliegende Gleichsetzung von Christus und Fisch zwingt eben doch auch arg suggestiv die blaßgeküßte Oblate des tatenlos duldenden Schmerzensmannes herbei, in den die auf eine gläubige (= obrigkeitshörige) Basis bedachte Kurie jenen Widerstandskämpfer gegen ein verpriestertes Establishment umfunktioniert hat.

Merke: Rechtzeitig Kindheitsabziehbildchen zerreißen, und man braucht später kein Denkmal zu stürzen.

Hat der Römer Pilatus den dornengekrönten Christus dem Volk gegenüber verteidigt? Luther meint, ja. Denn er hat (Joh. 19,5) des Pilatus Hinweis «Ecce homo» mit «Sehet, welch ein Mensch!» übersetzt. Da schwingt eine Menge unrömischer Bewunderung mit. Pilatus ist jedoch alles andere als angetan von Christus gewesen. Folglich muß «Ecce homo» «Hier ist der Mensch», im Sinne von «Hier habt ihr ihn» heißen. Was nun allerdings, trotz Nietzsches provokanter Entleihung, einen gewissen Unterschied macht.
«Jener Mann» –: So wird der Häretiker Jesus im Talmud genannt. (...)

Ganz schlimm wird es, wenn man einmal versucht, sich ein zutreffendes Bild von Jesus zu machen. Hätte ihn doch mal einer auch *ohne* Nachthemd und Wandervogelmähne gemalt.

Dagegen imstande, fast jeden der mir bekannten Talmudgelehrten zu beschreiben. Den narbigen linken Zeh Rabbi Simlais zum Beispiel, der zum Singsang der Weisung sich rhythmisch auf und nieder bewegt.

Logisch: An die Rabbinen im Talmud hat man *gedacht*, an Jesus *geglaubt*. Glauben ist Abbilden im Weg; hat ja immer schon, statt Klärendes, lediglich Verklärtes zustande gebracht.

Jesus: Der militante Visionär. Der verbohrte Sektierer. Der fanatische Häretiker. Der tempelpolizeilich gesuchte Umstürzler. Der regierungsfeindliche Terrorist. Der linke Reaktionär. Der Priesterschreck. Der Nestbeschmutzer. Der Rädelsführer. Der Anstifter. Der Glaubensverweigerer. Der affektierte Rechthaber. Der provokante Regelverdreher. Der gekrönte Lumpenprolet. (Aus der zeitgenössischen Presse.)

«Joisl» –: Jesus auf Rotwelsch: Ein schwächlicher Wanderkumpel, der es auf der Brust hat. Nicht auf die Schulter klopfen; hustet. Man kann ihm ein Bier spendieren. Er betet für dich über Geld.

«Joisl wird ins Viereck gebobbt»: «Jesus wird ins Grab gelegt». Rotwelsch verbrüdert, setzt gleich; schraubt Glaube auf Bedauern zurück: *Dieser* Tote bleibt liegen.

Meine Sprachen: Berlinisch, Rotwelsch, Jiddisch.

Ob ich mir Jesus schon mal vorgestellt hätte.
«Ja», sagte ich. «Er ist barfuß und hat ein endloses Hemd an. Schmale Hände, traurige Augen. Geht immer ein bißchen vornübergebeugt, so, als suchte er was.»
«Eben nicht», sagte Vater. «Jesus war ein ganz gewöhnlicher junger Mann».
«Beschreib ihn.» Gespannt ruckelte ich mich zurecht.
Vater zuckte die Schultern. «Wir haben ihn allein auf dem Arbeitsamt bestimmt schon Dutzende von Malen gesehen.»
«Dann wundert's mich», sagte ich, «daß es nur den einen Jesus gibt und nicht zweitausenddreihundert.»
«Es *gibt* zweitausenddreihundert», sagte Vater. «Es gibt nur nicht den einen.»
«Und das mit der Auferstehung?»
«Jeder kann auferstehen», sagte Vater. «Man muß nur genügend Leute zurücklassen, die das forcieren.»
Ich war ziemlich enttäuscht. Ich hatte nicht direkt an ihn geglaubt. Aber irgendwie hatte er mir doch imponiert.
«Und was ist mit den Wundern?»
Vater lief erst ein paarmal im Nachthemd im Zimmer herum und rieb sich fröstelnd die Oberarme dabei. Dann blieb er dicht vor mir stehen.
«Liebst du die Menschen?» Er schien die Luft anzuhalten; man hörte auf einmal seinen Atem nicht mehr.
«Hör mal», sagte ich, «wo wir so viel nette kennen.»
«Also.» Vater atmete aus und stieg wieder ins Bett.
«Was heißt ‹also›?» fragte ich.
«‹Also› heißt, dann kannst du auch Wunder vollbringen.»
Ich hatte auf einmal Herzklopfen bekommen. «Du meinst, Wunder kriegt jeder fertig?»
«Jeder, der liebt», verbesserte Vater und boxte sich sein Kissen zurecht.
(Vater/Sohn, II. Eine schwierige Reparatur.)

Einmal zündeten wir Nenad eine Opferkerze an in einer kleinen italienischen Kirche. Er zog strahlend mit ihr am Altar vorbei und sang *«Ja, das ist die Liebe der Matrosen!»* dabei. Auf daß wenigstens der Klabautermann ihn gehört haben möge.

Denn. Gott ist ein miserabler Kirchenbesucher.

Vorschlag an die Fahrenden, den Begriff ‹Prunkscheune› in ihren Rotwelsch-Sprachschatz aufzunehmen: für Kirche.

Dabei ist Gott noch nicht einmal in sich selber zu Hause. Der Chassid lehrt: Die Scheschina (= die Herrlichkeit, das Verweilen, das Geborgensein Gottes) ist von Gott getrennt; lebt in der Verbannung.

Urvorstellung der Kabbala auch: Die Scheschina irrt durch die Unendlichkeit und wird sich erst in der Stunde der Erlösung mit Gott wieder vereinen.

Ein Gott, dem man helfen muß also; der Gefahr läuft, den Glauben an sich zu verlieren (den ja die Scheschina erst ausmacht).

Und was bedeutet ‹Erlösung›? –: Weltuntergang –?

Es ist unwichtig, was sie ‹bedeutet›. Es gibt sie. Denn es gibt diesen Begriff.

Es gibt ihn jedoch nur als Verheißung. In der Erfüllung erlischt jeder Traum. Die Erlösung aber muß *weiter* geträumt werden. Denn nur in der *geträumten* Erfüllung liegt Trost.

Beweis: Der Heimatlose, der Emigrant, der ‹Verbannte›. Er hilft der Scheschina, das Exil, das heißt: die Verbannung aus Gott zu ertragen. Er ist Gottes Freund, sagt der Chassid: abgelöst von den anderen. Er kann die Scheschina im Menschenbilde erkennen.

Merke. Der heimgekehrte Sohn ist nicht der Heimkehr wegen ein Gleichnis, sondern der Fremde wegen, die ihm den Heimkehrgedanken nahgelegt hat.

Und. Wie die Scheschina aus Gott, so ist der Mensch aus sich selber verbannt. (Wer statt des Befundes ein Bild braucht, halte sich an Adams Vertreibung.)

Das Paradies hat in uns selber gelegen, nirgendwo sonst.

75 Reiner Kunze

Auf dem Kalvarienberg bei Retz im Januar

Auch der weinstock ist ein gekreuzigter

Wie er sich in seiner nacktheit krümmt, die arme
zur seite gebunden

Ganz die gebärde des erlösers
am sandsteinkreuz

Und *blut und wasser* wird zur beere, aus der sie
jahr für jahr
den süßen einträglichen wein keltern
Wie aus dem stein den glauben

So viele gekreuzigte auf dem weg zu dem einen

III. Ostern und Auferstehung

76 Ingeborg Bachmann

Lieder von einer Insel

Schattenfrüchte fallen von den Wänden,
Mondlicht tüncht das Haus, und Asche
erkalteter Krater trägt der Meerwind herein.

In den Umarmungen schöner Knaben
schlafen die Küsten,
dein Fleisch besinnt sich auf meins,
als sich die Schiffe
vom Land lösten und Kreuze
mit unsrer sterblichen Last
Mastendienst taten.

Nun sind die Richtstätten leer,
Sie suchen und finden uns nicht.

Wenn du auferstehst,
wenn ich aufersteh,
ist kein Stein vor dem Tor,
liegt kein Boot auf dem Meer.

Morgen rollen die Fässer
sonntäglichen Wellen entgegen,
wir kommen auf gesalbten
Sohlen zum Strand, waschen

die Trauben und stampfen
die Ernte zu Wein,
morgen am Strand.

Wenn du auferstehst,
wenn ich aufersteh,
hängt der Henker am Tor,
sinkt der Hammer ins Meer.

Einmal muß das Fest ja kommen!
Heiliger Antonius, der du gelitten hast,
heiliger Leonhard, der du gelitten hast,
heiliger Vitus, der du gelitten hast.

Platz unsren Bitten, Platz den Betern,
Platz der Musik und der Freude!
Wir haben Einfalt gelernt,
wir singen im Chor der Zikaden,
wir essen und trinken,
die mageren Katzen
streichen um unseren Tisch,
bis die Abendmesse beginnt,
halt ich dich an der Hand
mit den Augen,
und ein ruhiges mutiges Herz
opfert dir seine Wünsche.

Honig und Nüsse den Kindern,
volle Netze den Fischern,
Fruchtbarkeit den Gärten,
Mond dem Vulkan, Mond dem Vulkan!

Unsre Funken setzten über die Grenzen,
über die Nacht schlugen Raketen
ein Rad, auf dunklen Flößen

entfernt sich die Prozession und räumt
der Vorwelt die Zeit ein,
den schleichenden Echsen,
der schlemmenden Pflanze,
dem fiebernden Fisch,
den Orgien des Winds und der Lust
des Bergs, wo ein frommer
Stern sich verirrt, ihm auf die Brust
schlägt und zerstäubt.

Jetzt seid standhaft, törichte Heilige,
sagt dem Festland, daß die Krater nicht ruhn!
Heiliger Rochus, der du gelitten hast,
o der du gelitten hast, heiliger Franz.

Wenn einer fortgeht, muß er den Hut
mit den Muscheln, die er sommerüber
gesammelt hat, ins Meer werfen
und fahren mit wehendem Haar,
er muß den Tisch, den er seiner Liebe
deckte, ins Meer stürzen,
er muß den Rest des Weins,
der im Glas blieb, ins Meer schütten,
er muß den Fischen sein Brot geben
und und einen Tropfen Blut ins Meer mischen,
er muß sein Messer gut in die Wellen treiben
und seinen Schuh versenken,
Herz, Anker und Kreuz,
und fahren mit wehendem Haar!
Dann wird er wiederkommen.
Wann?
Frag nicht.

Es ist Feuer unter der Erde,
und das Feuer ist rein.

Es ist Feuer unter der Erde
und flüssiger Stein.

Es ist ein Strom unter der Erde,
der strömt in uns ein.

Es ist ein Strom unter der Erde,
der sengt das Gebein.

Es kommt ein großes Feuer,
es kommt ein Strom über die Erde.

Wir werden Zeugen sein.

77 Marie Luise Kaschnitz

Auferstehung

Manchmal stehen wir auf
Stehen wir zur Auferstehung auf
Mitten am Tage
Mit unserem lebendigen Haar
Mit unserer atmenden Haut.

Nur das Gewohnte ist um uns.
Keine Fata Morgana von Palmen
Mit weidenden Löwen
Und sanften Wölfen.

Die Weckuhren hören nicht auf zu ticken
Ihre Leuchtzeiger löschen nicht aus.

Und dennoch leicht
Und dennoch unverwundbar
Geordnet in geheimnisvolle Ordnung
Vorweggenommen in ein Haus aus Licht.

8 Marie Luise Kaschnitz

Am Feiertag

Als die Osterglocken läuteten
Mit den Tönen h e g fis
War ich siebzig Jahre und siebzig Tage alt
Ich hatte erfahren
Daß siebzig Jahre ein Loch sind
In das einer fällt
Und sich rettet an schlüpfrigen Wänden

An Ostern war ich so weit
Daß ich hoch oben
Die kleine Sternmagnolie sehen konnte
Und wie der Wind ihr die Blüten zerriß

Im Fernsehen wurde der Attentäter gezeigt
Der Gärtner Sein rundes törichtes Gesicht
Und sein feststehendes Messer
In Hottes Wolfsschanze
Einer Kneipe in Berlin
Legen sie wieder die alten Platten auf
Vor allem diese: Preußens Gloria

In San Giovanni im Lateran
Sah ich die Kerzen alle zurückgekehrt
Die schwarzen Banner der Trauer rot überhangen
Die hölzernen Ratschen
Gaben ihr unterweltliches Knarren auf
Auch die Ungläubigen atmeten freier

Als die Osterglocken läuteten
Hatten auf der Straße
Schon ein paar hundert Autofahrer

Ihren Geist aufgegeben
Das große Schlachten
Wie wenn am Feiertag
Hatte begonnen

Heuer wurden zur Osterzeit
In einigen Städten
Mondsteine herumgereicht
Authentisches aus dem Astronautengepäck
Nichts Besonderes
Einfach Geröll

Le fond de l'air est froid
Sagte meine Mutter
Die noch französisch erzogen worden war
Le fond de l'air . . .

Diese ärmlichen Vorfrühlingsfreuden
Weidenschleier
Und Eidottergelbes
Dahinter die häßlichen Häuser
Und Auferstehung.
Das Wort
Auferstehung.

79 Marie Luise Kaschnitz

Ein Leben nach dem Tode

Glauben Sie fragte man mich
An ein Leben nach dem Tode
Und ich antwortete: ja
Aber dann wußte ich

Keine Auskunft zu geben
Wie das aussehen sollte
Wie ich selber
Aussehen sollte
Dort

Ich wußte nur eines
Keine Hierarchie
Von Heiligen auf goldnen Stühlen sitzend
Kein Niedersturz
Verdammter Seelen
Nur

Nur Liebe frei gewordne
Niemals aufgezehrte
Mich überflutend

Kein Schutzmantel starr aus Gold
Mit Edelsteinen besetzt
Ein spinnwebenleichtes Gewand
Ein Hauch
Mir um die Schultern
Liebkosung schöne Bewegung
Wie einst von tyrrhenischen Wellen
Wie von Worten die hin und her
Wortfetzen
Komm du komm

Schmerzweb mit Tränen besetzt
Berg-und-Tal-Fahrt
Und deine Hand
Wieder in meiner

So lagen wir lasest du vor
Schlief ich ein
Wachte auf

Schlief ein
Wache auf
Deine Stimme empfängt mich
Entläßt mich und immer
So fort

Mehr also, fragen die Frager
Erwarten Sie nicht nach dem Tode?
Und ich antworte
Weniger nicht.

80 Marie Luise Kaschnitz

Der Deserteur

Am Ostersamstag gegen sechs Uhr nachmittags – jeden Augenblick konnten die Glocken, von denen es heißt, daß sie den Karfreitag in Rom zubringen, zurückkehren – gegen sechs Uhr also hörte die Marian, wie der Deserteur, ihr Mann, ihr Liebster, die Kellertreppe heraufkam. Sie nahm den Schlüssel aus ihrer Schürzentasche und schloß die Kellertür auf, aber als der Mann ins Zimmer treten wollte, legte sie beide Hände auf seine Brust und drängte ihn zurück.
Du kannst nicht heraufkommen, sagte sie, heute nicht, im Augenblick nicht.
Der Mann stand im Dunkeln, seine blauen Augen leuchteten zornig, seine Hände waren mit Blut verschmiert.
Was ist los? fragte er.
Es sind Leute im Wald, sagte die Marian. Sie stehen drüben am Abhang und schauen herüber. Die Kinder haben gepfiffen. Hast du es nicht gehört?
Ich habe es gehört, sagte der Mann. Aber ich halte es nicht aus da unten. Ich muß mir die Hände waschen. Meine Hände sind voll Blut.
Hast du das Lamm geschlachtet? fragte die Marian.

Ja, sagte der Mann. Er schob sie beiseite, ging zum Spülstein und ließ das Wasser rinnen.
Hat es geschrien, das Lamm? fragte die Marian.
Nein, sagte der Mann. Es hat nichts gemerkt.
Und die Kinder, fragte die Marian, haben sie auch nichts gemerkt?
Nein, sagte der Mann, er habe die Kinder ins Dorf geschickt, und vorher habe er ihnen Eier gemalt, schöne mit gelben Bergen darauf und blauen breiten Flüssen, eine Landschaft wie bei ihm daheim, was heißen sollte in Amerika, da lag viel Wasser dazwischen, und die Marian hatte das Land nie gesehen. Sie sollte jetzt die Eier bewundern, die lagen in einer Schüssel, mit einem Teller zugedeckt, und der Mann nahm den Teller weg. Aber die Marian schaute gar nicht hin, sondern zum Fenster hinaus.
Gleich, Jim, gleich, sagte sie und horchte auf den Wind, der doch hier alle Tage blies, und manchmal ein Sturm war, als sei die Hölle losgelassen, der aber diesmal ganz sanft daherfuhr, mit lauter noch stummem Glockengeläute im Sack.
Was hast du, Marian? fragte der Mann.
Es ist nur wegen dem Franz, sagte die Marian. Er ist wieder mitgekommen bis zum Wald. Er hat auf mich eingeredet, daß ich ihn heiraten soll. Und wenn ich's nicht tue, soll ich sagen, warum nicht.
Der Mann schob die Schüssel mit den Eiern ärgerlich zurück.
Warum tust du es nicht, sagte er. Hättest das schönste Leben. Einen Mann, der sich sehen lassen kann. Keinen Strolch, keinen Waldläufer, der geht und kommt in der Nacht.
Red doch nicht so, sagte die Marian. Hilf mir die Wolle spannen. Keine hat es so gut wie ich. Einen Mann ganz für sich allein.
Sie stellte den Strickrahmen auf und nahm die Wolle und die Muster aus ihrer Tasche, die Heimarbeit, die sie jede Woche aus der Strickfabrik holte.
Aber du, sagte sie.
Was mit ihm sei, wollte der Mann wissen.
Für ihn, sagte die Marian, während sie anfing, die blauen und roten Fäden zu spannen, sei es immer dasselbe. Dasselbe Stück Himmel, derselbe Waldrand und das Hochmoor zum Luftschöpfen in der Nacht.
Ist alles jeden Tag wieder anders, sagte der Mann unwirsch. Jeden Tag ein Stück weiter auf den Sommer oder den Winter zu. Die Buche hinterm Haus hat schon Knospen.

Aber es sei doch, antwortete die Frau, so etwas wie eine Gefangenschaft. Nie könne er mit einem Mann reden. Er habe keine Stimme in der Gemeinde und erführe nie etwas Neues.
Ich lese die Zeitung, sagte der Mann. Ich höre den Rundfunk. Ich weiß, wohin es treibt. Wenn das Neue kommt, springen die Füchse aus ihren Löchern.
Ich verstehe dich nicht, sagte die Marian und sah ihn ängstlich an. Es wurde jetzt schon dunkel, und vor dem Fenster hörte man die Stimmen der Kinder, denen die Marian beigebracht hatte zu sagen, daß niemand im Hause wohne als sie mit der Mutter, und die sie gelehrt hatte, auf kleinen Pfeifen zu blasen, sobald sich jemand dem einsamen Waldhaus näherte. Es hat jemand, sagte die Marian, die Leute im Dorf drunten mißtrauisch gemacht. Sie sagen, es verstecke sich einer im Wald, und er habe dem Ratsschreiber die Hühner und der Frau Hauptlehrer die Wäsche von der Leine gestohlen. Es ist auch gewildert worden, und hinter der Sägemühle haben sie einen Mann erschlagen gefunden.
Das habe ich nicht getan, sagte der Mann zornig.
Natürlich nicht, sagte die Marian. Aber es hat dich jemand nachts im Wald gesehen. Jetzt wollen sie die Polizei aus der Stadt holen, und die Polizei bringt ihre Hunde mit. Ich bitte dich, geh hinunter in den Keller und in den Stollen. Ich schließe die Tür zu.
Steht es so, sagte der Mann und starrte ihr ins Gesicht, dann will ich erst recht nicht hinuntergehen. Ich will mich zu dir setzen und warten, bis die Osternacht kommt. Du weißt, warum.
Warum? fragte die Marian und stellte den Strickrahmen weg, weil sie nichts mehr sehen konnte als den goldenen Streifen Abendhimmel, der im Fenster lag.
Du bist zerstreut, Marian, sagte der Mann. Hol den Leuchter, steck die Kerzen auf. Es kann nicht sein, daß du dich nicht erinnerst.
Ich erinnere mich, sagte die Marian gequält. Es war Ostern. Aber Ostern war später im Jahr.
Ja, sagte der Mann. Ein spätes Ostern, ein frühes Frühjahr. Der Flieder voll zarter Blättchen. Die Kastanien voll bleicher Händchen, ins nasse Blaue gestreckt.
Die Marian hatte den Leuchter auf den Tisch gestellt und setzte sich nun hin und legte die Hände in den Schoß. Sie dachte an das Frühjahr damals

und sah die Dorfkinder mit ihren Kreiseln und Peitschen auf der Straße vor dem Rathaus spielen. Sie sah auch die Schafherde mit vielen, kaum geborenen Lämmchen, weißen Flecken im grauen, wogenden Gewölle, das Tal herabziehen. Sie sah Leberblümchen und Lungenkraut und blaue Lachen auf den Feldwegen, rasch aufgesogen von der Sonne, die funkelte und stach.
Auf den Straßen, sagte der Mann, war eine große Unruhe. Wir hatten erst vor kurzem Quartier bezogen und sollten schon wieder fort. Die Sirenen schrien. Befehle wurden gegeben. Es war ein Gerenne von Haus zu Haus.
Ja, dachte die Marian und sah den Mann an, der damals bei ihr im Quartier gelegen hatte, den jungen, fremden Soldaten, dem hatte sie die Socken gewaschen und den Rucksack gepackt. Zum Abschied hatte sie ihm Wein eingeschenkt, und er hatte ihr Brot gegeben, und sie hatten zusammen gegessen und getrunken und sich auf die Lippen gebissen vor Staunen und Schmerz.
Die Glocken haben geläutet, sagte sie. Du bist fortgegangen und hast gewinkt.
Komm wieder, hast du gerufen, sagte der Mann, und hast geweint und gelacht. Und ich bin wirklich wiedergekommen, in der Nacht.
Hier am Fenster, sagte die Marian, haben wir gestanden, während sie drunten abgezogen sind. Wir haben die schweren Motoren der Lastwagen gehört und die Räder der Panzer.
Ich habe, sagte der Mann, versucht, die abgeblendeten Lichter zu erkennen. Ich habe auf die Stimmen meiner Kameraden gehorcht. Aber du hast meinen Kopf an deiner Schulter versteckt.
Die Marian richtete sich auf, weil sie in diesem Augenblick wieder den Ton einer kleinen Trillerpfeife hörte. Es kam ihr auch vor, als hätten weiter unten im Tal fremde Hunde gebellt. Sie stand rasch auf, stellte sich hinter ihren Mann und drückte seinen Kopf gegen ihren Schoß.
Tu es wieder, sagte sie verzweifelt. Versteck deinen Kopf. Mach die Augen zu. Und damit versuchte sie, ihre Hände wie eine Binde über die Augen ihres Mannes zu legen. Aber der Mann griff nach ihren Händen, zog sie herunter und hielt sie fest.
Es geht nicht mehr, Marian, sagte er. Es hat alles seine Zeit, das Verstekken und das Herauskommen. Das Schweigen und das Reden.
Was willst du reden, Jim? fragte die Marian erschreckt.

Ich will, sagte der Mann, aussagen vor Gericht. Ich will sagen, warum ich hier unter der Erde hocke und was ich getan habe alle die Jahre lang.
Sie werden dir nicht glauben, sagte die Marian. Sie werden meinen, daß du ein Sonderling geworden bist. Sie werden sagen, daß einer, der sieben Jahre lang im Berg hockt, den Verstand verlieren muß.
Sie holte die Streichhölzer vom Herd und zündete die Kerzen am Osterleuchter an, und in dem Licht der Kerzen erschien ihr das Gesicht ihres Mannes so unheimlich, daß sie sich fragte, ob er nicht wirklich den Verstand verloren habe. Aber in diesem Augenblick fing der Mann ganz lustig zu lachen an. Er stand auf und rückte den Tisch zurecht und forderte sie auf, sich hinter den Tisch zu setzen.
Ich werde, sagte er, mit Verstand antworten, mit Vernunft erzählen und mich mit List verteidigen. Paß auf, ich mach es dir vor. Du bist der Richter.
Das kann ich nicht, sagte die Marian unruhig und zog die Vorhänge zu. Sie hörte jetzt ganz deutlich, daß Leute mit Hunden das enge Tal heraufkamen, und sie dachte an die Kinder, die nicht wagten, ihre Wachtposten zu verlassen, und die gewiß nicht verstanden, warum der Vater nicht in den Keller ging und von dort in das alte Silberbergwerk, wo er sicher war.
Dann bin ich selbst der Richter, sagte der Mann. Ich bin der Richter und der Angeklagte und der Büttel. Herein, rufe ich, herein mit dem Angeklagten Jim Croyden. Und jetzt komme ich herein und setze mich auf die Anklagebank.
Laß das, Jim, flehte die Frau. Du hast keine Zeit zu verlieren.
Jetzt, sagte Jim, bin ich der Richter. Siehst du meinen Talar und mein Barett? Ich sitze hoch oben und habe eine Glocke vor mir stehen. Bim, bim, macht die Glocke. Ihren Namen, frage ich, und der Angeklagte nennt seinen Namen. Ihren Beruf, frage ich. Der Angeklagte sagt, Schriftsteller, und ich sage, aha. Dann klingle ich noch einmal mit der Glocke, bim, bim. Warum frage ich, warum haben Sie, Angeklagter, sich im letzten Frühjahr unseres glorreichen Krieges von Ihrer Truppe entfernt?
Der Mann saß auf dem Tisch, seine Augen hatten einen Ausdruck von Besessenheit, und seine Stimme klang unnatürlich und fremd.
Jetzt sei du das Publikum, flüsterte er und packte Marian grob an der Schulter. Sei das Publikum und rufe pfui!
Aber die Marian entwand sich seinem Griff. Ich will nicht, Jim, sagte sie

weinend. Ich will niemand sein. Ich bin deine Frau.
Dann hör wenigstens zu, sagte der Mann böse. Sieh zu. Vielleicht darfst du auch zusehen, wenn sie mich auf den elektrischen Stuhl setzen. Es gibt ein Fensterchen in der Tür.
Jim, sagte Marian empört.
Wir wollen fortfahren, sagte Jim und setzte sich wieder auf dem Tisch zurecht. Antworten Sie gefälligst, sagt der Herr Richter. Warum haben Sie sich von Ihrer Truppe entfernt und sich bei einem Mädchen namens Marian versteckt?
Aus Liebe, sage ich.
Unsinn, sagt der Herr Richter. Aus Feigheit.
Auch, sage ich. Auch aus Feigheit.
Also doch, sagte der Herr Richter. Sie wollten nicht sterben.
Der Mann saß auf dem Tisch und bewegte die Arme, und die Marian dachte, daß jetzt gleich die Kinder hereinkommen würden und dann die Leute, die aus der Stadt gekommen waren, die Polizisten in Uniform. Sie dachte auch, daß man wenigstens die Kerzen ausblasen sollte, weil sie sich schon vorstellen konnte, wie der Schatten ihres Mannes auf dem Vorhang tanzte und wie jeder ihn sehen konnte von weit her. Aber sie blies die Kerzen nicht aus und tat überhaupt nichts, hockte nur auf der Küchenbank und starrte ihrem Mann ins Gesicht.
Sie wollten nicht sterben, sagt der Herr Richter, fuhr der Mann fort. Und ich sage, ich wollte nicht töten, und dann sage ich, Herr Richter, ich habe damals einen Traum gehabt.
Was für einen Traum? fragt der Richter unwillig.
Ich habe, sage ich, im Traum an meinem Maschinengewehr gestanden und mir gegenüber die ganze feindliche Armee. Alle Soldaten sind nebeneinander auf dem Hügelkamm gestanden, ganz ohne Deckung, lauter schwarze Männchen vor der roten Sonne, und keiner hat sich gerührt.
Hahaha, sagt der Richter. Das könnte Ihnen so passen, Mann.
Nein, sage ich, Herr Richter, das paßte mir nicht. Denn nun habe ich geschossen, und alle Soldaten sind umgefallen. Jeder aber, der umgefallen war, ist wieder aufgestanden und durch mich hindurchgegangen, und jeder hat etwas in mir zurückgelassen, sein Stück Leben und sein Stück Tod.
Faseln Sie mir nichts vor, sagt der Richter. Sie haben einfach Angst gehabt.
Jajaja, sage ich. Ich habe Angst gehabt, wie sie wieder Angst haben wer-

den in einem neuen Krieg. Sie werden ihre Angst überwinden und nichts gewinnen. Oder weglaufen und nichts gewinnen.
Aha, sagt der Richter. Sie geben also zu, daß Sie nichts gewonnen haben bei Ihrer Fahnenflucht, und ich sage, ja, ich gebe es zu. Denn ich habe Kinder gezeugt, die wieder töten müssen.
Sie bereuen also Ihre Tat, sagt der Richter, und ich sage, nein, ich bereue sie nicht. Denn ich habe meinen Kindern gezeigt, wie die Stare ihren ersten Flug wagen und wie das Schneeglöckchen mit seiner zarten Blüte das harte Erdreich durchdringt, um ans Licht zu gelangen. Ich habe ihnen erzählt, wie viele Forscher ihr Leben aufs Spiel gesetzt haben, um die Menschen gesünder und glücklicher zu machen, und wie einer namens Odysseus auf dem Meer unzählige Abenteuer bestanden hat, um nach Hause zu kommen. Ich habe sieben Jahre lang gelebt und Liebe gegeben und Liebe empfangen. Alle geliebte Liebe ist nicht verloren in der Welt.
Nach diesen Worten, die der Mann laut und fast begeistert ausgesprochen hatte, fiel er in sich zusammen und schlug die Hände vor das Gesicht.
Sprich nicht mehr, sagte Marian und legte ihre Arme um seinen Hals. Der Mann räusperte sich und griff nach einer Zigarette, die er am Osterleuchter anzündete, und als er wieder zu reden begann, hatte er seine alte nüchterne Stimme und sein altes jungenhaftes Gesicht.
Wir haben eine wunderliche Ehe geführt, sagte er. Aber vielleicht war sie nicht wunderlicher als andere Ehen auch. In jeder Ehe versucht man, miteinander allein zu sein und sich zu verstecken vor der Welt. Man versucht, seinen Kindern etwas mitzugeben, das Beste, was man hat. Und eines Tages steht die Welt vor der Tür und schreit, Hände hoch, und schreit, kommt heraus, mit den Händen über dem Kopf. Und dann geht man hinaus, die Hände über dem Kopf.
Es ist doch, sagte Marian, alles nur ein schreckliches Mißverständnis. Du hast die Wäsche nicht gestohlen und erst recht keinen umgebracht. Was du getan hast, wäre bald verjährt gewesen und dann hätten wir in deine Heimat reisen können, glücklich und frei.
Sie fing an zu weinen, und der Mann drehte sich nach ihr um und wischte ihr mit den Fingern die Tränen vom Gesicht.
Wir sind immer unterwegs, sagte er freundlich. Jede Knospe ist eine Station, und jedes braune Herbstblatt ist eine Station. Was aber das andere anbetrifft, so ist alles nur ein Mißverständnis, aller Haß und alles Elend in

der Welt.
Wir haben uns verstanden, sagte Marian schluchzend.
Ja, sagte der Mann, und das ist schon viel. Das bleibt auch, wenn die, die sich liebhaben, getrennt werden und hinausgestoßen in etwas, das ihnen vorkommen muß wie die ewige Nacht. Es bleibt übrig und zieht durch die Luft wie die feinen Samen, die an ihren Fallschirmen durch die Schatten des Waldes hinabsinken, von der Sonne beglänzt.
In diesem Augenblick begannen draußen die Kinder gellend zu pfeifen, und nun hörte man auch Schritte auf dem steinigen Weg, und Stimmen und das Keuchen von großen Hunden, die an der Leine geführt werden und die an ihren Leinen zerren.
Geh, versteck dich, flüsterte Marian entsetzt. Aber der Mann sprang vom Tisch, und ohne sie zu küssen oder noch einmal anzusehen, ging er mit großen Schritten auf die Tür zu. Er riß sie auf, und in diesem Augenblick begannen die Vorhänge zu wehen und die Kerzen zu flackern und Licht und Schatten tanzten durch die Küche. Marian sprang auf und wollte ihrem Mann nachlaufen. Aber da hob Jim, der in der Tür stand, schon die Hände über den Kopf. Die Hunde bellten und im Dorf drunten läuteten die eben aus Rom zurückgekehrten Glocken das Osterfest ein.

81 Johannes Bobrowski

Ostern

Dort noch Hügel,
die Finsternis, aber
die Steige sind recht, aus der Ferne
die Ebenen nahn, mit dem Wind
herüber ihr Schrei.

Über den Wald. Der Fluß
kommt, die Birkenschläge
gehn an die Mauer, Türme,
Gestirn um die Kuppeln, das goldne
Dach hebt an Ketten ein Kreuz.

Da
in die finstere Stille
Licht, Gesang, wie unter
der Erde erst, Glocken, Schläge,
der Stimmen Hähnegeschrei

und Umarmung der Lüfte,
schallender Lüfte, auf weißer
Mauer Türme, die hohen
Türme des Lichts, ich hab
deine Augen, ich hab deine Wange,
ich hab deinen Mund, es ist
erstanden der Herr, so ruft,
Augen, ruft, Wange, ruf, Mund
ruf Hosianna.

82 Kurt Marti

Leichenreden

Wir sind Protestleute gegen den Tod.
Christoph Blumhardt

dem herrn unserem gott
hat es ganz und gar nicht gefallen
daß gustav e. lips
durch einen verkehrsunfall starb

erstens war er zu jung
zweitens seiner frau ein zärtlicher mann
drittens zwei kindern ein lustiger vater
viertens den freunden ein guter freund
fünftens erfüllt von vielen ideen

was soll jetzt ohne ihn werden?
was ist seine frau ohne ihn?
wer spielt mit den kindern?
wer ersetzt einen freund?
wer hat die neuen ideen?

dem herrn unserem gott
hat es ganz und gar nicht gefallen
daß einige von euch dachten
es habe ihm solches gefallen

im namen dessen der tote erweckte
im namen des toten der auferstand:
wir protestieren gegen den tod von gustav e. lips

Unser Glaube ist die Auferstehung der Toten.
Tertullian

Ewigkeit, der größte der Götzen, Gottes
gefährlichster Konkurrent.
Gilbert Keith Chesterton

ihr fragt
wie ist
die auferstehung der toten?
ich weiß es nicht

ihr fragt
wann ist
die auferstehung der toten?
ich weiß es nicht

ihr fragt
gibts
eine auferstehung der toten?
  ich weiß es nicht

ihr fragt
gibts
keine auferstehung der toten?
  ich weiß es nicht

ich weiß
nur
wonach ihr nicht fragt:
  die auferstehung derer die leben

ich weiß
nur
wozu Er uns ruft:
  zur auferstehung heute und jetzt

Die Auferstehung Christi von den Toten ist in der Religionsgeschichte analogielos, aber die apokalyptische Weltverwandlung zu einem noch völlig Unvorhandenen findet außerhalb der Bibel nicht einmal eine Andeutung.

Ernst Bloch

Wenn aber das Wehen des heiligen Geistes
das Volk, den großen Paria der Geschichte, ergreift...

Ludwig Derletz

La mort est nécessairement une contre-révolution.

Pariser Mauerinschrift
Mai 1968

das könnte manchen herren so passen
wenn mit dem tode alles beglichen
die herrschaft der herren
die knechtschaft der knechte
bestätigt wäre für immer

das könnte manchen herren so passen
wenn sie in ewigkeit
herren blieben im teuren privatgrab
und ihre knechte
knechte in billigen reihengräbern

aber es kommt eine auferstehung
die anders ganz anders wird als wir dachten
es kommt eine auferstehung die ist
der aufstand gottes gegen die herren
und gegen den herrn aller herren: den tod

83 Rudolf Otto Wiemer

Entwurf für ein Osterlied

Die Erde ist schön, und es lebt sich
leicht im Tal der Hoffnung.
Gebete werden erhört. Gott wohnt
nah hinterm Zaun.

Die Zeitung weiß keine Zeile vom
Turmbau. Das Messer
findet den Mörder nicht. Er
lacht mit Abel.

Das Gras ist unverwelklicher
grün als der Lorbeer. Im
Rohr der Rakete
nisten die Tauben.

Nicht irr surrt die Fliege an
tödlicher Scheibe. Alle
Wege sind offen. Im Atlas
fehlen die Grenzen.

Das Wort ist verstehbar. Wer
Ja sagt, meint Ja, und
Ich liebe bedeutet: jetzt und
für ewig.

Der Zorn brennt langsam. Die
Hand des Armen ist nie ohne
Brot. Geschosse werden im Flug
gestoppt.

Der Engel steht abends am Tor. Er
hat gebräuchliche Namen und
sagt, wenn ich sterbe:
Steh auf.

84 Reiner Kunze

Beweggründe

In E., sagte sie, habe sich ein Schüler erhängt.
Am nächsten Morgen hätten Jungen verschiedener Klassen schwarze Armbinden getragen, aber die Schulleitung habe durchblicken lassen, daß die Armbinden als Ausdruck oppositioneller Haltung gewertet würden. Der Schüler sei Mitglied der Jungen Gemeinde gewesen und habe einen Zettel mit durchgekreuztem Totenkopf und der Aufschrift «Jesus Christus» hinterlassen. Als erste hätten die Abiturienten die Armbinden abgelegt, weil sie kurz vor den Prüfungen stehen.

Einigen Schülern, die nicht in die Klasse des Toten gehen, sei es vom Lehrer erlaubt worden, an der Beerdigung teilzunehmen, aber auf Anordnung des Direktors habe der Lehrer die Erlaubnis rückgängig machen müssen.
Dem Pfarrer sei es nicht gelungen, den Direktor umzustimmen.
Die Parteimitglieder habe man angewiesen, Gespräche über den Toten zu unterbinden.
Am Tag der Beerdigung sei für die Zeit des Unterrichts ein Schülerwachdienst eingeführt worden, und die Schultür sei abgeschlossen gewesen.

85 Reiner Kunze

Auch eine Hoffnung

Ein grab in der erde

Hoffnung aufzuerstehen
in einem halm

(Grabplatte keine

Nicht noch im tod
scheitern an stein)

86 Ingeborg Drewitz

Ostern

Vier freie Tage. Was reden sie
von Karfreitag und Kreuzigung
und daß einer auferstanden ist.
Auf den Autobahnen staut der Verkehr.

Übliche Unfälle, was reden sie
von Karfreitag und Kreuzigung?
Für die Ostertoten steht die Versicherung ein.
Was soll's, normale Opfer.

Und da sagt einer, wir verstehen ihn nicht,
er ist für die Menschen gestorben,
wie ein Verbrecher ans Kreuz geschlagen.
Richtig, sagen alle, wir verstehen das nicht.

Es geht uns nichts an, sagen sie, sagst du,
wahrscheinlich ein Spinner, aber wir
haben vier freie Tage vor uns.
Die Radio- und Fernsehprogramme spielen noch Ostern.

87 Johannes Poethen

zu neujahr

daß wir dafür aufstehn
daß wir dafür einen fuß vor den andern setzen
daß wir uns überhaupt dazu stellen

daß wir das noch ansehn wollen
daß wir dem noch ein ohr leihen
daß wir das noch riechen können

daß wir das immer noch bedenken
daß wir das immer noch anpacken
daß wir das immer noch fressen

wunder über wunder

C. JESUS – NEUENTDECKUNGEN UND WIEDERBELEBUNGSVERSUCHE

I. Annäherungen aus dem Jüdischen

8 Ilja Ehrenburg

Geschichte vom Papst und dem Zimmermann Jehoschua

Ein Roman aus der Welt des russischen Ostjudentums, geschrieben von einem sozialistischen Schriftsteller, der die Geschichte des jüdischen Herrenschneiders Lasik Roitschwantz aus dem russischen Dorf Homel erzählt. Auf seiner rastlosen Odyssee durch die Länder – Hunger und Armut treiben ihn dazu – gerät Lasik ins Gefängnis und erzählt dort seinem christlichen Leidensgefährten Kotz die Geschichte vom Papst und dem Zimmermann Jehoschua, eine hintergründige Parabel von der Beziehung von Christen und Juden. Peter Hamm schreibt im Nachwort zu diesem Roman: «Unverkennbar stehen Lasiks Sprachträume in der Tradition des Chassidismus, also jener ostjüdischen Sekte, die einige Ähnlichkeit aufweist mit der franziskanischen Bewegung innerhalb der katholischen Kirche und dem ‹Starezentum› innerhalb der orthodoxen Kirche. Martin Buber berichtet im Vorwort zu den von ihm herausgegebenen ‹Erzählungen der Chassidim› von einem Ausspruch des berühmten Wunderrabbis Baalschem, wonach man eine Geschichte so erzählen solle, ‹daß sie selber Hilfe sei›. Genauso erzählt Lasik seine turbulenten Geschichten. Es ist kein Zufall, daß im Zentrum des Ehrenburgschen Romans der große Traum von der römischen Fastnacht steht, bei der ein Vorfahre Lasiks vom Papst und dessen Freunden zur allgemeinen Volksbelustigung gezwungen wird, dreimal ohne Kleider um die ganze Stadt Rom herumzulaufen; kurz bevor dieser, auch ein Schneider, zusammenzubrechen droht, löst ihn ein anderer Jude ab . . . Christus selbst. Die Diskrepanz zwischen der reinen Idee und ihrer Institutionalisierung wird, wie hier im Fall des Christentums, durch Lasiks Geschichten immer evident; alle festen Übereinkünfte, nicht zuletzt der institutionalisierte Sozialismus, werden durch sie permanent in Frage gestellt.»

In Rom war Fastnachtszeit. Was für ein schmackhaftes Fest ist das übrigens! Bei uns in Homel hat mich der Telegraphenbeamte Sacharow einmal mit solchen Pfannkuchen bewirtet, daß ich mich beinahe zu seinem

Opium mit Sahne bekehrt hätte. Aber natürlich feiern die Menschen in jedem Lande die Feiertage auf ihre Weise. In Rom verloren sie geradezu den Verstand. Sie zogen sich, ohne dafür bezahlt zu werden, Affenfelle über und knüpften sich Schwänze an. Sie lustwandelten von morgens früh bis abends spät in Banditentrachten. Blickte man um sich, so wars schon keine Stadt mehr, sondern eine gesamtstädtische Operette. Der eine erklärte, er sei ein Elefant, und wedelte unverschämt mit dem Rüssel, der andre versicherte, daß er ein echter Herzog sei, der seine Herzogin fresse, und alles sprang herum, und alles tanzte die Tänze der römischen nationalen Minderheiten. Von den Frauen will ich gar nicht erst reden. Wer weiß, was für einen Mechanismus Sie in Ihrem Leib haben: am Ende begeben Sie sich wie der dicke Willi in aller Stille schon zum Fenster? Ich will Ihnen nur sagen, daß bei den Frauen die prallsten Auslagen zu sehen waren. Was für Bananen stellten sie für das Publikum aus! Setzen wir an dieser Stelle lieber tausend Punkte . . .

Sie sprangen, sie sangen, sie küßten sich, aber die Hauptsache stand erst bevor. Ich habe Ihnen schon gesagt, daß in Rom auch Juden lebten. Das ist natürlich eine Schamlosigkeit: die Juden wagen es, in derselben Stadt wie der Papst zu leben. Aber was soll man machen? Die Ameisen zum Beispiel – wohinein kriechen sie nicht nur! Auch die Pans Rittmeister, die doch wahrscheinlich streng genug sind, wie wenig nützt auch ihnen ihre Aufregung! Zertritt man den einen Juden, gleich springt schon ein andrer mit seiner nasenhaften Eigenart hervor. Der Papst hatte gescholten, hatte mit seinem Pantoffel gedroht, und dann wurde es ihm langweilig: mochten sie schon dableiben. Man kann doch nicht so einen windgetriebenen Schnupfen ins Gefängnis werfen! Da aber der Papst ein Freund der Fastnacht war, so dachte er sich einen fabelhaften Spaß aus: die Juden sollten dann wenigstens zur allgemeinen Belustigung einen Springer stellen! Dieser unglückselige Springer solle an der Fastnacht dreimal um die ganze Stadt herumlaufen, und zwar solle er völlig nackt laufen; der Papst aber würde mit seinen Elefanten und seinen Damen auf goldenen Stühlen sitzen und nicht aufhören, schrecklich darüber zu lachen.

Wie es nun einmal heißt: der eine kriegt die Fastnacht und der andere den nackten Galopp. Die Juden versammelten sich also zu einer Fastenkonferenz: wer sollte denn das geplagte Pferd sein? Es gibt verschiedene Juden: die einen tragen die Karate sogar an ihrem Bauch, und die andern haben nur unentgeltliche Tränen. Ich etwa liege auf der elften Pritsche, und irgend so ein Rothschild vertilgt zur gleichen Zeit sicher ein ganzes Zicklein. In Rom gab es ebenfalls sowohl Kaufleute der ersten Gilde wie Friedhofsbettler, die für ein Stück Brot abendliche Tränen an jedem beliebigen Grab zu weinen bereit sind. Wer also wird nun rings um die Stadt laufen? Natürlich nicht der Rabbiner – er ist ja ein Gelehrter, und ohne ihn werden alle verdummen, natürlich auch nicht der römische Rothschild – ohne ihn wird niemand da sein, der einmal im Jahr die Armen mit Küchenabfällen füttern könnte.

Jeder Jude packte ein Goldstück aus der Tasche, daß er nur nicht laufen müßte, und auch die armen Teufel gaben etwas her, denn es lohnt sich, sogar die Sabbatleuchter oder einen Rock oder doch wenigstens ein Kissen zu verkaufen, nur um nicht in nackter Gestalt vor den verrückten Elefanten sterben zu müssen. Aber es fand sich ein unglückseliger Schneider, der weder einen Rock, noch einen Leuchter, weder ein Flaumkissen, noch auch nur einen seidenen Talles besaß. Er besaß nur ein Weib, sechs Kinder und seinen schleichenden Kummer, aber für dies alles kann man kein Goldstück einhandeln. Er hieß, sagen wir, Leiser. Ich nehme an, daß er der Großvater meines Großvaters gewesen ist, denn von einem solchen trübseligen Schatten hat unser hervorragendes Geschlecht der Roitschwantze seinen Ursprung genommen.

Die Stunde, die für den Lauf angesetzt worden war, kam heran. Der Papst bekreuzigte sich, kippte noch ein Viertel Wein und erstieg seinen Stuhl, und ihm zur Seite nahmen die verschiedensten Priester und schöne Damen mit ihren Auslagen und einfach aufgeputzte Frechdächse Platz. Es waren alles gottesfürchtige Leute, und der Papst selbst war unter ihnen – demnach hatten sie überall die Bilder Ihres barmherzigen Gottes aufgestellt. Er war aus Gold gefertigt, aus Silber, aus Brillanten für eine runde Million Rubel, auf daß alle wüßten, wie freigebig sie wären und was für einen prächtigen Gott sie hätten. Der Papst sitzt also da, ganz in Sammet, und über ihm schwebt ein riesiges, eben vom Juwelier geliefertes Kreuz, und auf dem Kreuz ist Christus, nicht etwa vergoldet oder hohl, nein aus getriebenem Gold, wie man es noch nie gesehen hat. Sehr schön! Aber wo ist denn nun noch der Läufer aus Fleisch und Blut? Der Papst wird bereits ungeduldig, und er klingelt mit seiner Schelle: ‹Bringt das Pferd herbei, es ist wohl Zeit anzufangen.›

Da nun führte man Leiser herbei, hinter ihm kam aber sein Weib und seine sechs Kinder, und sie alle schrien jämmerlich. Selbst ein kleines Kind begreift ja, daß man nicht ohne Atempause dreimal um Rom herumlaufen kann, bleibt man aber nur einen Augenblick stehen, so werden dich die Roßknechte des Papstes mit ihren Peitschen schlagen. Folglich ist das dasselbe, als ginge man geradezu in den Tod. Leiser begann, seine hundertmal geflickten Hosen auszuziehen. Der Papst bekam vor Lachen sogar Bauchschmerzen, die übrigen Banditen aber verloren teils ihre Rüssel und teils ihre Schwänze: man darf eben nicht so furchtbar lachen. Das Schauspiel war ziemlich lustig, denn so ein Unglücklicher ist schon in Hosen eine bloße Anekdote, steht er aber ohne Hosen da, so kann man sicher sein, daß man lachen muß bis zum Umfallen.
Der Papst lachte also, nicht aber Leiser. Leiser umarmte sein Weib und seine Kinder:
‹Gut, ich werde laufen und werde sterben, aber wer wird euch morgen nähren? Vielleicht der Rabbiner? Ja, er wird eine große Gans essen, aber euch wird er nicht einmal die Knochen zum Nagen geben. Er wird euch nur mit gelehrten Reden speisen. Vielleicht der römische Rothschild? Ja, er wird sagen: ‹Ich bin ein Jude, und ihr seid Juden, und Gott segne euch, aber ich kann mich im Augenblick mit euch nicht unterhalten, denn ich habe so viele Gänse, Enten und Hühner gegessen, daß mir der Doktor Blutegel setzen muß. Ich bin ein wahrer Märtyrer, ihr aber seid glückliche Menschen, und ihr könnt mich zum Abschied gern haben.› So wird Rothschild mit euch sprechen. Und niemand wird euch zu essen geben, denn die Armen haben nichts als ihr nacktes Herz, die Reichen aber haben alles, jedoch kein Herz, und so werdet auch ihr sterben müssen. Ich werde heute von dieser Lauferei sterben, und ihr werdet in einer Woche oder in einem Monat und ebenfalls vom Laufen sterben, ihr werdet in der Stadt herumfahren und um ein Krümchen Brots betteln, und ihr werdet schließlich sterben.›
Sein Weib schrie natürlich entsetzlich. Sie schrie wie am Spieße, so daß man es in ganz Rom hörte: ‹O weh, wie willst du denn laufen, Leiser? Du kannst ja gar nicht laufen. Sag ihnen, daß du ein unglücklicher Schneider bist und kein Pferd. Du wirst ja sterben, mein Ehrenwort, du wirst sterben! Und in wessen Schutz läßt du diese zu Waisen bestimmten Kinder?›
Der Papst steckte sich Watten in die Ohren, und er hob nicht einmal seine

Augen auf. Der erste Roßknecht aber kitzelte bereits mit der Peitsche: ‹Du mußt jetzt laufen.›
‹Leb wohl, mein Weib! Lebet wohl, meine Kinder! Leb wohl, mein Leben!›
Leiser setzte sich auf einen Stein, umklammerte seine nackten Knie und seufzte noch einmal auf. Er seufzte so, daß ein Wind über ganz Rom dahinfuhr: das war sein Abschied vom Leben. Aber danach stand er begreiflicherweise auf und trabte los wie ein alter Gaul.
Es war ein heißer Tag, wie wenn es nicht Fastnacht, sondern richtiger Sommer gewesen wäre, denn in Rom ist der Kalender nicht normal, und dort kann man immer im bloßen Leinenhemd herumgehen. Laufen aber ist natürlich noch viel heißer als sitzen. An Leiser troff sogleich ein wahrer Pferdeschweiß herab. Er stolperte, stöhnte und wippte mit seinem Bart, die Roßknechte aber trieben ihn mit ihren Peitschen an. Rom ist nicht Homel. Rom ist eher so wie Berlin. Um drum herumzulaufen, braucht man vielleicht zwei Stunden. Überall waren die Roßknechte aufgestellt. Sie paßten auf, daß das menschliche Pferd nicht ausruhte. Außer den Roßknechten standen aber auch bloß Zuschauer da: wen hätte es nicht interessieren sollen, sich so ein zweibeiniges Rennen anzusehen? Es standen da Affen und Tiger und Herzöge und Damen, und alle lachten sie aus voller Brust:
‹Lauf zu, alter Gaul! . . .›
Und allen antwortete Leiser sanft:
‹Ich laufe schon.›
So war er einmal um Rom herumgelaufen. Er konnte schon kaum die Füße heben, und immer häufiger schlugen ihn die Roßknechte mit den bereitgehaltenen Peitschen. Das Blut rann schon über seinen ganzen Körper. Aber man mußte ja noch zweimal herumlaufen, und er wußte, daß er das nicht schaffen könnte. Als er abermals sein unglückliches Weib erblickte und seine sechs Kinder und den goldnen Hocker mit dem römischen Papst, da verlor er alle Hoffnung, und er hielt im Laufe inne. Der Papst aber schrie:
‹Lauf doch, du alter Gaul, sonst sind meine Roßknechte schon bereit, dich ohne Gnade niederzuprügeln.›
Böse ward da der Leiser:
‹Wofür, möcht ich wissen, muß ich so leiden? Dafür etwa, daß Rothschild

seine Enten essen darf? Dafür, daß dieser Papst seine frechen Dämchen umarmen soll? Dafür, daß sein brillantener Gott mit seinem Goldgehalt funkeln könne? . . .›
Aber hundert Roßknechte liefen mit ihren Peitschen auf ihn zu. Leiser warf noch einen Blick auf seine künftigen Waisen und rannte weiter. Er war noch nicht hundert oder zweihundert Schritt weitergekommen, als ihm klar wurde, daß er nicht länger laufen konnte. Er fiel zu Boden und erwartete den Tod. Und da geschah an ihm eine jener Geschichten voller Vorurteile.
Plötzlich sieht er nämlich, daß auf der Straße ein nackter Jude dahinläuft, und daß nicht er das ist, Leiser, sondern ein andrer Jude. Woher solche Sinnestrübungen? Alle Juden hatten sich ja vom Laufen freigekauft. Er guckt sich diesen zweiten Juden genauer an, und seine Verwunderung wird immer größer: ‹Er sieht mir ja ähnlich, auch nur Haut und Knochen, und der Schweiß in Strömen, und ganz blutiggeschlagen, und das Bärtchen wippt ebenso auf und nieder, daß man sofort sieht: der machts nicht lange! Aber seine Augen scheinen mir nicht meine Augen zu sein, und auch die Nase ist anders zugeschnitten. Demnach bin nicht ich das, sondern das ist ein andrer Jude. Aber wer kann denn das sein?› Leiser kannte alle Juden von Rom. Das war nicht der Althändler Elias und nicht der Schuster Nathan. Das mußte ein fremder Jude sein, sicher. Und Leiser fragte ihn:
‹Wo kommen Sie her? Ihr Gesicht kommt mir bekannt vor, als hätte ich Sie schon gesehen, aber ich habe Sie nicht sehen können, ich bin zeitlebens aus Rom nicht herausgekommen. Sollte ich am Ende schon gestorben sein, und ich träume das alles? Wie heißen Sie? Und sodann, warum laufen Sie, wo ich doch laufen muß?›
Da sagte der zweite Jude zu Leiser:
‹Ich heiße Jehoschua, und Sie können mich nicht kennen, denn ich bin schon lange tot. Sie aber leben noch. Aber es kommt Ihnen vor, daß Sie mich kennen, – Sie haben sicher meine Porträts gesehen. Sie geben mir die allerlächerlichsten Namen, aber ich will Ihnen gleich sagen, wer ich bin – ich bin ein armer Jude. Sie sind freilich ein Schneider, und ich bin ein Zimmermann gewesen, aber wir werden einander verstehen. Ich wollte, daß auf Erden die vollkommene Wahrheit herrschen sollte. Welcher arme Teufel will das nicht? Ich habe ja gesehen, daß der Rabbiner kluge Reden

führt und daß Rothschild Ente ißt, und daß es auf der Erde weder Gerechtigkeit gibt, noch Liebe, noch auch nur das allerbescheidenste Glück. Und ich bin mit den Armen gewesen gegen die Reichen. Ich habe gesehen, daß die einen die Maschinengewehre haben, und die anderen nur ihre nackte Brust, und daß es für eine eiserne Kugel eine Kleinigkeit bedeutet, ein Herz zu durchbohren, und ich bin mit den Schwachen gewesen gegen die Starken. Ich liebte es, Leiser, wenn die Sonne warm herniederschien, wenn die Kinder lachen und es allen gut geht, wenn alle Wein trinken, alle einander zulächeln, wenn die Sabbatkerzen brennen und auf dem Tisch das frischgebackene Brot liegt. Aber welcher Arme liebt das nicht? Zuerst haben sie mich natürlich getötet, jetzt aber lassen sie mich nicht ruhig in der Erde liegen. Sie plündern die Armen und rufen dabei meinen unglückseligen Namen an, daß ich im Sarge mich umdrehen muß. Sie setzen irgendwelche unglücklichen Menschen ins tiefste Verlies und singen ihnen Lieder von meinem hundertjährigen Leide, aber danach schlagen sie ihnen die Köpfe ab, auf daß ich abermals im Grabe hochhüpfen muß. Sie jagen törichte Menschen hinaus, damit die einen die anderen töten sollen, und sie tragen auf ihren Fahnen meine traurigen Bildnisse herum, und voll Entsetzen muß ich mich da aus dem Grabe erheben. Wie kommt es nur, daß sie nicht über meinem toten Leichnam lachen? Sie verfertigen meine Bildnisse aus Gold und aus Brillanten, und sie stellen sie überall aus. Sie stellen sie vor die hungernden Kinder hin und vor den Galgen selbst. Und ich habe doch das frische Brot auf dem Tisch des Armen so geliebt! Haben Sie Mitleid mit mir, Schneider Leiser! Sie werden sterben, und man wird Sie begraben, und Sie werden in Ruhe gelassen werden, ich aber muß wie im Fieber über die ganze Welt laufen. Ich liege in der Erde, und plötzlich sehe ich diesen Papst. Er lacht mit aufgeputzten Banditen, er denkt sich Ihren lustigen Tod aus – nun, und dazu hängt über ihm mein goldenes Bildnis, und ich sehe das durch die Grabeserde hindurch. Da laufe ich hierher, und so müssen Sie denn sterben, weil ich von einem vollkommenen Glück geträumt habe. Weh mir! Weh mir! Sie sagen, ich sei ‹allmächtig›. Haben Sie schon einen armen Juden gesehen, der alles gekonnt hätte? Ja wenn ich sogar die Hälfte von allem könnte, würde ich ihnen vielleicht nicht zuschreien: ‹Genug›? Würde dann etwa Rothschild alle Enten aufessen, würde dann der Papst auf einem goldenen Hocker sitzen, und würden Sie dann noch um Rom herumlaufen? Ich kann mir nur keine Ruhe

finden. Ich kann nur Tag und Nacht als blutiger Schatten dahinlaufen, so wie Sie heute gelaufen sind.›
Da richtete sich Leiser auf und umarmte den zweiten Juden.
‹Sie tun mir leid, Zimmermann Jehoschua, ich weiß ja jetzt, was es heißt zu laufen. Aber ich will Ihnen eines sagen: heute können Sie ausruhen, heute dürfen Sie ruhig in Ihrem Grabe liegenbleiben. Wozu auch zu zweit laufen? Heute laufe ich für mich und für Sie.›
Aber der tote Jude erwiderte Leiser:
‹Nein, Sie können noch leben, Sie haben sechs Kinder – das ist keine Kleinigkeit. Ich glaube, wir werden sie überlisten. Die Nase werden sie sich nicht gerade anschauen, und von weitem sehen wir uns ähnlich. Bleiben Sie also in dieser tiefen Grube liegen, und ich werde inzwischen zweimal um Rom herumlaufen. Sie müssen mir nicht widersprechen: ich muß ja sowieso laufen, wenn nicht hier, so in einer andern Stadt, denn sicher erschlagen sie in diesem Augenblick einen Menschen und nennen meinen Namen, damit ich nicht ruhig liege.›
Nach diesen Worten lief er um die Stadt, und die Roßknechte schlugen ihn, und alle die schamlosen Elefanten lachten über ihn. Als er aber bis vor den Papst in seinem Lauf gekommen war, da lag der Papst vor unanständigem Lachen schon in den Flaumkissen, und er schrie:
‹Heda, du alter Gaul, scharre mit deinen Hufen! Ich will dir zeigen, was ein Papst ist! Der ist der rechtmäßige Bevollmächtigte des barmherzigen Christus, und schleunigst jetzt hundert Peitschenhiebe für dich, damit du im voraus weißt, was es heißt, unsern Gott zu kreuzigen!›
Da haben Sie die ganze Begebenheit, teurer Genosse Kotz. Sie können sich natürlich nochmals bekreuzigen, wenn Ihre Hand gesund ist und Ihnen im Kopf etwas fehlt. Bedenken Sie nur – Sie liegen Seite an Seite mit Roitschwantz! Vielleicht hat gerade dieser Roitschwantz Ihren allmächtigen Gott ans Kreuz geschlagen? . . .»
Kotz wurde böse:
«Ihre ganze Geschichte ist Blödsinn. Und ich rate Ihnen, kommen Sie nicht nochmals mit solchen Dummheiten. Es kann Ihnen schlecht gehen. Sie können wegen Gotteslästerung belangt werden.»
«Da haben Sie aber ein Schreckmittel gefunden! Als ob es mir nicht ganz gleich wäre, ob ich auf Grund von drei oder von vier Paragraphen vor Gericht komme? Das ist nur eine Frage der Statistik. Die Begebenheit mit

Leiser aber, die haben Sie überhaupt nicht verstanden. Mit den Händen läßt sich das nicht verstehen. Ich habe Ihnen schon gesagt, daß Sie in Ihrem Kopf sicher ein Loch haben. Meinen Sie, ich hätte nicht gesehen, daß Sie sich die ganze Zeit, während ich hier erzählte, bekreuzigt haben? Ich will Sie jetzt fragen, obschon Sie ein fünf Zentner schweres Loch sind, wem erweisen Sie die Verehrung in Ihrem Würzburg? Wenn einem armen Juden, so beansprucht er das gar nicht, wenn aber einem allmächtigen Gott, warum befinden Sie sich dann hier nur wegen eines Stückchens Wurst? ... Wissen Sie, Kotz, wir streiten uns, und wir werden wieder Frieden schließen. Wir beide sind augenblicklich ordentliche Leute, denn wir sind zwei arme Teufel, die sich in einem schimpflichen Gefängnis befinden. Aber Sie könnten ja morgen Papst werden, und ich könnte noch ein Rothschild werden. Und dann werden wir sicher alle heißen Tränen vergessen und einfach die üblichen Schweine werden. Solange der arme Zimmermann von der Wahrheit träumte, stand er so hoch wie der absichtliche Gott, aber da hat man ihn zum Gott in goldenem Rahmen ausgerufen, und sehen Sie, da ist er ein gewöhnliches Stück Möbel geworden. Rothschild konnte eins-zwei-drei einen armen Teufel kreuzigen lassen, der gesagt hatte, daß er nicht die Reichen liebe, sondern die Armen. Das ist vollkommen begreiflich, und Roitschwantz ist daran ganz unschuldig. Jeden Tag, glaube ich, werden hundert Roitschwantze gekreuzigt, und kein Mensch legt dagegen Verwahrung ein. Aber das Kinderlachen? Aber das frische Brot auf dem Tisch der Armen? Nun, das sind lächerliche Vorstellungen. Schweig still, törichter Roitschwantz! Du hast hier nicht zu philosophieren! Das Höchste, was man von dir verlangt, ist – ohne Hosen zu galoppieren.»

89 Stefan Heym

Ahasver

Der 1981 erschienene Roman des in der DDR lebenden Autors jüdischer Provenienz Stefan Heym erzählt die Geschichte vom «Ewigen Juden», dem Schuster Ahasver in unserer Zeit neu, in einer vielschichtigen Zusammenschau von Mythologischem und Apokalyptischen aus Judentum und Christentum. Der legendäre Ahasver war ein jüdischer Schuster an der Via Dolorosa, der den vorüberziehenden Jesus auf dessen Passionsweg von seiner Türe fortschickte. Von Jesus verflucht, ist Ahasver dazu verurteilt, bis zur Wiederkunft Christi ruhelos in der Welt umherzuirren. Heyms Ahasver weist den Jesus freilich nicht ohne Grund ab. Er kennt diesen Jesus, hat seinen Weg verfolgt und sich mit ihm auseinandergesetzt. Er lehnt Jesu Verhalten ab, sich willen- und tatenlos ans Kreuz nageln zu lassen, anstatt gegen die Unrechtsverhältnisse sich aufzulehnen und sie zu bekämpfen. Für Ahasver, den Rebell, den Revolutionär, der sich mit den Zuständen, wie sie sind, nicht abfinden kann, ist Jesus der Dulder, der Schmerzensmann, dessen passiv hingenommenes Leiden folgenlos bleibt und dessen Leben und dessen Botschaft von den Herrschenden mißbraucht wird. Seine Auseinandersetzung mit Jesus wird auch zur Kritik an Gott, den Ahasver für die Einrichtung der Weltordnung verantwortlich macht: «Glaubst du, den da oben kümmert's, wenn sie dir die Nägel treiben werden durch deine Hände und Füße und dich stückweise absterben lassen am Kreuz? Er hat doch die Menschen gemacht, wie sie sind, und da willst du sie wandeln durch deinen armseligen Tod?» Die folgenden drei Kapitel greifen aus dem Erzählkomplex dieses Romans, der mehrere Handlungsebenen aus verschiedenen Zeitebenen aufweist, das Motiv der Jesus- und Gotteskritik heraus. Deutlich wird im Vergleich der drei Kapitel, daß Ahasver den Rabbi Jesus immer stärker zu seinem Bundesgenossen, ja Bruder für eine Gesellschafts- und Gotteskritik gewinnt, die sich gegen die Verendgültigung menschlicher Verhältnisse stemmt – in unerschütterlicher Hoffnung auf eine Vermenschlichung des Menschen. Im letzten hier dokumentierten Kapitel, gleichzeitig das letzte des Romans überhaupt, wird dann in Aufnahme des apokalyptischen Motives von der Endschlacht bei Armageddon die große Einheitsvision von Jesus und dem ruhelosen Ahasver in Gott als dem Prinzip der Einheit beschrieben.

Zwanzigstes Kapitel

Worin der Ahasver den himmlischen Frieden stört und dem Rabbi auseinandersetzt, daß die Wahrheit nicht bei irgendwelchen zentralen Stellen liegt, sondern sichtbar ist für den, der sehen will

Es ist sehr still, und nichts rührt sich.

Das Licht, in welchem er thront, ist sanft wie ein blauer Dämmer; er ist umhüllt von der milden Liebe GOttes, und ein Glanz des Friedens liegt

auf seinem Angesicht, da er hinabblickt auf die Welt, die Hand segnend erhoben, die Hand, in der noch die Wunde, die der Nagel ihr schlug.
Ich aber dachte, wie fremd und fern er mir geworden, ob er gleich aussieht wie der Reb Joshua, den ich gekannt, und auf gleiche Art lächelt, das Leid, das er auf sich zu nehmen bestimmt war, schon in sein Lächeln geprägt; er ist wie die Puppe in der Puppe, in der wiederum eine Puppe: so sind ihrer drei in einem, und doch jeder eines.
Und ich nahte mich ihm und fragte, Rabbi, bist du es?
Er aber bewegte sich nicht, und sein Blick blieb starr in die Ferne gerichtet, während er sprach, Ich bin Jesus Christus, GOttes eingeborener Sohn, der empfangen wurde durch den Heiligen Geist von der Jungfrau Maria und geboren von dieser, und gelitten hat unter Pontius Pilatus, gekreuzigt wurde, gestorben ist und begraben, hinabgestiegen in das Reich des Todes, am dritten Tag aber auferstanden von den Toten und aufgefahren in den Himmel, wo er sitzet zur Rechten GOttes, des allmächtigen Vaters.
Und ich frage, Rabbi, was siehst du?
Und er sagte, Ich sehe die Menschen, die ich erlöste von der Schuld ihrer Sünden durch den bitteren Kelch, den ich trank.
Ich aber fragte, Rabbi, siehst du sie auch recht deutlich?
Da füllte sich sein Auge mit Schatten, und die segnende Hand sank ihm herab, und er sagte, Sie sind sehr klein, und es ist ein großes Gewimmel.
Ich jedoch beugte mich vor ihm und sagte, Du hast mich verflucht, Rabbi, deiner zu harren da unten, bis du wiederkehrst; darum wandere ich unter ihnen und bin wie einer von ihnen und höre, was sie reden, und sehe, was sie tun.
Da neigte er sein Haupt, und seine Schultern krümmten sich und seine Hand griff nach der Speerwunde an seiner Seite, so als schmerzte ihn diese von neuem, und er sagte, Ich will es nicht wissen.
Ich aber sagte, Da wir einander begegneten in der Wüste und du nackt warst und verlassen, führte ich dich auf einen hohen Berg und zeigte dir die Reiche der Welt und wie in jedem von ihnen ein andres Unrecht hauste, und sprach zu dir, du solltest's in die Hand nehmen und das Untere zuoberst kehren, denn die Zeit sei gekommen, das wahre Reich GOttes zu errichten. Du jedoch wiesest mich ab und sagtest, dein Reich wäre nicht von dieser Welt.

Und wieder war da dieses Lächeln auf seinem Gesicht, von dem keiner sagen kann, ob's Trauer sei oder Ironie, und er erwiderte, Du sagst es. Ich aber fuhr fort, Und da du den Schatten meiner Tür suchtest auf dem Weg nach Golgatha, mit dem Kreuz auf der Schulter, sprach ich zu dir von dem Schwert GOttes, das ich ziehen wollte für dich, und du solltest das Volk Israel um dich scharen und es zum Kampfe führen. Du jedoch wiesest mich wiederum ab und sagtest, du wollest den Kelch trinken, den dir dein Vater gegeben hat.
Höre, sagte er, ich habe am Kreuz gehangen auf dem Hügel Golgatha in der Hitze des Tages und habe nachgedacht, solange noch Blut war in meinem Gehirn, auch über das, was du mir gesagt; aber nicht für diese Zwecke hat mein Vater mich gesandt, sondern daß ich leide und sterbe, damit das Wort sich erfülle und das Reich komme für alle.
Da erhob ich mich vor ihm und fragte, Und hat sich das Wort erfüllt? Ist das Reich gekommen?
Er schwieg. Und das Licht, in dem er thronte, verfärbte sich, und der Glanz des Friedens schwand von seinem Angesicht, und er wandte den Kopf, um hinter sich zu blicken, so als stünde da einer und lauschte.
Und wieder fragte ich, Ist es gekommen, das Reich?
Da öffnete er seine Augen weit, wie im Schrecken, und rief, Hebe dich hinweg von mir, Satan!
Ich aber lachte und sagte, Ich bin nicht der, den du ansprichst, obzwar mich manches mit Lucifer verbindet; ich bin ein anderer Engel, welcher die Wahrheit kennt.
Die Wahrheit, sagte er, liegt in GOtt.
Wie oft, sagte ich, habe ich das schon gehört. Aber die Wahrheit ist sichtbar für den, der sehen will, und für den, der denken will, ist sie erforschbar. Du aber sitzest auf deinem Thron und siehst nicht, und das Unerforschliche ist dir ein Trost.
Da endlich fragte er, Was willst du überhaupt?
Und ich antwortete, Ich will, daß du bist, der du sein solltest.
Als ich meinen Leib darbrachte meinen Jüngern, sagte er, und mein Blut denen, die mich liebten, da saßest du bei mir und lehntest dein Haupt an meine Brust. Was mehr kann ich geben, als ich gegeben habe, und was mehr leiden, als ich schon gelitten?
Rabbi, erwiderte ich, ich will, daß du siehst, was ich gesehen in dem

Reich, das nach dir gekommen ist, und hörst, was ich darin gehört habe, und erkennst, was ich erkannt habe über seine Strukturen.
Da schlug er die Hände vor sein Gesicht. Dann aber faßte er sich und sagte, Ich habe die Schuld für die sündigen Menschen auf mich genommen und diese Schuld getilgt durch mein Opfer, doch wo ist verheißen, daß ich die Sünde selber würde vertilgen?
Rabbi, sagte ich, die Unvollkommenheit der Menschen ist die Ausrede einer jeden Revolution, die ihr Ziel nicht erreicht hat. Und du hast doch gefordert, Liebet Eure Feinde. Und du hast doch gesagt, Trachtet am ersten nach dem Reich GOttes und nach seiner Gerechtigkeit. Und du hast doch geglaubt, was du fordertest und sagtest. Aber für die Hunderttausende, die einander zerfleischten, da du auf dem Berg gepredigt, sind's ihrer jetzt hundertmal Hunderttausende. Sie gieren nach Reichtümern und ihres Nachbarn Weib, huren und saufen und verkaufen ihre Kinder, spritzen sich Gift in die Adern und verlästern, was edel ist im Menschen. Und ist ein jeder von ihnen des anderen Feind, belauschen sich und verraten einander, sperren einander in Lager, wo sie in Massen verhungern, oder in Kammern, wo sie ersticken, schlagen und quälen einander zu Tode, und an jedem Ort verkünden die Herrschenden, dies alles geschehe im Namen der Liebe und zum Wohle der Völker. Sie vergeuden und vernichten die Schätze der Erde, verwandeln fruchtbares Land in Wüste und Wasser in stinkende Jauche, und die vielen müssen sich plagen für die wenigen und sterben dahin vor ihrer Zeit. Kein Schwert, entgegen dem Wort des Propheten, wurde je umgeschmiedet zur Pflugschar, kein Spieß zur Sichel geformt; vielmehr nehmen sie die geheimen Kräfte im All und machen daraus himmelhohe Pilze aus Flamme und Rauch, in denen alles Lebendige zu Asche wird und zu einem Schatten an der Wand.
Da ich aber geendet hatte, saß er stumm und rührte sich nicht, so als wäre er aus Holz geschnitzt und bemalt; und es war ein großes Dunkel um uns, und nur auf ihm lag ein geringer Lichtschein.
Rabbi, sagte ich, hast du mich gehört?
Und da war eine Stimme, die sprach, Des Menschen Sohn wird wiederkehren, denn er ist verordnet von GOtt zum Richter der Lebendigen und der Toten, und er wird seine Engel senden und sie werden sammeln aus seinem Reich alle Ärgernisse und die da Unrecht tun; und da wird sein ein Heulen und Zähneklappern, die Gerechten aber werden leuchten wie die

Sonne vor dem Herrn.
Und wann wird das sein? wollte ich wissen.
Der Rabbi schien zu erwachen aus seiner Starre. Mein Vater hat einen Tag gesetzt, sagte er.
Ich würd's nicht verschieben bis dahin, sagte ich.

Sechsundzwanzigstes Kapitel

Worin der Rabbi und der Ahasver sich auf die Suche nach Gott begeben und nach manchen Fährnissen einem Alten begegnen, der das Geheimnis des siebenfach versiegelten Buchs des Lebens kennt und den Rabbi zu unbedachtem Widerspruch herausfrodert

Wir suchen.
Ich, Ahasver, schritt zur Linken des Rabbi vierzig Tage und Nächte, da wir auf der Suche waren nach GOtt. Der aber versagte sich uns, und um uns war Wüste und Leere und das fahle Grau des Sheol, in dem alles verschwimmt und verschwindet. Und der Rabbi war voller Furcht und Zagen und sprach zu mir, Wer sind wir, daß wir hadern mit GOtt und unsre Maßstäbe anlegen wollen an Seinen Ratschluß? Er ist der Ursprung und das Ende, Er war vor der Zeit und wird nach ihr noch sein, und seine Macht ist ohne Grenzen.
Ich aber sagte, Was jedoch wäre GOtt ohne uns? Ein Ruf ohne Widerhall, eine Kraft ohne Wirkung, ein Prinzip ohne Praxis.
Und da wir wiederum vierzig Tage und Nächte gegangen waren auf der Suche nach Ihm, fragte der Rabbi, Wenn es aber nun so wäre, daß es Ihn gar nicht gibt? Daß die Welt und wir selbst nur ein Traum gewesen von Anbeginn an, der zerrinnen wird wie ein Nebel im Winde?
Rabbi, erwiderte ich, der Glaube, der Berge versetzt, er schafft auch die Berge; du mußt nur tüchtig glauben, dann wirst du den Vater auch finden.
Und siehe, da wich das Grau vor unseren Augen, und ein Licht erstrahlte, das erleuchtete unsern Weg, und ein Palast erhob sich am Ende des Weges, der war aus Gold und Silber und Zedernholz, alles höchst kostbar gearbeitet, und vor den sieben Toren des Palastes standen sieben gepanzerte Wächter, die trugen jeder ein flammendes Schwert; der Rabbi aber trat

durch das siebente Tor in die siebente Halle, in welcher ein Thron stand aus Edelsteinen, die in allen Farben der Welt schillerten, und auf dem Thron saß Einer, der war gekleidet in schimmernde Seide und war schön wie ein Engel, mit lockigem Haar und mit beringten Fingern, und sprach, Ich bin der König der Könige, und ich habe dich längst schon erwartet, mein Sohn.
Rabbi, sagte ich, wenn der da dein Vater ist, sprich zu ihm.
Der Rabbi aber sagte, Dieser bedeutet mir nichts.
Da verdunkelte Zorn das Antlitz des Königs der Könige, und seine sieben Wächter kamen und ergriffen den Rabbi und wiesen ihn hinaus aus dem siebenten Tor in die Wüste. Das Licht aber erleuchtete unseren Weg, und am Ende des Wegs erhob sich ein Tempel, welcher noch prächtiger war als der Palast des Königs der Könige und noch mehr Gold und Silber und Zedernholz zur Schau trug als dieser, das noch kostbarer gearbeitet war, und in den sieben Höfen des Tempels zelebrierten vor sieben Altären sieben heilige Priester, die hielten jeder eine flammende Opferschale; der Rabbi aber trat durch den siebenten Hof in die siebente Kammer, die gefüllt war mit Weihrauch und teuren Wohlgerüchen und mit Kultgeräten aus Edelsteinen, die in allen Farben der Welt schillerten, und in der Kammer stand Einer, der war ganz in Weiß gekleidet und hatte um sein Haupt einen großen Glanz, und sprach, Ich bin der Heiligste der Heiligen, und ich habe dich längst schon erwartet, mein Sohn.
Rabbi, sagte ich wieder, wenn der da dein Vater ist, sprich zu ihm.
Der Rabbi aber sagte, Dieser bedeutet mir auch nichts.
Da verzerrte der Zorn die Miene des Heiligsten der Heiligen, und seine sieben Priester kamen und ergriffen den Rabbi und wiesen ihn hinaus aus dem siebenten Hof in die Wüste. Der Weg aber, den uns das Licht erleuchtete, wurde schmaler und steiler und Abgründe taten sich auf zu seinen Seiten; am Ende des Weges aber lag ein Stein, auf dem saß Einer, der war sehr alt und hielt in der Hand einen Stab und schrieb Zeichen in den Sand zu seinen Füßen mit der Spitze des Stabes.
Und ich sagte ein drittes Mal, Rabbi, wenn der da dein Vater ist, sprich zu ihm.
Der Rabbi aber neigte sich nieder zu dem Schreibenden und fragte, Was tust du da, Alter?
Der jedoch sagte, ohne sich stören zu lassen bei seiner Arbeit, Siehst du

nicht, daß ich das siebenfach versiegelte Buch des Lebens schreibe, mein Sohn?
Aber du schreibst es in den Sand, sagte der Rabbi, und ein Wind wird kommen und alles verwehen.
Genau das, erwiderte der Alte, ist das Geheimnis des Buches.
Da erbleichte der Rabbi und erschrak sehr, doch dann sprach er, Du bist der, der die Welt schuf aus dem Wüsten und Leeren, mit Tag und Nacht und Himmel und Erde und Wassern und allem Gewürm.
Der bin ich, sagte der Alte.
Und am sechsten Tag, fuhr der Rabbi fort, erschufst du in deinem Bilde den Menschen.
Auch dieses tat ich, sagte der Alte.
Und nun soll's alles sein, als wär's nie gewesen, fragte der Rabbi, eine flüchtige Spur, die mein Fuß verwischt?
Da legte der Alte den Stab beiseite und schrieb nicht mehr weiter, sondern wiegte sein Haupt und sagte, Einst war auch ich voller Eifer und Glauben, mein Junge, und liebte mein Volk oder zürnte ihm, je nachdem, und entsandte ihm Flut und Feuer und Engel und Propheten und schließlich gar dich selbst, meinen einzigen Sohn. Du siehst, was daraus geworden.
Ein stinkender Sumpf, in dem alles, was lebt, nur danach trachtet, einander zu fressen, sagte der Rabbi, ein Reich des Grauens, in dem alle Ordnung nur dazu dient, zu zerstören.
Mein Sohn, sagte der Alte, ich weiß.
Aber HErr, wandte der Rabbi ein, liegt's nicht in Deiner Hand, den Sumpf zu trocknen und die Ordnung zu ändern?
Der Alte schwieg.
HErr, sagte der Rabbi, Du hast verlauten lassen durch den Mund Deines Propheten, Du wolltest einen neuen Himmel schaffen und eine neue Erde, daß man der vorigen nicht mehr gedenken werde. Und Du hast ferner geredet durch einen andern Deiner Propheten und den Menschen verkünden lassen, Du wolltest das steinerne Herz aus ihrem Fleisch wegnehmen und ihnen ein neues Herz und einen neuen Geist eingeben. HErr, ich frage dich: wann? Wann?
Da wandte der Alte den Kopf und blickte auf zu seinem Sohn, schräg von unten her, und sprach, Ich habe die Welt erschaffen und den Menschen, aber einmal da, entwickelt ein Jegliches seine eignen Gesetze und aus Ja

wird Nein und aus Nein wird Ja, bis nichts mehr ist, wie es war, und die Welt, die GOtt schuf, nicht mehr erkennbar selbst dem Auge ihres Schöpfers.
Du gestehst also, sagte der Rabbi, die Vergeblichkeit Deines Tuns, HErr?
Ich schreibe in den Sand, sagte der Alte, ist das nicht genug?
Da empörte sich der Rabbi und sprach, Warum dann trittst Du nicht ab, HErr, denn wer so versagt hat wie Du, der sollte sich nicht an die Macht klammern wollen.
Und du wirst es schlauer anstellen? fragte der Alte. Du, der du dich ans Kreuz hast schlagen lassen, statt aufzustehen und dich zu erheben gegen das Unrecht? Ach, mein Kleiner, hat der dort, der Ahasver, dich angestiftet zu deinen aufrührerischen Reden?
Der Rabbi aber packte den Alten bei dessen Gewande und zerrte ihn von dem Stein, auf dem er gesessen, und riß ihn hoch und schüttelte ihn mit großer Kraft und rief, nun sei's genug der Geduld und des Leidens, und wer sei's denn gewesen, der ihn in den Tod am Kreuze getrieben, für nichts und wider nichts, und besser wär's wohl, statt abzuwarten, bis diese Welt sich selber zum Teufel sprengte, man sammelte alle Gewalten, selbst die der Hölle, gegen diesen GOtt, dem die eigne Schöpfung entglitten, und vereinte Christ wie Antichrist zum Sturm auf die sieben Himmel, die sich da wölbten über dem Schlangennest und der ungeheuren Fäulnis.
Da verzog sich das Gesicht des Alten und ein bitteres Lächeln formte sich auf seinen Lippen, und es kamen sieben greise Engel mit schütteren Bärten und zerschlissenen Flügeln, die trugen jeder im Arm eine zerbeulte, rostige Posaune und bliesen darauf und nahmen den Rabbi bei der Hand und wiesen ihn fort, hin zu seinem Thron in der Höhe. GOtt aber wandte sich mir, Ahasver, zu und sagte, Er hätte Gescheiteres von mir erwartet; dem Jungen sei nicht zu trauen, er werde's doch wieder falsch machen.

Neunundzwanzigstes Kapitel und Ende

Worin der Rabbi zum Sturm auf die heilige Ordnung antritt, Armageddon stattfindet und es sich erweist, daß die letzten Fragen unbeantwortet bleiben müssen

Wir stürzen.
Durch die Endlosigkeit des Abgrunds, der Raum ist und Zeit zugleich und in dem es kein Unten gibt und kein Oben, kein Rechts und kein Links, nur die Ströme der Teilchen, die noch nicht geschieden sind in Licht und in Dunkel, ein ewiges Dämmern. Und ich sehe den Rabbi und seine Hand mit dem Wundmal, die sich ausstreckt nach mir, und mein Herz neigt sich ihm zu.
Bereust du? sagt er.
Nein, ich bereue nicht.
Denn es war groß, so schrecklich es auch endete, ein großer Versuch, und mußte sein, damit alles sich runde und rückkehre zu dem, woher es ausgegangen, die Schöpfung zu ihrer Schöpfung, und GOtt zu GOtt. Der Rabbi aber war gottgleich gewesen, zum ersten und einzigen Male, wie er sich hinaufschwang auf sein weißes Roß und davonsprengte zum Sturm, seine Augen wie eine Feuerflamme, in der Faust das doppelschneidige Schwert der Gerechtigkeit und vor ihm die Fahne mit dem Namen darauf, den niemand weiß, und ihm nach die vier dunklen Reiter, der auf dem schwefelfarbenen Pferd, welcher Feuersbrunst heißt und die Enden der Erde mit seinem Bogen erreicht, und der auf dem roten Pferd, welcher heißt Krieg und den Frieden nimmt, daß sie einander erwürgen im Tal und auf den Höhen, und der hoch auf dem schwarzen Gaul, mit Namen Hungersnot, in der Hand die Waage, ein Maß Weizen um einen Silberling und drei Maß Gerste ums gleiche, und der auf dem fahlen Klepper, der Reiter Tod. Da wurde die Sonne wie ein härener Sack und der Mond wie Blut, und es zogen die Scharen von Gog und Magog herauf, auf gelben und roten und schwarzen und fahlen Pferden, und waren gepanzert mit feurigen und bläulichen und schwefligen Panzern, und in ihrer Mitte flogen viele Tausend Heuschrecken, die hatten geschlitzte Augen und Rüssel, welche Feuer spien, und das Rasseln ihrer Flügel war wie das Rasseln von eisernen Wagen. Und ihnen nach folgten die Engel der Tiefe, welche gestürzt waren am sechsten Tag zusammen mit mir und mit dem Engel Lucifer, und trugen buntscheckige Gewänder und schlugen auf Zimbeln und Pauken und bliesen auf Trompeten, daß es weithin hallte und alles Lebendige erschrak, und ihnen voran schritt das Tier mit den sieben Köpfen und den zehn Hörnern, welches heißt der Antichrist, und führte sie an. Kaum jedoch waren diese vorbei, da tat sich die Erde auf und ihr entstieg ein zahl-

reiches Fußvolk, bestehend aus Bettlern und Dieben und derlei traurigen Schelmen, dazu Krüppel und Sieche und solche mit verrenkten Gliedmaßen, und etliche trugen den Kopf unterm Arm oder den Galgenstrick am Halse, dazu Weiber der gleichen Art, zahnlos, das Haar verfilzt, mit hängenden Zitzen und stinkend aus ihren Löchern, und diese alle und viele andere zeterten und riefen Lästerliches und schüttelten ihre Fäuste, denn so arm und erniedrigt wie im Leben waren sie auch im Tode gewesen, und nun war der Tag des Gerichts gekommen, glaubten sie, und der Tag des Zornes, und sie hasteten den Berittenen nach und den gefallenen Engeln und waren wie eine Wolke von schwarzen Vögeln, die sich himmelwärts zieht. Lucifer aber saß auf einem runden Stein, die Beine übereinandergeschlagen mit dem Hinkefuß zuoberst, das Kinn auf die linke Hand gestützt, und ließ die Heerscharen des Rabbi an sich vorbeirauschen, als wär's ein großes Spektakel, das einer veranstaltet hätte nur für ihn.
Der Rabbi berührt meine Schulter mit der Spitze seines Fingers, und ich erschauere. Eitel, sagt er, es ist alles eitel gewesen und vergeblich, auch diesmal.
Und ich weiß, er gedenkt des Todes, den er gestorben ist am Kreuz, und wie ich ihn fortwies von meiner Tür, da er sich weigerte, zu kämpfen; nun aber hat er gekämpft, und es war wiederum nichts als ein Stoß ins Leere.
Rabbi, sage ich und ergreife seine Hand, die feingliedrig ist wie die einer Frau, Rabbi, es möchte sein, daß du diesmal dich selbst erlöst hast.
Da war das gläserne Meer, das zersprang, und die Inseln, die versanken, als wären sie niemals gewesen, und die Berge, die zerfielen wie ebenso viele Häuflein Sand, und die Erde brannte von einem Ende zum andern; die Menschen aber flüchteten in die Höhlen der Felsen und in die Ritzen der Mauern, und dort ereilte sie der Tod und sie wurden zu Schatten am Stein. Und die Sterne fielen flammend vom Himmel und rissen die Brunnen der Abgründe auf, aus denen giftiger Rauch stieg und der Hauch von Verwesung, und was noch stehengeblieben war, zerbarst donnernd. Aber immer noch stürmte der Rabbi vorwärts, und seine Heerscharen ihm nach, auf der Suche nach dem himmlischen Jerusalem, welches aus Jaspis ist und lauterem Golde und zwölf Tore hat, drei nach Mitternacht und drei nach Mittag, drei nach Morgen und drei nach Abend, und über ihnen der große Tempel aus weißem Marmelstein, in dessen Allerheiligstem GOtt selber thront auf einsamem Thron und sich anbeten läßt in alle

Ewigkeit von den Gerechten, die Sein Siegel tragen auf ihrer Stirn; doch nirgendwo fand sich eine solche Stadt, wie hoch der Rabbi auch stürmte mit seinen Haufen, von einem Himmel zu immer höheren, und kreuz und quer, bis der Schaum stand an den Nüstern und der fleckige Schweiß auf den Flanken der Pferde der vier dunklen Reiter und auf den Flanken der Pferde der Horden von Gog und Magog und selbst die gepanzerten Heuschrecken ermatteten und das Tier mit den sieben Häuptern und den zehn Hörnern zu erlahmen begann und die gefallenen Engel in ihren buntscheckigen Gewändern wie auch das andere Fußvolk, das aus den Gräbern gestiegen war, aufmurrten gleich dem Volk Israel nach vierzig Jahren durchstreifter Wüste. Da endlich zügelte der Rabbi das weiße Pferd und richtete sich auf im Sattel und sprach zu allem Volke: Dieser GOtt ist nirgends; er ist schon geschlagen mitsamt Seinen Engeln und Geistern, und ist geflüchtet, und ich, des Menschen Sohn, bin GOtt an Seiner Statt, und ich will tun, was Er geschworen, aber nie erfüllt hat; ich will einen neuen Himmel schaffen und eine neue Erde, darin sollen sein Liebe und Gerechtigkeit, und die Wölfe sollen bei den Lämmern liegen, und der Mensch soll nicht mehr des Menschen Feind sein, sondern Hand in Hand sollen sie wandeln unter meiner Sonne und im Schatten meines Gartens.
Ich, Ahasver, aber sah, wie die vier dunklen Reiter sich auf die Schenkel klatschten vor innerer Heiterkeit und wie die sieben Häupter des Antichrist grinsend die Zähne bleckten, und ich hörte, wie ein Raunen anhub unter den Scharen von Gog und Magog und unter den gefallenen Engeln und dem anderen Fußvolk, so als trauten sie ihren Ohren nicht; doch bevor das große Gelächter der Hölle ausbrechen konnte, das die Himmel erfüllt hätte vom ersten bis zum siebten ob solch abgedroschener Utopie, siehe, da stand vor uns der Schreiber des Buches des Lebens und sprach: Bist du gekommen, mein Sohn, zusammen mit all diesen, die Welt zu verändern nach deinem Bilde?
Da hob der Rabbi die Hand, den Alten wegzuscheuchen, so wie man eine lästige Fliege wegscheucht; der aber sprach: Du vergißt, mein Sohn, daß dein Bild auch mein Bild ist, da du von mir nicht zu trennen bist, so wenig wie irgendeiner.
Da hob der Rabbi das Schwert, den Alten zu erschlagen; der aber wuchs plötzlich und wuchs und ward riesig und stand da mit Seinen Füßen auf der zerstörten Erde, Sein Haupt jedoch war in den Wolken, und hob Seine

Hand, welche die Hand war, in welcher er einst die ganze Schöpfung gehalten mitsamt Seinen Engeln und allen Gestirnen und dem Adam, und eine Stimme erscholl, die war stärker als der stärkste Donner und zugleich wie ein Säuseln des Windes in den Blättern, und sprach ein Wort, nur dieses eine, nämlich Seinen Namen, den Namen GOttes, den unaussprechlichen, geheimnisvollen, geheiligten.

Und alle erstarrten, als wären sie vom Blitz getroffen, die vier dunklen Reiter, und die Horden von Gog und Magog mit ihren gelben und roten und schwarzen und fahlen Pferden, und die Heuschrecken mit ihren geschlitzten Augen und feuerspeienden Rüsseln, und das Tier mit den sieben Häuptern und den zehn Hörnern, und die gefallenen Engel, und das Volk, das aus den Gräbern gestiegen war mit seinen Schwären und seinen verkrüppelten Gliedmaßen, und begannen sich aufzulösen vor meinen Augen und zu zerfließen und zerflattern, bis nichts mehr war als die große Leere und der Raum, in dem die Leere sich erstreckte, und in dieser Leere die Gestalt des Rabbi, ohne Roß, ohne Schwert, klein und hager und leidend, so wie er gewesen war, da er mir begegnete in der Wüste, und ganz einsam. Und ich hörte ein Lachen von ferne, das ich kannte, und war dieses alles, was geblieben war von dem Herrn der Tiefe und großen Verfechter der Ordnung, dem Engel Lucifer.

Wir stürzen, der Rabbi und ich.

Mein ewiger Bruder, sagt er, verlaß mich nicht.

Da legte ich mein Haupt an seine Brust, so wie ich's getan hatte bei seinem letzten Abendmahl, und er küßte meine Stirn und tat den Arm um mich und sagte, ich wäre ihm wie Fleisch von seinem Fleische, und wie ein Schatten, der zu ihm gehört, und wie ein anderes Ich. Und wir vereinten uns in Liebe und wurden eines.

Und da er und GOtt eines waren, ward auch ich eines mitGOtt, *ein* Wesen, *ein* großer Gedanke, *ein* Traum.

90 Hilde Domin

Banges Neujahr

Das tiefere Rot der Hyazinthe die stirbt:
die Schwermut steigt in dem Stengel,
ihr dunkler Saft
Pegel des Tods in der Dolde.

Weihnachten ist dahin,
alle Kerzen sind niedergebrannt,
Wachsflecken auf dem Tischtuch.
Das Kind, das Neue Jahr,
regt sich nicht in der Krippe.
Wir warten auf sein Lächeln,
wir warten auf seinen Schrei,
wir halten den Atem vor Angst.
Die Nacht ist so naß,
so sternenlos,
die Reiser blühn,
die Hyazinthe stirbt.
Das Wunder
– kaum ein Glänzen am Horizont –
geht in weiter Ferne vorüber.

91 Hilde Domin

Osterwind

Wir haben es den Blumen und Bäumen voraus:
Unsere Jahreszeiten
sind schneller.

Der Tod
steigt im Stengel unseres Traums,
alle Blüten werden dunkel
und fallen.
Kaum ein Herbst. Der Winter kommt
in einer Stunde.

Doch da ist keine Wartezeit,
sicheres Warten
für kahle Zweige.

So wie der Vogel
innehält und sich wendet im Flug,
so jäh, so ohne Grund
dreht sich das Klima des Herzens.
Weiße Flügelsignale im Blau,
Auferstehung
all unserer toten

Blumen
im Osterwind
eines Lächelns.

92 Hilde Domin

Ecce Homo

Weniger als die Hoffnung auf ihn

das ist der Mensch
einarmig
immer

Nur der gekreuzigte
beide Arme
weit offen
der Hier-Bin-Ich

93 Hilde Domin

Abel steh auf

Abel steh auf
es muß neu gespielt werden
täglich muß es neu gespielt werden
täglich muß die Antwort noch vor uns sein
die Antwort muß ja sein können
wenn du nicht aufstehst Abel
wie soll die Antwort
diese einzig wichtige Antwort
sich je verändern
wir können alle Kirchen schließen
und alle Gesetzbücher abschaffen
in allen Sprachen der Erde
wenn du nur aufstehst
und es rückgängig machst
die erste falsche Antwort
auf die einzige Frage
auf die es ankommt
steh auf
damit Kain sagt
damit er es sagen kann
Ich bin dein Hüter
Bruder
wie sollte ich nicht dein Hüter sein
Täglich steh auf

damit wir es vor uns haben
dies Ja ich bin hier
ich
dein Bruder
Damit die Kinder Abels
sich nicht mehr fürchten
weil Kain nicht Kain wird
Ich schreibe dies
ich ein Kind Abels
und fürchte mich täglich
vor der Antwort
die Luft in meiner Lunge wird weniger
wie ich auf die Antwort warte

Abel steh auf
damit es anders anfängt
zwischen uns allen

Die Feuer die brennen
das Feuer das brennt auf der Erde
soll das Feuer von Abel sein

Und am Schwanz der Raketen
sollen die Feuer von Abel sein

94 Nelly Sachs

Immer noch Mitternacht

IMMER NOCH MITTERNACHT auf diesem Stern
und die Heerscharen des Schlafes.
Nur einige von den großen Verzweiflern
haben so geliebt,

daß der Nacht Granit aufsprang
vor ihres Blitzes weißschneidendem Geweih.

So Elia; wie ein Wald mit ausgerissenen Wurzeln
erhob er sich unter dem Wacholder,
schleifte, Aderlaß eines Volkes,
blutige Sehnsuchtsstücke hinter sich her,
immer den Engelfinger
wie einen Müdigkeit ansaugenden Mondstrahl
an seine Schwere geheftet,
Untiefen heimwärtsziehend –

Und Christus! An der Inbrunst Kreuz
nur geneigtes Haupt –
den Unterkiefer hängend,
mit dem Felsen:
Genug.

95 Nelly Sachs

Landschaft aus Schreien

IN DER NACHT, wo Sterben Genähtes zu trennen beginnt,
reißt die Landschaft aus Schreien
den schwarzen Verband auf,

über Moria, dem Klippenabsturz zu Gott,
schwebt des Opfermessers Fahne
Abrahams Herz-Sohn-Schrei,
am großen Ohr der Bibel liegt er bewahrt.

O die Hieroglyphen aus Schreien,
an die Tod-Eingangstür gezeichnet.

Wundkorallen aus zerbrochenen Kehlenflöten.

O, o Hände mit Angstpflanzenfinger,
eingegraben in wildbäumende Mähnen Opferblutes –

Schreie, mit zerfetzten Kiefern der Fische verschlossen,
Weheranke der kleinsten Kinder
und der schluckenden Atemschleppe der Greise,

eingerissen in versengtes Azur mit brennenden Schweifen.
Zellen der Gefangenen, der Heiligen,
mit Albtraummuster der Kehlen tapezierte,
fiebernde Hölle in der Hundehütte des Wahnsinns
aus gefesselten Sprüngen –

Dies ist die Landschaft aus Schreien!
Himmelfahrt aus Schreien,
empor aus des Leibes Knochengittern,

Pfeile aus Schreien, erlöste
aus blutigen Köchern.

Hiobs Vier-Winde-Schrei
und der Schrei verborgen im Ölberg
wie ein von Ohnmacht übermanntes Insekt im Kristall.

O Messer aus Abendrot, in die Kehlen geworfen,
wo die Schlafbäume blutleckend aus der Erde fahren,
wo die Zeit wegfällt
an den Gerippen in Maidanek und Hiroshima.

Ascheschrei aus blindgequältem Seherauge –

O du blutendes Auge
in der zerfetzten Sonnenfinsternis
zum Gott-Trocknen aufgehängt
im Weltall –

96 Nelly Sachs

Dornengekrönt

Hieronymus Bosch

Immer wieder
durch einen verhexten Handgriff
den Nabel der Liebe gesprengt.
Immer wieder
der Folterer über schwanengebogenem Rücken
die Geißel lange schon im Traume erprobt.

Immer wieder
die zerpeitschte Aura
über dem entblätterten Leib.

Immer wieder
die Sehnsucht, aller Gräber Frühlingsknospe
mit dem Steinzeitfinger zur Träne zerdrückt.

Immer wieder
die Blutschlange züngelnd
im Hautwams der Henker.

Immer wieder
die Blicke des Opfers zugedeckt
mit Gott – Auszug – Asche –

97 Nelly Sachs

David

David
erwählt
noch in der Sünde
wie Springflut tanzend
gebogen
in heimlichen Mondphasen
vor der Bundeslade
losgerissene Erdwurzel
Heimwehgischt.

Aber
im Flammentopf der Erde
mit Pflanze und Getier
die Lenden hinauf
standen noch die Propheten
sahen aber schon
durch Gestein
hin zu Gott.

Christus nahm ab
an Feuer
Erde
Wasser
baute aus Luft
noch einen Schrei
und das
Licht
im schwarzumrätselten Laub
der einsamsten Stunde
wurde ein Auge
und sah.

98 Nelly Sachs

Nacht der Nächte

DIE NACHT war ein Sarg aus schwarzem Feuer
Die roten Amenfarben der Gebete
bestatteten sich darin

In diesem Purpur wurzelten Zähne – Haare – und der Leib
ein geschüttelter Baum im Geisterwind
Hellgesichtig – dieser Eintags-Cherub
zündete sich an
Die Flammen im Adernetz
liefen alle ihrer Deutung zu

In der Auferstehungsasche spielte Musik

99 Paul Celan

Spät und tief

Boshaft wie goldene Rede beginnt diese Nacht.
Wir essen die Äpfel der Stummen.
Wir tuen ein Werk, das man gern seinem Stern überläßt;
wir stehen im Herbst unsrer Linden als sinnendes Fahnenrot,
als brennende Gäste vom Süden.
Wir schwören bei Christus dem Neuen, den Staub zu vermählen dem Staube,
die Vögel dem wandernden Schuh,
unser Herz einer Stiege im Wasser.
Wir schwören der Welt die heiligen Schwüre des Sandes,

wir schwören sie gern,
wir schwören sie laut von den Dächern des traumlosen Schlafes
und schwenken das Weißhaar der Zeit . . .

Sie rufen: Ihr lästert!

Wir wissen es längst.
Wir wissen es längst, doch was tuts?
Ihr mahlt in den Mühlen des Todes das weiße Mehl der Verheißung,
ihr setzet es vor unsern Brüdern und Schwestern –

Wir schwenken das Weißhaar der Zeit.

Ihr mahnt uns: Ihr lästert!
Wir wissen es wohl,
es komme die Schuld über uns.
Es komme die Schuld über uns aller warnenden Zeichen,
es komme das gurgelnde Meer,
der geharnischte Windstoß der Umkehr,
der mitternächtige Tag,
es komme, was niemals noch war!

Es komme ein Mensch aus dem Grabe.

100 Paul Celan

Tenebrae

Nah sind wir, Herr,
nahe und greifbar.

Gegriffen schon, Herr,
ineinander verkrallt, als wär

der Leib eines jeden von uns
dein Leib, Herr.

Bete, Herr,
bete zu uns,
wir sind nah.

Windschief gingen wir hin,
gingen wir hin, uns zu bücken
nach Mulde und Maar.

Zur Tränke gingen wir, Herr.

Es war Blut, es war,
was du vergossen, Herr.

Es glänzte.

Es warf uns dein Bild in die Augen, Herr.
Augen und Mund stehn so offen und leer, Herr.
Wir haben getrunken, Herr.
Das Blut und das Bild, das im Blut war, Herr.

Bete, Herr.
Wir sind nah.

101 Paul Celan

Matière de Bretagne

Ginsterlicht, gelb, die Hänge
eitern gen Himmel, der Dorn
wirbt um die Wunde, es läutet

darin, es ist Abend, das Nichts
rollt seine Meere zur Andacht,
das Blutsegel hält auf dich zu.

Trocken, verlandet
das Bett hinter dir, verschilft
seine Stunde, oben,
beim Stern, die milchigen
Priele schwatzen im Schlamm, Steindattel,
unten, gebuscht, klafft ins Gebläu, eine Staude
Vergänglichkeit, schön,
grüßt dein Gedächtnis.

(Kanntet ihr mich,
Hände? Ich ging
den gegabelten Weg, den ihr wiest, mein Mund
spie seinen Schotter, ich ging, meine Zeit,
wandernde Wächte, warf ihren Schatten – kanntet ihr mich?)

Hände, die dorn-
umworbene Wunde, es läutet,
Hände, das Nichts, seine Meere,
Hände, im Ginsterlicht, das
Blutsegel
hält auf dich zu.

102 Paul Celan

Zürich, zum Storchen

Für Nelly Sachs

Vom Zuviel war die Rede, vom
Zuwenig. Von Du
und Aber-Du, von
der Trübung durch Helles, von
Jüdischem, von
deinem Gott.

Da-
von.
Am Tag einer Himmelfahrt, das
Münster stand drüben, es kam
mit einigem Gold übers Wasser.

Von deinem Gott war die Rede, ich sprach
gegen ihn, ich
ließ das Herz, das ich hatte,
hoffen:
auf
sein höchstes, umröcheltes, sein
haderndes Wort –

Dein Aug sah mir zu, sah hinweg,
dein Mund
sprach sich dem Aug zu, ich hörte:

Wir
wissen ja nicht, weißt du,
wir
wissen ja nicht,
was
gilt.

03 Paul Celan

Psalm

Niemand knetet uns wieder aus Erde und Lehm,
niemand bespricht unsern Staub.
Niemand.

Gelobt seist du, Niemand.
Dir zulieb wollen
wir blühn.
Dir
entgegen.

Ein Nichts
waren wir, sind wir, werden
wir bleiben, blühend:
die Nichts-, die
Niemandsrose.

Mit
dem Griffel seelenhell,
dem Staubfaden himmelswüst,
der Krone rot
vom Purpurwort, das wir sangen
über, o über
dem Dorn.

104 Paul Celan

Mandorla

In der Mandel – was steht in der Mandel?
Das Nichts.
Es steht das Nichts in der Mandel.
Da steht es und steht.

Im Nichts – wer steht da? Der König.
Da steht der König, der König.
Da steht er und steht.

  Judenlocke, wirst nicht grau.

Und dein Aug – wohin steht dein Auge?
Dein Aug steht der Mandel entgegen.
Dein Aug, dem Nichts stehts entgegen.
Es steht zum König.
So steht es und steht.

  Menschenlocke, wirst nicht grau.
  Leere Mandel, königsblau.

II. Neue Annäherungen aus dem Christlichen

05 Rudolf Otto Wiemer

Passionslied

Der den Wein austeilt,
muß Essig trinken.
Der die Hand nicht hebt zur Abwehr,
wird geschlagen.

Der den Verlassenen sucht,
wird verlassen.
Der nicht schreien macht,
schreit überlaut.

Der die Wunde heilt,
wird durchbohrt.
Der den Wurm rettet,
wird zertreten.

Der nicht verfolgt, nicht verrät,
wird ausgeliefert.
Der nicht schuld ist, der Unschuldige
wird gequält.

Der lebendig macht,
wird geschlachtet.
Der die Henker begnadigt,
stirbt gnadenlos.

106 Rudolf Otto Wiemer

Bartimäus

Ich bin der, welchen er
sehend machte.

Was sah ich? Am Kreuz
ihn, hingerichtet,

ihn, hilfloser als ich war,
ihn, den Helfer, gequält.

Ich frage: Mußte ich meine
Blindheit verlieren, um das
zu sehn?

107 Gertrud Fussenegger

Römische Impressionen

Hier
ist es passiert:
INSCRIPTUM EST
was geschehen
auch eingeschrieben
Letter geworden
Schrift
INSCHRIFT
die Wolkenspur wandelnder Götter
hier geronnen abgegrenzt abgezählt

aufgeschrieben
SENATUS POPULUSQUE ROMANUS
in Marmor Bronze Stahl
(sogar die Kanaldeckel
geben Zeugnis)
FECIT EXSTRUXIT RESTAURAVIT
gegen Regen und Tau
SUMMUS OPTIMUS MAXIMUS
Schnee Wind Sonne versichert
PRINCEPS CAESAR PONTIFEX
vor der Zeit gerettet
IN AETERNUM
unter den Zeigestab der Geschichte.

Aus Hügeln
haben sie Berge gebaut
die Ziegenweide
mit Marmor gepanzert
Garten und Hain
abgemauert und aufgetürmt
So drohten sie
der Welt.

Aus sieben Hügeln
wurden hundert Berge
der Unerbittlichkeit.

Aber dann:
tiefere Einsicht
läßt sich selten
für immer exilieren
So gingen sie darauf ein
auch das Fremde
zu Wort kommen zu lassen
in ihrer Mitte.

Sie holten steinerne Nadeln
mit Zeichen bedeckt
die niemand
vorerst noch niemand
zu lesen vermochte.

Die Obeliske der Pharaonen
der Sonne den Sternen dem All errichtet
Finger der Erde.
Sie holten sie ein
und pflanzten sie, Fremdlinge
Wüstengewächse
in denen das Gespräch
zwischen Zenit und Nadir
nie ein Ende findet

mitten in ihre
ausgemessene Welt.

Auf diesen Plätzen
erlag das Evangelium
auf diesem Pflaster
zerfiel der arme zerrissene Wanderschuh
des Fischers Simon aus Kapharnaum

nur seine Schlüssel
kamen zur Geltung.

Unter diesen Kuppeln
schläft noch immer
die Große Mutter
atmet
atmet

geduldig schwellend
unsichtbar
wächst in ihren Krypthen

noch immer
DIE FRUCHT IHRES LEIBES.

08 Wilhelm Willms

Jesus, du hast...

jesus
du hast alles auf den kopf gestellt
du hast die frommen
der unmenschlichkeit überführt
den tempelbetrieb
und den opferlärm
als geschäftemacherei entlarvt
du hast bei samaritanischen atheisten
eine neue gläubigkeit entdeckt
du hast dirnen und zöllnern
mehr sensibilität
nachgesagt für das reich gottes
als schriftgelehrten und hohenpriestern
du hast polizeivorschriften
bürgerliche übereinkünfte
in frage gestellt
und durchbrochen
du hast tempelgesetze links überholt
und lächerlich gemacht
wenn sie sich zu wichtig nahmen
du hast dich zu allen

an den tisch gesetzt
und alle zu dir an den tisch geladen
in dir jesus
sind gerade die negativitäten
die leerstellen
die blinden stellen des lebens
als stellen gottes sichtbar geworden

109 Wilhelm Willms

In der Autoschlange

es war am freitag
gegen drei uhr
mitten in köln
auf einer ausfahrtstraße
in einer autoschlange
die sich langsam
vorwärtsbewegt
ich bin nicht ganz bei der sache
plötzlich ein stoß
da bin ich dem vor mir
fahrenden vw aufgefahren
die autoschlange steht
ich steige schnell aus
sehe nach
die stelle
wo mein und sein wagen
aufeinanderstießen
mir ist nichts passiert
sein wagen
hat eine kleine beule

ich gehe zum geschädigten
der dreht die wagenscheibe runter
und lächelt mich an
ein junger mann
um die dreißig
ich entschuldige mich
er sagt
was ist denn
ich sage
ihr wagen hat eine beule
macht nichts sagt er
freuen wir uns doch
daß wir uns nicht weh getan haben
ich schreibe ihnen
meine adresse auf
sage ich
und krame meinen paß heraus
ich bin versichert
sage ich
steigen sie ein
sagt er
freundlich
es ist doch nichts
er sieht sich den schaden
nicht einmal an
er sieht nicht wohlhabend aus
ich bin hilflos
geben sie mir ihre adresse
sage ich
wozu lächelt er
ich möchte . . .
das gibt es doch nicht
sage ich
doch doch
sagt er
steigen sie ein

die autoschlange setzt sich wieder
in bewegung
hinter mir hupt schon einer
noch einer
noch einer
ich merke mir die autonummer
meines vorfahrers
IN – RI 33
die nummer
kommt mir bekannt vor
ich überlege
woher kennst du die nummer
IN
ingolstadt
muß wohl sein
ingolstadt
ingolstadt
da kennst du nur
die . . .
und die haben keinen wagen
ich habe versucht
herauszubekommen
wie der besitzer
dieser nummer heißt
ich bekomme auskunft
diese nummer gibt es nicht

später
fällt mir ein
diese nummer gibt es nicht mehr
es gab sie einmal
diese traumnummer
IN – RI 33

0 Johannes Jourdan

Karfreitag

Rot einzutragen
im Terminkalender einer Gesellschaft,
für die Planung und Profit
alles ist.
Keine Umfrage erfaßt
die Verzweiflung der Hände,
die alt und müde sind.
Zusammenbruch, ein Schicksal,
das statistisch zu erfassen ist.

Noch immer das Kreuz
und der einst so glanzvolle Name
Jesus,
verhöhnt, in den Dreck getreten,
das Symbol unendlicher Bereitschaft,
zu dulden.

Er nahm
ihre Aggressionen auf sich –
«kreuzige, kreuzige ihn» –
damit Friede werden kann
unter ihnen. Dornen,
das Gütezeichen seiner Erniedrigung
und ein Sterben,
mit dem nicht alles zuende,
sondern am Anfang ist.

Überlieferte Werte,
rot einzutragen in der Prioritätenliste
der Leistungsgesellschaft.
Ihr Ursprung
liegt jenseits der Technik
und jenseits vom Nichts und vom All.

111 Michael Zielonka

Großer Psalm über die Angst

Du bist ein Vorgänger
oder ein Nachfolger,
aber kaum jemals du selbst.
Freude, das wurde erbärmlich
spitzfindig für dich.

Ressentiments eher und Angst
beherrschen dich.
Du ertappst dich,
wie du die Antwort probst,
während der andere noch spricht.
Und wenn zwei zerstritten sind,
gibst du dem recht,
der zuletzt mit dir gesprochen hat.
Du traust deinen eigenen Augen nicht –
mit Fug und Recht,
weil sie geschlossen sind.

Was von dir übrigbleibt, ist Angst.
Aus Angst suchst du die Macht,
damit die anderen,
die du für schlechter hältst,
sie nicht bekommen.
Noch ist es nicht so weit,
und du bist froh,
daß man dir verbietet,
was du sowieso verabscheust.
Zwiespältig bist du,
ganz verdämmlich zwitterhaft.

Das Leben einverleibt zu lieben,
hält nicht vor,

den Tod nicht fürchten, rettet nicht.
Beides heißt die Schlacht gewinnen,
wenn der Krieg verloren ging.

Menschenfresser rottet man aus,
indem man sie auffrißt!
Nach dieser Logik stirbt man das Leben,
indem man es lebt.
Du Lebenskindeskind,
du Witwer der Sprache,
du Erbe der Angst!
Eingezwängt zwischen halbfertige Träume
und nicht zuende gedachte Gedanken.

Weil du dich nicht durchschaust,
bist du dich auch nicht
und mußt davon leben, daß du stirbst.
Und nicht einmal das,
du stirbst ja nicht,
du gehst bloß tot.
Nur einer ist bis jetzt gestorben:
Jesus Christus.
Er atmete, aß, tastete Sprache
durch seinen Tod.
So wurde er das Leben,
das mit der Liebe malgenommen,
das Spiel und die Zeit ausdividiert.

Erst wenn aus Tatsachen
wieder Geschehnisse werden,
aus Ideendingen wieder Geschichte,
wenn Wahrheit mehr ist,
als daß es bloß zutrifft,
dann sind wir von ihm ergriffen,
dann ist er
der Absolute vom Totalen,

von der Wirklichkeit das Wirken,
vom Gewußten das Gesagte,
vom durchspielten Nein das Ja.

112 Eva Zeller

In Colmar

Die Winke des Schicksals
habe ich nie verstanden
die mit dem Zaunpfahl

Nur den Hinweis der Hand
die mit verlängertem Zeigefinger
auf ein Phantombild zeigt

Nach Zeugenaussagen
zusammengesetzt aus
verklebtem Haar und Dorn
auseinandergerissenen Armen

Fiasko
unter dem sich der
Querbalken biegt

113 Eva Zeller

Versiegle den Stein

Nimm also seinen Leib
leg ihn in dein eigenes Grab
und wälze einen Stein davor

Sodann versiegle den Stein
bis an den dritten Tag
und bis ans Ende aller Tage

Sonst kommen womöglich noch welche
die stehlen den Toten und sagen
er sei wahr und wahrhaftig erstanden

Und wäre denn dieser letzte Betrug
ärger als der erste der auch schon arg war
und an den Stäben des Todes rüttelte

Dies aber hieße
in die Höhle des Löwen gehn
um in seinem Rachen zu Kreuze zu kriechen

14 Kurt Marti

jesus

1
mit einer schar von freunden (freundinnen auch)
durch galiläas dörfer und städte ziehend
hat er kranke geheilt und geschichten erzählt
von der weltleidenschaft des ewigen gottes

2
privilegien der klasse der bildung galten ihm nichts
zu seinem umgang zählten tagelöhner und zöllner
wo mangel sich zeigte an nahrung oder getränk
teilte er fische brot und wein aus für viele

3
die gewalt von gewalthabern verachtete er
gewaltlosen hat er die erde versprochen

sein thema: die zukunft gottes auf erden
das ende von menschenmacht über menschen

4
in einer patriarchalischen welt blieb er der sohn
und ein anwalt unmündiger frauen und kinder
wollten galiläer ihn gar zum könig erheben? er aber
ging hinauf nach jerusalem: direkt seinen gegnern ins garn

5
auf einem jungesel kam er geritten – kleinleute-messias:
die finger einer halbweltdame vollzogen die salbung an ihm . . .
bald verwirrt bald euphorisch folgten ihm die freunde die jünger
um bei seiner verhaftung ratlos unterzutauchen ins dunkel

6
über sein schweigen hin rollte der schnelle prozeß
ein afrikaner schleppte für ihn den balken zum richtplatz hinaus
stundenlang hing er am kreuz: folter mit tödlichem ausgang –
drei tage später die nicht zu erwartende wendung

7
anstatt sich verstummt zu verziehen ins bessere jenseits
brach er von neuem auf in das grausame diesseits
zum langen marsch durch die viellabyrinthe
der völker der kirchen und unserer unheilsgeschichte

8
oft wandelt uns jetzt die furcht an er könnte
sich lang schon verirrt und verlaufen haben
entmutigt verschollen für immer vielleicht – oder bricht er
noch einmal (wie einst an ostern) den bann?

9
und also erzählen wir weiter von ihm
die geschichten seiner rebellischen liebe

die uns auferwecken vom täglichen tod –
und vor uns bleibt: was möglich wär' noch

5 Kurt Marti

immerwährende kreuzigung

dogmen machen ihn dingfest
herrschaft legt ihn aufs kreuz
begriffe nageln ihn fest
kirchen hissen ihn hoch

6 Kurt Marti

trinität

du:
die liebe schon immer
changierend im farbenspiel
aller rassenpigmente

du:
die stadt ohne tempel
die keiner priester
und keiner richter bedarf

du:
die brüderlichkeit
wo ein jeder teilt
mit den andern

du:
seit anfang
das ende der herrschaft
in deiner dreieinigkeit

du:
der immer schon war
was erst wird
und deshalb am kreuz

117 Dorothee Sölle

Washington for christ

Gerade als wir losfuhren
um vor dem weißen haus mit ein paar tausend leuten
gegen die rüstung zu sprechen
sagte der lautsprecher an der station
daß einhunderttausend leute erwartet werden
die washington für christus retten wollen
die kinder vor homosexuellen lehrern schützen möchten
und junge frauen vor entscheidungen über ihr eigenes leben

Wir waren nur siebzehntausend
kein lautsprecher nahm notiz von uns
wir wollten nur über die kinder in den ghettos reden
deren lehrer gefeuert werden
bis die schulen funktionieren wie gefängnisse
wir wollten über die reden die im gefängnis landen
oder in der armee
und über die arbeitsplätze
die eine friedliche wirtschaft herstellt
wir waren wenige und es goß in strömen
den ganzen tag

Wir müssen den niedergang der moral aufhalten
sagte einer ihrer führer
und den des militärs

Als wir nach hause gingen
sagte ein genosse zu mir
mach dir nichts draus washington ist nicht für christus
und wenn sie noch mehr radiostationen kaufen
und die menschen erziehen
sich selber zu hassen und andere

Aber christus sag ich zu ihm
stirbt gerade hier in washington

18 Dorothee Sölle

Karsamstag 81

Und wann endlich
werden die gräber leer sein
und die exhumierung von ermordeten vergeblich
und die fotos verschwunden
von kindern die mit einem neuen gift bespritzt
das die haut schwarz macht und abziehbar
und die augen einsinken läßt
und wann endlich
werden die gräber leer sein
von verstümmelten leichen
in el salvador

Als ich anfing ein christ zu werden
wollte ich christus sehen
wie er mich schlägt auf dem weg nach damaskus

diesen ort stellte ich mir vor wie göttingen
das leere grab war nur ein märchen
für unaufgeklärte leute

Jetzt bin ich schon so lange dabei
ein christ zu werden
und hab wohl auch jesus gelegentlich gesehen
zuletzt als eine alte frau in nicaragua
die lesen lernt und sie leuchtete
nicht nur die augen auch das dünn gewordene haar
und die krummen füße
sie leuchtete einfach

Aber ärmer bin ich auch geworden
und laufe depressiv durch die stadt
geh auch demonstrieren als ob da mut verteilt würde
und sähe für mein leben gern
noch die andere hälfte der geschichte
das leere grab vom ostermorgen
und die leeren gräber in el salvador

Quellenverzeichnis

1 *P. Handke* (geb. 1942), Lebensbeschreibung, in: P. Handke, Prosa-Gedichte – Theaterstücke – Hörspiel – Aufsätze, Frankfurt/M (Suhrkamp) 1969, S. 99f.

2 *P. Weiss* (1916–1982), Wider das Kreuz als Bild der Hilflosigkeit [Titel vom Hrsg.], in: P. Weiss, Die Verfolgung und Ermordung Jean Paul Marats dargestellt durch die Schauspieltruppe des Hospizes zu Charenton unter der Anleitung des Herrn de Sade. Drama in zwei Akten, Frankfurt/M (Suhrkamp) 1964, S. 39–43 (es 68)

3 *P. Handke* (geb. 1942), Wunschloses Unglück. Erzählung, Frankfurt/M 1974, S. 50–56 (st 146). © Residenz Verlag Salzburg und Wien.

4 *G. Grass* (geb. 1927), Wider den Jesus-Kitsch [Titel vom Hrsg.], in: G. Grass, Die Blechtrommel (1959), Frankfurt/M 1962, S. 111–117 (Fischer TB 473). © 1959 Luchterhand Verlag Darmstadt und Neuwied.

5 *R. Schneider* (1903–1958), Der grosse Verzicht (1950), in: Gesammelte Werke Bd. III, hrsg. v. E. M. Landau, Frankfurt/M. 1978, S. 364–369. © 1950 Insel Verlag Frankfurt/M.

6 *W. Koeppen* (geb. 1906), Der Tod in Rom. Roman (1954), Frankfurt/M. (Suhrkamp) 1977, S. 90f. u. 106–111 (st 241).

7 *A. Juhre* (geb. 1925), Anzeigen, in: Die Hundeflöte, Berlin (W. Fietkau) 1962.

8 *K. Marti* (geb. 1921), Der ungebetene Hochzeitsgast, in: K. Marti, Für eine Welt ohne Angst. Berichte-Geschichten-Gedichte, Hamburg 1981, S. 34. © K. Marti.

9 *A. Seghers* (geb. 1900), Das Siebte Kreuz. Roman (1942), Darmstadt-Neuwied (Luchterhand) 1973, S. 57f. (Sammlung Luchterhand 108).

10 *L. Frank* (1881–1961), Die Jünger Jesu. Roman, Amsterdam (Queirido) 1949, S. 16–22; 47–49; 96f. © Ch. Frank Heumann, München.

11 *R. Hochhuth* (geb. 1931), Der Stellvertreter. Ein christliches Trauerspiel (1963), Hamburg (Rowohlt) 1967, S. 82–86 (Rowohlt-TB-Ausgabe 997 mit Essays von Jaspers, Muschg, Piscator und Golo Mann).

12 *W. Borchert* (1912–1947), Jesus macht nicht mehr mit, in: Das Ge-

samtwerk, Hamburg (Rowohlt) 1949, S. 178–181.

13 *H. Böll* (geb. 1917), Und sagte kein einziges Wort. Roman (1953), Berlin 1957, S. 18–21; 22f; 40f. (Ullstein TB-Ausgabe 141 aus den Kapiteln II u. IV). © 1953 Kiepenheuer & Witsch, Köln.

14 *H. Böll* (geb. 1917), Über den Menschgewordenen [Titel vom Hrsg.], in: H. Böll – D. Sölle – L. Böhmer, Politische Meditation zu Glück und Vergeblichkeit, Darmstadt-Neuwied (Luchterhand) 1973, S. 70f.

15 *H. Böll* (geb. 1917), Über Zärtlichkeit und Galanterie Christi [Titel vom Hrsg.], in:
– Taceat Ecclesia. Kritische Anmerkungen zur Päpstlichen Enzyklika «Humanae Vitae», in: H. Böll, Schwierigkeiten mit der Brüderlichkeit. Politische Schriften, München 1976, S. 18f (dtv 1153). © 1973 Kiepenheuer & Witsch, Köln.
– Drei Tage im März. Gespräch mit Christian Linder, Köln (Kiepenheuer & Witsch) 1975, S. 71f.
– Ansichten eines Clowns. Roman (1963), München 1967, S. 202f. (dtv 400). © 1963 Kiepenheuer & Witsch, Köln.

16 *W. Koeppen* (geb. 1906), Der Tod in Rom. Roman (1954), Frankfurt/M. (Suhrkamp) 1977, S. 114–116 (st 241).

17 *G. Herburger* (geb. 1932), Birne in der Kirche, in: G. Herburger, Birne kann alles. 26 Abenteuergeschichten für Kinder (1971), Hamburg 1974, S. 94–99 (Rowohlt Rotfuchs 67). © 1971 Luchterhand Verlag, Darmstadt und Neuwied.

18 *W. Hildesheimer* (geb. 1916), Exerzitien mit Papst Johannes, in: W. Hildesheimer, Exerzitien mit Papst Johannes. Vergebliche Aufzeichnungen, Frankfurt/M. (Suhrkamp) 1979, S. 122–131.

19 *W. Jens* (geb. 1923), Christliche Religion und Religion Christi, in: W. Jens, Ort der Handlung ist Deutschland. Reden in erinnerungsfeindlicher Zeit, München (Kindler) 1981, S. 57–62.

20 *G. Eich* (1907–1972), Festianus, Märtyrer. Hörspiel (1958), in: G. Eich, Fünfzehn Hörspiele, Frankfurt/M. (Suhrkamp) 1973, S. 556–563 (st 120).

21 *M. L. West* (geb. 1916), The Shoes of the Fisherman (1963), dt.: In den Schuhen des Fischers. Roman, München-Zürich (Droemer) 1978, S. 34f. u. 50–53 (Knaur TB 569).

22 *I. Silone* (geb. 1900), L'avventura d'un povero cristiano (1968), dt: Das Abenteuer eines armen Christen, München 1973, S. 100–104; 166–169 (dtv 954). © 1969 Kiepenheuer & Witsch, Köln.

23 *L. Rinser* (geb. 1911). Bruder Feuer (1975), Frankfurt/M. 1978, S. 80–87 (Fischer TB 2124). © 1975 K. Thienemanns Verlag, Stuttgart.

24 *A. France* (1844–1924), Le Procurateur de Judée (1892), dt: Der Statthalter von Judäa, in: A. France, Der Statthalter von Judäa. Erzählungen, München o. J., S. 5–18 (Goldmann TB 2337.

25 *F. Dürrenmatt* (geb. 1921), Pilatus, in: F. Dürrenmatt, Die Stadt. Frühe Prosa, Zürich (Arche) 1952, S. 171–193.

26 *M. Frisch* (geb. 1911), Die Chinesische Mauer. Eine Farce (1947/1955), in: Gesammelte Werke in zeitlicher Folge Bd. II/1, Frankfurt/M. (Suhrkamp) 1955, S. 151–155 u. 189–198.

27 *W. Jens* (geb. 1923), Der Fall Judas, Stuttgart (Kreuz Verlag) 1975, S. 80–94.

28 *I. Drewitz* (geb. 1923), Judas Ischarioth, in: I. Drewitz, Die Samtvorhänge. Erzählungen, Szenen, Berichte, GTB Siebenstern 273, Gütersloh 1978, S. 8–10.

29 *B. Brecht,* (1898–1956) Weihnachtsgedichte, in: Gesammelte Werke Bd. VIII (Gedichte 1), Frankfurt/M. (Suhrkamp) 1967, S. 122–125.

30 *H. Hesse* (1877–1962), Jesus und die Armen, in: Die Gedichte Bd. II (1953), Frankfurt/M. (Suhrkamp) 1977, S. 587 (st 381).

31 *Ch. Lavant* (1915–1973), Christus, bist du wirklich auch in mir, in: Ch. Lavant, Gedichte, hrsg. und mit einem Nachwort versehen v. G. Lübbe-Grothues, München 1972, S. 44 (dtv sr 108). © Otto Müller Verlag, Salzburg.

32 *M. L. Kaschnitz* (1901–1974), Ich vergesse so viel, in: M. L. Kaschnitz, Kein Zauberspruch. Gedichte, Frankfurt/M 1972, S. 81. © 1957 Claassen Verlag, Düsseldorf.

33 *M. L. Kaschnitz* (1901–1974), Das alte Thema, in: M. L. Kaschnitz, Kein Zauberspruch. Gedichte, Frankfurt/M. 1972, S. 101–104. © 1957 Claassen Verlag, Düsseldorf.

34 *M. L. Kaschnitz* (1901–1974), Castelvetrano, in: Gedichte, ausgew. v. P. Huchel, Frankfurt/M 1975, S. 51 f. © 1957 Claassen Verlag, Düsseldorf.

35 *E. Eggimann* (geb. 1936), Jesus-Texte, Zürich (Arche) 1972, S. 21–23; 34 f.

36 *J. Reding* (geb. 1929), Krippenrede für die 70er Jahre, in: Thema Weihnachten. Gedichte der Gegenwart, hrsg. v. W. Fietkau, Wuppertal (Jugenddienst)^4 1973, S. 64 f.

37 *E. Kästner* (1899–1974), Dem Revolutionär Jesus zum Geburtstag, in: Gesammelte Schriften für Erwachsene Bd. I, Zürich (Atrium) 1969, S. 211 f. © Erich Kästner Erben, München.

38 *P. Weiss* (1916–1982), Hölderlin. Stück in zwei Akten, Frankfurt/M (Suhrkamp) 1971, S. 111–127.

39 *A. Andersch* (1914–1980), JESUSKINGDUTSCHKE, in: A. Andersch, Mein Verschwinden in Providence. Neun Erzählungen (1971), Frankfurt/M 1973, S. 64–77 (Fischer TB 1400). © 1971 Diogenes Verlag AG, Zürich.

40 *S. Hermlin* (geb. 1915), Corneliusbrücke, in: Erzähler aus der DDR, hrsg v. K. Franke u. W. R. Langenbacher, Tübingen-Basel 1974, S. 186–192. © 1966/1980 Verlag K. Wagenbach, Berlin.

41 *W. Biermann* (geb. 1936), Es gibt ein Leben vor dem Tod, in: W. Biermann, Preussischer Ikarus. Lieder-Balladen-Gedichte-Prosa, München 1981, S. 43f. (dtv 1716). © 1978 Kiepenheuer & Witsch, Köln.

42 *W. Biermann* (geb. 1936), Rotgefärbter Tatsachenbericht vom wahren Leben und Tod des Jesus Christus, in: W. Biermann, Preussicher Ikarus. Lieder – Balladen – Gedichte – Prosa, München 1981, S. 95–98. (dtv 1716). © 1978 Kiepenheuer & Witsch, Köln.

43 *M. Frisch* (geb. 1911), Christus als Puppe? [Titel vom Hrsg.], in: Tagebuch 1946–1949, in: Gesammelte Werke in zeitlicher Folge Bd. II/2, Frankfurt/M (Suhrkamp) 1976, S. 351–355.

44 *E. Eggimann* (geb. 1936), Apokrypher Mythos aus dem beginnenden Wassermannzeitalter, in: E. Eggimann, Jesus-Texte, Zürich (Arche) 1972, S. 73–80.

45 *H. Cox* (geb. 1931), Von Christus dem Clown, in: The Seduction of the Spirit (1973), dt: H. Cox, Verführung des Geistes, Stuttgart (Kreuz Verlag) 1974, S. 329.

46 *E. Zeller* (geb. 1923), Karnevalsgag, in: E. Zeller, Fliehkraft. Gedichte, Stuttgart (Deutsche Verlagsanstalt GmbH) 1975, S. 74.

47 *E. Zeller* (geb. 1923), Ich lobe den Tag vor dem Abend, in: E. Zeller, Fliehkraft. Gedichte, Stuttgart (Deutsche Verlagsanstalt GmbH) 1975, S. 81.

48 *H. Kipphardt* (1922–1982), März: Ecce Homo [Titel vom Hrsg.], in: März. Roman (1976), Hamburg 1978, S. 7–9; 126f.; 188 (Rowohlt TB 4259). © 1976 AutorenEdition im Athenäum Verlag, Königstein/Ts.

49 *I. Aichinger* (geb. 1921), Die grössere Hoffnung. Roman (1948), Frankfurt/M (S. Fischer) 1966, S. 108–135.

50 *W. Borchert* (1912–1947), Die drei dunklen Könige, in: Das Gesamtwerk, Hamburg (Rowohlt) 1949, S. 185–187.

51 *F. Dürrenmatt* (geb. 1921), Weihnacht, in: F. Dürrenmatt, Die Stadt. Frühe Prosa, Zürich (Arche) 1952, S. 11.

52 *M. L. Kaschnitz* (1901–1974), Dezembernacht, in: M. L. Kaschnitz, Dein Schweigen – meine Stimme. Gedichte 1958–1961, Düsseldorf (Claassen) 1962, S. 58.

53 *P. Huchel* (1903–1981), Dezember 1942, in: P. Huchel, Chausseen, Chausseen. Gedichte, Frankfurt/M (S. Fischer) 1963, S. 64.

54 *W. Schnurre* (geb. 1920), Anbetung, in: W. Schnurre, Kassiber, Neue Gedichte, Frankfurt/M 1964 S. 111–113. (Neuausgabe: Kassiber und neue Gedichte, München 1979 [Paul List Verlag]).

55 *H. Böll* (geb. 1917), So ward Abend und Morgen, in: H. Böll, Als der Krieg ausbrach. Erzählungen Bd. I, München 1965, S. 95–103 (dtv 339). © 1972 Kiepenheuer & Witsch, Köln.

56 *J. Bobrowski* (1917–1965), Unordnung bei Klapat, in: J. Bobrowski,

Der Mahner. Erzählungen und andere Prosa aus dem Nachlaß, Berlin (K. Wagenbach) 1968/80, S. 39–45.

57 *J. Thoor* (1905–1952), Adventrede, in: J. Thoor, Gedichte, hrsg. und mit einem Nachwort von P. Hamm, Frankfurt/M (Suhrkamp) 1975, S. 57.

58 *R. Kunze* (geb. 1933), Weihnachten, in: R. Kunze, Die wunderbaren Jahre, Frankfurt/M (S. Fischer) 1976, S. 51.

59 *N. Born* (1937–1979), Dick vermummtes Winterbild, in: N. Born, Gedichte 1967–1978, Hamburg 1981, S. 200f. (Rowohlt 4780). © 1978 Rowohlt GmbH, Reinbek b. Hamburg.

60 *J. Becker* (geb. 1932), Dezember-Gedicht, in: J. Becker, Gedichte 1965–1980, Frankfurt/M (Suhrkamp) 1981, S. 79f. (st 690).

61 *E. Hemingway* (1899–1961), To-day is Friday, dt: Heute ist Freitag, in: Sämtliche Erzählungen, Hamburg 1966, S. 291–295. © 1950 Rowohlt Verlag GmbH, Hamburg.

62 *E. Meister* (1911–1979), Doppelgesicht, in: Deutsche Lyrik. Gedichte seit 1945, hrsg. v. H. Bingel (1961), München 1963, S. 202f. (dtv sr 20). Mit Genehmigung der Limes Verlag Niedermayer und Schlüter GmbH, Wiesbaden und München.

63 *E. Meister* (1911–1979), Toter Christus, in: Deutsche Lyrik. Gedichte seit 1945, hrsg. v. H. Bingel (1961), München 1963, S. 206f. (dtv sr 20). Mit Genehmigung der Limes Verlag Niedermayer und Schlüter GmbH, Wiesbaden und München.

64 *E. Langgässer* (1899–1950), Saisonbeginn, in: E. Langgässer, Erzählungen, Düsseldorf (Claassen) 1964, S. 320–323.

65 *E. Fried* (geb. 1921), Kreuzweg, in: E. Fried, Warngedichte, München 1964.

66 *G. Herburger* (geb. 1932), Jesus in Osaka. Zukunftsroman, Darmstadt-Neuwied (Luchterhand) 1970, S. 182–192.

67 *Ch. Lavant* (1915–1973), Kreuzzertretung, in: Ch. Lavant, Gedichte, hrsg. und mit einem Nachwort versehen v. G. Lübbe-Grothues, München 1972, S. 36 (dtv sr 108). © Otto Müller Verlag, Salzburg.

68 *M. L. Kaschnitz* (1901–1974), Abschied von Rom, in: M. L. Kaschnitz, Kein Zauberspruch. Gedichte, Frankfurt/M 1972, S. 140f. © 1957 Claassen Verlag, Düsseldorf.

69 *M. L. Kaschnitz* (1901–1974), Gerontologie, in: M. L. Kaschnitz, Ein Wort weiter. Gedichte, Hamburg (Claassen) 1965, S. 36–38.

70 *E. Zeller* (geb. 1923), Golgatha, in: Evangelische Kommentare 8 (1975), S. 173.

71 *P. Handke* (geb. 1942), Die linkshändige Frau. Erzählung, Frankfurt/M (Suhrkamp) 1976, S. 106f.

72 *W. Schnurre* (geb. 1920), Dezember, in: W. Schnurre, Kassiber. Neue Gedichte, Frankfurt/M 1964, S. 62. (Neuausgabe: Kassiber und neue Gedichte, München 1979 [Paul List Verlag]).

73 *W. Schnurre* (geb. 1920), Tröstung, in: W. Schnurre, Kassiber. Neue Gedichte, Frankfurt/M 1964, S. 63. (Neuausgabe: Kassiber und neue Gedichte, München 1979 [Paul List Verlag]).

74 *W. Schnurre* (geb. 1920), Der Schattenfotograf. Aufzeichnungen, München (Paul List) 1978, S. 98–100; 204–206.

75 *R. Kunze* (geb. 1933), Auf dem Kalvarienberg bei Retz im Januar, in: R. Kunze, Auf eigene Hoffnung. Gedichte, Frankfurt/M (S. Fischer) 1981, S. 38.

76 *I. Bachmann* (1926–1973), Lieder von einer Insel, in: I. Bachmann, Die gestundete Zeit/ Anrufung des Großen Bären, München 1974, S. 112–115. © 1978 R. Piper & Co Verlag, München.

77 *M. L. Kaschnitz* (1901–1974), Auferstehung, in: M. L. Kaschnitz, Dein Schweigen – meine Stimme. Gedichte 1958–1961, Düsseldorf (Claassen) 1962, S. 13.

78 *M. L. Kaschnitz* (1901–1974), Am Feiertag, in: M. L. Kaschnitz, Kein Zauberspruch. Gedichte, Frankfurt/M (Insel) 1972, S. 96f.

79 *M. L. Kaschnitz* (1901–1974), Ein Leben nach dem Tode, in: M. L. Kaschnitz, Kein Zauberspruch. Gedichte, Frankfurt/M (Insel) 1972, S. 119f.

80 *M. L. Kaschnitz* (1901–1974), Der Deserteur, in: M. L. Kaschnitz, Lange Schatten. Erzählungen (1960), München 1964, S. 142–148 (dtv 243). © 1960 Claassen Verlag, Düsseldorf.

81 *J. Bobrowski* (1917–1965), Ostern, in: J. Bobrowski, Sarmatische Zeit / Schattenland Ströme. Gedichte in einem Band, Stuttgart (Deutsche Verlagsanstalt GmbH) 1961/62, S. 98f.

82 *K. Marti* (geb. 1921), Leichenreden, Darmstadt-Neuwied (Luchterhand) 1969, S. 22–25; 62f.

83 *R. O. Wiemer* (geb. 1905), Entwurf für ein Osterlied, in: R. O. Wiemer, Ernstfall. Gedichte, Stuttgart (J. F. Steinkopf) 1973, S. 75f.

84 *R. Kunze* (geb. 1933), Beweggründe, in: R. Kunze, Die wunderbaren Jahre, Frankfurt/M (S. Fischer) 1976, S. 64.

85 *R. Kunze* (geb. 1933), Auch eine Hoffnung, in: R. Kunze, Zimmerlautstärke. Gedichte (1972), Frankfurt/M (S. Fischer) 1977, S. 57 (Fischer TB 1934).

86 *I. Drewitz* (geb. 1923), Ostern, in: I. Drewitz, Samtvorhänge. Erzählungen-Szenen-Berichte, GTB / Siebenstern 273, Gütersloh 1978, S. 124.

87 *J. Poethen* (geb. 1928), Zu Neujahr, in: J. Poethen, Ach Erde Du Alte.

Gedichte 1976–1980, Stuttgart (Klett-Cotta) 1981, S. 80.

88 *I. Ehrenburg* (1891–1967), Geschichte vom Papst und dem Zimmermann Jehoschua [Titel vom Hrsg.], in: I. Ehrenburg, Das bewegte Leben des Lasik Roitschwantz (1929), Frankfurt/M 1976, S. 145–153 (st 307). © Internationaal Literatuur Bureau BV, Hilversum.

89 *S. Heym* (geb. 1913), Ahasver, Roman, München (Bertelsmann) 1981, S. 208–212; 284–288; 314–319. Alle Rechte der deutschspr. Ausgabe, mit Ausnahme der Rechte der sozialistischen Länder bei C. Bertelsmann Verlag GmbH, München.

90 *H. Domin* (geb. 1912), Banges Neujahr, in: H. Domin, Nur eine Rose als Stütze (1956), Frankfurt/M (S. Fischer) 1974, S. 65.

91 *H. Domin* (geb. 1912), Osterwind, in: H. Domin, Rückkehr der Schiffe (1962), Frankfurt/M (S. Fischer) 1974, S. 23.

92 *H. Domin* (geb. 1912), Ecce Homo, in: H. Domin, Ich will Dich. Gedichte, München (R. Piper) 1970, S. 19.

93 *H. Domin* (geb. 1912), Abel steh auf, in: H. Domin, Ich will Dich. Gedichte, München (R. Piper) 1970, S. 28.

94 *N. Sachs* (1891–1970), Immer noch Mitternacht, in: Fahrt ins Staublose. Die Gedichte der Nelly Sachs, Frankfurt/M (Suhrkamp) 1961, S. 204.

95 *N. Sachs* (1891–1970), Landschaft aus Schreien, in: Fahrt ins Staublose. Die Gedichte der Nelly Sachs, Frankfurt/M (Suhrkamp) 1961, S. 221–223.

96 *N. Sachs* (1891–1970), Dornengekrönt, in: Fahrt ins Staublose. Die Gedichte der Nelly Sachs, Frankfurt/M (Suhrkamp) 1961, S. 234.

97 *N. Sachs* (1891–1970, David, in: Fahrt ins Staublose. Die Gedichte der Nelly Sachs, Frankfurt/M (Suhrkamp) 1961, S. 274f.

98 *N. Sachs* (1891–1970), Nacht der Nächte, in: Fahrt ins Staublose. Die Gedichte der Nelly Sachs, Frankfurt/M (Suhrkamp) 1961, S. 384.

99 *P. Celan* (1920–1970), Spät und tief, in: Gedichte Bd. I, Frankfurt/M 1975, S. 35f. © 1967 Suhrkamp Verlag, Frankfurt/M.

100 *P. Celan* (1920–1970), Tenebrae, in: Gedichte Bd. I, Frankfurt/M 1975, S. 163. © 1967 Suhrkamp Verlag, Frankfurt/M.

101 *P. Celan* (1920–1970), Matière de Bretagne, in: Gedichte Bd. I, Frankfurt/M 1975, S. 171. © 1967 Suhrkamp Verlag Frankfurt/M.

102 *P. Celan* (1920–1970), Zürich, Zum Storchen, in: Gedichte Bd. I, Frankfurt/M 1975, S. 214f. © 1967 Suhrkamp Verlag Frankfurt/M.

103 *P. Celan* (1920–1970), Psalm, in: Gedichte Bd. I, Frankfurt/M 1975,

S. 225. © 1967 Suhrkamp Verlag, Frankfurt/M.

104 *P. Celan* (1920–1970), Mandorla, in: Gedichte Bd. I, Frankfurt/M 1975, S. 244. © 1967 Suhrkamp Verlag, Frankfurt/M.

105 *R. O. Wiemer* (geb. 1905), Passionslied, in: R. O. Wiemer, Ernstfall. Gedichte, Stuttgart (J. F. Steinkopf) 1973, S. 68.

106 *R. O. Wiemer* (geb. 1905), Bartimäus, in: R. O. Wiemer, Ernstfall. Gedichte, Stuttgart (J. F. Steinkopf) 1973, S. 70.

107 *G. Fussenegger* (geb. 1912), Römische Impressionen, in: G. Fussenegger, Widerstand gegen Wetterhähne, Stuttgart (Deutsche Verlags-Anstalt GmbH) 1974, S. 73–75.

108 *W. Willms* (geb. 1930), Jesus, du hast ..., in: W. Willms, Der geerdete Himmel. Wiederbelebungsversuche, Kevelaer (Butzon & Bercker) 1974 (^{5}1981), Nr. 2.6.

109 *W. Willms,* (geb. 1930) In der Autoschlange, in: W. Willms, Aus der Luft gegriffen. Bausteine zu Gottesdiensten mit Kindern und Familien, Kevelaer (Butzon & Bercker) 1976, (^{3}1981), S. 75f.

110 *J. Jourdan* (geb. 1923), Karfreitag, in: J. Jourdan, Ehre seit Gott in der Tiefe. Gedichte zum Kirchenjahr. Psalmen aus unseren Tagen, Hamburg (H. Reich) 1972, S. 9.

111 *M. Zielonka* (geb. 1942), Großer Psalm über die Angst, in: M. Zielonka, Nichts als Liebeskummer. Ins Gebet genommene Zwiespältigkeiten, Kevelaer (Butzon & Bercker) 1976, S. 18f.

112 *E. Zeller* (geb. 1923), In Colmar, in: E. Zeller, Fliehkraft. Gedichte, Stuttgart (Deutsche Verlags-Anstalt GmbH) 1975, S. 77.

113 *E. Zeller* (geb. 1923), Versiegle den Stein, in: E. Zeller, Fliehkraft. Gedichte, Stuttgart (Deutsche Verlags-Anstalt GmbH) 1975, S. 82.

114 *K. Marti* (geb. 1921), Jesus, in: K. Marti, Abendland. Gedichte, Darmstadt-Neuwied (Luchterhand) 1980, S. 45f.

115 *K. Marti* (geb. 1921), Immerwährende Kreuzigung, in: K. Marti, Abendland. Gedichte, Darmstadt-Neuwied (Luchterhand) 1980, S. 47.

116 *K. Marti* (geb. 1921), Trinität, in: K. Marti, Abendland. Gedichte, Darmstadt-Neuwied (Luchterhand) 1980, S. 91.

117 *D. Sölle* (geb. 1929), Washington for Christ, in: D. Sölle, Spiel doch von Brot und Rosen. Gedichte, Berlin (W. Fietkau) 1981, S. 31.

118 *D. Sölle* (geb. 1929), Karsamstag 81, in: D. Sölle, Spiel doch von Brot und Rosen. Gedichte, Berlin (W. Fietkau) 1981, S. 111.

Autoren

Die nachstehenden Ziffern beziehen sich auf die laufenden Nummern der Texte, die im Inhaltsverzeichnis aufgelistet sind.

Karl-Josef Kuschel

Jesus in der deutschsprachigen Gegenwartsliteratur

Mit einem Geleitwort von Walter Jens und einem Vorwort zur Taschenbuchausgabe.
394 Seiten. Serie Piper 627

Karl-Josef Kuschel stellt am Schnittpunkt von Theologie und Literatur dar, wie die Jesus-Gestalt in der modernen Literatur gesehen wird. Er zeigt anhand wichtiger Texte (u. a. von Böll, Frisch, Dürrenmatt, Andersch, Handke, Seghers, Celan) welche überragende Bedeutung die Jesusfigur auch gerade für nicht-christliche Schriftsteller hat.

»Kuschel gelingt hier ein Unternehmen, wohl einzigartig im christlichen Schrifttum...«
Zeitschrift für katholische Theologie

»Dieses Buch hält mehr, als der Titel verspricht ... Ein Buch, in dem die Dichtung so ernst genommen wird wie die Theologie.« Elisabeth Endres, Frankfurter Allgemeine Zeitung

Weil wir uns auf dieser Erde nicht ganz zu Hause fühlen

12 Schriftsteller über Religion und Literatur
190 Seiten. Serie Piper 414

Zwölf bekannte Schriftsteller äußern sich in Gesprächen, die der Tübinger Theologe und Literaturwissenschaftler Karl-Josef Kuschel mit ihnen geführt hat, zu aktuellen religiösen Problemen. Woran kann man glauben? Worin besteht der Sinn des Lebens? Wie gelingt es, die Botschaft Jesu in zeitgemäßer Form zu vermitteln und – weit mehr noch – nach ihr zu leben? Was ist die Aufgabe des Schriftstellers in einer zunehmend inhumanen Welt? Als Partner des Dialogs kommen zu Wort:
Luise Rinser, Kurt Marti, Martin Walser, Ingeborg Drewitz, Adolf Muschg, Peter Härtling, Barbara Frischmuth, Heinrich Böll, Walter Jens, Karin Struck, Wolfdietrich Schnurre und Stefan Heym.

Lust an der Erkenntnis

Die Theologie des 20. Jahrhunderts. Ein Lesebuch. Hrsg. und eingeleitet von Karl-Josef Kuschel. 506 Seiten. Serie Piper 646

Dieser zweite Band der Reihe »Lust an der Erkenntnis« will die Theologie unseres Jahrhunderts mit wichtigen Autoren und Themen vorstellen. Etwa 50 kürzere, repräsentative Texte zeigen die Entwicklung der modernen Theologie und eröffnen einen Zugang zum christlichen Denken unserer Zeit.
Der Band enthält Texte u. a. von Karl Barth, Paul Tillich, Romano Guardini, Wilhelm Weischedel, Dietrich Bonhoeffer, Leonardo Boff, Helmut Gollwitzer, Eberhard Jüngel, Karl Rahner, Johann B. Metz, Hans Küng, Rudolf Bultmann, Dorothee Sölle und Heinz Zahrnt.

Karl-Josef Kuschel

Geboren vor aller Zeit?

Der Streit um Christi Ursprung
834 Seiten. Leinen

Jesus von Nazareth – eine historische Figur? Das ist heute unbestritten. Jesus von Nazareth aber – »Gottes Sohn von Ewigkeit«, »aus Gott geboren vor aller Zeit«? Das hieße: Gott und Mensch zugleich. Das ist für viele Menschen heute nicht nur unverständlich, sondern schlicht unakzeptabel.
Hier setzt dieses Buch an.
Ein Buch, das eine Schlüsselfrage christlichen Glaubens beantworten will und nach der Bedeutung für uns heute fragt: Theologie als Antwort auf Lebensfragen.
Ein Buch, das ein erregendes Kapitel zeitgenössischer Theologie nacherzählt ohne Fachjargon: Theologiegeschichte als Konfliktsgeschichte.
Ein Buch, das Grundlagen einer biblisch begründeten, interkulturellen und ökumenischen Christologie legt – im Blick auf ein Gespräch mit den anderen Weltreligionen, den Naturwissenschaften, der Kunst und der Literatur: Theologie im Dialog.